Carl Friedrich von Weizsäcker

Der bedrohte Friede – heute

Carl Hanser Verlag

1 2 3 4 5   98 97 96 95 94

ISBN 3-446-17697-7

Satz: Fotosatz Otto Gutfreund GmbH, Darmstadt
Druck und Bindung: Franz Spiegel Buch GmbH, Ulm
Printed in Germany

Inhalt

Vorwort

Im Jahre 1981 habe ich ein Buch unter dem Titel »Der bedrohte Friede« veröffentlicht. Es ist heute vergriffen. Die Weltlage hat sich seitdem tief geändert, doch kann man zweifeln, ob sie sich verbessert hat. Ich habe mich nun entschlossen, eine wesentlich veränderte, mit neuen Texten ergänzte Auflage herauszugeben, unter dem Titel »Der bedrohte Friede – heute«.

Worum geht es?

1981 schrieb ich: »Der Friede ist bedroht. Er ist bedroht, weil er niemals wahrer Friede war.« Dazu im Vorwort: »Die heutige Krise ist keine Betriebspanne, sondern Folge ungelöster Grundprobleme unserer Welt. Keines dieser Probleme ist vernünftigem Handeln unzugänglich.«

Es geht letztlich um die Überwindung des Krieges als anerkannter Institution in der Menschheitsgeschichte. Dies ist noch nicht geleistet. Die Gefahr schwebt noch über dem Haupt eines jeden von uns. Und doch ist der Weg in unserem Jahrhundert deutlicher eingeschlagen worden als je zuvor. Ich zitiere dazu zwei Äußerungen, die ich in der Zeit seit 1981 getan habe.

1982, ein Jahr nach Erscheinen des Buches, habe ich in einem Vortrag vor der Evangelischen Akademie in Tutzing über Möglichkeiten und Probleme auf dem Weg zu einer vernünftigen Weltfriedensordnung gesagt: »Hätte jemand vor fünfhundert Jahren in einer europäischen Stadt, z.B. in der hier so nahen alten Stadt München, gesagt, der Tag werde kommen, an dem diese Stadt keine Stadtmauern mehr brauchen werde, so hätten ihm alle klugen Leute geantwortet: ›Ja, nach dem jüngsten Gericht, du Träumer!‹ Heute hat keine europäische Großstadt mehr Mauern, weil zwei Erfindungen gemacht worden sind: die technische Erfindung der Artillerie, welche die Mauern nutzlos gemacht hat, und die politische Erfindung des durch Recht und Polizei gesicherten Territorialstaats, welche die Mauern überflüssig gemacht hat. Warum soll nicht eines Tages eine vernünftige Weltfriedensordnung das heutige System einander fürchtender Militärmächte ablösen?«

1991 schrieb ich in meinem Buch »Der Mensch in seiner Geschichte«:

»Der politische Bewußtseinswandel ist unterwegs. Es ist nicht unmöglich, daß wir erst durch die größten selbstverschuldeten Katastrophen lernen werden. Ich habe ein Leben lang auf diese Katastrophen hinweisen müssen und bin der Erfahrung des inneren Verzweifelns nicht entgangen. Aber ich habe nie an das absolute Ende geglaubt. Stets habe ich so geredet, daß Mut zum Handeln und nicht Verzagtheit die Folge sein sollte.«

Ich erlaube mir, vier Bücher zu nenen, die ich seit 1981 zum selben Problemkreis veröffentlicht habe:

»Wahrnehmung der Neuzeit« (1983). Hier blicke ich auf den »Titanismus« der abendländischen Neuzeit zurück und versuche, die ihn ständig begleitende Krise, bis zur Krise unserer Gegenwart, zu verstehen.

»Die Zeit drängt« (1986). Ein Appell an die Christen der Welt, angesichts dieser Krise, in ihren drei Aspekten »Gerechtigkeit, Friede, Bewahrung der Schöpfung«.

»Bewußtseinswandel« (1988). Dieselbe Bewußtseinsthematik, im säkularen Rahmen. Der Verfasser als Zeitzeuge.

»Bedingungen der Freiheit« (1990). Einige Vorträge in erster Reaktion auf den weltweiten Wandel jener Jahre.

Das große Ereignis der Jahre um 1989 war der von fast niemandem so erwartete Zusammenbruch des sowjetischen Herrschaftssystems, ohne Krieg. Es erwies sich dann nicht als Triumph des Westens, sondern als Auslöser einer sichtbaren Gestalt der Bewußtseins- und Strukturkrise in der heutigen Menschheit. Diese zu verstehen und in ihr handeln zu lernen ist das Anliegen der neuen Texte im jetzigen Buch.

Bei der Neugestaltung des Buchs war die Absicht, den Text knapper und dadurch leichter zugänglich zu gestalten als in der früheren Auflage. Texte, die durch die seitherige Entwicklung ihre Aktualität verloren haben, wurden fortgelassen. Das betrifft am wenigsten die Texte, die schon damals als Rückblick aufgenommen waren. Für den Blick auf die neue Aktualität wurden Texte übernommen, die seit 1990 aus verschiedenen Anlässen geschrieben und meist an ebenfalls verschiedenen Orten veröffentlicht worden waren. Der Leser wird verstehen, daß in ihnen, in jeweils verschiedenen Zusammenhängen, ein paar zentrale Formulierungen wörtlich wiederholt wurden.

Der Schlußabschnitt »Die Aufgabe« ist für das jetzige Buch verfaßt. Er sucht die Folgerungen zu ziehen.

Wie im älteren Vorwort ende ich mit einem Dank. Er geht an den Carl Hanser Verlag, zumal Herrn Eginhard Hora, der die Planung der neuen Fassung des Buchs zu einem großen Teil selbst entworfen hat, insbesondere die Auswahl der zu bewahrenden und der auszuschaltenden Texte, um das Buch knapp und modern genug zur konkreten Lektüre zu gestalten. Und ich danke Frau Meike Loth-Kraemer, die, längere Zeit noch in Zusammenarbeit mit Frau Ruth Grosse, Last und Freude mitgetragen hat.

Starnberg, Mai 1994 C. F. v. Weizsäcker

Aus dem Vorwort 1981

Mit diesem Buch versuche ich noch einmal, durch Besinnung auf die heutige Politik einzuwirken. Ich versuche noch einmal, einen Weg in der Gefahr zu zeigen. Dies geschieht unter drei Gesichtspunkten: Aktualität, Rückblick, Vertiefung der Frage.

Aktualität: 1976 habe ich das Buch »Wege in der Gefahr« veröffentlicht (seit 1979 als Taschenbuch erhältlich). Die Grundgedanken dieser Studie über Wirtschaft, Gesellschaft und Kriegsverhütung halte ich auch heute für richtig. In den seitdem verstrichenen fünf Jahren sind sie vielleicht sogar besser verständlich geworden, denn die Wege haben sich inzwischen verengt, die Gefahr ist sichtbarer als damals. Zur Gefahr der achtziger Jahre habe ich seit 1979 eine Reihe von Artikeln geschrieben, die nicht nur Analyse, sondern präzise politische Vorschläge und Forderungen enthalten. Diese Aufsätze im Buchhandel zugänglich zu machen, damit sie weiterwirken, war das erste Motiv zur Veröffentlichung des jetzigen Buchs.

Rückblick: Der Rückblick geschieht hier nicht aus Interesse an der eigenen Vergangenheit, wie man Memoiren schreibt, sondern um der Forderung des Heute einen Hintergrund und damit Nachdruck zu verleihen. Seit 1957, also nun seit einem Vierteljahrhundert, habe ich öffentlich auf die längerfristige Instabilität des heutigen Weltsystems hingewiesen, unter militärischen, außenpolitischen, wirtschaftlichen, sozialen, seelisch-kulturellen Gesichtspunkten. Als Frist der Gefahr habe ich damals wenige Jahrzehnte angegeben, Jahrzehnte, die inzwischen verstrichen sind. Eine kleine Auswahl des damals Gesagten soll hier zur Überprüfung noch einmal vorgelegt werden. Dabei scheue ich mich nicht, auch falsche Prognosen und unverwirklichbare Vorschläge noch einmal zu zitieren; man lernt aus der Korrektur der eigenen Fehler.

Vertiefung der Frage: Wenn der Rückblick etwas zeigt, dann daß die heutige Krise keine Betriebspanne, sondern Folge ungelöster Grundprobleme unserer Welt ist. Keines dieser Probleme ist vernünftigem Handeln unzugänglich. Aber die Vernunft dessen, was man den Mitmenschen für ihr politisches Handeln vorschlagen kann, bemißt sich nach der Entwicklungsstufe ihres Bewußtseins. Wollen wir etwas tun, was wir selbst nicht verstehen, so erzeugen wir noch im scheinbaren Erfolg das Gegenteil des Erstrebten: Ambivalenz des Fortschritts. Das Ziel des Rückblicks ist daher die Besinnung, das Ziel der Besinnung das vernünftige Handeln in der Aktualität. Der Bergsteiger, der eilen muß, um die Hütte vor Einbruch der Nacht zu erreichen, muß eben darum Karte und Kompaß in aller Konzentration zu Rate ziehen; sonst rennt er ins Unheil.

Der Titel »Der bedrohte Friede« bezeichnet die heutige Lage. Ich habe einen Augenblick gezögert, ihn zu wählen, um eine Verwechslung mit der Aufsatzsammlung von 1969 »Der ungesicherte Friede« (Vandenhoeck & Ruprecht, Göttingen) zu vermeiden. Man wird aber die Bücher unterscheiden können. Die Differenz der Titel bezeichnet die weltpolitische Entwicklung in zwölf Jahren: damals war der Friede ungesichert, aber nicht akut bedroht, heute ist er bedroht.

Ich widme das Buch den Mitarbeitern des Instituts, ohne deren Initiative, Anregung und Hilfe auch der Prozeß der Bildung meines eigenen Problembewußtseins nicht so hätte verlaufen können, wie er sich hier spiegelt. Ich verweise den Leser auf ihre in vielfacher Hinsicht über das von mir Geleistete hinausgehenden Arbeiten (Zitate im Aufsatz »Erforschung der

Lebensbedingungen«, 1979). Danken möchte ich den Verlagen, die den Abdruck der bei ihnen erschienenen Beiträge gestattet haben (Vandenhoeck & Ruprecht, Bruckmann, Chr. Kaiser). Dem Verlag Carl Hanser danke ich für nun mehr als zehnjährige Zusammenarbeit in ungetrübter verständnisvoller Hilfsbereitschaft.

Ich danke Frau Erika Heyn, die von 1957 bis 1970 unter den vielfachen Pflichten eines Sekretariats auch die Last der Herstellung dieser und vieler anderer Texte getragen hat. Und ich danke Frau Ruth Grosse für die Art, wie sie seitdem im Institut Arbeitslast, Sorge und Freude mit uns geteilt hat.

Starnberg, Mai 1981 C. F. v. Weizsäcker

Bemerkungen zur Atombombe

(1945)

Ich möchte hier nicht über die wissenschaftlichen und technischen, sondern über die menschlichen Fragen sprechen, die die Atombombe aufwirft oder deutlich macht. Vielleicht hat niemand mehr Anlaß, auch über diese Seite der Sache nachzudenken, als wir Physiker.

Als wir begannen, Physik zu studieren, erstrebten wir nichts als einen Einblick in die Geheimnisse der Natur. Ich erinnere mich deutlich des dankbaren Staunens, mit dem ich darüber nachdachte, daß meine Mitmenschen bereit seien, mir und meinesgleichen ein Leben zu bezahlen, das einer so nutzlosen Spielerei wie der Erforschung der Atome gewidmet sein sollte.

Heute kann unser Stand vielleicht mit mehr Recht als der Stand der Soldaten beanspruchen, den bisher größten Krieg der Weltgeschichte entschieden zu haben. Er ist ein Faktor in der Weltpolitik geworden und teilt damit die Verantwortung für Krieg und Frieden, die früher in den Händen des Politikers und des Soldaten lag. Er teilt diese Verantwortung moralisch, auch wenn sein politischer Einfluß gering zu sein scheint. Es kann und wird in der Welt nicht gleichgültig sein, was die Menschen, welche die neuen Waffen gemacht haben, über die Anwendung dieser Waffen denken. Und wenn unsere Meinung ohne Einfluß bliebe, so könnte unser Gewissen dadurch nicht zum Schweigen gebracht werden.

Wenn dies einigen unter uns zweifelhaft geblieben sein möge, so kann es ihnen nach Hiroshima und Nagasaki nicht mehr zweifelhaft sein. Heute tragen wir, und zwar jeder von uns, der geholfen hat, die Kenntnis des Atomkerns zu fördern, mit an der Schuld am Tode von 90000 Männern, Frauen und Kindern, an der Verwundung und der Heimatlosigkeit von Hunderttausenden. Und keiner von uns kann sich der Frage entziehen, ob es durch die Arbeit, der wir unser Leben gewidmet haben, noch zu unseren Lebzeiten geschehen wird, daß nicht 90000, sondern 90 Millionen denselben Tod erleiden. Wenn aber die Angst vor diesen Schrecken die Menschheit vorerst zum Frieden zwingen wird, so stellt sich uns vielleicht brennender als den meisten die Frage, ob dieser Friede eine Gestalt finden kann, die Dauer verspricht und verdient.

Ist die wissenschaftliche Entwicklung, die uns an diesen Punkt geführt hat, gut oder schlecht? Oder ist diese Frage falsch gestellt und handelt es sich nur darum, ob die moralische Entwicklung der Menschheit mit ihrer intellektuellen Entwicklung Schritt halten kann? Haben wir überhaupt ein Anzeichen dafür, daß es eine moralische Entwicklung der ganzen Menschheit gibt? Diese Fragen sind theoretisch, und wir werden sie kaum lösen können. Aber die praktische Frage läßt sich nicht zurückschieben: was sollen wir tun? Wir haben wie Kinder mit dem Feuer gespielt, und es ist emporgeschlagen, ehe wir es erwarteten.

Als es 1939 nach der Entdeckung von Hahn und Strassmann wahrscheinlich wurde, daß nun eine Atombombe würde gebaut werden können, deren furchtbare Wirkungen wir wohl besser als alle anderen Menschen abschätzen konnten, war unser kleiner, aber weltumspannender Kreis in eine Lage gebracht, der er menschlich nicht gewachsen war. Was sollen Menschen tun, die das größte Machtmittel ihrer Zeit besitzen, aber nicht die Macht, über seine Anwendung zu entscheiden? Was sollen sie tun, wenn ihnen dieses Mittel zuwächst, während die verschiedenen Nationen, denen sie angehören, in einem Krieg liegen, in dem es um Sein oder Vernichtung geht wie in diesem? Was tun sie, wenn sie Anlaß haben, daran zu zweifeln, daß die Führer des Kriegs irgendwo die Grenzen der Menschlichkeit respektieren werden, wenn ihre Verletzung einen Vorteil verspricht? Wenn der Überfall auf friedliche Nationen und der Bombenkrieg gegen Frauen und Kinder zu ihren täglichen Erfahrungen gehört? Wenn sie dazu nicht einmal erfahren können, wie sich ihre Kollegen im feindlichen Land, die oft genug ihre nächsten Freunde sind, angesichts derselben Frage verhalten?

Uns deutschen Physikern blieb die letzte Schärfe dieser Fragen in der Praxis erspart. Wir fanden keinen technisch gangbaren Weg, mit den in Deutschland verfügbaren Mitteln während des Krieges eine Atombombe herzustellen. Wir wissen heute auch, daß das Verfahren, nach dem die Bombe in Amerika wirklich hergestellt worden ist, einen Aufwand erfordert hat, der in Deutschland, zumal nach dem Beginn der großen Bombenangriffe, unmöglich gewesen wäre. Dies gilt schon auf der rein industriellen Ebene. Hinzu kommt, daß die deutschen Wissenschaftler schon seit Jahren durch politische Verdächtigungen und allerhand Unordnung so in der Arbeit behindert waren, daß auch die reine Forschung nicht den möglichen Wirkungsgrad erreichte; man wird sagen dürfen, daß das Geleistete, an den Mitteln und Hindernissen gemessen, gut war. Nach orientierenden wissenschaftlichen Untersuchungen beschränkten wir uns auf die Vorarbeiten zum Bau einer kontrollierten Atomenergie-Maschine. Die zuständigen Stellen hielten auch diese Arbeiten für wichtig genug, um eine größere Anzahl von Wissenschaftlern bis zum Ende des Kriegs mit ihnen zu beschäftigen. Dieser Gang der Ereignisse war durch die Umstände vorgeschrieben. Aber es ist sicher, daß zum mindesten viele deutsche Physiker dem Schicksal dafür dankbar waren, daß ihnen die moralische Verantwortung für den Bau einer Atombombe erspart blieb.

Den angelsächsischen Physikern ist diese Verantwortung nicht erspart geblieben. Sie haben sie auf sich genommen, vielleicht nicht mit Freude, aber im ganzen wohl im Gefühl einer unausweichlichen Pflicht. Sicher ist ihnen diese Pflicht leichter geworden durch die Überzeugung, daß dieser Krieg nicht nur ein Konflikt zwischen Nationen sei, sondern daß die Nationen, denen sie selbst angehören, zugleich die Sache der Humanität, der Zivilisation und damit schließlich auch der freien Wissenschaft verteidigten. Der Frage, ob es richtig sei, die Humanität mit derart inhumanen Mitteln zu verteidigen, haben sie sich gewiß nicht verschlossen. Vielleicht haben sie sich auch gefragt, ob man Politikern und Soldaten eine so furchtbare Macht ohne Gefahr eines künftigen Mißbrauchs anvertrauen könne – eine Macht, die der Wissenschaftler ihnen einmal schenken, dann aber nie mehr zurücknehmen kann. Wie sie diese Fragen aber auch beantworten mochten, mußten sie sich jedenfalls sagen, daß die Physiker der Welt, auch wenn sie es gewollt hätten, nicht hätten verhindern können, daß schließlich Atombomben gebaut wurden. Was sie hätten erreichen können, wenn sie weniger Energie auf die Entwicklungsarbeiten verwendet hätten, wäre wohl gewesen, daß Amerika und England in diesem Kriege die Bombe nicht mehr hätten einsetzen können. Die Verantwortung für das, was im August 1945 in Japan geschehen ist, kann von der Gruppe, die die Bombe entwickelt hat, nicht genommen werden.

In Wahrheit teilen freilich alle Wissenschaftler der Welt diese Verantwortung solidarisch. Denn sie sind alle prinzipiell in der Lage, in welche diese Gruppe in ungeheuer zugespitzter Form konkret gekommen ist. Wie verhalten wir uns zu der Macht, die wir der Menschheit zur Verfügung stellen? Es ist vielleicht gut, daß wir uns zunächst klarmachen, wie unfähig wir sind, den Mißbrauch dieser Macht zu verhindern.

In den vielen Gesprächen, die wir im Kriege über diese Fragen hatten, tauchte einmal der Gedanke auf, die Physiker jedes Landes müßten so auf ihre Kollegen in den anderen Ländern rechnen können, daß sie alle ihre jeweiligen Regierungen täuschten und ihnen das Geheimnis der Bombe vorenthielten. Dieser Gedanke ist eine Utopie, und ich nenne ihn nur, um die Unausweichlichkeit der Entwicklung zu zeigen, die wirklich eingetreten ist. Die Physiker der verschiedenen Nationen konnten nicht in dieser Weise zusammenspielen. Kein Berufsstand kann der Gesinnungen aller seiner Glieder gewiß sein, zumal wenn, wie hier, der Wunsch, der Menschheit dieses Unglück zu ersparen, mit der Sorge in Konflikt kommen mußte, es könne das eigene Land, wenn es Zeit verlöre, das erste Opfer der neuen Waffe werden. Wenn man eine Gewißheit haben konnte, so war es die, daß sich in jedem großen Land einige Physiker finden würden, welche die Bombe entwickelten. Dem Einzelnen blieb es höchstens überlassen, ob er mitwirken oder sich fernhalten oder vielleicht gar einen verzweifelten Versuch wagen wollte, den Einsatz der Waffe zu verhindern. Es wäre denkbar gewesen, daß einige Physiker den Einsatz der Bombe nicht überlebt hätten – daß sie ihn verhindert hätten, wenn die Regierungen ihn für nötig hielten, war nicht zu hoffen.

Was den Physikern für ihre Mitarbeit gewährt wurde, war ein gewisses, sehr beschränktes Maß von Einfluß, der sich im wesentlichen nicht auf die Politik, sondern nur auf ihre eigenen Angelegenheiten erstreckte. Um die Grenzen dieses Einflusses deutlich zu machen, kann man ihn in Gedanken wiederum für einen Augenblick ins Utopische übertreiben. Wären die Physiker, wie etwa die Jesuiten, ein internationaler Orden mit disziplinarischer Gewalt über ihre Mitglieder, so hätten sie vielleicht in diesem Augenblick das große politische Spiel spielen können, die Mittel der Macht gegen die Macht selbst einzutauschen. Hätten sie als diejenigen, in deren Hand die mächtigste Waffe lag, den entscheidenden Einfluß auf die Politik ihrer Länder gewinnen können, so hätten sie vielleicht der Welt den Frieden geben können, zu dem sie mehr als die meisten bereit waren. Es ist ein Glück, daß sie dieses Spiel gar nicht versuchen konnten, denn sie hätten es verloren. Die politischen Systeme und Cliquen sind zu stabil, als daß eine Handvoll Idealisten sie erobern könnte. Vor allem ist zu bedenken, daß eine Waffe, die der Physiker zwar selbst berechnen, aber nicht selbst herstellen kann, ihm gar keine wirkliche Macht gibt. In dem Augenblick aber, in dem der Staat sie herstellt, ist sie nicht mehr in der Hand des Physikers, sondern des Staates.

In Wahrheit sind die Physiker heute, weil sie ein besonders wertvoller Teil der Gesellschaft geworden sind, nur zum Gegenstand besonderer staatlicher Reglementierung geworden; sie sind als Stand unfreier als je zuvor. Der einzelne Physiker, der einen Einfluß auf die Politik ausüben will, muß dazu die Mittel der Politik benützen wie jeder andere Politiker auch. Sein Beruf als Physiker gewährt ihm dafür höchstens einen gewissen sozialen Vorteil, wie etwa den des leichteren Zugangs zu einflußreichen Personen, so wie ihn in einer feudalen Gesellschaftsordnung der Adlige, in einer kapitalistischen der reiche Mann hat. Vielleicht ist die Stellung, die in der kommenden Welt die Wissenschaftler einnehmen können, am ehesten der Stellung zu vergleichen, die in religiöseren Zeiten die Priester hatten. Die Wissenschaftler sind heute die Verwalter derjenigen Wahrheit, an welche ihre Mitwelt am festesten glaubt und ohne welche sie rein praktisch nicht leben könnte. Einzelne Priester sind oft treffliche Politiker gewesen, und so werden es vielleicht einmal auch einzelne Wissenschaftler sein. Wenn aber der Priesterstand im ganzen versuchte, die politische Macht und Verantwortung zu übernehmen, so hat er damit meist der Religion mehr geschadet als der Politik genützt. Dasselbe würde für die Wissenschaftler gelten. Wenn der wissenschaftliche Beruf ein Weg zur Macht würde, so würde damit das Streben nach Wahrheit korrumpiert und die Macht nicht geläutert werden.

Aber der Wissenschaftler, der auf das Streben nach eigener Macht verzichtet, kann nicht zugleich damit die Verantwortung für die Verwertung seiner Erkenntnisse durch die Machthaber ablegen. Vielleicht ist er sogar in der neuen Gesellschaft einer der wichtigsten geistigen Träger dieser Verantwortung. So haben ja auch einst vielleicht eben die Priester und Mönche, die, fern der Macht, ihrer religiösen Überzeugung lebten, die geistige Atmosphäre geschaffen, den Glauben an das Gute wachgehalten, der allein die Ausübung der Macht mäßigte und auf sinnvolle Wege lenkte. Es ist noch nie in der Geschichte der Menschheit gelungen, den Dämon der Macht zu töten. Es fragt sich nur, welches Gegengewicht wir ihm heute entgegenstellen können.

Kriegsverhütung

(1950)

Von Ernst von Weizsäcker

Annähernd zwei Jahrzehnte meines Daseins, 1927 bis 1945, hatte ich praktisch mit der Frage der Kriegsverhütung zu tun. Ich glaube, daß es mir hierbei am Willen zu einem nützlichen Beitrag nicht fehlte. Seit dem Ausbruch des II. Weltkriegs quält es mich aber, was ich dabei versäumt habe oder anders hätte machen sollen. Und es beunruhigt mich, ob jetzt das Richtige geschieht, um den III. Weltkrieg zu verhüten.

Kriegsverhütung ist ein negativer Gedanke, früher ein Gegenstand für Philosophen und von den Praktikern belächelt. Krieg ist aber nicht mehr, was er früher war. Aus einem biologischen Vorgang hat er sich zu einem Verwüster der Menschheit und ihrer Bestimmung entwickelt. Seine Folgen sind derart, materiell, geistig und moralisch, daß ihn zu verhüten auch für den skeptischen Politiker ein vitales Gebot geworden ist.

Der Weg zur Kriegsverhütung hat, solange ich ihn verfolgen konnte, mehrere Etappen durchlaufen. In Europa lebte der Friede zu meiner Jugendzeit vom Gleichgewicht der Kräfte, hergestellt durch einigermaßen ausgewogene Gruppen verbündeter Nationalstaaten; daher Bismarcks cauchemar des coalitions. Aus einem eingebildeten oder tatsächlichen Kraftüberschuß und aus politischem Ungeschick ging dieser Schwebezustand verloren. Das war das Ende der *I. Etappe*, 1914.

Daraufhin wurde versucht, die Nationalstaaten zu einer Dachgesellschaft für Kriegsverhütung zusammenzuschließen, zur S. d. N., zur Société des Nations (Völkerbund ist eine ungenaue Übersetzung). Das war die *II. Etappe*, 1919. Sie verfehlte ihren Zweck, u. a. weil die Nationalstaaten nicht alle teilnahmen (z. B. fehlten die USA) und weil die Gesellschaft auf dem nicht allgemein vorhandenen guten Willen der Mitglieder gegründet war. Die Gesellschaft löste sich dann auch Schritt um Schritt wieder in Gruppen verbündeter Nationalstaaten auf.

Etliche Staaten verließen die Gesellschaft durch Kündigung,

andre wurden ihr im stillen abtrünnig. Sie war nur noch ein Schatten, als sie, 20 Jahre nach ihrer Gründung, ihre Prüfung 1939 hätte bestehen sollen.

Manche sind der Meinung, daß ein Zusammenschluß auf Grundlage der Nationalstaaten überhaupt nicht fähig sein werde, Kriege zu verhindern. Trotzdem wurde die *III. Etappe*, 1945, in Form der UNO, der »Organisation der Vereinten Nationen«, wieder auf nationaler Basis aufgebaut. Die meisten Teilnehmerstaaten hatten der UNO beträchtliche Stücke ihrer souveränen Rechte zu opfern, während die fünf Großen, die Hauptmächte, in lebenswichtigen Fragen sich ihre souveräne Verfügung vorbehielten, im sogenannten Veto-Recht. Zwischen den fünf Hauptmächten kam es nun innerhalb der UNO zum gleichen Vorgang wie in der II. Etappe, im Völkerbund. Das Veto-Recht sprengte diese Mächte auseinander. Sie wurden – viel schneller als in der Genfer Institution – der UNO überdrüssig und bildeten wieder unter sich gegnerische Bündnisgruppen. Das Ergebnis ist, daß schon jetzt, wenige Jahre nach der Geburt, mühsame Versuche gemacht werden, die UNO am Leben zu erhalten. Zwei große Gruppen, die amerikanisch-atlantische und die asiatische, stehen sich gegenüber, Kontinent gegen Kontinent. Einen Zusammenprall beider halten viele für unvermeidlich. Soviel läßt sich also schon heute sagen, daß, *wenn* der Friede bewahrt bleibt, das Verdienst daran nicht bei der UNO zu suchen ist.

Wohin treiben wir nun auf der Suche nach einer Friedensgarantie? Wie es scheint nach einer neuen Ordnung, wiederum auf nationaler Basis, wobei, falls der friedliche Interessenausgleich versagt, das Übergewicht des jeweils stärkeren Nationalstaats nebst seinem Anhang die schwächere Gruppe niederhalten würde. Die *IV. Etappe*, die sich ankündigt, ist also die Diktatur *einer* Weltmacht. Sie würde sich durchsetzen entweder als Siegerin in einem neuen Weltkrieg oder auch – ein unsicheres Beginnen – durch den Druck ständiger Überflügelung der anderen im Rüstungswettlauf. Wahrscheinlicher ist der Fall eines neuen Weltkriegs, der aber schon in sich durch die unvermeidliche Waffenwirkung seinen Sinn in Unsinn verwandeln würde.

Anstelle eines vom Stärksten geleiteten Überstaats denken

darum manche bereits an eine ganz andre Dachkonstruktion, die man als *V. Etappe* bezeichnen könnte, nämlich an eine civitas mundi unter einer Weltregierung, abhängig von einem Weltparlament, worin die Staaten als solche aufgehen würden. Statt der bisherigen Unterteilung nach Nationen – wie in der S.d.N. oder in der UNO – würden in diesem Weltparlament nationale Verwürfelungen die Regel sein, sei es durch soziale Gruppierung der Mitglieder, wie sie im B.I.T. (Bureau International du Travail) in Genf bestand – sei es in weltanschaulicher oder sonstwie gearbeiteter Gliederung. Die eindeutige Ordnung nach Nationen wäre auf alle Fälle aufgelöst.

Da ist der Phantasie viel Spielraum gegeben, wie eine solche Weltregierung arbeiten würde. Würde sie parlamentarisch verfahren, nach Mehrheitsbeschlüssen entscheiden, die Beschlüsse durchsetzen oder so zum guten Ziele kommen können? Es liegt ja nah, daß der Streit der Interessen sich nun von der nationalen auf die soziale und weltanschauliche Ebene verlagern und daß anstelle nationaler Streitigkeiten nunmehr weltweite Klassen- und Religionskämpfe auszutragen wären. Schon heute trägt der Ost-West-Gegensatz – UdSSR contra USA – halb und halb diesen Charakter, und selbst alte nationale Demokratien sind innerhalb ihres Bereichs vor Klassenkämpfen nicht gefeit, obschon sie in der Konkurrenz mit anderen Nationalstaaten einen Mahner und Regulator haben und im Mittel des Emigrierens Unzufriedener ein Sicherheitsventil. Ein Weltüberstaat wäre dagegen konkurrenzlos, also ohne äußeren Regulator, und das Auswandern nach dem Mond ist noch nicht erfunden.

Man kann sich darum fragen, ob die Verhinderung zwischenstaatlicher Kriege – sei es durch eine Diktatur des Starken, sei es durch einen demokratischen Weltüberstaat – nicht doch ziemlich teuer erkauft wäre. Verdrängt man nicht einfach auf diese Weise die störenden Erreger, so daß diese dann im Menschheitsorganismus irgendwo weiterwuchern? Ist der Kampf, so oder so, nicht eben doch ein Stück des ewigen Prozesses von Spannung und Lösung, woraus das Leben überhaupt besteht? Allgemeine Gleichmacherei und – wie im Märchen – das Dasein glücklich und in Freuden zu genießen, das kann ja nicht der Sinn einer neuen Welt-Ära sein.

Wir dürfen es indessen getrost der Zukunft überlassen, wie

sie mit der Gefahr allgemeiner Langeweile oder auch verdrängter und weiterwuchernder aggressiver Triebe fertig wird, nachdem es einmal gelungen sein sollte, zwischenstaatliche Kriege auszuschalten. Denn auch hiervon sind wir ja noch reichlich weit entfernt. Der heutige Gleichgewichtszustand ist labil; seine Entladung wäre perniziös, ein demokratischer Weltüberstaat problematisch. Rein organisatorisch ist den Egoismen eben letzten Endes doch nicht beizukommen, ganz gewiß nicht einfach durch ihre Unterdrückung. Selbst Napoleon I., der doch von Organisation und Gewalt etwas verstand, sagte auf St. Helena im Testament an seinen Sohn: »Ich habe versucht, Europa mit Waffen zu bändigen. Wer nach mir kommt, wird es zu überzeugen haben, denn immer wird der Geist den Degen besiegen.« Nun will ich dem alten Napoleon keine moralischen Skrupel andichten. Vermutlich verstand er unter »Geist« den Kampfgeist Kämpfender und nicht den Geist von Friedensfreunden, die den Kampf überhaupt vermeiden möchten. Auf diese aber gerade kommt es an, wenn man den Krieg verhüten will. Denn letzten Endes ist jede ungehemmte Selbstsucht eine Bedrohung des Friedens.

Da wären wir also in Utopia. Denn wie könnte man jedem soviel Einsicht und soviel Selbstlosigkeit zutrauen oder anerziehen, wie ich sie hier anscheinend fordre. Aber: diese Forderung geht nicht an alle, sondern an eine tonangebende Elite. Auch fordre ich keine mönchische Selbstlosigkeit, sondern nur den Willen, die öffentliche Moral der privaten Moral so weit anzunähern, daß die ungeregelte Selbsthilfe ausgeschlossen ist, mit anderen Worten: Einigkeit gegen einen gemeinsamen abstrakten Feind, nämlich den ungehemmten Egoismus.

Das ist eigentlich nichts Neues. Dieses Bestreben gehörte schon immer zu den Gewohnheiten jeder einsichtigen Diplomatie. Die Haager Friedenskonferenzen hatten einen Hauch davon. Im Völkerbundspakt war der gleiche Gedanke inkorporiert, nämlich durch gütlichen Ausgleich die Ursachen der Konflikte zu beheben, statt gleich Gewalt gegen Gewalt zu setzen. Ähnliches findet sich in der Verfassung der UNO wieder. Am Erfolg hat es freilich bisher gefehlt.

Was nun?

Keinesfalls resignieren. Weder im Organisatorischen noch im Erzieherischen. Beide, Organisation und Erziehung, bedingen einander und müssen sich gegenseitig fördern, etwa wie Gesetz und Moral, Kirche und Religion.

Im Organisatorischen drängt sich – anstelle der oben skizzierten IV. und V. Etappe – ein neues Schema auf, und zwar nach vorhandenen Vorbildern: Erprobte Verfassungen haben zwei Kammern. Häufig sind in der Ersten die Einzelländer, die Bundesmitglieder als solche vertreten, während in der Zweiten die Abgeordneten ohne Rücksicht auf ihre engere Heimat sich nach sozialer oder weltanschaulicher Eigenart gruppieren. Im Zusammenspiel beider Kammern vollzieht sich der Ausgleich der Interessen.

Weshalb sollte ein Weltüberstaat nicht ähnlich zu ordnen sein, nämlich mit einer Gesetzgebung durch ein Landsthing und ein Volksthing, zwei Häuser, zwischen denen die Bedürfnisse der Länder, als die nationalen Wünsche einerseits und diejenigen der Klassen, Konfessionen usw. andererseits, ausgetragen werden. Warum sollen so nicht alle Interessentengruppen zu Wort kommen und nach Kräften befriedigt werden, wenn zu dieser Organisation von der anderen Seite als Korrelat noch das Erzieherische hinzukommt?

Was heißt »das Erzieherische«?

Vielleicht hilft der Schreck vor der modernen Waffenwirkung die Menschen gerade bei ihrem Egoismus packen und sie durch die Vernunft belehren, daß nur noch Selbstbescheidung nützt, daß Krieg nicht mehr lohnt, daß er sogar wahrscheinlich Selbstmord ist. So betrachtet finde ich die Entwicklung der modernen Bombenungeheuer gar kein Unglück. Ich behaupte aber nicht, daß *diese* Selbstbelehrung völlig ausreicht. Es muß noch etwas anderes hinzukommen, und da weiß ich als ultima ratio nichts als das Gesetz der Nächstenliebe.

Eine billige Redensart behauptet, dieses Gesetz habe sich in 2000 Jahren nicht durchgesetzt, es sei gescheitert. Für uns hier genügt es, wenn eine führende Minderheit sich daran hält. Freilich, wer jeden Fortschrittsglauben ablehnt, wird auch da nur lächeln. Er mag dann ohne Hoffnung bleiben.

Meine Lebenserfahrung ist eine andere. Auf einem so wesentlichen und zugleich so schwer zugänglichen Gebiet wie dem der Kriegsverhütung darf man sein Wollen nicht einengen nach Erkenntnis und Vernunft. Man darf da vor dem Irrationalen nicht haltmachen, sondern muß es einbeziehen. Diese Lehre habe ich mir erst nachträglich gebildet und hätte es früher tun sollen. Das kann ich wohl mein Lebensunglück nennen.

In der Auflehnung gegen den Krieg habe ich versucht, den Weg der nüchternen Sachlichkeit zu gehen. Das war ein Fehlschlag. Der Erfolg aber entscheidet.

Was ich hätte tun sollen, war, das Unmögliche zu versuchen. Bleibt ein solcher Einsatz vergeblich, so ist er doch das packendere Vorbild für die Zukunft. Am nachhaltigsten förderte noch immer der seine Überzeugung, der sich ihr ganz opferte.

Damit bin ich wieder am Anfang der Betrachtung. Wer so denkt, muß sich dazu bekennen.

Erklärung der achtzehn Atomwissenschaftler vom 12. April 1957

Die Pläne einer atomaren Bewaffnung der Bundeswehr erfüllen die unterzeichneten Atomforscher mit tiefer Sorge. Einige von ihnen haben den zuständigen Bundesministern ihre Bedenken schon vor mehreren Monaten mitgeteilt. Heute ist die Debatte über diese Frage allgemein geworden. Die Unterzeichneten fühlen sich daher verpflichtet, öffentlich auf einige Tatsachen hinzuweisen, die alle Fachleute wissen, die aber der Öffentlichkeit noch nicht hinreichend bekannt zu sein scheinen.

1. Taktische Atomwaffen haben die zerstörende Wirkung normaler Atombomben. Als »taktisch« bezeichnet man sie, um auszudrücken, daß sie nicht nur gegen menschliche Siedlungen, sondern auch gegen Truppen im Erdkampf eingesetzt werden sollen. Jede einzelne taktische Atombombe oder -granate hat eine ähnliche Wirkung wie die erste Atombombe, die Hiroshima zerstört hat. Da die taktischen Atomwaffen heute in großer Zahl vorhanden sind, würde ihre zerstörende Wirkung im ganzen sehr viel größer sein. Als »klein« bezeichnet man diese Bomben nur im Vergleich zur Wirkung der inzwischen entwickelten »strategischen« Bomben, vor allem der Wasserstoffbomben.

2. Für die Entwicklungsmöglichkeit der lebenausrottenden Wirkung der strategischen Atomwaffen ist keine natürliche Grenze bekannt. Heute kann eine taktische Atombombe eine kleinere Stadt zerstören, eine Wasserstoffbombe aber einen Landstrich von der Größe des Ruhrgebiets zeitweilig unbewohnbar machen. Durch Verbreitung von Radioaktivität könnte man mit Wasserstoffbomben die Bevölkerung der Bundesrepublik wahrscheinlich heute schon ausrotten. Wir kennen keine technische Möglichkeit, große Bevölkerungsmengen vor dieser Gefahr sicher zu schützen.

Wir wissen, wir schwer es ist, aus diesen Tatsachen die politischen Konsequenzen zu ziehen. Uns als Nichtpolitikern wird man die Berechtigung dazu abstreiten wollen; unsere Tätigkeit, die der reinen Wissenschaft und ihrer Anwendung gilt und bei der wir viele junge Menschen unserem Gebiet zuführen, belädt uns aber mit einer Verantwortung für die möglichen Folgen dieser Tätigkeit. Deshalb können wir nicht zu allen politischen Fragen schweigen. Wir bekennen uns zur Freiheit, wie sie heute die westliche Welt gegen den Kommunismus vertritt. Wir leugnen nicht, daß die gegenseitige Angst vor den Wasserstoffbomben heute einen wesentlichen Beitrag zur Erhaltung des Friedens in der ganzen Welt und der Freiheit in einem Teil der Welt leistet. Wir halten aber diese Art, den Frieden und die Freiheit zu sichern, auf die Dauer für unzuverlässig, und wir halten die Gefahr im Falle des Versagens für tödlich.

Wir fühlen keine Kompetenz, konkrete Vorschläge für die Politik der Großmächte zu machen. Für ein kleines Land wie die Bundesrepublik glauben wir, daß es sich heute noch am besten schützt und den Weltfrieden noch am ehesten fördert, wenn es ausdrücklich und freiwillig auf den Besitz von Atombomben jeder Art verzichtet. Jedenfalls wäre keiner der Unterzeichneten bereit, sich an der Herstellung, der Erprobung oder dem Einsatz von Atomwaffen in irgendeiner Weise zu beteiligen.

Gleichzeitig betonen wir, daß es äußerst wichtig ist, die friedliche Verwendung der Atomenergie mit allen Mitteln zu fördern, und wir wollen an dieser Aufgabe wie bisher mitwirken.

Fritz Bopp
Max Born
Rudolf Fleischmann
Walther Gerlach
Otto Hahn
Otto Haxel
Werner Heisenberg
Hans Kopfermann
Max v. Laue
Heinz Maier-Leibnitz
Josef Mattauch
Friedrich-Adolf Paneth
Wolfgang Paul
Wolfgang Riezler
Fritz Strassmann
Wilhelm Walcher
Carl Friedrich Frhr. v. Weizsäcker
Karl Wirtz

Heidelberger Thesen*

(1959)

These 1

Der Weltfriede wird zur Lebensbedingung des technischen Zeitalters. In der verworrenen Debatte über das Atomproblem suchen die Menschen mit Recht nach einer einfachen Aussage, die zum Leitfaden des Handelns werden könnte. Wir glauben, daß diese Einfachheit nicht in Regeln gefunden werden kann, welche einzelne Handlungen gebieten oder verbieten, wohl aber im Ziel des Handelns. Dieses Ziel muß die Herstellung eines haltbaren Weltfriedens sein.

Früheren Zeiten mußte der Weltfriede als ein wahrscheinlich unerreichbares Ideal erscheinen. Christen mußten geneigt sein, ihn erst mit dem Jüngsten Gericht zu erwarten. Für unser technisches Zeitalter aber wird er zur Lebensbedingung. Er beginnt heute genau deshalb möglich zu werden, weil er notwendig wird. Die Atomwaffe ist nur das heute deutlichste Symptom derjenigen Wandlung des menschlichen Daseins, die ihn zur Bedingung unseres Lebens macht. Das ständige Wachstum der Gebiete, die von einer Zentrale aus regiert werden können, die Reduktion der Anzahl wirklich souveräner Staaten, die wachsende wirtschaftliche Verflochtenheit der Welt sind ebenso wie die unablässige Weiterentwicklung auch aller nichtatomaren Waffen andere Symptome desselben Prozesses.

Die Notwendigkeit des Weltfriedens ist kein Satz des Christentums und erst recht kein schwärmerischer Satz, sondern eine Aussage der profanen Vernunft. Der Weltfriede des tech-

* Sog. »Heidelberger Thesen«. Gemeinsame Erklärung einer Kommission der Evangelischen Studiengemeinschaft, verabschiedet am 28. April 1959. Mitglieder der Kommission: Helmut Gollwitzer, Günter Howe, Karl Janssen, Richard Nürnberger, Georg Picht, Klaus Ritter, Ulrich Scheuner, Edmund Schlink, Wilhelm-Wolfgang Schütz, Carl Friedrich von Weizsäcker. Gastgeber: Hermann Kunst. Gäste: Ludwig Raiser, Erwin Wilkens. Assistent: Eckart Heimendahl.

nischen Zeitalters ist nicht das Paradies auf Erden. Es könnte leicht sein, daß wir ihn nur um den Preis der staatsbürgerlichen Freiheit erhalten werden, zumal wenn er auf dem Wege über einen dritten Weltkrieg zustande käme. Der Friede ist in einer versklavten Welt vielleicht leichter rational zu planen als in einer freien. Äußerster Anstrengung wird es vielleicht bedürfen, nicht damit er überhaupt kommt, sondern damit er nicht über Katastrophen kommt und damit in ihm die Freiheit bewahrt bleibt.

These 2

Der Christ muß von sich einen besonderen Beitrag zur Herstellung des Friedens verlangen. Obwohl die Notwendigkeit des Weltfriedens ein Satz der profanen Vernunft ist, hat die Christenheit auf dem Wege zu ihm eine besondere Aufgabe.

Der rational geplante Friede hat die Zweideutigkeit, die sich zum Beispiel darin zeigt, daß er mit der rational geplanten Sklaverei Hand in Hand gehen könnte. Heute ist die Menschheit hin- und hergerissen zwischen der Angst vor dem Krieg, die sie in Versuchung führt, sich der Sklaverei zu ergeben, und der Angst vor der Sklaverei, die sie in Versuchung führt, den Krieg, zu dem sie gerüstet ist, ausbrechen zu lassen. Die Angst ist der schlechteste Ratgeber. Die Angst ist aber ein Attribut der Welt, und die Steigerung der technischen Mittel, die uns von der Angst vor so vielen Naturkräften befreit hat, hat die Angst vor dem Mitmenschen mit gutem Grund erhöht. Gerade unser vom Verstand erhelltes Zeitalter leidet an dumpfer Angst vor seiner eigenen Unberechenbarkeit. Den Christen und durch sie allen ihren Brüdern ist gesagt: In der Welt habt ihr Angst, aber seid getrost, Ich habe die Welt überwunden. Durch die Christen sollte der Friede Gottes in der Welt wirksam werden, der allein den Frieden der Welt zum Segen werden lassen kann.

Wie kann das geschehen? Wir wenden uns zunächst wieder zu der Aufgabe, die die profane Vernunft vorschreibt.

These 3

Der Krieg muß in einer andauernden und fortschreitenden Anstrengung abgeschafft werden. Die Erkenntnis der Notwendigkeit der Abschaffung des Krieges ist nicht identisch mit seiner tatsächlichen Abschaffung. Seit 1945 finden ständig begrenzte Waffengänge statt. Daß in zukünftigen begrenzten Konflikten Atomwaffen eingesetzt werden, ist möglich, ja wachsend wahrscheinlich. Daß ein solcher Kampf in den totalen Weltkrieg umschlägt, ist jederzeit möglich.

Die Fortdauer der Kriege macht es nötig, ständig weiter an der Humanisierung des Krieges zu arbeiten. Hierzu gehört der unerläßliche Versuch, auch in Zukunft den Einsatz von Atomwaffen in lokalen Konflikten zu verhindern. Wir würden es aber für einen verhängnisvollen Irrtum halten, wollte man in der Fortdauer begrenzter Kriege einen stabilen Zustand sehen. Nicht die Ausschaltung der Atomwaffen aus dem Krieg, sondern die Ausschaltung des Krieges selbst muß unser Ziel sein.

In den Berichten dieses Bandes sind die realen Ansätze besprochen, die hierfür heute bestehen. Die Kapitulation gegenüber einer diktatorischen Weltmacht rechnen wir nicht zu den realen Möglichkeiten. Die Menschheit ist heute dazu nicht bereit. Im übrigen würde die Kapitulation vor der Gewalt, auch wenn sie zunächst äußere Ruhe herstellen mag, den Frieden schwerlich dauerhaft sichern, da siegreiche Gewalt mit sich selbst und mit den Unterdrückten in Konflikt kommen wird. Alle anderen Wege aber sind langwierig, und ihr Erfolg ist ungewiß.

Wir dürfen darüber nicht überrascht sein. Die Gegenwart des Krieges in der Menschheit gleicht einer tausendjährigen chronischen Krankheit. Zahllose Institutionen und Reaktionsweisen setzen seine Möglichkeit voraus. Das gegenwärtige Gleichgewicht des Schreckens bedient sich der fortdauernden Kriegsfähigkeit des Menschen, um den Kriegsausbruch hintan zu halten; es gleicht einer gefährlichen Schutzimpfung mit dem Krankheitsserum selbst. Was wir als äußerstes von ihm erwarten dürfen, ist, daß es uns eine Zeitspanne zur konstruktiven Arbeit am Frieden gewährt.

These 4

Die tätige Teilnahme an dieser Arbeit für den Frieden ist unsere einfachste und selbstverständlichste Pflicht. Die größte Gefahr für den Frieden ist, daß die Zeitspanne, die uns das gegenwärtige Kräftegleichgewicht läßt, in träger Resignation vertan wird. Lähmung ist die schlimmste Wirkung der Angst, Sattheit ist meist nur ihr Deckmantel. Weite und Unsicherheit des Wegs rechtfertigen nicht den Verzicht auf den ersten Schritt.

Über die Aufzählung der bestehenden politischen und völkerrechtlichen Ansätze hinaus ein konkretes Aktionsprogramm zu entwerfen ist nicht die Aufgabe dieses Berichts; dies würde seine, nicht unter diesem Gesichtspunkt ausgesuchten Verfasser überfordern. Wir glauben aber, eines sagen zu dürfen: Für jeden Menschen, zumal wenn er im Besitz staatsbürgerlicher Freiheit ist, bietet sich wenigstens eine Stelle, an der er seinen eigenen Beitrag leisten kann, mag dieser Beitrag auch nur in Handlungen individueller praktischer Nächstenliebe bestehen. Jede Lösung eines Krampfes trägt zur Ermöglichung des Friedens, jeder sinnvolle aktive Gebrauch von Freiheit trägt zur Bewahrung der Freiheit bei. Rings um jeden Menschen, der die Angst überwunden hat, bildet sich eine Zone, in der die Lähmung aufhört. Die Unterschätzung dieser scheinbar kleinen menschlichen Schritte ist eine der tödlichsten Gefahren für die großen Ziele.

These 5

Der Weg zum Weltfrieden führt durch eine Zone der Gefährdung des Rechts und der Freiheit, denn die klassische Rechtfertigung des Krieges versagt. Es ist seit langem die herrschende Lehre der Christenheit gewesen, daß der Christ, auch wenn er auf die Gewalt zum Selbstschutz zu verzichten bereit ist, ihrer zum Schutz seiner Mitmenschen nicht entraten könne. Ihre Anwendung wurde durch Regeln des rechten Gebrauchs eingeschränkt. In bezug auf den Krieg waren diese in der Lehre vom gerechten Krieg zusammengefaßt, die ja nicht eine Rechtfertigung, sondern eine Begrenzung des als unvermeidlich anerkannten Übels des Krieges bezweckte. Krieg sollte nur zur Abwehr größeren Übels und nur so geführt werden, daß er nicht selbst zum größeren Übel wurde. Niemand kann leugnen, daß dieses Prinzip in der Christenheit durch die Jahrhunderte hindurch immer wieder flagrant verletzt worden ist. Aber wenigstens war sein prinzipieller Sinn klar; wenigstens die Möglichkeit seiner Anwendung bestand.

Wir sehen nicht, wie dieses Prinzip auf den Atomkrieg noch angewandt werden kann. Er zerstört, was er zu schützen vorgibt. Wie können wir die Erhaltungsordnung, die der Schöpfer gewollt hat, zur Rechtfertigung atomarer Kriegführung in Anspruch nehmen? Wir brauchen die subjektive Aufrichtigkeit derer nicht in Zweifel zu ziehen, die von der Entwicklung kleiner und sauberer Atomwaffen eine Humanisierung des Atomkriegs erhoffen, ebensowenig wie die Möglichkeit, daß einmal begrenzte Konflikte mit diesen Waffen ausgefochten werden können; aber auch ihre Wirkung ist schlimm genug, und die Gefahr einer Überschreitung so künstlich gezogener Grenzen des Einsatzes vorhandener Waffen ist groß genug, um uns die Errichtung einer neuen stabilen Ordnung humaner Kriegführung mit ihnen als ausgeschlossen erscheinen zu lassen.

Dies aber bedeutet, daß in unserer Welt Lagen eintreten, in denen das Recht keine Waffe mehr hat. Die ultima ratio der kriegerischen Selbsthilfe wird durch die Mittel, deren sie sich bedienen müßte, lebensgefährlich und moralisch unerträglich; eine Instanz, an die sich das bedrängte Recht, die bedrängte Freiheit mit Aussicht auf Erfolg wenden könnte, besteht aber für viele Fälle nicht. Einzelne Völker und Gruppen waren immer in der Geschichte in dieser Lage; heute gewinnt sie eine universelle Bedeutung.

Zusammengefaßt erscheint sie den Bürgern der westlichen Welt in dem Dilemma, ob sie die Rechtsordnung der bürgerlichen Freiheit durch Atomwaffen schützen oder ungeschützt dem Gegner preisgeben sollen. Wir glauben zwar, daß die Berufung auf dieses Dilemma in vielen Fällen ein bloßer Vorwand für eine Politik ist, die in Wahrheit nationale oder persönliche Macht zum Ziel hat. Auch verkennen wir nicht, daß die Bürger kommunistischer Staaten die Überzeugung haben können, daß sie sich bezüglich des Schutzes der ihnen wichtigen Züge ihrer

Gesellschaftsordnung in einem entsprechenden Zwiespalt befinden. Wie aber auch immer das Dilemma ausgedrückt oder umgedeutet werden mag – wir können nicht leugnen, daß es heute tatsächlich die Weltpolitik überschattet.

Wir wenden uns nun zu den Entscheidungen, die dieses Dilemma von uns fordert.

These 6

Wir müssen versuchen, die verschiedenen im Dilemma der Atomwaffen getroffenen Gewissensentscheidungen als komplementäres Handeln zu verstehen. Die Spandauer Synode der EKD von 1958 hat zu diesen Entscheidungen die Sätze gesagt:

»Die unter uns bestehenden Gegensätze in der Beurteilung der atomaren Waffen sind tief. Sie reichen von der Überzeugung, daß schon die Herstellung und Bereithaltung von Massenvernichtungsmitteln aller Art Sünde vor Gott ist, bis zu der Überzeugung, daß Situationen denkbar sind, in denen in der Pflicht zur Verteidigung der Widerstand mit gleichwertigen Waffen vor Gott verantwortet werden kann. Wir bleiben unter dem Evangelium zusammen und mühen uns um die Überwindung dieser Gegensätze. Wir bitten Gott, er wolle uns durch sein Wort zu gemeinsamer Erkenntnis und Entscheidung führen.«

Es ist bisher nicht gelungen, diese Auffassungen miteinander auszugleichen, und es hat nicht den Anschein, als ob es bald gelingen werde. Die Verfasser des vorliegenden Berichts haben in ihre Kommissionsarbeit Überzeugungen mitgebracht, die einen erheblichen Teil der Spannweite überdecken, die in dem Wort der Synode angedeutet ist. Sie haben an sich selbst erfahren, wie schwer es ist, diese Differenzen zu überwinden, und sie haben sich über manche wichtigen Punkte nicht geeinigt. Aus der Erfahrung ihres zweijährigen ständigen Gesprächs heraus glauben sie jedoch, daß der Satz »Wir bleiben unter dem Evangelium zusammen« eine tiefere Bedeutung hat als die einer bloßen gegenwärtigen Duldung des Unversöhnbaren.

Die Liebe muß uns drängen, die Gründe des Bruders, der sich anders entscheidet als wir, mit besonderer Sorgfalt zu prüfen und sie zu verstehen, auch wo wir sie verwerfen. Freilich gibt es Fälle, in denen Verstehen nicht zu duldender Anerkennung führen darf. Wir glauben jedoch, daß es für nach außen entgegengesetzte Entscheidungen im Atomproblem einen gemeinsamen Grund geben kann, von dem aus verstanden sie einander geradezu fordern.

Der gemeinsame Grund muß das Ziel der Vermeidung des Atomkrieges und der Herstellung des Weltfriedens sein. Keine Handlungsweise, die nicht auf diesem Grund ruht, scheint uns für einen Christen möglich. In der gefährdeten und vorbildlosen Lage unserer Welt können aber Menschen von verschiedenem Schicksal und verschiedener Erkenntnis verschiedene Wege zu diesem Ziel geführt werden. Es kann sein, daß der eine seinen Weg nur verfolgen kann, weil jemand da ist, der den anderen Weg geht (vgl. These 11). Mit einem aus der Physik entlehnten Wort nennen wir solche Wege komplementär.

Wir schildern diese Wege und ihre Zusammengehörigkeit, so wie wir sie sehen.

These 7

Die Kirche muß den Waffenverzicht als eine christliche Handlungsweise anerkennen. Der absolute Waffenverzicht der Friedenskirchen ist in früheren Zeiten von den herrschenden Kirchen verurteilt worden. Die Überzeugung breitet sich heute auch bei denen aus, die nicht Pazifisten sind, daß dieser Verzicht als eine den Christen mögliche Haltung anerkannt werden muß. Die Schrecken der Atomwaffen sind so groß, daß wir es als unbegreiflich empfinden müßten, wenn sich ihnen gegenüber ein Christ nicht wenigstens ernstlich prüfte, ob der Verzicht auf sie, ohne Rücksicht auf die Folgen, nicht unmittelbar verständliches göttliches Gebot ist.

Die einzige uns begreifliche Rechtfertigung des Besitzes von Atomwaffen ist, daß ihre Anwesenheit heute den Weltfrieden vorläufig schützt. Ihre Anwesenheit wirkt aber nur, wenn mit ihrer Anwendung für bestimmte Fälle gedroht wird. Die Drohung wirkt nur, wenn die Bereitschaft, Ernst zu machen, vorausgesetzt werden kann. Eine Rechtfertigung ihres tatsächlichen Einsatzes durch die traditionelle Kriegsethik vermögen wir aber (vgl. These 5) nicht mehr zu geben.

Dieser Gedankengang hat nach unserer Ansicht jedenfalls eine allgemeine und eine individuelle Konsequenz.

Die allgemeine Konsequenz ist, daß die Unmöglichkeit einer grundsätzlichen Rechtfertigung des Atom*kriegs* nach der Lehre vom gerechten Krieg ausdrücklich anerkannt werden muß. Über die Frage, ob Atom*rüstung* gleichwohl gerechtfertigt werden kann, siehe These 8.

Die individuelle Konsequenz ist, daß jeder, den sein Gewissen drängt, hieraus die Konsequenz eines vollen freiwilligen Verzichts auf jede Beteiligung an diesen Waffen zu ziehen, von der Kirche in dieser Haltung anerkannt werden muß. Auch wer die entgegengesetzte Entscheidung trifft, weiß nicht, ob nicht jener den Weg gewählt hat, der mehr im Sinne des Evangeliums ist. In Lagen wie diesen erschließt oft genug erst das Wagnis die Erkenntnis, zeigt erst der getane Schritt den festen Boden, auf den der Fuß beim nächsten Schritt gesetzt werden kann.

Daß diese Entscheidung die einzige dem Christen mögliche sei, behaupten wir jedoch nicht. Ob oder unter welchen Umständen sie von der des vollen Verzichts auf jeden Kriegsdienst noch getrennt werden kann, erörtern wir nicht.

These 8

Die Kirche muß die Beteiligung an dem Versuch, durch das Dasein von Atomwaffen einen Frieden in Freiheit zu sichern, als eine heute noch mögliche christliche Handlungsweise anerkennen. Verzichtete die eine Seite freiwillig auf Atomwaffen, so wäre die totale militärische Überlegenheit der anderen Seite damit besiegelt. Wir können nur glauben, daß derjenige, der sich zum *persönlichen* Atomwaffenverzicht entschließt, weiß, was er tut, wenn er sich diese Konsequenz eines *allgemeinen* Verzichts der einen Seite klarmacht. Vorauswissen kann man die Folgen einer solchen Verschiebung der Machtverhältnisse nicht. Aber in dem uns näherliegenden Fall, daß es die westliche Welt wäre, die einen solchen Verzicht leistete, kann wenigstens das Risiko nicht geleugnet werden, daß unsere Begriffe von Recht und Freiheit für unabsehbare Zeiten verlorengingen. Wie weit oder unter welchen Voraussetzungen in der Welt, die dann auf uns wartet, christliches Leben möglich wäre, wissen wir ebenfalls nicht.

Die Beibehaltung der westlichen Atomrüstung strebt an, dieses Risiko zu vermeiden. Sie läuft dafür das Risiko des Atomkrieges. Dies ist die Haltung, die die westliche Welt tatsächlich einnimmt. Wir müssen uns darüber klar sein, daß jeder politische Vorschlag, der in der absehbaren Zukunft Aussicht auf Verwirklichung haben soll, die Beibehaltung dieser Rüstung zum mindesten seitens Amerikas voraussetzen muß.

Dies allein brauchte die Kirche nicht zu bewegen, diese Haltung anzuerkennen. Die Kirche kommt in der Geschichte immer wieder in Lagen, in denen sie zu der einzigen Politik, die zur Zeit Aussicht auf Verwirklichung hat, nein sagen muß. Uns scheint jedoch, daß, da auf beiden Seiten Risiken stehen, die wir als nahezu tödlich empfinden müssen, der Weg des Friedensschutzes durch Atomrüstung heute nicht verworfen werden kann. Es muß nur unbedingt feststehen, daß sein einziges Ziel ist, den Frieden zu bewahren und den Einsatz dieser Waffen zu vermeiden; und daß nie über seine Vorläufigkeit eine Täuschung zugelassen wird.

These 9

Für den Soldaten einer atomar bewaffneten Armee gilt: Wer A gesagt hat, muß damit rechnen, B sagen zu müssen; aber wehe den Leichtfertigen! Für den Christen stellt sich die Frage atomarer Bewaffnung oft weniger als die ihm praktisch entzogene politische Entscheidung über Ja oder Nein solcher Rüstung, sondern als die seines persönlichen Wehrdienstes. Wir glauben, daß hier die Entscheidung im wesentlichen schon mit seinem Eintritt in den Wehrdienst fällt und daß dies öffentlich gesagt werden müßte. Innerhalb einer Armee, die Atomwaffen besitzt, besondere Gruppen von Atomdienstverweigerern zuzulassen dürfte für eine Wehrmacht kaum möglich sein; die Forderung danach scheint uns auch die Entscheidung an die falsche

Stelle zu verlegen. Wir halten es zwar für einen Christen für unmöglich, in einer solchen Armee zu dienen, wenn er diesen Dienst anders als im Sinne der Friedenserhaltung versteht und wenn er nicht annehmen darf, daß seine Regierung ihn ebenso auffaßt. Aber indem er sich dem militärischen Gehorsam unterstellt, erklärt er sich bereit, die größten vorhandenen Waffen gegebenenfalls auch anzuwenden; die Drohung, die ja den Frieden schützen soll, ist sonst illusorisch. Wiederum muß zwar in unserer Lage die militärische Führung mit der Möglichkeit rechnen, daß ein Soldat gewisse Befehle, vom Gewissen gehindert, nicht ausführen wird; auch darum wehe denen, die leichtfertige Befehle geben. Die Maschinerie des Militärs kann sich aus der Teilhabe an der unerträglichen Zwiespältigkeit unserer Situation nicht ausschließen. Aber dies kann für den Soldaten nicht eine grundsätzliche reservatio mentalis rechtfertigen; er kann, so scheint uns, nicht den grauen Rock anziehen, wenn er von vornherein entschlossen ist, im Ernstfall dem Befehl nicht zu folgen.

Wir sprechen hier vom Soldaten, weil sich, zumal für das allgemeine Bewußtsein, an seiner Lage dieses Problem am deutlichsten zeigt. Dieselben Gewissensfragen stellen sich in oft unscheinbarer Form vielen anderen Menschen, z. B. dem, der Waffen herstellt oder herstellen könnte, den Büromitarbeitern und Arbeitskräften in Fabriken und an Baustellen und letzten Endes dem Politiker, dem Parlamentarier und dem Wähler.

Wie fragwürdig diese Lage immer bleibt, zeigt jedoch die folgende Überlegung: sollte es zum Ausbruch eines atomaren Krieges kommen, so könnten wir als Rechtfertigung des Einsatzes dieser Waffen – da wir die traditionelle Rechtfertigung dafür ausdrücklich verworfen haben – nur die Feststellung zulassen, daß die Drohung ohne Bereitschaft zum Ernstmachen sinnlos gewesen wäre; daß also nun die Folgen des Versagens des Friedensschutzes durch diese Drohung eingetreten und von uns zu tragen sind. Der Christ wird dies nicht anders denn als ein Gericht Gottes über uns alle verstehen können.

These 10

Wenn die Kirche überhaupt zur großen Politik das Wort nimmt, sollte sie den atomar gerüsteten Staaten die Notwendigkeit einer Friedensordnung nahebringen und den nicht atomar gerüsteten raten, diese Rüstung nicht anzustreben. Die politische Wirksamkeit der Kirche scheint uns nicht dort am stärksten und am heilsamsten zu sein, wo sie direkt zu politischen Entscheidungen das Wort nimmt. Es gibt aber immer wieder Lagen, in denen der Verzicht auf eine Stellungnahme selbst eine Stellungnahme ist. Nur in diesem Sinne scheint es uns nötig, zu präzisieren, was die Kirche gegebenenfalls den Regierungen sagen soll.

Es schiene uns sinnlos, wenn die Kirche die Weltmächte heute zum Verzicht auf die Atomrüstung bereden wollte. Hingegen ist es ihre Aufgabe, das Bewußtsein ständig wachsen zu lassen, daß der heutige Zustand nicht dauern darf. Ihre Sache war es immer, sich auch dann mit einem Zustand nicht zufriedenzugeben, wenn die Welt ihn für unabänderlich hielt. Leider sind heute oft die Nichtchristen eher bereit, solche Änderungen für möglich zu halten, als die Majorität der Christen.

Den noch nicht atomar gerüsteten Ländern kann die Kirche, so scheint uns, vom Streben nach dieser Rüstung nur abraten. Sie muß den Blick über die Grenzen der einzelnen Nation auf die Gefahren des »Atomaren Chaos« richten. Sie wird das können, ohne in politischen Einzelfragen über das Maß ihrer tatsächlichen Information hinaus Partei zu nehmen.

These 11

Nicht jeder muß dasselbe tun, aber jeder muß wissen, was er tut. Wir sind auf die Kritik gefaßt, das in den obigen Thesen Gesagte sei zu wenig und vermeide die Härte der Entscheidung. Einzelne unter uns haben sich persönlich weitergehend entschieden, als es in einer Formulierung eines mühsam erarbeiteten consensus ausgesprochen werden kann. Niemand kann schärfer als wir empfinden, wie viel wir unentschieden gelassen haben, vermutlich weil wir es nicht tief genug erkannt haben.

Wir wünschen aber klar zu sagen, daß wir eine bloß äußerliche Einheitlichkeit der Entscheidung für noch schlechter hielten als divergierende Entscheidungen, in denen jeder weiß, was er tut. Faktisch stützt heute jede der beiden Haltungen, die wir angedeutet haben, die andere. Die atomare Bewaffnung hält auf eine äußerst fragwürdige Weise immerhin den Raum offen, innerhalb dessen solche Leute wie die Verweigerer der Rüstung die staatsbürgerliche Freiheit genießen, ungestraft ihrer Überzeugung nachzuleben. Diese aber halten, so glauben wir, in einer verborgenen Weise mit den geistlichen Raum offen, in dem neue Entscheidungen vielleicht möglich werden; wer weiß, wie schnell ohne sie die durch die Lüge stets gefährdete Verteidigung der Freiheit in nackten Zynismus umschlüge.

Solche Erwägungen rechtfertigen den heutigen Zustand nicht anders denn als rasch vorübergehenden Übergang. Die Kirche muß sich sagen, daß es erschreckend ist, wie wenig sie vermag. Wir tragen die Sünden der Vergangenheit an unserem Leib. Das Kollektivbewußtsein ist nur zu wenigen und groben Bewegungen fähig. Das Gewissen und die Disziplin einzelner müssen ihm stets vorangehen. Diese zu entfalten ist der Sinn unserer letzten These: Jeder muß wissen, was er tut.

Tübinger Memorandum

(1961)

Eine neue Bundesregierung tritt in diesen Tagen ihr Amt an. Die außenpolitische Lage ist kritisch. In diesem Augenblick wünschen die Unterzeichner die Aufmerksamkeit verantwortlicher Kreise auf eine Gefahr im inneren politischen Leben der Bundesrepublik zu lenken, die unsere Fähigkeit, diese und künftige Krisen zu bestehen, bedroht.

Der Teil des deutschen Volkes, zu dem wir gehören, lebt schon im zweiten Jahrzehnt nach einer vollständigen und begründeten Niederlage wieder in Freiheit und wirtschaftlichem Wohlstand unter einer rechtsstaatlichen Verfassung. Die Arbeit des Volkes, die Hilfe unserer Verbündeten und die Politik der Regierung haben dazu beigetragen. Wir erkennen dies dankbar an.

Aber mit dem Wohlstand ist in breiten Kreisen des Volkes und seiner Führung die Neigung eingezogen, den Blick vor gesellschaftlichen und politischen Übelständen zu verschließen und harten Entscheidungen auszuweichen. Wir können keine der politischen Parteien von dem Vorwurf freisprechen, daß sie dem Volk die Wahrheit, die es wissen muß, vielfach vorenthalten und statt dessen das gesagt haben, wovon sie meinten, daß man es gern hört. Man hat zu oft fiktive Positionen aufgebaut, sich mit taktischen Erfolgen begnügt und den Ernst unserer Lage am Rande der westlichen Welt verschleiert.

Der Vorwurf trifft ebenso einen großen Teil unserer Öffentlichkeit. Einem Politiker, der auf Wählerstimmen angewiesen ist, fällt es nicht leicht, der öffentlichen Meinung entgegen zu handeln. So können Lagen entstehen, in denen die Politiker darauf angewiesen sind, daß auch Staatsbürger, die selbst nicht im aktiven politischen Leben stehen, auf vordringliche politische Notwendigkeiten hinweisen. Dieses Ziel hat die Unterzeichner dieses Memorandums zusammengeführt. Jeder von uns kennt in dem Bereich, den er übersieht, gefährliche Beispiele politischer und sozialer Illusionen, mangelnder Planung und fehlender Voraussicht. Wir sind bereit, den politisch Verantwortlichen und der Öffentlichkeit hierüber Rede zu stehen.

Aus der Fülle politischer Aufgaben greifen wir fünf Ziele heraus, deren Erreichung nötig und möglich, aber durch den Zustand unserer öffentlichen Meinung gehemmt ist:

1. aktive Außenpolitik
2. militärisch effektive, politisch behutsame Rüstungspolitik
3. richtig begrenzte, aber energische Maßnahmen zum Bevölkerungsschutz
4. unnachgiebige und planvolle Sozialpolitik
5. durchgreifende Schulreform.

Wir erläutern die Ziele in Stichworten.

Außenpolitik

Vor uns liegen schwierige internationale Verhandlungen über Deutschland. Niemand wird von der Bundesregierung erwarten, daß sie in einem solchen Augenblick vorzeitig Positionen aufgibt und Ansprüche verschenkt. Der Staatsbürger, der den Inhalt der laufenden, nicht offiziellen Gespräche nur unvollständig erfährt, kann keine Vorschläge machen, wie sie im einzelnen geführt werden müssen. Stellung nehmen kann und muß er aber zu dem, was er sieht: zu den außenpolitischen Grundkonzeptionen der Regierung und zu der Reaktion der öffentlichen Meinung. Beides erfüllt uns mit Besorgnis. Die Außenpolitik der Regierung erscheint uns zu einseitig defensiv. Die Reaktionen der Öffentlichkeit bewegen sich in der Unwirklichkeit einer Atmosphäre, die mit ihrer Mischung aus überhöhten Ansprüchen und dumpfer Angst alle Gebiete der Politik durchzieht.

Wir stehen im Kampf um die Freiheit von West-Berlin; wir stehen darüber hinaus im Kampf um das Selbstbestimmungsrecht der Deutschen in der DDR. Beide Forderungen gehören zum unabdingbaren Grundbestand jeder überhaupt denkbaren deutschen Politik. Von unseren westlichen Verbündeten erwarten wir, daß sie im Kampf um die Freiheit von West-Berlin das Risiko eines nuklearen Krieges auf sich nehmen und daß auch sie die Selbstbestimmung der Deutschen in der DDR langfristig als eines der wichtigsten Ziele der westlichen Politik festhalten. Wir können beide Forderungen nur deshalb erheben, weil wir damit nicht ausschließlich nationale Interessen verfolgen, sondern uns auf die Menschenrechte der Freiheit und der Selbstbestimmung berufen dürfen, deren Verteidigung das westliche Bündnis dient. Unser Kampf für eine moralisch und rechtlich unanfechtbare Sache ist aber dadurch erschwert, daß das Vertrauen auch der westlichen Welt zu Deutschland durch Hitlers Machtpolitik und durch den Krieg gänzlich zerstört worden ist. Die großen Erfolge, die Bundeskanzler Adenauer in der Wiederherstellung eines Vertrauensverhältnisses zu unseren westlichen Verbündeten erzielt hat, dürfen nicht darüber hinwegtäuschen, daß das Mißtrauen gegen Deutschland auch in der Politik der Westmächte ein latenter, aber deshalb nicht weniger wichtiger Faktor geblieben ist. Dies lehrt jeder Blick in eine ausländische Zeitung. In dieser Lage war es ein bedenklicher Weg, die auf die Menschenrechte gegründete Forderung nach Aufrechterhaltung der Freiheit in West-Berlin und nach der Selbstbestimmung der Deutschen in der DDR mit dem nationalen Anliegen nicht nur der Wiedervereinigung, sondern darüber hinaus der Wiederherstellung der Grenzen von 1937 zu verknüpfen. Die internationale Diskussion der letzten Monate hat gezeigt, daß auch unsere unabdingbaren Rechte durch diese Politik in der Weltöffentlichkeit in ein zweifelhaftes Licht gerückt worden sind. Die deutsche Position in der gegenwärtigen Krise wurde dadurch geschwächt, daß wir an Ansprüchen festgehalten haben, die auch bei unseren Verbündeten keine Zustimmung finden. Wir sagen nichts Neues, wenn wir die Ansicht aussprechen, daß zwar die Freiheit der in Berlin lebenden Menschen ein von der ganzen Welt anerkanntes Recht ist, daß aber das nationale Anliegen der Wiedervereinigung in Freiheit heute nicht durchgesetzt werden kann und daß wir den Souveränitätsanspruch auf die Gebiete jenseits der Oder-Neiße-Linie werden verloren geben müssen.

Wir glauben zu wissen, daß politisch verantwortliche Kreise aller Parteien die von uns ausgesprochene Ansicht teilen; aber aus innenpolitischen Rücksichten scheuen sie sich, die Erkenntnis, die sie gewonnen haben, öffentlich auszusprechen.

Eine Atmosphäre, die es der politischen Führung unmöglich macht, dem Volk die Wahrheit zu sagen, ist vergiftet. Wir werden den Krisen der kommenden Monate nicht gewachsen sein, wenn es nicht möglich ist, die Öffentlichkeit auf eine Entwicklung vorzubereiten, die schon im Gange ist und die Schritte erfordert, die unser Volk binnen kurzem wird anerkennen und gutheißen müssen.

Als das wichtigste Beispiel für Möglichkeiten einer aktiven Außenpolitik nennen wir die Normalisierung der politischen Beziehungen zu den östlichen Nachbarn Deutschlands. Ohne sie ist eine dauerhafte Lösung der Grundprobleme der deutschen Politik nicht denkbar. Die Neuordnung der internationalen Politik, die im Gange ist, enthält Chancen für sie. Zu Beginn einer Wiederherstellung des Vertrauens wird ein Bündel von Maßnahmen nötig sein, zu denen gehören können: materielle Wiedergutmachung, Nichtangriffspakte und etwa die Aufforderung an Warschau, geeigneten rückkehrwilligen Deutschen die Rückkehr in die Heimat zu gestatten. Die Anerkennung der Oder-Neiße-Grenze mag in vergangenen Jahren außenpolitisch ein denkbares Handelsobjekt gewesen sein. Heute schließen wir uns der Meinung jener Sachverständigen an, die glauben, daß die öffentliche Anerkennung dieser Grenze, im Rahmen eines umfassenden Programms der obengenannten Art, unsere Beziehungen zu Polen entscheidend entlasten, unseren westlichen Verbündeten das Eintreten für unsere übrigen Anliegen erleichtern und der Sowjetunion die Möglichkeit nehmen würde, Deutschland und Polen gegeneinander auszuspielen.

Rüstung und Bevölkerungsschutz

Die Bundesrepublik muß in der Rüstungspolitik auch unter großen Opfern und Anstrengungen klar zu den von ihr übernommenen Verpflichtungen des westlichen Bündnisses stehen, bis die Politik der großen Mächte eine allgemeine oder regionale Verminderung der Rüstung ermöglicht. Oberster Gesichtspunkt muß heute die möglichst reibungslose Eingliederung in die westliche Rüstungs- und Verteidigungsplanung sein.

Es ist nicht unsere Absicht, in die uns unbekannten Details schwebender rüstungspolitischer Verhandlungen einzugreifen. Allgemein aber läßt sich soviel sagen: Unter den Nationen der Welt breitet sich heute der Wunsch nach dem Besitz von Atomwaffen unter nationaler Souveränität immer mehr aus. Dieser Wunsch ist vielfach mit illusionären Hoffnungen auf eine weltweite Abrüstung verbunden oder wird doch der Öffentlichkeit gegenüber dadurch getarnt. Wir halten es für die Pflicht der politisch Verantwortlichen in der ganzen Welt, den Nebel solcher Illusionen zu zerstören und den Gefahren entgegenzutreten, die eine solche Politik für alle Nationen beschwört.

In besonderem Maße gilt dies für die Bundesrepublik. Zu einer Stunde, in der wir von unseren Verbündeten erwarten, daß sie zur Verteidigung von West-Berlin die größten Risiken auf sich nehmen, können wir für uns nicht eine Bewaffnung fordern, durch die eine einheitliche westliche Verteidigungsplanung militärisch nicht gefördert und die Einheit des politischen Handelns der westlichen Welt gefährdet wird. Da wir dem westlichen Bündnis angehören, können wir ohne Einbuße an militärischer Sicherheit im Felde der Rüstung auf nationale Prestige- und Machtpolitik verzichten; das ist für uns leichter als für die neutralen Staaten. Der oft gehörte Satz, wir könnten nicht verantworten, unsere Truppen dem Gegner mit schlechteren Waffen gegenüberzustellen, erscheint uns als ein Ausdruck des Mißtrauens gegen unsere Bundesgenossen, während doch die Befestigung des bestehenden Vertrauensverhältnisses die einzige Garantie unserer Sicherheit ist. Innerhalb des westlichen Bündnisses muß die Verteilung der Bewaffnung auf die verschiedenen Kontingente ausschließlich Sache rationaler militärischer Planung und politischer Zweckmäßigkeit sein. Es ist unbestritten, daß auch heute starke konventionell ausgerüstete Verbände notwendig sind. Daß diese Aufgabe im Rahmen der westlichen Verteidigungsplanung für den Aufbau der nationalen Armeen der europäischen Länder den Vorrang hat, versteht sich von selbst. Das Streben nach einer nationalen oder europäischen Atomrüstung, die uns von Amerika unabhängig machen könnte, scheint uns militärisch illusorisch und politisch gefährlich.

Wie immer die Bundeswehr ausgerüstet wird, jedenfalls ist

die Vorbereitung eines Schutzes der Bevölkerung gegen die Gefahren möglicher Kriegshandlungen der Großmächte ein elementares Gebot der Menschlichkeit. Auch der beste Schutz wird unvollkommen bleiben müssen; es wäre aber unverantwortlich, das Volk in dem Glauben zu lassen, Rüstung könnte solchen Schutz ersetzen. Vor allem ist eine umfassende und gründliche Unterrichtung der Bevölkerung über die von ihr selbst zu treffenden Vorkehrungen (z. B. mit Lebensmittelvorräten) und über das Verhalten im Ernstfall nötig. Eine Reihe anderer europäischer Länder, wie Dänemark, die Schweiz u. a., haben dafür ein Beispiel gegeben. Wir begrüßen es, daß jetzt die ersten Schritte in dieser Richtung getan werden. Aber diese Maßnahmen werden nur Erfolg haben, wenn die Regierung ihre volle Autorität dahinter stellt. Wir können den Politikern aller Parteien den Vorwurf nicht ersparen, daß sie den Bevölkerungsschutz durch Jahre hindurch aus Rücksicht auf die öffentliche Meinung vernachlässigt oder doch ohne jeden Nachdruck betrieben, zum Teil sogar positiv gehindert haben.

Sozialpolitik und Kulturpolitik

Es wäre eine Illusion zu meinen, die Verteidigung gegen den Kommunismus sei in erster Linie Sache der Außenpolitik und der Rüstung. Die Entscheidung darüber, ob unsere Gesellschaftsordnung der Herausforderung durch den Kommunismus gewachsen ist, fällt auf den Gebieten der Sozialpolitik und der Kulturpolitik, die nur in ihrem wechselseitigen Zusammenhang richtig verstanden und vernünftig geplant werden können. Die sehr komplexen Fragen, um die es hier geht, können hier nicht eingehend erörtert werden; wir beschränken uns auf einige grundsätzliche Bemerkungen.

Es ist der Sozial- und Wirtschaftspolitik der vergangenen Jahre gelungen, in Verbindung mit der allgemeinen Hebung des Lebensstandards ein beträchtliches Maß an individueller Freiheit und sozialer Sicherheit, an Wohlstand und an Wohlfahrt zu erreichen. Aber die soziale Grundordnung ist nicht schon deshalb gesund, weil es im Augenblick den meisten gutgeht. Ihr Bestand wird davon abhängen, ob sie die Prinzipien der Selbstverantwortung und der Solidarität klar miteinander zu verbinden weiß. Selbstverantwortung heißt, daß der selbständige Mensch seine Kraft wahrt, den Wechselfällen des Lebens von sich aus zu begegnen. Solidarität bedeutet, daß der einzelne in der Gemeinschaft klar umrissene Pflichten und einen klar umrissenen Schutz findet. Diese Forderungen lassen sich nur durch eine wohldurchdachte, gerechte und unnachgiebige Wirtschafts- und Sozialpolitik erfüllen. Aber statt einen umfassenden sozialpolitischen Plan aufzustellen und entschlossen auch gegen Widerstände zu verwirklichen, ist die Regierung immer wieder in eine Sozialpolitik der planlosen Wahlgeschenke abgeglitten. Vor der Aufgabe einer Sozialversicherungsreform ist sie zurückgewichen; die Behandlung der Krankenversicherung war ein böses Beispiel kurzsichtigen taktischen Verhaltens. In der Wirtschaftspolitik ist der Kampf gegen Kollektiv- und Einzelmonopole auf halbem Wege steckengeblieben. Die Landwirtschaft erhält hohe Subventionen, die aber in großem Umfange nur der Erhaltung des Bestehenden dienen, während es darauf ankäme, die Hilfe nach sorgfältiger Überlegung darauf zu konzentrieren, daß die notwendige Umstellung auf rationale Betriebsweisen erleichtert wird. Überall drängen sich taktische Konstellationen des Augenblicks zu stark in den Vordergrund. Damit ist der Kampf um die Sicherung unserer Gesellschaftsordnung nicht zu gewinnen.

Im Zusammenhang mit der im vollen Gang befindlichen Umschichtung unserer Gesellschaft hat das technische Zeitalter uns vor neue Bildungs- und Ausbildungsanforderungen gestellt, denen bisher kein Zweig unseres Bildungswesens gewachsen ist. Das öffentliche Bewußtsein hat noch nicht begriffen, daß in der Welt des 20. Jahrhunderts das wirtschaftliche Potential und die politische Selbstbehauptung eines Staates vom Stande seines Bildungswesens abhängig sind. Eine durchgreifende Neuordnung unseres Erziehungs- und Bildungswesens ist heute zu einer politischen Aufgabe ersten Ranges geworden. Sie muß sozial gerechte Methoden der Begabungsauslese einführen, muß der ländlichen Jugend gleiche Bildungschancen eröffnen wie der städtischen und muß es ermöglichen, den steigenden Bedarf an qualifizierten Nachwuchskräften der verschiedenen Bildungsstufen zu befriedigen. Diese Reform droht an der Schwerfälligkeit unseres föderativen Systems der Kulturverwaltung zu scheitern. Sie ist aber als gemeindeutsche Aufgabe so dringlich wie der Ausbau der wissenschaftlichen Hochschulen und Forschungseinrichtungen. Wie dort müssen darum auch hier neue Wege zur Zusammenarbeit von Bund und Ländern gefunden werden, die eine einheitliche Planung und Entscheidung der Grundsatzfragen ermöglichen.

Tübingen, den 6. November 1961

Gezeichnet:
Rechtsanwalt Hellmut Becker, Kreßbronn
Präses D. Dr. Joachim Beckmann, Düsseldorf
Intendant D. Klaus v. Bismarck, Köln
Professor Dr. Werner Heisenberg, München
Dr. Günter Howe, Heidelberg
Dr. Georg Picht, Hinterzarten
Professor Dr. Ludwig Raiser, Tübingen
Professor Dr. Carl Friedrich Freiherr v. Weizsäcker, Hamburg

Bedingungen des Friedens

(1963)

Als erstes danke ich dem Börsenverein des Deutschen Buchhandels für die Verleihung seines Friedenspreises. Ich danke den drei Rednern, die vor mir gesprochen haben und deren Worte für mein heutiges Anliegen hilfreich waren. Ich danke der Stimme der Freundschaft.

Bei der ersten Nachricht habe ich einen Augenblick gezaudert, ob ich diesen Preis annehmen dürfe. Hat jemand von uns, und gar ich, genug für den Frieden getan? Ist der Friede soweit gesichert, daß man für ihn einen Preis verleihen kann?

Aber man soll diesen Preis wohl nicht als Anerkennung einer vollzogenen Leistung verstehen, sondern als Unterstützung einer fortdauernden Anstrengung. Diese Anstrengung ist freilich nicht die Arbeit eines einzelnen. Ich bin heute aufgefordert, als einer von vielen und im Namen dieser vielen zu sprechen. Man bittet mich wohl insbesondere zu sprechen im Namen des Kreises der Atomphysiker, weitergespannt der Naturforscher, überhaupt der Wissenschaftler. Der Wissenschaft ist in den letzten beiden Jahrzehnten der Friede in einer vorher nicht geahnten Weise zu ihrem besonderen, unausweichlichen Problem geworden.

In den vergangenen Jahren habe ich mehrmals, teils gemeinsam mit Kollegen und Freunden, teils allein, öffentlich gesagt, was meiner Überzeugung nach heute in unserem Lande politisch notwendig ist. Die Bereitschaft zu solchen Äußerungen erscheint mir als staatsbürgerliche Pflicht. Ich habe nichts von dem damals Gesagten zurückzunehmen und bin bereit, mich, wenn es nötig scheint, wieder zu konkreten Anliegen des Tages zu äußern. Heute habe ich aber ein anderes Ziel. Ich will über die allgemeinen Bedingungen sprechen, unter denen alle konkreten Einzelentscheidungen beurteilt werden müssen. Die politischen Reaktionen, die man bei uns öffentlich zu sehen bekommt, sind zu sehr von zwei Elementen bestimmt: Lethargie und blinder Emotion. Beide machen denselben Fehler; sie verzichten aufs Denken. Jeder, der mit überlegten Vorschlägen an die Öffentlichkeit tritt, macht die bittere Erfahrung, daß die Kritik und oft auch die Zustimmung an Einzelheiten hängenbleibt, die nur vor dem Hintergrund eines Bildes der gesamten Weltlage beurteilt werden könnten. Diese Weltlage ist kompliziert; sie stellt unser Denken vor schwierige Probleme. In der vereinfachenden Weise, die in einer halbstündigen Rede allein möglich ist, will ich von diesen Problemen sprechen. Bitte verkennen Sie hinter dem kühlen Ton der Analyse nicht, daß diese Analyse auf die Ermöglichung sicherer Tritte auf dem praktischen Weg zum Frieden zielt.

Ich spreche also von den Bedingungen des Weltfriedens. Beim Nachdenken über sie sind verschiedene Aufgaben zu unterscheiden. Es gibt so etwas wie eine politische Generalstabsarbeit, die eine »Strategie der Friedenssicherung« entwirft. Diese Arbeit muß sich aufs Detail einlassen. Es ist eine der Stärken der heutigen amerikanischen Politik, daß sie sich auf solche Arbeit stützen kann. Wir werden dieser Politik weder gute Bundesgenossen noch, wenn das einmal nötig sein sollte, gute Kritiker sein, wenn wir nicht ebenso planen lernen. Es ist mein Anliegen, im Sinne solcher Planung zu sprechen. Ich kann Ihnen jedoch nicht Ergebnisse derartiger Arbeit vortragen. Sie ist in unserem Land erst in den Anfängen, und in ihren Einzelheiten ist sie nicht mein Beruf. Aber diese Planung vollzieht sich vor dem vorgegebenen Hintergrund der Struktur der heutigen und der Möglichkeiten der morgigen Welt. Über diese Struktur und diese Möglichkeiten nachzudenken gehört zu meinem Beruf; über sie will ich sprechen. Die besonderen Angelegenheiten Deutschlands werde ich dabei nur in einzelnen Bemerkungen streifen.

Ich beginne mit drei Thesen:

1. Der Weltfriede ist notwendig.
2. Der Weltfriede ist nicht das goldene Zeitalter.
3. Der Weltfriede fordert von uns eine außerordentliche moralische Anstrengung.

Diese Thesen scheinen mir heute schon fast selbstverständlich. Nehmen wir sie ernst, so folgt aber viel aus ihnen. Ich wiederhole sie daher, zunächst mit wenigen erläuternden Sätzen:

1. Der Weltfriede ist notwendig. Man darf fast sagen: der Weltfriede ist unvermeidlich. Er ist Lebensbedingung des technischen Zeitalters. Soweit unsere menschliche Voraussicht reicht, werden wir sagen müssen: Wir werden in einem Zustand leben, der den Namen Weltfriede verdient, oder wir werden nicht leben.

2. Der Weltfriede ist nicht das goldene Zeitalter. Nicht die Elimination der Konflikte, sondern die Elimination einer bestimmten Art ihres Austrags ist der unvermeidliche Friede der technischen Welt. Dieser Weltfriede könnte sehr wohl eine der düstersten Epochen der Menschheitsgeschichte werden. Der Weg zu ihm könnte ein letzter Weltkrieg oder blutiger Umsturz, seine Gestalt könnte die einer unentrinnbaren Diktatur sein. Gleichwohl ist er notwendig.

3. Eben darum fordert der Weltfriede von uns eine außerordentliche moralische Anstrengung. Er ist unsere Lebensbedingung, aber er kommt nicht von selbst, und er kommt nicht von selbst in einer guten Gestalt. Seit die Menschheit besteht, hat es, soweit wir wissen, den Weltfrieden nicht gegeben; etwas Beispielloses wird von uns verlangt. Die Geschichte der Menschheit lehrt, daß das bisher Beispiellose oft eines Tages verwirklicht wird. Dies geschieht nicht ohne außerordentliche Anstrengung; und wenn der Friede menschenwürdig sein soll, muß die Anstrengung moralisch sein.

Ich gehe nun ins einzelne, und gleichsam als Überschrift wiederhole ich die Thesen ein drittes Mal mit je einem begründenden Zusatz:

Der Weltfriede ist notwendig, denn die Welt der vorhersehbaren Zukunft ist eine wissenschaftlich-technische Welt.

Der Weltfriede ist nicht das goldene Zeitalter, sondern sein Herannahen drückt sich in der allmählichen Verwandlung der bisherigen Außenpolitik in Welt-Innenpolitik aus.

Der Weltfriede fordert von uns eine außerordentliche moralische Anstrengung, denn wir müssen überhaupt eine Ethik des Lebens in der technischen Welt entwickeln.

Wie sehen diese Zusammenhänge im einzelnen aus?

1. Der Weltfriede ist notwendig, denn die Welt der vorhersehbaren Zukunft ist eine wissenschaftlich-technische Welt. In-

wiefern ist sie eine wissenschaftlich-technische Welt? Wie tief greifen ihre Forderungen? Inwiefern macht sie den Frieden notwendig? Ich wähle die primitivsten Beispiele, versuche sie aber weit genug zu verfolgen.

Die Technik ernährt uns. Was haben Sie heute zum Frühstück gegessen oder getrunken? Vom dänischen Ei über das Brötchen aus kanadischem Weizen zum Kaffee aus Brasilien sind diese Lebens- und Genußmittel auf rationalisierte, technische Weise erzeugt, mit modernen technischen Mitteln herbeigebracht, frischgehalten, gebacken, gekocht. Eine Erinnerung zwanzig Jahre zurück genügt, uns klarzumachen, was geschieht, wenn uns diese Apparatur nicht mehr zuverlässig bedient. Heute müssen die Entwicklungsländer sich industrialisieren und ihre Landwirtschaft technisieren, wenn sie dem nackten Hunger entgehen wollen. Unsere eigene Landwirtschaft wird andererseits in der Weltkonkurrenz höchstens noch bestehen können, soweit sie sich entschlossen modernisiert; wo das nicht zureichend gelingt, werden staatliche Subventionen nur ihr Ende hinauszögern. Die technische Welt gewährt uns zwar ein Leben in bisher beispielloser Fülle materieller Güter. Aber die Gesetze ihres Funktionierens sind nicht minder erbarmungslos als die des Lebens in der Natur.

Warum sind denn viele Völker der Erde heute vom nackten Hunger verfolgt? Ich gehe hier nicht auf das große Problem der richtigen Güterverteilung ein, das schon zur Welt-Innenpolitik gehört. In den vortechnischen Jahrtausenden gab es keinen großen Welthandel mit den elementaren Nahrungsmitteln, und diese Völker haben doch, wenngleich mit periodischen Hungersnöten, zu essen gehabt. Warum? Damals war die Bevölkerungszahl über lange Zeiten etwa konstant, oder die Landnahme konnte mit ihr Schritt halten. Die wissenschaftliche Einsicht und die technischen Mittel der modernen Medizin und Hygiene haben ein vorerst unaufhaltsam scheinendes Wachstum der Bevölkerungszahlen in Gang gebracht. Wissenschaft und Technik scheinen uns wohl mit Recht nirgends so segensreich wie in der Medizin. Eben dieser Segen wird hier zur Quelle des vielleicht schwierigsten Lebensproblems unserer Zeit. Welche Abhilfen gibt es? Ich sehe nur zwei, die Aussicht bieten, in der Breite Erfolg zu haben, und zwar indem sie zusammenwirken; beide gehören selbst der Welt der Technik und der wissenschaftlichen Medizin an: Vermehrung der Lebensmittelproduktion und Beschränkung der Geburtenzahl.

Der Vermehrung der Lebensmittelproduktion als vordringlichem Ziel dient die Technisierung der Entwicklungsländer mit dem durch sie erzwungenen Umsturz uralter Gesellschaftsordnungen. Auf diesem Weg ist viel zu erhoffen. Aber eines Tages muß die Geburtenzahl zum Stehen kommen, denn die Erde ist endlich, und der Weltraum ist der Massenauswanderung verschlossen. Je später die Geburtenzahl zum Stehen kommt, desto schärfere Anforderungen werden an das Gewebe der Produktion und Verteilung gestellt, desto verletzlicher wird also der Apparat, an dem die Ernährung der Menschheit hängt. Ungestörtes Funktionieren der Weltwirtschaft setzt den Weltfrieden voraus; schon aus diesem Grunde ist er notwendig. Die Geburtenzahl ihrerseits wird nicht aus biologischen Gründen zum Stehen kommen; wenigstens bietet unsere Kenntnis der Gesetze des Lebens keinen Anlaß zu einer so bequemen Hoffnung. Ihre Beschränkung wird also entweder als eine sich durchsetzende Sitte oder aus Anordnung des Staates kommen. So tief wird der Mensch in der wissenschaftlich-technischen Welt genötigt, in seine Natur und in die Ausübung seiner Freiheit einzugreifen. Die ethischen und weltinnenpolitischen Folgen dieser Tatsachen versuche ich hier nicht auszumalen.

Heute schon allen sichtbarer geht die Notwendigkeit des Friedens aus der Entwicklung der Waffentechnik hervor. Wissen erzeugt Macht. Die Atomphysik, aus rein wissenschaftlichem Interesse entstanden, hat uns die Möglichkeit der Atomwaffen eröffnet. Der politische und gesellschaftliche Zustand der Menschheit ist so, daß von einer solchen Möglichkeit Gebrauch gemacht wird, einerlei ob einzelne sich der Teilnahme verweigern. Als Erkenntnis ist die Möglichkeit der modernen Waffen nicht mehr auszurotten; in diesem Sinne müssen wir für alle vorhersehbare Zukunft mit der Bombe leben. Dennoch kann ein manifester Akt der Verweigerung der Teilnahme an ihr seinen Sinn haben. Er kann darauf hinweisen, daß der politische und gesellschaftliche Zustand der Menschheit, der diese Gefahr mit sich bringt, geändert werden muß.

Es gibt ab und zu Phasen vorübergehender Selbststabilisierung im historischen Prozeß, die wie ein Eingriff einer gnädigen Vorsehung, wie eine uns zur Nutzung gewährte Frist erscheinen. So ist heute die Gefahr des großen Kriegs gerade durch die Erkenntnis der vernichtenden Wirkung dieser Waffen gemindert. Aber das behutsame Verfahren der führenden Staatsmänner ist selbst ein Akt schwer errungener Einsicht. Diese Einsicht bedarf der Ausarbeitung im Detail. Sie bedarf der Expertenarbeit; sie bedarf einer Wissenschaft und Technik oder, wie ich eingangs sagte, einer Strategie der Friedenssicherung. Die technische Welt stabilisiert sich nicht von selbst; sie stabilisiert sich, soweit Menschen sie zu stabilisieren lernen.

Deshalb ist der bewußt gewollte, geplante und herbeigeführte Weltfriede Lebensbedingung des technischen Zeitalters. Vergleichen wir den Weg zu diesem Frieden mit der Besteigung eines noch nicht bezwungenen Felsenbergs. In früheren Jahrhunderten stieg die Menschheit durch Geröllhalden, in denen ein häufiges Zurückgleiten unvermeidlich, aber nicht tödlich war. Heute nähern wir uns der Gipfelregion. Sie bietet hartes Gestein; das Gestein historischer Notwendigkeit. In ihr kann man vielleicht sicherer steigen als früher. Aber man muß steigen wollen, und man muß es technisch können; und ein Ausgleiten hier oben ist wahrscheinlich tödlich.

Hierzu noch eine letzte klarstellende Bemerkung. Wie manche andere habe ich in den letzten Jahren gelegentlich öffentlich gesagt, ein mit planmäßigem Einsatz der verfügbaren Waffen heute geführter Weltkrieg würde vermutlich die Menschheit nicht völlig ausrotten. Ich habe das gesagt, weil mir wichtig schien, daß wir in allen Erwägungen das Maß behalten. Ich bin dann gelegentlich so zitiert worden, als dürfe hieraus abgeleitet werden, ein Krieg sei unter Umständen immerhin noch zu verantworten. Ich kann mir keinen törichteren und schrecklicheren Mißbrauch meiner Äußerungen denken. Freilich wissen wir alle, daß die Regierungen der Weltmächte heute auf die Drohung mit einer letzten Bereitschaft zum nuklearen Krieg noch nicht zu verzichten vermögen. Aber diese Staatsmänner wissen selbst am besten, daß sie dabei zugleich mit dem Selbstmord alles dessen drohen, was sie selbst zu verteidigen wünschen. Wer diesen Krieg überleben würde – und in Europa würden es wenige sein –, der würde nur bedauern, daß er nicht unter den Toten ist. Von Freiheit und Demokratie würde nachher schwerlich noch die Rede sein, sondern von Hunger, Radioaktivität und der letzten Hoffnung auf eine starke Hand. Der billige Ausweg aus dem Nachdenken, der lautet »entweder es bleibt Friede, oder wir sind alle tot« – dieser Ausweg ist uns versperrt.

2. Wir haben bereits den Fragenkreis der Weltpolitik betreten. Die zweite These lautete: Der Weltfriede ist nicht das goldene Zeitalter, sondern sein Herannahen drückt sich in der allmählichen Verwandlung der bisherigen Außenpolitik in Welt-Innenpolitik aus. Unter dem Titel Welt-Innenpolitik werde ich hier zwei verschiedene, aber beide aus der Vereinheitlichung der Welt entspringende Phänomene beschreiben: die Entstehung übernationaler Institutionen und die Beurteilung weltpolitischer Probleme mit innenpolitischen Kategorien.

Daß Außenpolitik kleinerer in Innenpolitik größerer politischer Einheiten übergeht, ist ein uns aus der Geschichte vertrauter Vorgang. Es sind noch keine hundert Jahre verflossen, seit zum letztenmal deutsche Staaten gegeneinander Krieg führten. Damals kämpfte der König von Preußen gegen die Könige von Bayern, von Württemberg, von Hannover und den Kaiser von Österreich. Der jungen Generation von heute ist das schon fast unvorstellbar. Die Interessen- und Temperamentsdifferenzen der deutschen Stämme haben seitdem nicht aufgehört, und moralischer ist die Politik inzwischen gewiß nicht geworden. Aber innerhalb des Bismarckschen Reiches und heute innerhalb der Bundesrepublik gab und gibt es verfassungsmäßige Wege zum Austrag der Differenzen. Wo diese Wege, noch nicht einmal durch Gewalt, sondern z. B. durch Unwahrheit verlassen werden, erhebt sich berechtigte und in manchen Fällen erfolgreiche Empörung. Wir müssen hoffen, daß denen, die in hundert Jahren jung sein werden, die vergangenen Kriege zwischen Deutschland und Frankreich, ja die Möglichkeit eines Kriegs zwischen Amerika und Rußland so unbegreiflich sein werden wie unserer Jugend der politische Zustand Deutschlands, der durch die Kriege von 1866 und 1870 beendet wurde.

Das ist heute nur eine Hoffnung; und was mag zwischen uns und ihrer Verwirklichung noch liegen? Eine, freilich zweischneidige, Realität hingegen ist, daß sich die Menschen heute schon die Spannungen zwischen den Mächten immer mehr nur noch in der Sprache innenpolitischer Ideologien begreiflich machen können. Die meisten Menschen im Westen sind überzeugt, daß demokratische Staaten ihre Differenzen stets friedlich regeln könnten und nur der Kommunismus und allenfalls nationalistische Diktatoren uns mit Krieg bedrohten. Genau analog scheint den Kommunisten chinesischer Observanz der Krieg durch das bloße Dasein des Kapitalismus unausweichlich, und auch die russische Observanz sieht im Kapitalismus die Quelle des Unfriedens in der Welt. Auch die neu sich formierenden asiatischen und afrikanischen Nationen sind überzeugt, gegen ein Prinzip, den Kolonialismus, zu kämpfen.

Dieser Glaube an die Dominanz innenpolitischer Prinzipien ist zweischneidig, denn er ist zum Teil eine Selbsttäuschung. Machtkörper wie die Imperien und wie nationalistische Nationen haben noch heute die Tendenz zum ungezügelten Ausgreifen und, gegebenenfalls, zum Rückerwerb verlorener Gebiete. Diese Tendenz hat 1914 die einander so ähnlich gewordenen europäischen Kulturnationen in den selbstmörderischen Krieg gegeneinander gehetzt. Wir dürfen daher unsere Hoffnung nicht allein auf den Sieg der uns als richtig erscheinenden Ideologie setzen. Wir müssen vielmehr, quer durch die Ideologien, langsam, behutsam und mit unbeirrbarer Zähigkeit diejenigen Elemente staatlicher Souveränität abbauen, die es den Staaten möglich machen, Krieg aus freiem Entschluß zu beginnen.

Ein Teil dieses Bemühens sind die seit langem fortlaufenden Verhandlungen über Abrüstung. Es ist gleich gefährlich, sie zu über- wie zu unterschätzen. Man darf sie nicht überschätzen: Abrüstung ist technisch und politisch gleich schwer durchzusetzen, und sie löst die bestehenden Konflikte nicht. Sie muß ergänzt und wohl erst ermöglicht werden durch die Schaffung politischer Wege zum Austrag von Konflikten. Ich glaube, daß sie eines Tages in die Übertragung des Polizeimonopols an eine internationale Behörde einmünden muß. Davon sind wir noch sehr weit entfernt. Man darf die Abrüstung aber auch nicht unterschätzen. Die Arbeit an ihr ist ein ständiger Anreiz, eben diese notwendigen weiteren internationalen Regelungen auszubilden. Zudem ist Verachtung des Abrüstungswillens eine der Brutstätten jenes Zynismus, aus dem die Katastrophen hervorgehen. Ich sehe mit Kummer, wie der politische Provinzialismus der Bundesrepublik sich z. B. im Fehlen einer breiteren Schicht von Kennern der »Strategie der Abrüstung« dokumentiert; ich zitiere damit den deutschen Titel eines amerikanischen Buches, in dem die Abrüstungsaspekte der Strategie der Friedenssicherung dargestellt sind. Verstünden wir mehr von diesen Fragen, so würden wir vielleicht weniger in Versuchung sein, uns auf Grund spezieller nationaler Interessen, so wichtig sie für uns sind, notwendigen internationalen Schritten in den Weg zu stellen.

Allgemein gilt: der Friede muß nicht nur durch friedfertige Absichten, sondern durch feste übernationale Institutionen gesichert werden. Absichten und Gefühle wechseln von Land zu Land, von Generation zu Generation; der Friede aber muß alle Länder umfassen und die Generationen überdauern. Diese Institutionen müssen so gut wie möglich den heranreifenden innenpolitischen Strukturen einer sich vereinheitlichenden Welt angepaßt sein. Welches sind diese Strukturen? Welche Ziele müssen wir dem Willen zum Fortschritt und zur Bewahrung setzen, der in jedem Land und jeder Generation immer von neuem erwacht?

Wir im Westen halten mit vollem Recht die Freiheit für ein unaufgebbares politisches Gut. Wir sind damit in unserem Jahrhundert zeitweilig in die Defensive gedrängt. Aber auch in der heutigen Welt ist Freiheit, richtig durchdacht, der eigentlich fortschrittliche Gedanke. Für den größeren Teil der Welt ist innenpolitische Freiheit vor allem deshalb schwer erreichbar, weil sie als konkretes Ziel fast noch zu früh kommt. Diese Völker lösen sich erst in unserem Jahrhundert aus der alten feudalen Ordnung. Sie müssen sich modernisieren, sie müssen einen angemessenen Grad sozialer Gleichheit erreichen, und sie träumen oft einen – angesichts der wahren Verflechtung der modernen Welt – altmodischen Traum nationaler Unabhängigkeit. All dies ist ohne eine starke Staatsgewalt nicht zu erreichen. Diese aber, meist Kind einer Revolution, sichert sich gegen neuen Umsturz auf Kosten der Freiheit der Staatsbürger.

Wir werden den in die Modernität eintretenden Nationen diese Phase oft nicht ersparen können. Vielleicht dürfen wir uns hier daran erinnern, daß in der west- und mitteleuropäischen Geschichte das wichtigste Sprungbrett zur institutionell gesicherten Freiheit die Rechtsgleichheit und Rechtssicherheit war. Der Staat des Absolutismus aber hatte an der Schaffung dieser Rechtsordnung, die ihn schließlich abzulösen gestattete, ein erhebliches Verdienst. Daher ist auch in der Welt-Innenpolitik, gerade auch in der Auseinandersetzung mit dem Kommunismus, die Schaffung und Verteidigung zuverlässiger rechtsstaatlicher Formen im Innern der Staaten und durchsetzbarer rechtlicher Normen im Verkehr zwischen ihnen ein vordringliches Ziel; dies ist ein Ziel, das überall auf der Welt persönlichen Einsatz unter Gefahr rechtfertigt. Rechtsstaatlichkeit ist die Grundlage bürgerlicher Freiheit; Freiheit ohne bindende Rechtsordnung vernichtet sich selbst.

Zugleich aber müssen wir die Freiheit dem heutigen und kommenden Gesellschaftszustand gemäß neu denken und müssen dementsprechend handeln lernen. Terror ist ja eigentlich ein plumpes und altmodisches Mittel. Das moderne Problem heißt: Freiheit und Planung. Moderne Industriegesellschaften wie einerseits die der atlantischen Nationen, andererseits die der Sowjetunion werden einander unmerklich immer ähnlicher; dies geschieht unter der Decke widerstreitender Ideologien und echter Gegensätze politischer Gewohnheiten und politischen Gefühls. Die technischen Notwendigkeiten erzwingen ein weitgehend geplantes Leben, und mit oft kaum erkennbarem Zwang, mit ökonomischem Druck und der Verlockung des Lebensstandards werden die Menschen dem Plan eingefügt. Wenn es in unserer Welt noch eigentliche menschliche Freiheit geben soll, so bleibt uns nicht erspart, auch den Raum dieser Freiheit zu planen. Ein Plan ohne Freiheit wird sich in einer fortschreitenden technischen Welt am Ende als unterlegen, ja als funktionsunfähig erweisen; er widerspricht der Natur des Menschen, der diese Technik und ihren Fortschritt trägt.

Ein konkretes Beispiel für die notwendige Planung der Freiheit mag genügen: das Bildungswesen. In unserer Welt ist für jeden Menschen eine angemessene Ausbildung Bedingung desjenigen sozialen Status, in dem allein er das ihm mögliche Maß an Freiheit betätigen kann. Diese Ausbildung aber erfährt er als Folge staatlicher Planung (oder Planlosigkeit) in einem jugendlichen Alter, in dem er noch nicht für sich selbst entscheiden kann. So entscheidet die Planung des Bildungswesens mit darüber, ob wir Staatsbürger haben werden, die der Freiheit fähig sind.

3. Der Weltfriede fordert von uns eine außerordentliche moralische Anstrengung, denn wir müssen überhaupt eine Ethik des Lebens in der technischen Welt entwickeln.

Was bedeutet Ethik der technischen Welt?

Ihre Grundlage ist nicht neu. Die alte Ethik der Nächstenliebe reicht aus, wenn wir sie auf die Realitäten der neuen technischen Welt anwenden; und wenn wir sie hier nicht anwenden, so ist es uns mit ihr nicht Ernst. Das revolutionärste Buch, das wir besitzen, das Neue Testament, ist nicht erschöpft. Viele Strukturen der modernen Welt stammen aus ihm, nur sind sie hier einseitig aufs Konkrete, Diesseitige angewandt; sie sind, wie man sagt, säkularisiert. Ich nenne diesen Hintergrund hier, aber ich analysiere ihn nicht. Ich will versuchen, das Wenige, was ich noch zu sagen habe, aus der inneren Gesetzmäßigkeit der technischen Welt selbst zu entwickeln. Damit versuche ich, nicht von ethischen Postulaten auszugehen, sondern von der Vernunft. Der Zusammenhang zwischen beiden ist eng. Wahre Vernunft, auf die Praxis angewandt, setzt sich notwendigerweise auch in ethische Postulate um. Was aber unserer Vernunft die Augen geöffnet hat und, wo wir sie nicht zu gebrauchen wissen, immer wieder öffnet, ist die Stimme der Nächstenliebe, die wir einmal gehört haben.

Es gibt eine eigentümliche Faszination der Technik, eine Verzauberung der Gemüter, die uns dazu bringt, zu meinen, es sei ein fortschrittliches und ein technisches Verhalten, daß man alles, was technisch möglich ist, auch ausführt. Mir scheint das nicht fortschrittlich, sondern kindisch. Es ist das typische Verhalten einer ersten Generation, die alle Möglichkeiten ausprobiert, nur weil sie neu sind, wie ein spielendes Kind oder ein junger Affe. Wahrscheinlich ist die Haltung vorübergehend notwendig, damit Technik überhaupt entsteht. Reifes technisches Handeln aber ist anders. Es benützt technische Geräte als Mittel zu einem Zweck. Den Raum der Freiheit planen kann nur der Mensch, der Herr der Technik bleibt.

Mir liegt daran, klarzumachen, daß diese reife Haltung nicht der Technik fremd, sondern erst die eigentlich technische Haltung ist. Jedes einzelne technische Gerät ist von einem Zweck bestimmt; es ist so konstruiert, daß das Zusammenwirken aller seiner Teile eben diesem Zweck dient. Kein Gerät ist Selbstzweck. Eine technische Zivilisation, deren Glieder sich gegenseitig hindern, gefährden und zerstören, ist technisch unreif. Eine Technik, die sich als Selbstzweck gebärdet, ist als ganze auf einer niedrigeren Entwicklungsstufe als ihre einzelnen Apparate; sie ist als ganze noch untechnisch.

Wir müssen also ein Bewußtsein für den richtigen, den technischen Gebrauch der Technik gewinnen, wenn wir in der technischen Welt menschenwürdig überleben wollen. Das verlangt eine moralische Anstrengung, die sich in einer positiven Moral, einer gefestigten Sitte niederschlagen muß. Wir sollen, nach Kant, so handeln, daß wir die Menschheit – wir würden heute sagen das Menschsein – in jedem Menschen nicht nur als Mittel, sondern als Zweck verstehen. Als leitende Regel muß gelten: Kein Mensch ist ein Gerät, und Geräte dürfen nur zum Nutzen, nicht zum Schaden der Menschen gebraucht werden. Das wachsende Bewußtsein von dieser Regel wird sich manifestieren in der Herausbildung fester verbindlicher Formen des Umgangs mit der Technik. Die Medizin, die seit Jahrtausenden eine auf Wissen beruhende Technik und die aus ihr fließende Macht kennt, kennt auch diese bindende Regel seit Jahrtausenden; sie kennt den Hippokratischen Eid. In der Technik des Alltags, wie etwa im Straßenverkehr, lernen wir alle sie heute nach und nach respektieren. Im großen wirtschaftlichen Zusammenhang ist sie gegen das scheinbare Einzelinteresse durchgesetzt worden oder muß noch durchgesetzt werden, wie in Fragen der Slums und der Abholzung oder heute der Abgase und Abwässer. Die technischen Waffen schließlich haben eine Perfektion erreicht, die die Ausschaltung des Kriegs zu einer vordringlichen Forderung der technischen Ethik macht.

Diese Forderung ist dem heutigen Menschen bewußt; er verzagt nur oft gegenüber ihrer Realisierbarkeit. Wir befinden uns in einer Übergangszeit, in der der große Krieg schon schlechthin verwerflich, aber doch noch möglich ist. So ist auch unser ethisches Verhalten zur Möglichkeit des Kriegs ein unsicheres Verhalten des Übergangs. Einige versuchen heute schon streng nach derjenigen Ethik zu leben, die eines Tages wird die herrschende sein müssen, und verweigern jede Beteiligung an der Vorbereitung auf den möglichen Krieg. Andere, die die Forderung nicht minder deutlich verstehen, versuchen inmitten der heute noch geltenden Normen für die Festigung einer rechtlichen und freiheitlichen Friedensordnung zu wirken. Beide tun etwas Notwendiges; etwas, das zu tun sich jemand bereit finden muß.

Am klarsten sollte das Bewußtsein von der Notwendigkeit, den Frieden zu sichern, bei den Menschen entwickelt sein, die den technischen Waffen am nächsten stehen: den Wissenschaftlern, deren Forschung sie ermöglicht; den Soldaten, die sie anwenden müßten; und den Politikern, die noch am ehesten Mittel haben, ihre Anwendung zu vermeiden. Aber jeder dieser Stände bleibt noch hinter seiner Aufgabe zurück. Der Wissenschaftler zieht sich oft in den elfenbeinernen Turm der reinen Forschung zurück, und daß das nicht ausreicht, möchte ich gerade der wissenschaftlichen Jugend sagen; wo sich aber der Wissenschaftler den politischen Folgen seiner eigenen Forschung stellt, muß er erst lernen, die verwickelte politische Realität gedanklich zu durchdringen. Dem Soldaten fällt es heute noch schwer, an eine so tiefgreifende Verwandlung der Welt zu glauben. Der Politiker schließlich ist gezwungen, mehrere Eisen im Feuer zu haben; er vertritt, so ernst es ihm mit dem Frieden sein mag, stets zugleich das Interesse seiner Partei, seiner Nation. Alle brauchen den Antrieb und den Rückhalt oder Widerstand eines Bewußtseins aller Menschen, auch derer, die unter ihrem Kommando stehen oder ihnen ihre politische Stimme geben; des klar herausgearbeiteten und zu Opfern bereiten Bewußtseins, daß Krieg nicht mehr sein darf.

Der weltpolitische Zyklus

(1965)

Das politische Gefüge der Welt ist höchst verwickelt. Keinem Praktiker oder Theoretiker der Politik bleibt es erspart, sich gewisse einfache Begriffe zurechtzulegen, mit denen er sich dieses Brodeln der Kräfte näherungsweise faßbar macht. Anschließend an eine heute verbreitete Unterscheidung schlage ich vor, drei mögliche Grundfiguren der weltpolitischen Vorgänge im vor uns liegenden Jahrzehnt und vielleicht darüber hinaus zuerst getrennt und dann im Zusammenwirken zu betrachten.

Ich gehe dabei von der Meinung aus, daß das militärische Potential auch heute noch einer der wichtigsten Machtfaktoren ist. Militärische Großmächte im eigentlichen Sinn gibt es seit 1945 nur noch zwei, und für die Spanne der Zukunft, von der ich heute rede, wird sich das vermutlich auch noch nicht ändern. Ich teile die möglichen Gestalten der Weltpolitik nach dem Verhältnis der beiden Weltmächte zueinander und zur Gesamtheit der dritten Mächte in drei Grundfiguren ein, die ich in der Reihenfolge nenne, in der ich sie nachher besprechen will:

1. Gegnerische Bipolarität,
2. Multipolarität (auch Polyzentrismus oder Pluralismus genannt),
3. Kooperative Bipolarität.

Ich behaupte, daß diese Formen eine Tendenz haben, sich in einem gewissen Zyklus (einem »Regelkreis«) gegenseitig der Reihe nach hervorzubringen.

Die multipolare Weltherrschaft der weißen Rasse vor 1914 führte in die von einem Weltkrieg eingeleitete und von einem Weltkrieg beendete dreißigjährige Krisenzeit, an deren Ende zwei verbleibende militärische Großmächte gemeinsam die dritte niedergekämpft hatten, um alsbald in offener Gegnerschaft auseinanderzutreten. Seit 1946 stand die Welt im Zeichen der feindlichen Bipolarität Amerikas und Rußlands. Daß es zwischen ihnen nicht zum Krieg kam, hatte verschiedene Ursachen, unter denen die Erfindung der Wasserstoffbombe nicht die geringste war. Immerhin möchte ich auch über die anderen Ursachen ein paar Vermutungen äußern. Zunächst waren beide Mächte tief erschöpft vom Krieg, die Sowjetunion vielleicht physisch noch mehr als willensmäßig, die Vereinigten Staaten willensmäßig mehr als physisch. Ferner hatten beide Nationen politische Ideologien, in denen der große imperiale Krieg nur als Mittel der Verteidigung anerkannt war, wenn auch die leninistische Doktrin ihn als unvermeidlich vorherzusagen lehrte. Die realen Probleme der Ordnung der Welt in Europa, Asien und bald auch anderswo zeigten aber beiden die Unvermeidlichkeit einer harten Auseinandersetzung ihrer konkurrierenden Ordnungs- und Machtsysteme; Stalin sah dies vom ersten Tage an, die Amerikaner lernten es widerwillig, aber rasch. Ich weiß kein historisches Beispiel dafür, daß ein derartiges Ringen zweier Kandidaten um die Hegemonie anders als kriegerisch entschieden worden wäre. Ehe aber der Krieg reif war, den alle historische Erfahrung erwarten ließ, trat das historisch Beispiellose ein, daß die Kriegführung sich durch die Größe der verfügbaren Angriffswaffen und das Fehlen einer zuverlässigen Verteidigungswaffe zur gegenseitigen Vernichtung, also praktisch zum gemeinsamen Selbstmord der Gegner auszuwachsen drohte. Der beiderseitigen Einsicht in diese Lage verdanken wir die Entspannung, die seit 1954 unter vielen Rückschlägen doch ständige langsame Fortschritte macht. Der Machtkampf der beiden Hegemonie-Kandidaten ist damit weder entschieden noch vergessen, sondern vorübergehend partiell gelähmt. Die Frage, ob die Welt liberal oder kommunistisch geordnet werden wird, ist ebensowenig entschieden; die Möglichkeit, sie auf lange Zeit unentschieden zu lassen, deutet sich unter dem Titel »Koexistenz« ungewiß an.

Die Lähmung der militärischen Macht durch ihre Übergröße aber gab kleineren Mächten einen politischen Spielraum, den sie ohne diese nicht besessen hätten: die Welt begann, sich multipolar zu formieren. Zwei bedeutende Machtzentren traten wieder hervor: Westeuropa und China. Westeuropa, mit den drei Schwerpunkten Großbritannien, Frankreich, Bundesrepublik Deutschland ist heute wirtschaftlich sehr viel stärker als militärisch, und es ist zu einheitlicher politischer Willensbildung nur begrenzt fähig; aber eben die Lähmung der militärischen Macht steigert die Bedeutung der wirtschaftlichen. China verdankt seiner politischen Einheit und ideologischen Konsequenz, seinem Menschenreichtum und seinen schwer abschätzbaren Entwicklungsmöglichkeiten, insbesondere aber eben der militärischen Paralyse der beiden Supermächte heute eine weltpolitische Machtposition oder mindestens einen Nimbus, der durch sein heute vorliegendes wirtschaftliches und militärisches Potential allein nicht motiviert wäre. Aber auch die Fülle der anderen Nationen, die, gemessen an den Großmächten, militärisch fast machtlos und in ihrer Mehrzahl wirtschaftlich hilfsbedürftig sind, genießen eine politische Bewegungsfreiheit, die man in der Zeit der »Weltherrschaft des weißen Mannes« für undenkbar gehalten hätte. Hier ist ein Wandel des politischen Bewußtseins der Menschheit, ein Erwachen aus dem dumpfen Hinnehmen bestehender Herrschaftssysteme im Gang, dessen Folgen wir noch kaum übersehen können.

Es wäre meines Erachtens irrig, im heutigen Polyzentrismus der Welt schon das Ende der Bedeutung militärischer Macht zu sehen. Hat die feindliche Bipolarität das Entstehen einer multipolaren Welt begünstigt, so bedeutet die Multipolarität eine Einladung an die beiden Großmächte zur kooperativen Bipolarität. Noch auf lange Zeit hinaus ist keine dritte Nation und keine Allianz solcher den beiden Großen militärisch auch nur von ferne gewachsen. Der Grund der gegenseitigen militärischen Lähmung der beiden Großen aber ist ihre politische Gegnerschaft. Sie wären militärisch frei, zu handeln, wenn sie politisch einig wären. Müssen sie sich eigentlich die Erschütterung ihrer Bündnis- und Einflußsysteme durch Mächte zweiter Ordnung und den beginnenden Aufbau der dritten Weltmacht China gefallen lassen, nur weil es ihnen nicht glückt, ihr gegenseitiges Mißtrauen abzubauen? Legt sich nicht die Ordnung der Welt durch eine Pax Russo-Americana nahe? Der Versuch dieser dritten weltpolitischen Struktur, der kooperativen Bipolarität, könnte, nach machtpolitischer Logik gedacht, sehr wohl die kommenden 15 Jahre überschatten. Tastende Schritte in dieser Richtung sehen wir seit Jahren.

Wir betreten hiermit den Raum zukünftiger Möglichkeiten.

Es wäre eine sinnvolle Aufgabe politischer Analyse, Bedingungen, Chancen und Grenzen eines solchen Vorgangs abzuwägen, und ich werde alsbald etwas näher darauf eingehen. Dabei möchte ich vorweg auf die Grenzen hinweisen, die, machtpolitisch beurteilt, diesem dritten Verhaltensschema gesetzt sind. Keine der Gefährdungen und Irritationen durch dritte Mächte hebt schon den Gegensatz zwischen liberaler und kommunistischer Ideologie oder die objektive weltpolitische Konkurrenzsituation der zwei Hegemoniekandidaten auf. Um es in einem Gleichnis zu sagen: Rußland und Amerika spielen gegeneinander eine Schachpartie und müssen nur die im Zimmer herumtollenden Kinder hindern, das Brett umzuwerfen; aber die Partie werden sie gleichwohl weiterspielen, bis der Sieg des einen von beiden oder das Remis – falls es das gibt – feststeht. Gemessen an den Dimensionen dieses Spiels ist nur China mehr als ein tollendes Kind. Gerade eine partiell erfolgreich kooperative Bipolarität enthält den Anlaß zur Rückkehr in die gegnerische Bipolarität.

Diesen sich schließenden Kreis von Ursachen und Wirkungen könnte man den weltpolitischen Zyklus nennen. Was haben wir nun von der weiteren Zukunft zu erwarten? Wird sich die Welt doch in einer der drei Strukturen stabilisieren? Wird sie den Zyklus, vielleicht sogar mehrfach, durchlaufen? Oder wird sie aus den hier besprochenen Strukturen und ihrem Kreis in ein ganz anderes politisches Schicksal übertreten?

Dafür, daß keine der drei Strukturen in sich selbst stabil ist, habe ich soeben Gründe angeführt. Jede von ihnen enthält starke Motive zum Übertritt in die nächstfolgende. So gesehen, sollte man bis auf weiteres ein Durchlaufen des Zyklus erwarten.

Aber auch der Zyklus als ganzer ist schwerlich auf die Dauer stabil. In jeder der drei Strukturen besteht eine Gefahr, daß sie, direkt oder indirekt, in den großen atomaren Weltkrieg umschlägt. Eben deshalb gibt es andererseits Anlaß zu dem Versuch, aus dem Zyklus wechselnder Konstellationen von Mächten, welche den Krieg jederzeit auslösen könnten, irgendwie in eine institutionell gesicherte Friedensordnung überzugehen. Daher ist es für uns das Wichtigste, die Gefahren und Chancen innerhalb des Zyklus – Gefahren der Katastrophe, Chancen der permanenten Stabilisierung – genauer zu prüfen.

Keine der drei Gestalten der Weltpolitik ist – so sagte ich – gegen den Übergang in einen Weltkrieg gesichert, obwohl jede gewisse, ihr eigentümliche Friedenschancen enthält.

Am gefährlichsten ist wohl die gegnerische Bipolarität. Manche politische Wendungen der vergangenen 20 Jahre kann man nur verstehen, wenn man die beiderseits erwogenen, aber nicht geführten Kriege strategisch durchspielt. Wie prekär ist eine Friedenssicherung, die darauf angewiesen ist, daß keiner der Gegner sich eine hinreichende Siegeschance ausrechnen kann! Das Gleichgewicht des Schreckens wäre an dem Tage zu Ende, an dem z.B. eine der beiden Seiten früher als die andere eine effektive Antirakete entwickelt hätte. Wenn es in einem solchen Fall weder zum Präventivkrieg noch zur politischen Kapitulation des dann Schwächeren kommen wird, dann höchstens, weil die Weltpolitik bis dahin genug Elemente einer permanenten Friedensordnung enthalten wird, um dem Stärkeren die ihm mögliche Machtausübung aus nichtmilitärischen Rücksichten heraus zu verbieten. Es ist leichtfertig, zu hoffen, unsere eigene Seite werde in diesem Fall der Stärkere sein und werde zudem die Vernunft des Handelns bewahren. Bessere Stabilitätsgarantien müssen zuvor entwickelt werden.

Aber auch die Multipolarität ist voller Gefahr. Wenn sie, wie ihre lautstärksten Verfechter wollen, mit der Ausbreitung der Atomwaffen auf mehr Nationen verbunden ist, so sind wir in Zukunft nicht mehr auf die Vernunft zweier Regierungen, sondern auf die von 5 oder 20 oder, eines utopischen Tages, 100 Regierungen der Welt angewiesen. Die politischen Anlässe zum Waffeneinsatz bieten sich in der multipolaren Welt souveräner Staaten ständig. Freilich ist ein Staat, der ein paar Atombomben besitzt, noch keine wirkliche Atommacht. Die Träger- und Steuerungssysteme der Großmächte, die erst konzentrierten Waffeneinsatz ermöglichen, sind noch auf Jahrzehnte nicht einzuholen. Aber jedes auftretende atomare Chaos wird entweder die Weltmächte auf entgegengesetzten Seiten in den Kampf ziehen oder ihre Tendenz steigern, gemeinsam der Gefahr zu steuern, also jedenfalls die multipolare Unordnung beenden.

Dabei enthält andererseits gerade eine multipolare Welt gewisse Ansätze für den Weltfrieden, die im Bipolarismus schwer zu entwickeln sind. Eine Ordnung der Welt, der die Menschen innerlich zustimmen können, muß die Komponente des geschriebenen und appellablen Rechts enthalten. Es muß Sicherheit der Verträge, Schutz des Schwächeren und für Streitigkeiten Verfahrensregeln und Schiedsgerichte geben. Rechtliche Formen aber entwickeln sich auch unter Einzelmenschen nur, wenn mehrere Partner an ihnen teilhaben. Wo nur zwei Partner sind, entstehen Gewohnheiten des Umgangs miteinander, aber keine Rechtsnormen. Für polyzentrische Machtsysteme gilt die schon aus der italienischen Renaissance stammende, im »europäischen Konzert« durch Jahrhunderte bewährte Erfahrungsregel, daß wenigstens fünf Großmächte zum Gleichgewicht nötig sind, so daß jeweils die drei schwächeren die zwei stärkeren kompensieren können. Eine föderative Zentralinstanz mit Waffenmonopol, wie sie meinem Empfinden nach im gesicherten Weltfrieden nötig sein wird, kann fast nur entstehen, wenn der kollektive Wille aller jedem einzelnen Glied an Macht weit überlegen ist. Wie weit der heutige Polyzentrismus hiervon entfernt ist, zeigt die Schwäche der Vereinten Nationen.

Man wird also sagen müssen, daß die wirkliche Chance des Weltfriedens heute genauso weit reicht, als die beiden Großmächte zu seinen Gunsten zu kooperieren bereit sind. Das mindeste ist das bisher erfolgreich geübte Zurückschrecken vor dem Kriegsausbruch, die Beschränkung der Krisen auf begrenzte Felder. Wollten die beiden weitergehen, schließlich bis zur Konstruktion einer stabilen Friedensordnung, so hätten sie dazu die Macht. Doch sind dabei zwei Schranken zu beachten. Die eine ist die vorhin genannte Fortdauer ihrer objektiven Konkurrenzsituation, die sich psychologisch auch in einem vielleicht unüberwindbaren gegenseitigen Mißtrauen äußert. Die zweite liegt in der Unwilligkeit des Restes der Welt, sich einem Diktat der großen Zwei zu fügen. Hier würde sich für die beiden, gerade wenn sie zur engen Zusammenarbeit bereit wären, der Weg gabeln. Der harte Weg wäre es, die gemeinsam beschlossene Regelung mit Gewalt durchzusetzen. Das wäre heute vielleicht nicht ohne einen Krieg gegen China möglich, vor dem sie, ohne sehr manifeste Herausforderung durch China, wohl zurückschrecken werden. Der weiche Weg müßte soviel Polyzentrismus als möglich in das geplante Friedenssystem einbauen, was innen- und außenpolitisch gleichviel Geduld erfordern würde. Vor allem ist die echte Delegation der Macht an eine übernationale Instanz bis auf weiteres wohl für keine der beiden Regierungen innenpolitisch möglich, auch wenn sie sie wünschte. Was auf dem Wege kooperativer Bipolarität vorerst maximal zu erreichen sein wird, sind also wohl Teilbereinigungen von Krisenherden, welche die Souveränität der Weltmächte nicht aufheben, sondern allenfalls vertraglich binden.

In dieser Analyse der Chancen und Gefahren sehe ich die Begründung der These, nach der wir vom institutionell gesicherten Weltfrieden sehr weit entfernt sind, so weit, daß ein qualitativer Sprung dazu nötig scheint. Wie groß die tatsächliche Kriegsgefahr heute ist, bleibt subjektiven Schätzungen überlassen. Ich selbst würde, wenn die kommenden dreißig Jahre von feindlicher Bipolarität (kaltem Krieg) bestimmt wären, angesichts der vielen technischen und politischen Unvorhersehbarkeiten, für diesen Zeitraum dem Kriegsausbruch wenigstens gleiche Chancen wie der Friedenserhaltung geben. Ein rein multipolares System würde meines Erachtens die Kriegsgefahr eher vermehren als vermindern; es würde höchstens die möglichen Kriegsanlässe verschieben. Eine vernünftig den Polyzentrismus einbauende kooperative Bipolarität wäre, solange sie dauert, wohl bei weitem die gefahrloseste vorläufige Ordnung; aber eben ihre Dauer vorherzusagen ist schwer.

Wiedervereinigung Deutschlands und Europas

(1965)

Thesen zur internen Diskussion

Wie alle thesenhaften Formulierungen sind die nachstehenden Sätze Vereinfachungen und Stilisierungen. Ihr Zweck ist, Anhaltspunkte zu geben, an denen Zustimmung oder Widerspruch lokalisiert und dadurch weitere Diskussionen, insbesondere auch die Ausarbeitung anderer als der hier besprochenen Variante unserer Politik, ausgelöst werden können. Für die öffentliche Debatte halte ich solche Thesen für ungeeignet.

A. Grundsätzliches

1. Solange die gegenwärtige weltpolitische Lage in ihren Grundzügen fortdauert, ist eine staatliche Wiedervereinigung Deutschlands unmöglich.

2. Eine deutsche Wiedervereinigung wird nur möglich sein als Teil eines politischen Prozesses, den man Wiedervereinigung Europas nennen kann.

3. Die Wahrscheinlichkeit dafür, daß die Wiedervereinigung Europas *bald*, d. h. innerhalb der nächsten zehn Jahre, in Gang kommt, darf man vielleicht auf 1/3 schätzen.

4. Die Wahrscheinlichkeit dafür, daß die Wiedervereinigung Europas zwar nicht bald, aber *später*, d. h. nach Ablauf eines oder mehrerer Jahrzehnte, eintreten wird, kann man vielleicht wiederum auf 1/3 schätzen.

5. Das letzte Drittel, d. h. die Annahme, die Wiedervereinigung Europas werde in dem unserer politischen Phantasie heute erreichbaren Zeitraum überhaupt nicht anlaufen, erscheint mir nahezu gleichbedeutend mit der Annahme, irgendwann in diesem Zeitraum werde der dritte Weltkrieg stattfinden.

6. Politische Vorbedingungen einer *baldigen* Wiedervereinigung Europas lassen sich heute im Umriß formulieren; dem dienen die Thesengruppen B bis E.

7. Die mögliche politische Gestalt einer *späteren* Wiedervereinigung Europas heute auszumalen wäre ein müßiges Beginnen. Doch gibt es gute Gründe für die Annahme, daß in einigen Jahrzehnten fortdauernder Spaltung Europas und Deutschlands die Eigenstaatlichkeit beider jetziger deutschen Staaten so starke Wurzeln geschlagen haben wird, daß eine dann erst beginnende Neuordnung Europas nur eine gute Nachbarschaft, aber keine Wiedervereinigung der beiden deutschen Staaten zur Folge haben würde.

8. Ein dritter Weltkrieg würde vermutlich vom deutschen Volk höchstens einen dezimierten Rest übriglassen.

9. Es gibt also starke Gründe für die Vermutung, daß eine staatliche Wiedervereinigung Deutschlands entweder auf dem Wege über eine baldige Wiedervereinigung Europas oder überhaupt nicht möglich sein wird.

B. Motive für die Weltmächte

10. Die wichtigste Vorbedingung für eine Wiedervereinigung Europas wäre, daß die beiden Weltmächte ihr gemeinsames Interesse darin fänden, auf diese Weise die zwischen ihnen stehenden europäischen Probleme zu entschärfen.

11. Es ist möglich, aber keineswegs sicher, daß diese Bedingung eintreten wird. Die in den Thesen 3, 4 und 5 benutzten Wahrscheinlichkeiten beruhen vor allem auf meiner Schätzung der Chancen der Erfüllung dieser Bedingung.

12. Die Vereinigten Staaten und die Sowjetunion befinden sich in der objektiven Situation einer Konkurrenz um die Hegemonie in der Welt, aus der sich zu lösen nicht im freien Willen ihrer politischen Führung steht, selbst falls diese es auf beiden Seiten wünschen sollte.

13. Diese Konkurrenzsituation könnte definitiv enden durch *a)* einen Weltkrieg, der wahrscheinlich zur Vernichtung der Machtbasis, vielleicht der Existenz beider Nationen, oder, mit geringerer Wahrscheinlichkeit, zum Sieg einer von beiden füh-

ren würde; man darf voraussetzen, daß beide diesen Ausgang ihres Konflikts zu vermeiden suchen.
b) einen Sieg einer der beiden Seiten mit wirtschaftlichen und politischen Mitteln unter Einschluß des Mittels kleiner Kriege; diese Hoffnung hat beide Seiten in der Ära des kalten Kriegs befeuert, dürfte heute aber auf beiden Seiten sehr zurückgegangen sein.
c) das Aufkommen anderer, ihnen vergleichbarer Mächte; heute ist dafür China der einzige Kandidat, oder etwa ein Bündnis mehrerer Mächte; heute läuft zwar die Entwicklung in dieser Richtung, ist aber noch weit vom Ziel.
d) die Errichtung einer übernationalen Autorität mit Waffenmonopol; auf die sehr lange Sicht scheint mir dies die einzige Alternative zum dritten Weltkrieg, aber für die nähere Zukunft scheidet es als reales politisches Ziel aus.

14. Die Konkurrenzsituation kann *nicht* enden durch
a) eine politische Systemänderung in einer der beiden Nationen; auch ein kommunistisches Amerika oder ein demokratisches Rußland wäre nach wie vor objektiv Konkurrent der anderen Nation um die Weltmacht.
b) einen Akt guten Willens der beiderseitigen politischen Führung; ein solcher Akt kann die Folgen der Konkurrenzsituation vorübergehend dämpfen und dadurch die Errichtung einer festen Weltordnung vorbereiten, kann aber permanente Wirkungen nur haben durch institutionelle Bindungen eines Ausmaßes, zu dem heute auf beiden Seiten die Bereitschaft fehlt (vgl. 13d).
c) spezielle organisatorische Maßnahmen wie z. B. Abrüstung; die Rüstungen sind Folge und nicht Ursache der Konkurrenzsituation.

15. Ein Abbau der gegenseitigen Spannungen und Bedrohungen liegt gleichwohl gegenwärtig im Interesse beider Mächte. Daran ist vor allem das Aufkommen dritter Mächte und Störenfriede wie China, Frankreich, Ägypten, Indonesien, Kuba schuld. Das Rüstungspatt vermindert zwar die Kriegsgefahr, lähmt aber eben dadurch die Aktionsfreiheit beider Mächte gegenüber Dritten. Diese wäre durch eine Entschärfung der Konkurrenzsituation in höherem Maße wiederzugewinnen.

16. Das Extrem des denkbaren Spannungsabbaus wäre ein Bündnis zwischen Amerika und Rußland, also eine Vertagung des Austrags ihrer weltpolitischen Konkurrenz und die Errichtung einer Pax Russo-Americana. Dies erscheint vorerst nicht wahrscheinlich. Aber es gibt viele Möglichkeiten zwischen diesem Extrem und der Wiederverschärfung des kalten Kriegs.

17. Die gegenseitige Lähmung der beiden Weltmächte und ihre Unfähigkeit, sich zu einem Bündnis zusammenzufinden, hat dem Entstehen eines weltpolitischen Polyzentrismus Vorschub geleistet. Dieser hat den Vorteil, notwendige Machtverschiebungen und Interessenausgleiche leichter in Gang kommen zu lassen als die Bipolarität. Er enthält andererseits eine Erhöhung der Weltkriegsgefahr, da er die Weltmächte ständig in die Lage bringt, auf entgegengesetzten Seiten an Streitigkeiten Dritter teilzunehmen. Dies legt eine Kanalisierung und Beilegung der Konflikte durch globale und regionale Abkommen nahe, welche durch die Billigung oder Garantie der Weltmächte stabilisiert würden.

18. Die »Wiedervereinigung Europas« kann unter diesen Aspekten im Interesse beider Weltmächte liegen.

C. Motive der europäischen Nationen

19. Es gibt keine objektiven vitalen Interessen einer europäischen Nation, die durch eine baldige Wiedervereinigung Europas verletzt würden, wohl aber viele, die dadurch gefördert würden.

20. Die westeuropäischen Nationen könnten ihr eine größere Sicherheit gegenüber Rußland und eine Beruhigung des deutschen Problems sowie die Chancen eines erweiterten wirtschaftlichen Markts verdanken. Unter Abstrich der nicht im objektiven Interesse Europas (auch Frankreichs) liegenden antiamerikanischen Tendenzen entspricht eine solche Regelung dem, was de Gaulle in der letzten Zeit anstrebt.

21. Die osteuropäischen Nationen würden ihr genau das Maß an Unabhängigkeit von Rußland verdanken, das heute überhaupt erreichbar ist, und damit freiere Bahn auf dem Wege der Wiederherstellung freiheitlicher Lebensformen.

22. Die Bundesrepublik müßte dem Plan zwar einige zentrale Thesen ihrer bisherigen Deutschlandpolitik opfern, aber nur solche Thesen, deren Unhaltbarkeit auf die Dauer heute allen Ausländern und vielen Deutschen klar ist. Sie würde dafür die mutmaßlich einzige reale Chance einer Annäherung an die Wiedervereinigung Deutschlands eintauschen.

23. Die DDR würde die vorläufige Anerkennung ihrer staatlichen Existenz erhalten um den Preis einer faktischen Isolierung ihres heutigen Regierungssystems. Es ist anzunehmen, daß sich ihre jetzige Regierung daher der Regelung widersetzen, die Mehrzahl der Bevölkerung (einschließlich eines erheblichen Teils der kommunistischen Führungsschicht) ihr aber zustimmen würde.

D. Durchführung

24. Ein wiedervereinigtes Europa müßte im engeren Sinn vom Atlantik bis zur russischen Westgrenze, im weiteren Sinn von San Francisco bis Wladiwostok reichen.

25. Das wiedervereinigte Europa im engeren Sinne müßte vorerst ein Bündnis souveräner Staaten mit gewissen vertraglich festgelegten gegenseitigen Pflichten sein.

26. Dieses Bündnis kann nur beginnen mit der vollen Billigung, vermutlich unter der Garantie der beiden Weltmächte. Daher ist es ohne eine stärkere Annäherung der beiden unmöglich. Wenn es längere Zeit dauert, wird es ein Eigengewicht gewinnen, das dieser Garantie nicht mehr bedarf. Da auch die Weltmächte das vorherwissen, müßten beide dieses Bündnis als ihren langfristigen Interessen gemäß ansehen. Diese Bedingung ist wichtiger als alle Einzelinteressen der Bündnispartner selbst. Nur in diesem Sinne der Einschätzung der objektiven Interessengemeinschaft müßte die Regelung den gesamten Raum Nordamerikas, Europas und Sibiriens umfassen.

27. Das Bündnis ist unmöglich, wenn es eine antiamerikanische oder eine antirussische Tendenz hat.

28. Die vermutlich größte objektive Schwierigkeit für das Bündnis bietet die Regelung der Rüstungen der Bündnispartner. Vermutlich wäre Rückzug der amerikanischen und der

russischen Truppen aus dem Bündnisgebiet notwendig. Jedoch wäre die Fortdauer der Präsenz »symbolischer« Streitkräfte beider Weltmächte in ihren bisherigen Besatzungsgebieten, vielleicht sogar Präsenz *beider* im *ganzen* Bündnisgebiet ein stabilisierender Faktor, um die Rückkehr im Fall eines Vertragsbruchs wahrscheinlicher zu machen. Die Rüstungen der Bündnispartner selbst wären bis auf weiteres nicht zu fusionieren, aber nach einem Schlüssel zu begrenzen.

29. Die wirtschaftlichen Probleme müssen Gegenstand einer besonderen Studie werden.

30. Innenpolitisch wird keine Angleichung der Systeme gefordert; es ist jedoch zu vermuten, daß sie automatisch einander näherkommen werden. Vorbedingung ist also nur gegenseitige Duldung. Diese besteht heute, trotz aller Beschimpfungen, seit vielen Jahren de facto. Sie würde dann in einem neuen Sinne de jure bestehen. Es ist zu hoffen, daß eben dies die Motive der beiderseitigen Verhärtung, die in der gegenseitigen Angst bestehen, unwirksamer machen und so insbesondere die Liberalisierung der osteuropäischen Länder fördern würde.

31. Eine übernationale Instanz für Rechtsfragen erscheint notwendig, auch wenn sie nicht leicht zu schaffen ist. Die offizielle Anerkennung eines Prinzips der Rechtsstaatlichkeit sollte Teil des Bündnisvertrages sein. Damit wäre zu verbinden eine Instanz (etwa ein Schiedsgerichtshof) für Streitigkeiten der Bündnispartner untereinander, eine Regelung der Behandlung privatrechtlicher Probleme zwischen Bürgern verschiedener Bündnispartner und womöglich auf die Dauer die Errichtung eines obersten europäischen Appellationshofs als Beginn einer übernationalen Rechtsordnung. Rechtsstaatlichkeit hat historisch und sachlich den Vortritt vor den anderen Elementen der Demokratie. Ihre Sicherung ist in den kommunistischen Ländern die vordringliche Aufgabe.

32. Freizügigkeit der Individuen innerhalb des europäischen Raums ist als Endziel unerläßlich und, wenn nicht sofort, so schrittweise zu realisieren.

33. Keine europäische Nation außer der deutschen hat ein direktes objektives Interesse an der deutschen Wiedervereinigung. Für viele heute lebende Europäer ist die Wiederentstehung eines einheitlichen deutschen Staats ein Alptraum. Auch die Kommunisten der osteuropäischen Länder sind heute weniger am Fortbestand der jetzigen Regierung der DDR als am Fortbestand der deutschen Teilung interessiert.

34. Wir haben nicht nur nicht die Macht, die deutsche Wiedervereinigung zu erzwingen. Wir haben aus dem unter 33. genannten Grund auch nicht die Möglichkeit, eine sofortige Wiederherstellung der staatlichen Einheit Deutschlands als Bedingung unserer Teilnahme an einer größeren europäischen Regelung durchzusetzen.

35. Andererseits haben alle europäischen Nationen ein objektives Interesse an einer Entschärfung des deutschen Problems. Diese Entschärfung ist solange nicht möglich, als die Teilung Deutschlands gegen den Willen des deutschen Volks aufrechterhalten wird.

36. Beiden Gesichtspunkten würde die folgende Regelung Rechnung tragen: Die Bundesrepublik und die DDR treten als souveräne Partner in das europäische Bündnis ein. Ihre gegenseitigen Beziehungen unterstehen denselben liberalisierenden Regelungen wie die Beziehungen aller Bündnispartner untereinander. Außerdem verpflichten sich beide deutschen Staaten, unter der Garantie und Kontrolle aller Bündnispartner, 10 Jahre nach Abschluß des Bündnisvertrages eine freie und geheime Abstimmung ihrer Bürger darüber durchzuführen, ob sie sich wieder zu einem Staat vereinigen sollen. Die Wiedervereinigung findet statt, wenn in jedem der beiden Staaten die Mehrheit der abgegebenen Stimmen für sie entschieden hat.

37. Der Status Berlins ist bis zur Abstimmung aufrechtzuerhalten und durch die Gesamtheit aller Bündnispartner, gegebenenfalls einschließlich der Weltmächte, zu garantieren. Gegen eine Einbeziehung der ganzen Stadt in diese Regelung wären, wenn die anderen Bedingungen erfüllt wären, vom Westen her vermutlich keine Einwände zu erheben. Geht die Abstimmung für Wiedervereinigung aus, so tritt Berlin in den gesamtdeut-

schen Staat zurück. Die Regelung des Berliner Status bei Abstimmungsausgang gegen Wiedervereinigung wird nach Ablauf der bis dahin vergangenen 10 Jahre leichter auszuhandeln sein als zu Beginn des Bündnisses, sollte also wenigstens nicht im Detail vorgeplant werden.

F. Schlußbemerkung

38. Das Ziel dieser Aufzeichnung ist nicht, diesen Plan zu propagieren, sondern die Prüfung seiner Möglichkeit und Wünschbarkeit anzuregen. Dazu gehört eine detaillierte Durchführung der in D. und E. angedeuteten Vorschläge und ihr Vergleich mit einer ebenso sorgfältigen Ausarbeitung der anderen Möglichkeiten, die sich unserer Politik heute bieten. Danach wäre die Reaktion außerdeutscher Sachkenner zu prüfen. Erst dann läßt sich entscheiden, ob die Gedanken öffentlich zu erörtern sind.

Friedlosigkeit als seelische Krankheit

(1967)

Bitte erlauben Sie mir, meinen Vortrag mit einer persönlichen Erinnerung zu beginnen. Mitten im Zweiten Weltkrieg habe ich einmal Bethel besucht. Pastor Fritz v. Bodelschwingh war kurz zuvor tief besorgt von einer seiner Reisen nach Berlin zurückgekommen. In seinen dortigen Gesprächen mit den führenden nationalsozialistischen Funktionären des Gesundheitswesens war es wieder einmal darum gegangen, ob es ihm gelingen würde, den Vollzug des geheimen Euthanasiebefehls Hitlers von den Tausenden der Betheler Kranken abzuwenden. Bodelschwingh nahm hier wie stets seine Gesprächspartner menschlich ernst. Er suchte eine Sprache zu finden, die sie verstanden, er rang mit ihnen um den Wert auch des leidenden, verhüllten menschlichen Lebens; und auf eine in den Ursachen nie ganz aufgeklärte Weise ist es ja schließlich dazu gekommen, daß der Abtransport und die Tötung der Betheler Kranken unterblieb. Diese Dinge bewegten ihn, als ich mit ihm und seiner Frau – wenn ich mich recht erinnere – am Frühstückstisch saß. Da ertönte auf einmal vor dem Fenster des ebenerdigen Zimmers eine jugendliche und doch etwas brüchige Männerstimme, die allein einen Choral sang. Frau v. Bodelschwingh bedeutete mir, daß heute der Geburtstag ihres Mannes sei; der leicht schwachsinnige junge Mann, einer der vielen ganz persönlichen Schützlinge ihres Mannes, lasse sich diese Form des Geburtstagsgrußes nicht nehmen. Wir hörten zu dritt den Gesang an; zuletzt wurde der Sänger freundlich begrüßt und entlassen, und wir kehrten zum Thema des Gesprächs zurück. Pastor Fritz sagte nachdenklich: »Ja, wenn ich so aus Berlin zurückkomme und mich in Bethel von der Pforte an diese meine lieben kranken Freunde in ihren sonderbaren Weisen begrüßen, dann bin ich wieder zu Hause. Da muß ich oft denken: die hier sind doch nur im Kopf verrückt, aber die in Berlin sind im Herzen verrückt.«

Dies führt mich auf das Thema meines Vortrags. Die Welt jener Berliner Befehlsträger war eine Welt nicht ohne einsatzbereiten Idealismus und nicht ohne scharfe Intelligenz, aber sie war eine Welt furchtbarer Friedlosigkeit. Bodelschwingh nahm auch diese Menschen ganz und gar ernst, aber er nahm sie ernst als unwissentlich kranke Menschen – als im Herzen Verrückte. Gerade weil er mit Kranken menschlich sprechen konnte, konnte er auch mit jenen Funktionären menschlich und darum wirksam sprechen. Er verstand die Friedlosigkeit als seelische Krankheit. Hier muß ich nun ein zweitesmal einsetzen. Eine Anekdote wie die, die ich erzählt habe, mag als Blickfang geeignet sein, aber gerade darum enthält sie die Gefahr, zu verdekken, daß ich von unserem eigenen Alltag zu reden verpflichtet bin. Die Nazis zu verdammen ist heute leicht, und indem Friedlosigkeit an den Nazis demonstriert wird, sind wir alle getrost, daß von den Bösen und nicht von uns die Rede ist. Umgekehrt: von einem Bodelschwingh läßt man sich gern erzählen, wie er auch seine Feinde liebt, denn unsere Gesellschaft kann froh sein, wenn es in ihr Menschen gibt, die so etwas leisten, was man von uns normalen Menschen nicht verlangen darf. Mit diesen zwei naheliegenden Fehlern ist dann der Sinn der Geschichte ins Gegenteil verkehrt; denn nicht vom Außergewöhnlichen, sondern vom Alltag soll die Rede sein.

Ich setze daher zum zweitenmal an mit einem Problem, das der heutigen Welt, also uns allen gestellt ist, dem Problem des Weltfriedens. Über dieses Problem habe ich mir einige Thesen zurechtgelegt und bitte um Entschuldigung dafür, wenn ich diese Thesen hier noch einmal zum Ausgangspunkt der Betrachtung mache.

Der Weltfriede ist Lebensbedingung des technischen Zeitalters. Das technische Zeitalter, das ist unsere Zeit, unser Alltag und der Alltag unserer Kinder und Enkel. Es ist die Welt, in der man zu einer Tagung wie der heutigen mit Auto, Eisenbahn oder Flugzeug anreisen kann, in der unsere Ernährung und Kleidung am Welthandel hängt, in der die Medizin die Zahl der Weltbevölkerung zur Explosion bringen kann und, wie wir hoffen müssen, auch begrenzen kann und in der Atombomben und Napalm das verfügbare, biologische Waffen vielleicht das künftige Kriegspotential andeuten. Diese Welt bedarf des Friedens, wenn sie sich nicht selbst zerstören soll.

Ich bespreche zwei einander entgegengesetzte Einwände, die doch oft von denselben Menschen erhoben werden.

Erstens: Was sollen diese Beteuerungen? Wir leben ja im Frieden. Gerade die großen Waffen schützen den Frieden.

Darauf antworte ich: Woran erkennen wir, daß dieser Friede anders ist als friedliche Jahrzehnte früherer Zeiten? Oft herrschte zwischen Großmächten in der Spanne zwischen dem letztvergangenen und dem nächstfolgenden Krieg die Ruhe der Waffen, in welche freilich, wie auch heute, sogenannte Randgebiete und Spannungszonen nicht einbezogen waren. Diese Art des Friedens reicht für uns nicht aus. Uns mit ihr zufriedenzugeben ist lebensgefährlich. Der große, atomare Krieg als wiederkehrende Institution wäre tödlich. Das ist anderwärts zur Genüge auseinandergesetzt; heute gehe ich auf technische Einzelheiten nicht ein. Wir bedürfen eines institutionell gesicherten Weltfriedens.

Zweiter Einwand: Dieser Gedanke ist schwärmerisch, utopisch. Es hat immer Krieg gegeben und wird immer Krieg geben. So ist die Natur des Menschen. Der Kampf ums Dasein ist der Motor des Fortschritts, und vollendete Friedfertigkeit ist den Heiligen vorbehalten. Wir aber sind keine Heiligen.

Wie ich schon sagte, kann man oft genug diesen Einwand aus demselben Munde hören wie den vorigen. Dieselben Menschen meinen, wir lebten ja im Frieden und Friede sei bloß ein frommer Wunsch. Der unbemerkte Selbstwiderspruch ist, psychologisch gesehen, wohl hier wie so oft Ausdruck einer Verdrängung. Man verdrängt ein Wissen, dessen Anblick man nicht erträgt. Im normalen Seelenleben ist Verdrängung oft ein unentbehrliches Mittel zur Wahrung des seelischen Gleichgewichts. Wo aber lebensnotwendige Einsichten verdrängt werden, kann die Verdrängung zwanghaft, neurotisch werden. Die Verdrängung des Friedensproblems ist in unserer Zeit ein Symptom einer seelischen Krankheit. Diese Behauptung will ich im ganzen weiteren Verlauf des Vortrags zu erläutern suchen.

Rational ist auf den zweiten Einwand zu antworten: Wäre der Krieg mit allen verfügbaren Waffen auch im technischen Zeitalter unvermeidlich, so wäre die Zukunftsaussicht der Menschheit so gut wie hoffnungslos. Die Spezies Mensch wäre dann eine der vielen Fehlkonstruktionen, die der Kampf ums Dasein hervorbringt und wieder verschlingt, wie vielleicht die Säbeltiger, die, wie es scheint, an der Hypertrophie ihrer Waffen zugrunde gegangen sind. Die Wahrheit aber ist anders. Wir haben die möglichen Lebensformen der technischen Welt vernünftig zu entwerfen und politisch durchzusetzen. Hierfür habe ich eine weitere These formuliert: Der Weltfriede, den wir jetzt schaffen müssen, ist nicht das goldene Zeitalter der Konfliktlosigkeit. Er ist eine neue Form der Kanalisierung der Konflikte. Er ist Weltinnenpolitik. Ich vermute, daß er einer, möglichst föderativen, Zentralautorität mit Waffenmonopol bedürfen wird.

Hierauf höre ich manchmal einen ganz anderen Einwand als die vorigen. Er lautet: Dieses Zukunftsbild ist die Ausdehnung des Gewaltstaats auf die ganze Welt. Das ist kein Friede, sondern die technokratisch organisierte Tyrannis, die erstarrte Friedlosigkeit.

Ich antworte: Wer diesen Einwand erhebt, hat meine Sorge verstanden. Die Abschaffung der Institution des Kriegs ist lebensnotwendig. Der billigste Weg zu ihr ist aber ein letzter, größter Krieg und die darauffolgende Einfrierung der Friedlosigkeit. Eben deshalb habe ich eine dritte These formuliert: Der Weltfriede bedarf, um wahrhaft Friede zu werden, einer außerordentlichen moralischen Anstrengung. Man kann mein heutiges Thema auch als eine Interpretation des Wortes »moralisch« im Begriff der notwendigen moralischen Anstrengung auffassen. Ich wende mich hiermit von den politischen Plänen und Prognosen, den Themen anderweitiger Darlegungen, ab und frage: was muß geleistet werden, damit wir Menschen zum Frieden fähig werden? Was müssen wir leisten?

Vorhin sprach ich von Einwänden, die ich als Ausdruck einer Verdrängung verstand. Verdrängung ist ein Wort aus dem Sprachschatz der Tiefenpsychologie. Der Psychotherapie gelingt es manchmal, einen neurotischen Zwang zu lösen, indem sie dem Patienten hilft, einer verdrängten Wirklichkeit ansichtig zu werden. Das Ansichtigsein einer Wirklichkeit nennen wir Wahrheit. Solche seelische Heilung, wo sie gelingt, ist Heilung durch Wahrheit, und zwar durch Wahrheit, die nicht der Arzt dem Kranken autoritativ auferlegt – das ist nutzlos, denn für den Patienten ist sie dadurch noch nicht Wahrheit –, sondern durch Wahrheit, die der Kranke selbst entdeckt. Entdeckte Wahrheit löst einen zuvor unlösbaren Konflikt des

Kranken mit sich selbst, sie löst ein Stück Friedlosigkeit auf; sie gewährt einen Raum inneren Friedens. So, meine ich allgemein, ist Wahrheit Seele des Friedens, und jeder Friede Leib einer Wahrheit. Die moralische Anstrengung, von der ich sprach, ist nicht die Befolgung eines vorgeformten Moralkodex. Sie ist nur der nicht ruhende Versuch, der Wahrheit ansichtig zu werden, die unsere innere Friedlosigkeit löst, und dieser Wahrheit gemäß zu leben, auch und gerade angesichts der fortdauernden Friedlosigkeit um uns und in den unerlösten Schichten unseres eigenen Selbst.

Dies ist das abstrakte Schema, das nun mit konkretem Inhalt zu erfüllen ist.

Zunächst frage ich, gleichsam rekapitulierend, was in der Diagnose der Friedlosigkeit als einer seelischen Krankheit impliziert ist. Es mögen vier Punkte sein:

1. Friedlosigkeit ist nicht ein Aspekt menschlicher Gesundheit, sondern menschlicher Krankheit. Sie ist also weder etwas, was sein soll, noch etwas, was leider unausweichlich sein muß. Hierüber wird das Mittelstück des Vortrags ausführlich handeln.

2. Es ist also ein sinnvolles Ziel, die Friedlosigkeit zu überwinden. Wir haben uns nicht mit ihr abzufinden.

3. Friedlosigkeit ist von außen her weder als Dummheit noch als Bosheit anzusprechen; eben darum ist sie weder durch Belehrung noch durch Verdammung zu überwinden. Sie bedarf eines anderen Prozesses, den man Heilung nennen sollte. Erst in der Heilung wird der Kranke selbst innewerden, inwiefern er als Kranker töricht und schuldig war.

4. Der Kranke, dessen Krankheit nicht oder noch nicht geheilt werden konnte, bedarf der Fürsorge. Heilung der Friedlosigkeit ist, menschlich gesehen, nicht möglich ohne einen Rahmen, der die Fürsorge für die Ungeheilten umfaßt.

Ich wende mich zum breiten Mittelstück des Vortrags, das dem ersten dieser vier Punkte gewidmet ist, der Frage, wo in der menschlichen Natur die Friedlosigkeit ihren Ort und ihren Grund hat. Warum hassen wir einander und uns selbst, weit über das Maß hinaus, in dem wir es uns bewußt eingestehen?

Der große Mythos, mit dem die biblische Geschichte des Menschen beginnt, läßt die Friedlosigkeit aus dem Sündenfall folgen. Der Sündenfall selbst aber geschieht in einer uns allen tief vertrauten unbegreiflichen Grundlosigkeit. »Und die Schlange sprach zum Menschen...« Die Vertrautheit mit diesem unbegreiflichen Vorgang, in der wir alle leben, ist der Kern seelischer Wahrheit in der viel mißverstandenen Lehre von der Erbsünde. Aber das Bewußtsein unseres wissenschaftlichen Zeitalters hat keinen unmittelbaren Zugang mehr zu diesen mythischen Bildern. Sie geben keine kausale oder strukturelle Erklärung und helfen uns daher nicht, uns im Einklang mit unserem alltäglichen Denken richtig zu verhalten. Sie werden eher dort herangezogen, wo wir eine Spaltung unseres Bewußtseins in den gemeinsamen Bestand wissenschaftlicher oder halbwissenschaftlicher Rationalität einerseits und eine Sphäre privater Religiosität andererseits zulassen, d. h. in der Resignation, in der Ratlosigkeit des rationalen Denkens gegenüber dem Faktum des Unfriedens. Dort dienen sie dann dazu, unserer Untätigkeit den Schein des Rechts zu geben, d. h., sie dienen dem Unglauben: »Der Mensch ist eben aus dem Paradies vertrieben; da kann man nichts machen.«

Daher will ich im folgenden einer kausalen, an der Naturwissenschaft orientierten Anthropologie folgen. Der Friede, den die Wissenschaft erzwingt, muß, soweit es möglich ist, auch mit den Mitteln der Wissenschaft gedacht werden.

Die Wissenschaft aber ist heute über die Gründe des Phänomens, das ich hier Friedlosigkeit nenne, nicht einig. Vielfache Kenntnisse – biologische, tiefenpsychologische, soziologische, ökonomische, historische – sind zu ihrer Beurteilung nötig, Kenntnisse, die wohl kein einzelner Mensch in seinem Kopf vereinigt. Die Wissenschaft findet sich vor den Lebensfragen der Menschheit in einer Lage, die jedem Arzt vertraut ist. Der Arzt kann nicht warten, bis die Medizin alles erforderliche Wissen gesammelt und geordnet hat; der Patient würde darüber hinwegsterben. Der Arzt muß eine diagnostische Hypothese wagen und ihr gemäß handeln. So mag es dem Philosophen erlaubt sein, im Namen von Wissenschaften, in deren keiner sein spezielles Fachwissen liegt, eine synthetische Diagnose zu wagen und sie der Kritik der Fachleute zu unterbreiten.

Es sei zunächst an ein paar einzelne Mutmaßungen erinnert, die sich auf diese oder jene Wissenschaft berufen.

Nach Darwin ist der Mensch als biologische Spezies aus der natürlichen Zuchtwahl im Kampf ums Dasein hervorgegangen. Die unmittelbare Anwendung dieses Denkschemas auf den Fortschritt der menschlichen Gesellschaft, oft Sozialdarwinismus genannt, legt nahe, die heute bestehende Menschenart als die Nachkommen der Sieger historischer Kämpfe zu verstehen. Sieger im Kampf wird wohl bleiben, wer kämpfen kann und will. So erscheint die Feindseligkeit des Menschen gegen seinesgleichen als eine erblich erworbene Vorbedingung des Überlebthabens. Ist die Aggressivität biologisch ererbt, so ist es leicht, sie heroisch zu idealisieren, wie es in unserem Lande zuletzt der Nationalsozialismus getan hat; es ist dann aber sehr schwer, auf ihre Überwindung in einer Welt, die der Friedfertigkeit bedarf, zu hoffen. Die Friedlosigkeit ist dann gerade ein Merkmal des gesunden Menschen und darum der Heilung weder bedürftig noch fähig.

Friedensoptimistische Lehren haben darum danach gestrebt, den Ursprung der Friedlosigkeit nicht in unserer Herkunft, sondern in unserer sozialen Umwelt, im Milieu, zu finden. Denn unsere Umwelt können wir zu ändern hoffen, die Herkunft ist Schicksal. So sucht der Marxismus die Quelle der Aggression in sozialen Verhältnissen, nämlich in der Herrschaft von Menschen über Menschen. Er setzt damit ein klares Ziel: der Gang der Geschichte hat zuletzt alle Herrschaft aufzuheben; dann wird mit dem Quell auch der Strom der Aggression versiegen. Diese Lehre hat die Kraft einer revolutionären Handlungsanweisung. Man wird jedoch sagen müssen, daß die erfolgreiche historische Probe aufs Exempel bisher noch nicht vorgelegt ist.

Einen anderen Aspekt des Milieus hebt die Psychoanalyse hervor. Wir beobachten oft, daß Menschen sich zwanghaft irrational, insbesondere auch aggressiv verhalten, denen ihre aktuelle Umwelt dazu keinen der Reaktion angemessenen Anlaß gibt. Diese Menschen scheinen Vergangenes zu rächen oder zu büßen. Freud entdeckte die Quelle neurotischer Zwänge in den vergessenen ersten Kindheitsjahren. Niemand sollte über Friedlosigkeit und ihre Wurzeln in Angst und Aggression mitreden, der sich, wenn er nicht selbst Psychotherapeut ist, nicht wenigstens von erfahrenen Psychotherapeuten an vielen konkreten Einzelfällen hat erzählen lassen, wie wir durch unser Verhalten zu unseren Kindern in den ersten zwei oder drei Lebensjahren ihnen unwissentlich Reaktionsweisen aufprägen, die nachher kaum mehr zu ändern sind. »Man könnte erzogene Kinder gebären, wenn nur die Eltern erzogen wären«, sagt Goethe. Hier wird das erworbene Verhalten fast so schicksalhaft, wie wenn es angeboren wäre, und es zeigt sich die tiefe psychologische Wahrheit des als grausam verschrienen alttestamentlichen Satzes, daß die Sünden der Väter an den Kindern bis ins dritte oder vierte Glied gerächt werden. Wird es glücken, dieses forterbende Dunkel durch Erziehung aufzuhellen?

Gemeinsam ist den Umwelttheorien das Problem, was denn die Anlagen im Menschen sind, die ihn auf bestimmte familiäre und gesellschaftliche Verhältnisse so zu reagieren veranlassen. Der Kampf um die begrenzt vorhandenen Güter, kurz der Hunger allein erklärt nicht die grenzenlose Aufhäufung von Macht und Geld, die unstillbare Aggression des einst Unterdrückten. Der Marxismus nimmt hier, wenn ich richtig sehe, als gegeben an, was er erklären müßte, und Freuds Theorie bedurfte eines naturwissenschaftlich kaum geklärten Gefüges von ihrerseits nun doch angeborenen Trieben.

Es scheint mir, daß jede der drei Lehren, die ich hier aus manchen anderen herausgegriffen habe, einen großen Brocken Wahrheit in der Hand hat, die aber durch die Isolierung von anderen Tatsachen zur Unwahrheit wird. Für einen synthetischen Ansatz, der keine übertriebene Originalität beansprucht, mag es zweckmäßig sein, an eine klassische Definition des Menschen anzuknüpfen. Der Mensch heißt in der überlieferten Philosophie ein *animal rationale*, oder, um die schärfere griechische Urfassung zu zitieren, ein *zoon logon echon*, also auf deutsch ein Tier, das der Rede mächtig ist. Ich gebe hier Logos, wovon Ratio die lateinische Übersetzung ist, dem schlichten Wortsinn gemäß mit Rede wieder. Damit ist natürlich Rede gemeint, die einen Sinn hat, wie man also sagt vernünftige Rede, oder, wie Heidegger schön paraphrasiert, die Wahrheit vorliegen läßt. Ich halte mich der Reihe nach an die zwei Teile der Definition, erst an das Tier, dann an die Rede.

In der humanistischen Tradition übersetzt man *zoon* oder *animal* zutreffend und doch etwas weichherzig mit Lebewesen und läßt den Menschen dann das vernünftige Lebewesen sein; damit fühlt man sich vom Tier weit genug abgerückt. Das ist gefährlicher Hochmut. Mit tiefem Recht hat demgegenüber die Naturwissenschaft des 19. Jahrhunderts die tierische Natur des Menschen wieder sehen gelehrt, indem sie uns zum ersten Mal klarmachte, daß wir sogar in der Geschlechterfolge von den Tieren abstammen. Darwin lehrte uns die Bedingungen tierischen Überlebens und tierischer Fortentwicklung sehen. Selbst wenn man nicht behaupten darf, es sei heute wissenschaftlich erwiesen, daß die Selektion im Kampf ums Dasein ausreicht, um die pflanzliche und tierische Evolution zu erklären, so ist diese Selektion doch ohne jeden Zweifel ein ausmerzender Faktor von der größten Bedeutung. Man wird also den Menschen nicht verstehen, wenn man nicht sein Erbteil biologischer Anpassung an die Bedingungen des Überlebens versteht. Vorhin nannte ich Angst und Aggression die Wurzeln der Friedlosigkeit. Damit habe ich Friedlosigkeit als ein komplexes Phänomen bezeichnet. Dieser seiner komplexen Natur kann ich in einem einzelnen Vortrag nicht gerecht werden. Es sei mir erlaubt, heute das Hauptgewicht auf die eine Komponente der Aggression zu legen. Das Wort Friedlosigkeit bezeichnet zum mindesten *auch* eine aus der Ordnung geratene Aggression. Die Aggression des Menschen aber hat ihre Wurzeln in seiner tierischen Natur.

Andererseits sind die vorhin angedeuteten sozialdarwinistischen Theorien im wesentlichen schlechter Darwinismus, und das heißt eigentlich gar kein Darwinismus. Sie vernachlässigen das fundamentale Faktum, daß nicht Individuen, sondern Arten überleben und daß alles Überleben einer Art im Durchschnitt der Fälle wesentlich daran hängt, daß Artgenossen einander nicht töten. Um es ganz darwinistisch auszudrücken: wäre die Natur im Würfelspiel der Mutation (Veränderung im Erbgefüge) nicht auf Konstruktionspläne für Organismen verfallen, die angeborenermaßen den Artgenossen *schonen*, so wäre die Entwicklung bis zum Menschen gar nicht möglich gewesen. Das biologisch Erstaunliche ist eben nicht, daß es Tiere gibt, die gegen ihresgleichen friedfertig sind, sondern daß

Aggression gegen Artgenossen gerade bei höheren Tieren so verbreitet ist und sich beim Menschen – und nur bei ihm – bis zur systematischen Tötung von seinesgleichen versteigt.

Eine moderne, gut darwinistische Theorie der Aggression gegen Artgenossen hat Konrad Lorenz vorgelegt, und eigentlich müßte ich eine besondere Vortragsstunde benutzen, um sie zu referieren. Ich rechne darauf, daß sein Buch »Das sogenannte Böse« – das, wie er selbst nachträglich gesagt hat, besser hätte heißen müssen »Diesseits von Gut und Böse« – allgemein bekannt ist, und referiere das mir jetzt Wichtigste in Stichworten.

Spezifische Aggression gegen Artgenossen, aber fast durchweg verbunden mit einer Hemmung oder physischen Unfähigkeit der Tötung des Unterlegenen, ist ein Merkmal fast aller höheren Tiere. Der Tiger zeigt keinen Zorn gegen seine Beute, wohl aber gegen einen konkurrierenden Tiger; doch tötet er zwar seine Beute, aber nicht den anderen Tiger. Und auch der Hahn, der Körner frißt, kämpft gegen den anderen Hahn, der Tauber gegen den anderen Tauber, der flüchtige Hirsch gegen den Hirsch. Lorenz gibt gute Gründe für die Meinung an, daß dieses Verhalten primär artfördernd ist. Die feindselige Abgrenzung von Territorien verbreitet die Art über ein weites Gelände; der Kampf der Männchen um die Weibchen sichert dem kräftigsten Individuum die größte Nachkommenschaft. Der Darwinist hat Grund zur Annahme, daß eine Art, in der die Aggression ins Artschädigende umschlägt, also etwa wirklich zur Ausrottung der Artgenossen führt, mit der Zeit aussterben, also von uns kaum je beobachtet werden wird. Vielleicht ist unsere eigene Spezies fast die einzige Ausnahme, und wir sind ja in der Tat von der Selbstzerstörung bedroht.

Sehr viel interessanter als diese primären Wirkungen der Aggression ist aber eine sekundäre Wirkung, die Lorenz unter dem Titel »das Band« beschreibt. Die Erfahrung scheint zu lehren, daß die individuelle Bindung zweier Tiere gleicher Art aneinander, also tierische Ehe und Freundschaft, nur bei solchen Tieren auftritt, die starke Aggression gegen ihresgleichen besitzen. Um es vermenschlichend zu sagen: man kann nur lieben, wen man auch hassen kann. Viele der wichtigsten instinktiven Gesten der Freundschaft und Zusammengehörigkeit bei Tieren sind nach Lorenz ritualisierte Aggressionsgesten. Hier gewinnt die von Humanpsychologen oft bedauerte Ambivalenz des Terminus Aggression einen genetischen Sinn, eine Ambivalenz, die das Bedeutungsfeld von einem Vernichtungstrieb bis zum präzisen Angehen eines Objekts überdeckt (vgl. z.B. Erikson, Insight and Responsibility, S. 212). Im deutschen Wort »angreifen« liegt dieselbe Ambivalenz; man greift einen Feind, aber auch eine Aufgabe an. Aggression, so darf man vielleicht sagen, schafft Struktur; sie individualisiert. Hat man dies einmal erfaßt, so kann man die ritualisierte Aggression in allen Strukturen menschlicher Gemeinschaft wiederfinden, bis hin zu jenen subtilen Hemmungssystemen, die gerade waffentragende Aristokratien, etwa unter dem Titel der Ritterlichkeit, entwickelt haben. Wer das Kampfspiel der wissenschaftlichen Diskussion liebt, sollte sich seiner Verwandtschaft mit dem Hahnenkampf nicht schämen.

Die Stärke dieser Theorie liegt darin, daß sie dem uns allen so wohlbekannten und doch rational kaum zu begreifenden Faktum menschlicher Aggression eine kausale Erklärung und Rechtfertigung in den Bedingungen der Entstehung unserer Art verschafft. Wäre diese Theorie alles, was hierzu zu sagen ist, so müßte sie uns freilich für die Zukunft der Menschheit tief pessimistisch stimmen. Offensichtlich ist die Aggression beim Menschen, verglichen mit dem Tier, außer Kontrolle geraten. Menschen töten Menschen, und die Mittel des Tötens haben Dimensionen angenommen, welche die Arterhaltung bedrohen. Unter dem Aspekt der Aggression erscheint der Mensch als das kranke, als das im Herzen verrückte Tier. Und wenn diese Verrücktheit angeboren ist, wie soll Erfahrung und Vernunft des Individuums sie ändern? Kein Leser wird sich dem Eindruck entziehen können, daß die letzten Kapitel des Lorenzschen Buches, die vom Menschen und von seiner Rettung vor den Gefahren fehllaufender Aggression handeln, sehr viel weniger überzeugend sind als die Kapitel über die Tiere.

Hier muß der zweite Teil der klassischen Definition eingreifen. Der Mensch ist *zoon logon echon*, das Tier, das Rede hat. Was ist damit gesetzt?

Beginnen wir beim Äußeren. Wie hat der Mensch die Rede? Er hat sie nicht wie eine inhaltlich bestimmte angeborene Verhaltensweise, auch nicht wie eine solche, die sich erst spät im individuellen Leben entfaltet, wie etwa die Geschlechts- und Brutpflegeinstinkte. Angeboren ist ihm die Fähigkeit, ja die Nötigung, eine Sprache zu lernen; die Form und somit der Inhalt dieser Sprache aber ist nicht angeboren. Wenn die Berichte von den sogenannten Wolfskindern richtig sind, so kann ein Kind, das über ein bestimmtes Alter hinaus keine Sprache gelernt hat, nicht mehr die volle Reife als Mensch erreichen. Der Mensch also ist auf Tradition angewiesen, und damit verfügt er in gewisser Weise über den Schatz der Erfahrung seiner Vorfahren. Er ist, wie Lorenz einmal gesagt hat, das Tier, das die Entdeckung gemacht hat, wie man erworbene Eigenschaften vererben kann. Wie hochabstrakt hier im übrigen der Begriff der Rede, des Logos, zu nehmen ist, zeigt die Austauschbarkeit der gewählten Zeichen. Eine Sprache muß der Mensch lernen, um Mensch zu sein; welche Sprache er lernt, ist für sein Menschsein sekundär. Schon Kinder lernen aus einer Sprache in die andere zu übersetzen. Die Schrift kann die Lautsprache repräsentieren oder ablösen; selbst Taubstumm-Blinde vermochten in Tastzeichen auf hohem Niveau sprechen zu lernen.

Was aber ist der Gehalt dieses hochabstrakten Gebildes, worauf zeigt dieses Zeichensystem? Jedes Wort, jede Redefigur bedeutet so etwas wie ein Ding, eine Eigenschaft, einen Vorgang, eine Handlungsstruktur. Welchen Namen verdient das Ganze dieser Gehalte? Ich weiß dafür keinen anderen Begriff als den der Wahrheit, der entdeckten, ansichtig gemachten Wirklichkeit. Hier wäre nun ein philosophischer Exkurs über den Begriff der Wahrheit nötig, der wiederum mehr als eine Vortragsstunde in Anspruch nehmen würde und auf den ich verzichten muß. Ich muß hier unser aller schlichtes Alltagsverständnis von Worten wie wahr und wirklich in Anspruch nehmen. Das Tier ist der Wirklichkeit, in der es lebt, angepaßt, es erweist sich in seinem Verhalten mit ihr vertraut; wäre es nicht so, so könnte das Tier nicht überleben. Der Mensch hingegen kann eben diese Wirklichkeit wissen; im Medium der Sprache, des Denkens, der Vorstellung hat er sie gleichsam noch einmal, und aus diesem Wissen heraus kann er nicht nur sich ihr anpassen, sondern auch sie verändern. Die Wirklichkeit, die er wissen kann, ist nicht nur die äußere Welt, in der er lebt, sondern auch er selbst: die Gesellschaft, das Ich. Der Mensch ist also gerade noch nicht voller Mensch, wo er nur instinktiv angepaßt handelt, und er hat andererseits das Menschsein verfehlt, wo unangepaßte Triebfragmente sein wissendes Verhalten überspülen und ausschalten. Der Mensch, der dort, wo er wissend handeln müßte, einem inneren Zwang folgend unwissend handelt, ist krank. Wenn Friede Bedingung menschlichen Lebens ist, so ist Friedlosigkeit seelische Krankheit.

Aber diese Hergänge müssen genauer betrachtet werden. Die einfache Gegenüberstellung von Instinkt und Wissen beschreibt den Menschen nicht. Das Instinktgefüge wird zwar auf dem Wege zum Menschen gelockert, aber nicht zerstört. Es wird eher bereichert, indem zum angeborenen starren Verhalten eine angeborene Fähigkeit zu lernen hinzukommt; das ist schon bei den höheren Tieren so. Beim Menschen könnte man sagen, sein Lebensgang bestehe in der sukzessiven Entfaltung angeborener Fähigkeiten zum Aufnehmen und Nutzen immer neuer Strukturen der menschlichen Überlieferung und der sich zeigenden Wahrheit. Eric H. Erikson gliedert den menschlichen Lebenslauf nach den Zeiten, in denen gewisse »Tugenden« oder »Stärken« dem Menschen zum erstenmal zugänglich werden, beginnend mit der Hoffnung, die schon dem Säugling zukommt, und endend mit der Weisheit des reifen Alters. All diesen angeborenen Anlagen aber ist gemeinsam, daß sie eben Vermögen des Erfülltwerdens mit Inhalt, aber nicht selbst schon Inhalt sind. Sie können, wenn der Lebensgang glückt, erfüllt werden, sie können aber auch mehr oder weniger leer bleiben, verkümmern, verdreht werden, erstarren. Der Mensch, dem als Säugling die Fähigkeit zu hoffen zerstört wurde, wird keins der späteren Vermögen mehr wirklich ergreifen können. Hier liegt die große psychologische Wahrheit des Wortes von Pastor Fritz v. Bodelschwingh, es bedürfe auch einer Seelsorge für Säuglinge. Daß der Mensch wird, was er sein kann, daß er er selbst wird und das weiß, nennt man heute oft die Gewinnung einer Identität. Die Identität ist im einzelnen Inhalt nicht voll vorbestimmt; sie muß sich mit den Chancen des Lebens, mit der zugewiesenen oder verfügbaren sozialen Rolle abfinden. Was der Mensch braucht, ist aber jedenfalls eine Identität. Diese ermöglicht ihm, mit sich selbst im Frieden zu leben. Und

Friede mit sich selbst ist nötig, um Frieden mit den anderen halten zu können.

Soeben habe ich die Bezogenheit der instinktiven Anlage des Menschen auf Inhalte geschildert. Welche Struktur aber haben diese Inhalte? Ich habe sie als Wahrheit charakterisiert. Aber sie sind ja nicht das schlichte, unvermittelte Sichzeigen einer Wirklichkeit, wie diese an sich ist. Die Form menschlichen Wissens, wie es in der Rede, im Logos vermittelt wird, ist Tradition. Tradition heißt Geschichte. Der Mensch ist ein Wesen, dessen instinktive Ausstattung darauf angelegt ist, Geschichte zu haben. Das Tier lebt zwar ebenfalls in einer Art Geschichte. Es lebt in der objektiven Geschichte der Natur, deren Produkt seine Spezies mit ihren spezifischen Anlagen ist und in der eine Weiterevolution stattfindet. Diese Geschichte ist aber für das einzelne Tier im wesentlichen in Erbanlagen und Umwelt gegenwärtig. Der Mensch hingegen ist darauf angelegt, sein Leben in den Inhalten zu haben, die er aus der Geschichte der Menschheit aufnimmt und in denen, die er zu dieser Geschichte hinzufügt.

Indem ich von Aufnehmen und Hinzufügen spreche, gerate ich unweigerlich in die Feuerlinie zwischen den Fronten konservativen und revolutionären Denkens. Dies ist ein politischer Gegensatz, aufgeladen mit aller Spannung gegenseitiger Aggression. Und das ist kein Zufall. Redet man philosophisch vom Menschen, so ist es ein Kriterium dafür, ob man von seinen wirklichen Problemen spricht, daß man nicht mit kühler Neutralität durchkommt, sondern jede scheinbar wissenschaftliche Formulierung Affekte wachruft, Positionen bestätigt oder erschüttert. Durch die Wahl einer komplizierten Fachsprache kann man sich dem vorübergehend entziehen; ich strebe aber das Gegenteil, die Deutlichkeit durch Vereinfachung an.

Es scheint mir, daß weder der Konservative noch der Revolutionär grundsätzlich und ein für allemal recht hat. Ihr Ringen miteinander ist nötig, und Einzelfälle müssen im Blick auf ihre besondere Struktur entschieden werden. Ich möchte meine persönliche, wie ich weiß subjektive, Position nicht im unklaren lassen. Ich empfinde mich selbst als einen in der Anlage konservativen Menschen, der in der Auseinandersetzung mit den konkreten Problemen Schritt für Schritt genötigt worden ist, einschneidende Änderungen zu fordern, weil ohne sie alles, was er bewahren möchte, dem sicheren Untergang anheimfiele. Von diesem in meinem Naturell und Schicksal mitgegebenen Blickpunkt aus lege ich mir den Konflikt von Bewahrung und Veränderung als einen vereinfachten Anblick eines eigentlich dreieckigen Verhältnisses zurecht: der dritte Partner ist die Wahrheit, d. h. die im historischen Prozeß sich zeigende Wirklichkeit. Beide Parteien nehmen ja Wahrheit in Anspruch, der Konservative die längst entdeckte und verwirklichte, der Revolutionär die neugefundene oder bisher unterdrückte. Wesentlich scheint mir, daß die Wahrheit über den Menschen selbst geschichtlich ist. Der Mensch ist, wie Nietzsche sagt, das nicht festgestellte Lebewesen; er ist das Tier, das Rede hat, das also auf nicht vorweg festgelegte Gehalte angelegt ist. Der Traditionsschatz, den der Konservative bewahren will, ist selbst das Erbe gelungener Revolutionen. Andererseits muß der Revolutionär, der sagen will, worum es ihm geht, eine Sprache sprechen, die die Menschen verstehen, also eine Sprache, die vor ihm da war; der revolutionäre Traum des Neubeginns auf einer Tabula rasa ist ein Selbstmißverständnis, das zur Barbarei führt, wenn man seiner Verwirklichung nachkommt.

Was bedeutet dies, angewandt auf den Frieden?

Der Mensch geht biologisch-historisch gewiß nicht aus dem von alten Gesellschaftstheoretikern fingierten Kampf aller gegen alle hervor. Die uns nächstverwandten Affen, wie alle etwas gescheiteren Tiere, leben in Familien oder Horden, in denen, mit Hilfe von viel ritualisierter Aggression, die Formen des inneren Friedens der Gruppe seit Jahrmillionen eingespielt sind. Die menschliche Geschichte hat uns in der für die Anpassung kurzen Zeitfolge von wenigen Jahrtausenden das Dorf, den Stadtstaat, das Großkönigtum, die Kirche, die Nation, das Imperium beschert. Jede dieser Formen bedarf anderer Strukturen des inneren Friedens. Jede neue Friedenspflicht bricht alte Loyalitäten. Hier entstehen fast unerträgliche Konflikte, und möglich ist den Menschen eigentlich immer nur das an Anpassung gewesen, was hinreichend viele von ihnen als notwendig erkannten. Deshalb ist es wichtig, daß heute so viele Menschen als möglich die Notwendigkeit einer Friedensordnung der Menschheit erkennen. Ich hebe hervor, daß ich unter Anpassung nicht die äußere Angleichung des einzelnen an soziale Normen verstehe, sondern das Vermögen, so zu handeln, wie die Aufgaben der Wirklichkeit es fordern.

So gesehen erscheint unsere Friedlosigkeit einfach als ein Mangel an Anpassung an die Wirklichkeit unserer Welt. Aber das wußten wir schon. Die Frage ist: wie leisten wir diese Anpassung? Ich nannte die Friedlosigkeit eine Krankheit. Wo tritt im Anpassungskonflikt die Krankheit auf? Oder habe ich vielleicht den Begriff der Krankheit leichtfertig verwandt, in jener Intellektuellen-Metaphorik, der kein seriöser Mediziner zustimmen darf?

Krankheit gehört zu jenen in der Praxis unentbehrlichen Begriffen, die gleichwohl kaum eine befriedigende abstrakte Definition zulassen. Er deutet auf eine in unserem Leben immer wiederkehrende Wirklichkeit, deren Gründe wir zu wenig durchschauen, um sie gegen ihren Gegenbegriff, die Gesundheit, scharf genug abgrenzen zu können. An subtilen Grenzbestimmungen kann mir nicht liegen, nur das Phänomen der Krankheit müssen wir uns vor Augen stellen.

Gesundheit verstehen wir vielleicht am ehesten als Normalität. Was aber ist die Norm eines Lebewesens? Biologisch mag man sie als das Gefüge derjenigen Eigenschaften auffassen, die für das Überleben seiner Spezies optimal sind. Hierüber stehen ein paar erleuchtende Seiten im Buch von Lorenz: Die Graugans des Zoologen ist nicht der statistische Durchschnitt der empirisch lebenden Graugänse, sondern sie ist jenes nie vorkommende »optimale« Tier, von dem die empirischen Graugänse nicht zu weit abweichen dürfen, wenn sie mit ihrer Brut überleben wollen; es ist die darwinistisch begriffene platonische Idee der Graugans. Nun aber ändern sich in der Evolutionsgeschichte die Arten. Der Menschenfuß, der für einen Affen eine Mißbildung wäre, ist für den Menschen Bedingung des aufrechten Gangs, also integrierender Bestandteil des Menschseins. Was aber ist dann bei einem geschichtlich rasch weiterschreitenden Wesen wie dem Menschen die seelische Norm, die Norm des Verhaltens? Oft genug erscheint der erste Wissende den Zeitgenossen als der Verrückte. Ja, eine leise Unangepaßtheit meines Gemüts ans Bestehende mag Bindung für neue Erkenntnisse sein.

Trotz dieser Definitionsschwierigkeiten meine ich, daß die Begriffe seelischer Gesundheit und Krankheit beim Menschen einen brauchbaren Sinn haben. Wenn es die Gesundheit der Graugans ist, den fast unwandelbaren Bedingungen des Lebens wilder Graugänse angepaßt zu sein und die Schwankungen dieser Bedingungen zu überstehen, so mag es die Gesundheit des Menschen sein, sich den immer neuen Anforderungen menschlichen Lebens aktiv und notfalls sie selbst umgestaltend anpassen zu können. Gesundheit erscheint so als das Innehaben der menschlichen Vermögen, als die Gegenwart der Kräfte oder Tugenden im Sinne Eriksons. Was aber ist dann Krankheit? Daß Anpassung schwer ist, daß jede menschliche Entwicklung durch lebensbedrohende Krisen geht, das ist noch nicht Krankheit; von Kraft spricht man nur sinnvoll, wo es einen Widerstand zu überwinden gibt. Aber es gibt das eigentümliche Phänomen des vorübergehenden oder dauernden Unvermögens, eine Kraft auszuüben, der vorübergehend oder dauernd unkorrigierbaren Abweichung von der gesunden Norm. Ein verkrüppeltes Bein *kann* nicht zum Gehen benutzt werden, der Epileptiker *kann* im Anfall die Muskeln nicht koordinieren, der tief Depressive *kann nicht* die physisch gesunden Glieder zur täglichen Arbeit benutzten. Eine physiologische Theorie der Krankheit müßte tief in die Bedingungen des Funktionierens von Steuerungssystemen eindringen. Das versuche ich heute nicht; das Phänomen der Krankheit ist uns allen bekannt.

Ich sage nun, daß Friedlosigkeit in diesem Sinne eine Krankheit ist, ein Unvermögen, die Anpassung an die Notwendigkeit des Friedens zu leisten. Friedfertigkeit nämlich ist eine Kraft, ein Vermögen. Der verhuschte Feigling, der nicht angreift und seine Aggression, in scheinbare Demut eingewickelt, in sich hineinfrißt, ist nicht friedfertig. Friedfertig ist, wer Frieden um sich entstehen lassen kann. Das ist eine Kraft, eine der größten Kräfte des Menschen. Ihr krankhaftes Aussetzen oder Verkümmern, fast stets bedingt durch mangelnden Frieden mit sich selbst, ist die Friedlosigkeit. Friedlosigkeit ist eine seelische Krankheit.

Hiermit beende ich den Hauptteil des Vortrags, das Mittelstück, das erläutern sollte, inwiefern Friedlosigkeit als Krankheit aufgefaßt werden kann. Dies war der erste von vier in der

Einleitung genannten Punkten. Für den Psychologen würde hiermit freilich erst eine Aufgabe bezeichnet sein. Das eigentümliche Unvermögen zum Frieden, das ich krank genannt habe, müßte in seiner Struktur und seinem Werdegang analysiert werden. Wie ich schon einmal sagte, müßte insbesondere auch die Rolle der Angst in diesem Zusammenhang verfolgt werden. All dies vermag ich nicht zu leisten. Ich wende mich statt dessen noch kürzer den drei weiteren Punkten, d. h. der Praxis unseres Umgangs mit der Friedlosigkeit, zu.

Als zweites hatte ich dort gesagt, es sei ein sinnvolles Ziel, die Friedlosigkeit zu überwinden. Wir haben uns nicht mit ihr abzufinden. Das ist jetzt fast selbstverständlich. Nur: wie macht man das?

Als drittes sagte ich, man dürfe Friedlosigkeit von außen her weder als Dummheit noch als Bosheit ansprechen; sie sei weder durch Belehrung noch durch Verdammung zu überwinden, sondern bedürfe der Heilung. Dies scheint mir nun über die Maßen wichtig.

Wir können viel aus dem Verlauf rein persönlicher Streitigkeiten lernen. Wenn zwei miteinander verzankt sind, so sieht meist jeder der beiden mit dem scharfen Auge der Feindschaft den bösen Willen und die törichte Borniertheit des anderen. Er selbst hält sich für friedensbereit und darum zur Strafpredigt oder üblen Nachrede legitimiert. Und warum sieht er Bosheit und Torheit so scharf? Weil er nach außen projiziert, was in ihm selber ist. Er sieht sich im Spiegel des anderen, aber Bedingung der Fortdauer dieses Zustandes ist, daß er den anderen nicht als Spiegel erkennt. Es gibt die schöne alte jüdische Geschichte der zwei Feinde, die einander am Versöhnungstag begegneten. An diesem Tag soll jeder seinem Feind vergeben, was dieser ihm angetan hat. Der eine von ihnen faßte sich ein Herz, ging auf den anderen zu und sagte: »Ich wünsch dir alles, was du mir wünschst.« Darauf der andere: »Fängst du schon wieder an?«

Einer der seelischen Mechanismen, um innerhalb einer Gruppe von Menschen den Frieden zu bewahren, ist die Weiterprojektion der Aggression auf andere Gruppen. Hier wie in privaten Streitigkeiten sieht man sehr scharf und oft zutreffend Bosheit und Torheit der anderen Gruppe. Wie genau weiß die westliche Welt, daß der Kommunismus den Unfrieden braucht und schürt! Wie genau sehen die Kommunisten die Friedensgefährdung durch Kapitalinteressen! Koexistenzbereitschaft hat meist die Formel: »Ich wünsch dir alles, was du mir wünschst«, und ein Konferenzabbruch die Formel: »Fängst du schon wieder an?«

Aber der Intellektuelle, der klug oder zornig diese Struktur in unserer friedlosen Welt entlarvt, schafft damit die Friedlosigkeit nicht aus der Welt. Die Entlarvung des Selbstwiderspruchs und der Ideologie, der bewußten und der noch häufigeren und gefährlicheren unbewußten Lüge ist eine der wichtigen Rollen, die in der modernen Gesellschaft gespielt werden müssen. Aber wer zum erstenmal, wahrheitsgemäß, sagte: »Sie sagen Christus und meinen Kattun«, der hatte selbst das geschärfte Auge des Hasses und entging nicht dem seelischen Gesetz, daß Haß Haß erzeugt. Es gibt verschiedene seelische Flammen, die sich am leichtesten an der gleichartigen Flamme entzünden: Liebe an Liebe, Haß an Haß, Friede am Frieden, Wahrheit an der Wahrheit. Das schnellste Geschoß der Seele ist wohl der Haß, die Aggression, und darum am geeignetsten, um in alte Mauern Breschen zu schlagen. Er kann siegen, aber nicht versöhnen, und so ruft er den neuen Gegner wach, der ihn seinerseits besiegen wird.

Daß wir die Friedlosigkeit von außen nicht als Bosheit oder Torheit ansprechen sollen, beruht aber nicht nur darauf, daß dies selbst so oft in törichter Bosheit getan wird. Es entspricht vielmehr auch nicht der Struktur dieser Krankheit als Krankheit; der Vorwurf der Bosheit oder Torheit gegen den Friedlosen ist, von außen erhoben, nicht wahr. Das zwingende moralische Urteil wendet sich an Gesunde. Sie sollen, denn sie können. Das Wesen der Krankheit ist eben, daß der Kranke nicht kann, auch wenn er will. Manche seelische Krankheiten mag man auch so beschreiben, daß der Kranke nicht wollen kann. Am Nichtkönnen prallt der moralische Appell ab, sei es, daß er gar nicht verstanden oder abgelehnt wird, sei es, daß der aufrichtige Versuch, ihm zu folgen, aus innerem Zwang scheitert. Es ist die Erfahrung der Psychoanalyse, daß solcher Zwang manchmal durch eine vom Kranken selbst gefundene Einsicht behoben werden kann, eine Einsicht, die etwa einem alten traumatischen Erlebnis als dem Urheber des Zwangs auf die Spur kommt. C. G. Jung gebraucht für einen wichtigen Prozeß in der Seelenheilung den Ausdruck »Integration des Schattens«. Das Dunkle in uns ist Teil von uns. Verwerfen wir es durch ein bewußtes Moralsystem, so entweicht es ins Unbewußte, und auf unbegreifliche Weise finden wir uns, oft gerade in einem entscheidenden Moment, als Sünder gegen unsere eigenen Überzeugungen vor. Frieden mit uns selbst finden wir allenfalls, wenn es uns gelingt, den Schatten in uns anzunehmen; wenn wir zu sagen vermögen: »auch das bin ich«, »auch das habe ich gewollt«. Dies ist bei weitem keine Ausflucht aus dem Ernst der moralischen Forderung, im Gegenteil, es ist eine vorher nicht gelungene Weise, sie ernst zu nehmen. Jetzt kann der Kranke das von sich aus sagen, was ihm kein anderer, auch nicht der Arzt, glaubwürdig sagen konnte; er kann jetzt sagen: »ich war böse«, »ich bin böse«, »ein Tor bin ich«. Vorher wußte er wohl, daß er die Norm verletzte; jetzt beginnt er zu sehen, warum er sie verletzen wollte. Und in geheimnisvoller Weise wächst an dieser Stelle oft zum erstenmal ein eigentliches Verständnis für die Wahrheit der Norm.

All dies sind nicht nur Erfahrungen eines spezialisierten Zweigs der Seelenheilkunde. Jedem Seelsorger, jedem Erzieher begegnen diese Erfahrungen; wenn er dafür wach geworden ist, sieht er sie auf Schritt und Tritt. Wie sollen wir Kranken helfen, solange wir nicht das Kranke in uns selbst erkannt und gelernt haben, die anderen und uns selbst als Kranke anzunehmen? Luthers Theologie der Rechtfertigung ist in einer Sprache ausgedrückt, welche die meisten heutigen Menschen nicht mehr verstehen, aber sie kreist um dieselben Themen. Das Gesetz ist uns gegeben, damit wir daran scheitern. Kein Mensch wird durch gute Werke selig, denn der entscheidende Schritt ist die Entdeckung, daß er das Gute, das er will, nicht kann. Gerechtfertigt, also eines inneren Friedens fähig, werden wir nicht durch unser Verdienst, sondern weil wir geliebt sind und weil wir darum Gott und in Gott die Menschen lieben dürfen. Ich verfolge diese Linie heute nicht weiter, denn ich weiß wohl, wie viele Abgründe auszuloten wären, um die Theologie der Rechtfertigung und die Tiefenpsychologie ins wirkliche Gespräch miteinander zu bringen; übergehen durfte ich, so scheint mir, diesen Punkt nicht.

Wer kann aber der friedensbedürftigen Menschheit diese Heilung bringen? Wenn das Übel so tiefe Wurzeln hat, ist unsere Lage dann nicht hoffnungslos?

Sie ist wohl, wenngleich in zugespitzter Form, so hoffnungsvoll oder hoffnungslos, wie es die Lage des Menschen immer war. Niemand kann sagen: ich werde das leisten. Unsere letzte Zuflucht ist die Hoffnung auf Gott, ist das Gebet. Aber es läßt sich sagen, in welcher Richtung unsere Anstrengung zu gehen hat.

Nur die Kraft des Friedens erzeugt den Frieden. Jeder von uns hat sich selbst zurechtzuschaffen. Dies geschieht nicht in der Introversion, sondern in der praktischen Arbeit am Frieden in derjenigen Umwelt, die er zu erreichen vermag. Die praktische Entschlossenheit freilich schließt die Bereitschaft zur meditativen Selbstprüfung nicht aus, sondern ein.

Nächst uns selbst sind es die uns zur Erziehung Anvertrauten, denen wir zur Friedfertigkeit helfen sollen. Von der Erziehung zum Frieden wird morgen Georg Picht hier sprechen. Ich sage darum hierüber nichts weiter, als daß der Erzieher erzogen sein sollte. Insbesondere sollte er die Zusammenhänge wissen oder ahnen, von denen hier die Rede war. Ich darf vielleicht dafür noch auf einen soeben leicht zugänglichen Aufsatz hinweisen: Jutta v. Graevenitz, Persönliche Voraussetzungen der Friedfertigkeit, in der Schrift »Streit um den Frieden«, herausgegeben von W. Beck und R. Schmid, Mainz und München 1967.

Die Erziehungsarbeit im engeren Sinne geht über in die erzieherische Wirkung eines großen politischen Einsatzes. Hier komme ich nun auf den vierten und letzten Punkt der Einleitung: Heilung der Friedlosigkeit verlangt einen Rahmen, der die Fürsorge für die Ungeheilten mitumfaßt.

Lassen Sie mich diesen Gedanken zuerst in dem engeren medizinischen Bereich erläutern, dem die Sprechweise, die ich gewählt habe, entstammt. Bethel ist das große Beispiel. Bethel ist der Herkunft nach und weitgehend auch heute nicht eine Heil-, sondern eine Fürsorgeanstalt. Die Humanisierung der Fürsorge für die bisher Unheilbaren war einer der großen und späten Schritte der neuzeitlichen Medizin. Wenn irgendwo, so war hier der christliche Impuls nötig, im hoffnungslosen Fall, dessen Rückführung in die sogenannte gesunde Gesellschaft wir als unmöglich ansehen müssen, den Bruder zu sehen, der der Gemeinschaft wert und fähig ist. Es geht hier nicht ohne ein gewisses Maß von Entmündigung, von Macht von Menschen über Menschen. Aber wieviel hier noch geholfen werden kann, wenn man den Kranken als Menschen ernst nimmt, ihm Partnerschaft, ein Stück Selbstverwaltung und sinnvolle, für ihn mögliche Arbeit gibt, das ist die große, auch medizinisch relevante Entdeckung des Vaters Bodelschwingh und seiner Helfer und Nachfolger gewesen.

Ich sage das nicht nur, um dem genius loci zu huldigen, sondern um einer vielleicht gewagten Parallele willen. Bitte halten Sie sie nicht nur für pervers oder lächerlich. Die großen politischen Institutionen sind in gewisser Weise die Fürsorgeanstalten der noch ungeheilten Friedlosigkeit. Wo Friedfertigkeit waltet, entfalten sich Ordnungen menschlichen Zusammenlebens, die nur eines Minimums an Gewalt bedürfen. Auch in ihnen sind, zumal in der modernen technischen Gesellschaft, funktionale Regelungen nötig. Aber sie sind im Prinzip zu unterscheiden von Machtausübung, die einen widerstrebenden Willen zwingt oder gar einen eigenen Willen der Beherrschten nicht erwachen läßt. Diese Macht wird sich freilich heute besonders gern der funktionalen Regelungen als ihrer Hilfsmittel bedienen; Technokratie ist eine moderne Form der Macht. Wo nun Friedlosigkeit das menschliche Handeln bestimmt, erweist sich immer wieder Macht als unerläßlich, um das lebensnotwendige Minimum an Ordnung zu garantieren. Die Träger der Macht sind oft genug friedlose Menschen; ihre Rechtfertigung ziehen sie aus der manifesten Notwendigkeit, das Chaos der ungezügelten Konflikte zu vermeiden.

Angesichts der Realität der Macht stehen wir vor einer doppelten Aufgabe. Im tiefsten Grunde kommt es darauf an, die Friedlosigkeit zu heilen und damit die Macht überflüssig zu machen.

Das ist, in der Sprache der Christen gesprochen, im strengen Sinn die eschatologische Hoffnung. Das heißt in der apokalyptischen Symbolik: ein neuer Himmel und eine neue Erde. Ich habe so naturwissenschaftlich gesprochen, um zu zeigen, daß diese Hoffnung nicht jenseits der Welt, sondern in der Geschichte der menschlichen Spezies ihren sinnvollen Ort hat. Man kann mit gutem Recht einen Begriff vom Menschen, eine Norm seiner Gesundheit aufstellen, wonach nur der von der Friedlosigkeit geheilte Mensch gesund ist. Im Zusammenleben mit unseren Mitmenschen erweist sich immer wieder dies als die einzige Norm, die letztlich tragfähig ist. Andererseits ist es Schwärmertum, zu meinen, wir müßten die unerlöste Welt, in der die Friedlosigkeit weiterhin waltet, sich selbst überlassen, denn wir überlassen sie dann ihrer und unserer Katastrophe. Fürsorge für die Ungeheilten heißt hier: Errichtung von Recht, wo die Liebe nicht durchdringt; Kanalisierung der Konflikte, die zu vermeiden wir nicht vermochten; Schaffung einer Friedensordnung auf der Basis einer soweit als möglich humanisierten Macht, da die Abschaffung der Macht nicht in unserer Macht steht. Es ist dieselbe Kraft der Friedfertigkeit, oder um den anderen Ausdruck zu gebrauchen, der Nächstenliebe, welche in glücklichen Fällen die Heilung, in weniger glücklichen die Fürsorge ermöglicht. Das sollte der wunderliche Vergleich der Betheler Anstalten mit den großen politischen Institutionen sagen.

Ich möchte dies nun zum Schluß in der pragmatischen Sprache der Politik sagen. Die Politik muß im Durchschnitt der Fälle die Konflikte der Menschen hinnehmen, ohne sie aufzulösen. Was wir unsere Interessen nennen, suchen wir in der Politik durchzusetzen oder auszugleichen; zum Verschwinden bringen können und wollen wir sie als Politiker nicht. Wer selbst politisch handelt, vertritt stets gewisse Interessen. Ganz gewiß muß er sein eigenes Interesse insofern im Auge haben, als er seine eigenen Möglichkeiten der Wirkung nicht zerstören lassen darf. Er vertritt aber zugleich die Interessen der Gruppe, ohne die er nicht wirken könnte; er vertritt Interessen seines Standes, seiner Partei, seiner Nation. Welche Kriterien gibt es im politischen Denken einer Zeit für den Ausgleich dieser Interessen? Es ist nicht lange her, daß in unseren Ländern als das oberste Prinzip das Interesse der Nation galt. Darin lag ein bestimmtes Ethos: alle Partikularinteressen sind dem Interesse des Ganzen, dem man angehört, unterzuordnen. Das ist ein Begriff vom Frieden: innerhalb der Nation dürfen die Konflikte nicht weiter getrieben werden als bis zu dem Punkt, an dem sie das Interesse der Nation selbst gefährden würden. Die Aggression der Angehörigen des gleichen Volkes gegeneinander wird dadurch nicht aufgehoben, aber sie wird einer Rechtsordnung unterworfen, die an einem höheren, allen gemeinsamen Interesse orientiert ist.

Für die heutigen Menschen unseres Erdteils, zumal für die Jungen unter ihnen, hat dieser absolute Primat des nationalen Interesses die Überzeugungskraft verloren. Wir empfinden das Ganze, das den Einzelinteressen vorgeordnet sein soll, als zu klein, eigentlich als kein wahres Ganzes, und eben darum empfinden viele von uns seinen Anspruch an uns als zu groß. Die vielbeklagte Anteillosigkeit der einzelnen am Wohl des Ganzen ist nicht nur nackter Egoismus; sie ist auch ermöglicht durch eine begreifliche Skepsis an den überlieferten obersten politischen Wertkriterien. Welche Kriterien aber sind heute glaubwürdig? Für viele ist es die Freiheit oder die soziale Gleichberechtigung. Gegen den falschen Frieden und die falsche Freiheit, nämlich den bloß formalen Charakter des Friedens und der Freiheit in einer Gesellschaft, die in Wahrheit vor allem die Interessen der herrschenden Gruppen schützt, empört sich gerade heute der für unsere Zukunft wichtigste Teil der studentischen Jugend. Aber auch diese Empörung macht sich nicht leicht verständlich; es fällt ihr schwer, an Kriterien zu appellieren, die allen Gliedern der Gesellschaft gemeinsam wären.

Nur ein Kriterium politischer Handlungen und Interessen sehe ich heute, das niemand manifest anzufechten wagen darf: die Bewahrung des Weltfriedens. Das war vor 1945 noch nicht so. Hier bedeutet Hiroshima den Angelpunkt einer langsam sich drehenden Tür der Weltgeschichte. Gewiß sagt man auch heute noch, daß es nationale Interessen gibt, deren Schutz den großen Krieg rechtfertigen würde. Aber niemand vermag mehr im Ernst zu behaupten, daß der Krieg diese Interessen wirklich schützen würde. Die überlieferte Reaktionsweise sucht viele Auswege: Man droht nicht mit der Verteidigung, sondern sucht abzuschrecken mit der Drohung des Untergangs; man sucht Formen begrenzten Kriegs; man verwendet sehr viel propagandistische Kraft darauf, die eigene Seite als völlig friedfertig und nur die Gegenseite als kriegerisch darzustellen. All dies bestätigt nur, daß die Bewahrung des Weltfriedens zum im

Grunde allgemein anerkannten Kriterium der Politik geworden ist. Sowenig das nationale Interesse einst als Kriterium ausreichte, um Handlungen zu verhindern, die faktisch der Nation schadeten, so wenig eliminiert der Weltfriede als Kriterium schon die Gefahr des Weltkriegs, ganz zu schweigen von den aktuell stattfindenden lokalisierten Kriegen. Und doch ist hier ein Kriterium, an das man appellieren kann, ein möglicher konstruktiver Mittelpunkt politischer Zukunftsentwürfe. Die Menschheit selbst als das einzige Ganze, das groß genug ist, um seine Interessen den Partikularinteressen vorzuordnen, beginnt infolge der technischen Gefahren und Möglichkeiten eine politische Realität zu werden.

Ganz gewiß ist das Interesse der Menschheit und die Bewahrung des Weltfriedens kein *hinreichendes* Kriterium für politisches Handeln. Im Namen dieses Interesses ließe sich auch eine beispiellose Tyrannis errichten. Heilung der Friedlosigkeit sieht anders aus als dieses Interesse. Es ist aber ein *notwendiges* Kriterium. Die Fürsorge für die ungeheilte Friedlosigkeit, d. h. die Arbeit der politischen Institutionen, ist nicht Fürsorge, wenn sie diese Forderung verletzt. Das ist ein zukunftsträchtiges politisches Prinzip.

Die Ambivalenz der politischen Ideale der europäischen Neuzeit

(1970)

A. Absolutismus. Der Rückgang auf den Absolutismus, der mir für den Hintergrund der heutigen Auseinandersetzungen notwendig scheint, nötigt mich alsbald zu einem noch weiteren Rückgang, denn der Absolutismus ist wie jede geschichtliche Bewegung in eine vorbereitete Situation eingetreten und ohne diese nicht zu verstehen. Dabei beschränke ich mich auf die größeren Mächte des kontinentalen Europa; z. B. England, Holland, die Schweiz, Polen folgen dem durch das Wort »Absolutismus« bezeichneten Schema bereits nicht oder ungenau. Alle historischen und politologischen Begriffe sind ja armselige Verkürzungen einer sehr viel komplexeren Wirklichkeit.

Der Absolutismus trifft historisch auf diejenige spätmittelalterlich-frühneuzeitliche, sehr differenzierte Gesellschaftsordnung, die, um nur ein Merkmal zu nennen, den Begriff des Territorialstaats nicht eigentlich kennt, da in ihr vielerlei Herrschaftsrechte und Privilegien auf demselben Territorium durcheinandergreifen, so daß jede Darstellung durch gefärbte Landkarten den damaligen politischen Zustand entstellend beschreibt. Als dominantes Merkmal dieser Ordnung darf man vielleicht die aus dem Mittelalter noch, freilich eingeschränkt, überkommene Herrschaft des Adels bezeichnen, die ihr in manchen Schulen den ursprünglich nur das Lehnswesen bezeichnenden Namen des Feudalismus eingetragen hat. In den Städten ist aber die Herrschaft des alten Adels fast überall den Zünften erlegen, denen dann ein neues, frühkapitalistisches Patriziat entspringt. Die Landesfürsten haben beschränkte Rechte und meist große finanzielle Probleme. Die Bauern sind in einer, im ganzen ständig wachsenden, tiefen Abhängigkeit. In komplizierter Weise teilt sich mit diesen weltlichen Ständen die Kirche in die politische Herrschaft. Der pluralistisch aufgegliederten Realität steht eine integralistische politische Doktrin gegenüber, die christliche Schöpfungsvorstellungen mit antiken teleologischen Begriffen von der Gesellschaft verknüpft.

Der Appell an diese Ideale ist weder ganz vergeblich noch sehr wirkungsvoll. Die Spannung zwischen radikalem, weltveränderndem Christentum und konservativer Weltverwaltung flammt in jedem Jahrhundert wieder auf, um stets durch neue Kompromisse aufgefangen zu werden. Der Wohlstand der herrschenden Schichten und ihre Bildung wachsen in jenen Jahrhunderten, die Kunst ist in höchster Blüte, die Philosophie ist hochdifferenzierte Scholastik, der Humanismus bringt antike Vorbilder wieder zum Tragen, die Wissenschaft bereitet sich auf ihren Siegeslauf vor, bei einigen führenden Geistern (Bacon, Galilei, Descartes) in Bewußtheit ihrer zukünftigen Rolle.

Gegenüber dieser reich pluralistischen Welt mit ihrer Mischung von Not, Glanz und halber Effizienz ist der Absolutismus einer der entscheidenden Schritte in die Moderne, und zwar ebenso der Absolutismus der Fürsten wie der der Kirche in der Gegenreformation mit ihren protestantischen Gegenbildern. Der leitende Wert des Absolutismus ist, so würde ich sagen, die *Einheit.* Ich beschränke mich hier auf den profanen Bereich. Politische Einheit ist zu Anfang jener Zeit ein deutlicher Wert, denn ihr Mangel wird als manifestes Übel täglich erfahren. Machtpolitisch handelt es sich um den siegreichen Kampf des Fürsten gegen den hohen Adel. Im allgemeinen hat der Fürst hier das Bürgertum zum Bundesgenossen oder mindestens zum Nutznießer seines Siegs. In der Tat ist die Schaffung einheitlich verwalteter Territorien eine wichtige Förderung des wirtschaftlichen Aufschwungs. Dies ist jedenfalls dort der Fall, wo die großen Handelsstädte nicht selbst praktisch souverän waren und nun dem Fürstenstaat unterliegen. Der Fürstenstaat schafft ein effektives Beamtentum, Reduktion der Privilegien, Egalisierung der Justiz, Sicherheit des Verkehrs. All dies erscheint von den nachfolgenden Fortschritten aus nicht mit derselben Deutlichkeit, wie wenn man es mit den voraufgehenden Zuständen vergleicht. In den besser geglückten Fällen darf man geordnete Verwaltung und Gleichheit vor dem Gesetz als Geschenk des Absolutismus an die nachfolgende bürgerliche Gesellschaft bezeichnen.

Ausgenommen von dieser Egalisierung ist natürlich der Monarch selbst. Dies aber ist in der Selbstinterpretation des

Absolutismus eine notwendige Selbstverständlichkeit. Die Schaffung der dem Gemeinwohl dienenden Einheit des »Staats« ist ein Machtproblem, und nur der Fürst hat die Macht, um die Macht des Adels, der Kirche, der zahllosen Privilegierten zu brechen und in den Dienst des Ganzen zu stellen. Eine so ungeniert funktionale Rechtfertigung des Absolutismus wie die von Hobbes ist freilich die Ausnahme. Diese Machtpraxis bedarf im allgemeinen wie jede einer rechtfertigenden mythischen Weihe. Die Formel »König von Gottes Gnaden« ist an sich eine Demutsformel: der König ist weder Gott noch göttlichen Geblüts, er ist, was er ist, nur durch die unableitbare Gnade Gottes, der ihn auf diesen Stuhl gesetzt hat und von ihm stoßen kann. In der Praxis aber ist eben Gottes Wohlgefallen die Rechtfertigung der königlichen Position, auf die man sich oft genug auch zur Begründung von Akten beruft, die nach allgemeinem Verständnis Gott nicht gefallen können. Die fundamentale Lüge alles Machtkampfs: »meine Macht ist gerechtfertigt, denn sie dient dem Guten; also ist alles gerechtfertigt, was sie stärkt und stützt«; diese Lüge findet im Gottesgnadentum eine hochwillkommene Formel. Dies aber wird von den Untertanen empfunden. Die Einheit des politischen Körpers zerbricht schließlich genau dort, wo sie die Bedingung ihrer Ermöglichung hatte, im Verhältnis des Monarchen zum Untertan.

Ich übergehe die vielgestaltigen Zwischenphasen von aufgeklärtem Absolutismus und konstitutioneller Monarchie und wende mich zur voll entfalteten liberalen bürgerlichen Gesellschaft des 19. und 20. Jahrhunderts.

B. Liberalismus. Als leitenden Wert des Liberalismus muß man die *Freiheit*, näher bestimmt als Freiheit des Individuums, bezeichnen. Der Absolutismus hat die Einheit durch eine Unterdrückung vieler alter Freiheiten erkauft. So ist in seiner späteren Phase der Mangel an Freiheit ein manifest empfundenes Übel. Dieses Übel wird um so mehr empfunden, je mehr das Geschenk des Absolutismus, die schutzbietende Einheit des staatlichen Verwaltungskörpers, als selbstverständlich und gar nicht mehr als Leistung empfunden wird. Die Freiheit des Liberalismus ist aber nicht die Wiederherstellung der vorabsolutistischen Freiheiten, wenn sie auch manchmal zunächst so intendiert war. Die alte Freiheit war zum Teil ständisch oder lokal bedingtes Privileg, zum Teil war sie die schlichte Ohnmacht der Obrigkeit. Die neue Freiheit ist der radikaleren Intention und ein gutes Stück auch der Wirklichkeit nach egalisierende Freiheit aller Individuen, und andererseits ist sie nur möglich, weil das Erbe des Absolutismus, der funktionierende Staatsapparat, übernommen wird. So ist sie im Gegensatz zugleich Fortführung dessen, was als Fortschritt des Absolutismus empfunden werden durfte.

Ich empfinde die politische Theorie des Liberalismus als eine hohe, vorher nie erreichte Stufe politischer Bewußtheit. Allen politischen Systemen, die hier besprochen werden, ist die Überzeugung gemeinsam, daß eine politische Ordnung letzten Endes auf einer Wahrheit ruhen muß.

Was »Wahrheit« eigentlich bedeutet, ist eine philosophische Frage, die dieses ganze Buch durchzieht. Hier sei der Wortgebrauch nur an Beispielen erläutert. Die antik-christliche Gesellschaftstheorie, in der sich die vorabsolutistische Gesellschaft interpretierte, ist durchaus auf dem Wahrheitsbegriff aufgebaut. Es gibt die wahre Rolle jedes Gliedes der Gesellschaft. Es selbst ist glücklich, soweit das irdisch möglich ist, und die Gesellschaft gedeiht, wenn jedes Glied die ihm zukommende Rolle spielt. Die religiöse Rechtfertigung des Fürstentums ist eine Rechtfertigung im höchsten bekannten Begriff von Wahrheit, denn Gott ist die Wahrheit. Das funktionale Verständnis des Absolutismus basiert auf einem anderen, einem ganz neuzeitlichen Verständnis von Wahrheit: wer die Kausalketten der Machtkämpfe und der zweckmäßigen Güterverteilung durchschaut, der weiß, daß Macht an Einen delegiert werden und von ihm für eine rationale Verwaltung verwendet werden muß. Auch der Liberalismus hat eine ihm eigene Beziehung zur Wahrheit, nämlich daß Wahrheit freie Zustimmung und nicht Zwang erfordert, also freie Diskussion und Toleranz. Diese Auffassung aber enthält eine fundamentale Kritik aller vorhergehenden Systeme. Diese nämlich gehen davon aus, daß der Herrschende die Wahrheit hat. Er muß sie haben, um von ihr aus regieren zu können; dies ist das stets wiederholte Argument für den Religionszwang und macht die politische Notwendigkeit der Religionskriege (vor allem der Religions-Bürgerkriege) begreiflich. Der Zusammenbruch dieses Absolutismus der religiösen Wahrheit, der sich schrittweise vollzieht im Prinzip cuius regio eius religio, das die Ordnungsfunktion der Religion von ihrem Wahrheitsanspruch trennt, im konfessionsneutralen Naturrecht, in der Toleranzidee, ermöglicht die geistige Welt des kommenden Liberalismus. Dieser weiß: kein Herrscher, überhaupt keine politische Gruppe darf den *Besitz* der Wahrheit als Rechtsbasis in Anspruch nehmen. In freier Kommunikation der Bürger werden die politischen Wahrheitsprobleme erörtert und Repräsentanten und schließlich Magistrate gewählt.

Wenn ich den Liberalismus aus Überzeugung verteidige, so verteidige ich vor allem dieses Prinzip, das ich gern auf die etwas paradoxe Formel bringe: gute Politik ist nur von der Wahrheit her möglich, und niemand darf sich anmaßen, er sei im Besitz der Wahrheit. Jeder der beiden Teilsätze bleibt nur in der Spannung zum anderen Teilsatz seriös. An sich ist Wahrheit intolerant; wer weiß, daß $2 \times 2 = 4$ ist, kann zwar schweigen, aber er kann nicht ehrlich zugeben, es könnte auch 5 sein; und wenn das Wohl der Gemeinschaft daran hängt, daß $2 \times 2 = 4$ erkannt oder anerkannt wird, so muß er für diese Anerkennung kämpfen. Toleranz als Wahrheitsneutralität ist selbstzerstörerisch. Aber da Wahrheit nicht unter Zwang, sondern nur in Freiheit anerkannt werden kann, ist Toleranz als Schaffung des Raums, in dem Wahrheit gefunden und anerkannt werden kann, unerläßlich. Es gibt also strenggenommen keine Rechtfertigung einer Gewalthandlung durch Berufung des Handelnden darauf, daß er die Wahrheit habe – auch dann nicht, wenn er die Wahrheit hat. In der Praxis freilich sind diese Prinzipien oft nicht mit äußerem Erfolg durchführbar; dieses Dilemma spielt in dem Zwischenraum zwischen fruchtbarer Spannung und Scheitern. Jedenfalls dürfte es kein Zufall sein, daß der Liberalismus sich des vom absoluten Staat geschaffenen festen Rahmens einschließlich der Polizei bediente.

Es ist interessant, die konservative Kritik am aufkommenden Liberalismus zu betrachten. Nicht ohne Recht wird in der Toleranz die Gleichgültigkeit gegen das Wahre, in der Freisetzung der Privatinitiative die Freisetzung der Privatinteressen kritisiert und verurteilen im Dienstethos erzogene Beamte die Herrschaft der »Krämer«. Der unterliegende Vorgänger sieht oft schon mit scharfem Auge die Ambivalenz im Verhalten seines Gegners, der nun für eine wiederum begrenzte Geschichtsepoche an die führende Stelle rücken wird. Die Durchsetzung des Liberalismus hängt wohl wesentlich an der Freisetzung der außerordentlichen Dynamik, die in der Verbindung privater ungehemmter Interessen mit dem Durchbruch des Fortschrittsglaubens liegt.

Dies ist nirgends so deutlich wie in der Wirtschaft. Hier macht die klassische Nationalökonomie (Adam Smith, ein Professor, der mit Kaufleuten umging) ihre große Entdeckung: daß das, was sowohl dem antik-christlichen Ordnungsdenken wie dem paternalistisch-kausalen Denken des Absolutismus als Chaos erscheinen mußte, die freie Konkurrenz, der Motor des allgemeinen Wohlstands sein kann. Diese Entdeckung verteidige ich nicht mit der Ernsthaftigkeit, mit der ich den Zusammenhang von Wahrheit und Freiheit verteidige. Ich verteidige sie nur so, wie man, manchmal mit ein wenig Ungeduld, von intelligenten Menschen die Einsicht in die Tragweite einer sehr wichtigen und einfachen Teilwahrheit erwartet, auch dort, wo die betreffenden intelligenten Menschen sich jeden Tag über den Mißbrauch und die unintelligente Anwendung dieser Teilwahrheit ärgern. Nach meinen eigenen Erfahrungen habe ich das Verhältnis zwischen Marktwirtschaft und geplanter Wirtschaft auf die kalauerhafte Formel gebracht: in der Marktwirtschaft geht es um Einnahmen und Ausgaben, in der geplanten Wirtschaft um Eingaben und Ausnahmen. »Geht hin und findet mir andre Gestalt...«

Natürlich zeigt sich einer ernsthaften Analyse der höchst partielle Charakter dieser Wahrheit. Der Markt ist durch Monopole gefährdet, die nach demselben darwinistischen Prinzip in ihm entstehen, dem er selbst seine Kraft verdankt. Der Markt kann automatisch effektiv nur dort sein, wo statistisch beschreibbare Reaktionen ausreichen, aber nicht, wo kausale Zusammenhänge detailliert durchschaut werden müssen. Der Markt schafft günstigenfalls eine ähnlich zu sich selbst wachsende Verteilungsfunktion der Einkommen, aber keine Gleichheit; ich glaube, daß sich die Koexistenz großer und kleiner

Einheiten in einer selektionstheoretischen Analyse bei biologischen Populationen ebenso wie in der Ökonomie als die wahrscheinlichkeitstheoretisch bei weitem begünstigte Verteilung erweisen wird. De facto schafft der Markt z.T. krasse Ungleichheiten, die manchmal als Stationen auf einem Wachstumsweg auch wieder gemildert werden, stets aber die erbarmungslose Härte der Zerstörung gewachsener Lebensformen mit sich bringen (dies einer der konservativen Einwände gegen die Liberalen). Den Opfern dieses Systems erscheint seine Freiheit oft genug als die Freiheit der Haifische. Der Markt ist schließlich Situationen exponentiellen Wachstums gut angepaßt; Sättigungsproblemen zeigt er sich oft entweder nicht oder wieder nur unter außerordentlich grausamen Begleiterscheinungen gewachsen.

Die zentrale Frage an die liberale Wirtschaftsauffassung ist schließlich die ethische, welche die Konservativen und die Sozialisten fast unisono stellen: mit welchem Recht setzt ihr das Privatinteresse vor das Gesamtinteresse? Gerade hier aber hat die liberale Theorie eine zwar partielle, aber höchst wichtige Verteidigung, die der größeren Aufrichtigkeit. Zeigt uns, so können ihre Vertreter sagen, das System, das seine Behauptung, es diene bewußt dem Gesamtinteresse, wahrgemacht hat. Wir hingegen sind vielleicht zynisch, aber wir lügen in diesem Punkt wenigstens nicht. Unser Erfolg ist verdient, denn schließlich erweist sich die Wahrhaftigkeit auch meist als Leitfaden zum friktionslosesten Ablauf der Dinge; »Lügen ist so kompliziert«. Es ist eben wahr, daß das Eigeninteresse gerade im ökonomischen Bereich bei jedem Menschen der zuverlässigste Motor zweckmäßigen Handelns ist und daß der Zwang, selbst für sich zu sorgen, leistungsfähige Menschen schafft.

Andererseits ist gerade diese Verteidigung voller Ambivalenz, eben in ihrer Berufung auf Wahrheit. Kann man die Menschen nicht doch im Blick auf überhöhte Zielvorstellungen erziehen? Darf man ihnen das Verständnis des Gesamtinteresses nicht zumuten? Gewiß wird eben dies in der vollen politischen Doktrin des Liberalismus gefordert. Aber dressiert uns der erfolgreiche Wirtschaftsliberalismus nicht de facto doch die Rücksicht auf das Gesamtinteresse ab? Auf die vernünftige Frage: »Warum sollte einer, der eine Million verdient hat, noch eine zweite verdienen wollen?«, ist die Antwort: »Nur wer so beschaffen ist, auch noch eine zweite verdienen zu wollen, verdient sich die erste.« Das sogenannte Eigeninteresse ist in der kapitalistischen Entwicklung am Ende gar kein direktes vitales Interesse mehr. Es gehört zu jenen geheimnisvollen Selbstzwecken, die sich das geistige Wesen Mensch setzen kann, wie Macht, künstlerische Produktion, Erkenntnis, Mode, Sexualriten. Wir werden das, was eigentlich im Kapitalismus geschieht, nicht verstehen, wenn wir keine anthropologische Einsicht in diese Vorgänge haben.

C. Sozialismus. Den leitenden Wert des Sozialismus möchte ich die *Solidarität* nennen. Vielfach wird an dieser Stelle ein anderer Wert zuerst genannt, der der Gerechtigkeit, spezifiziert als soziale Gerechtigkeit. Dieser Wert ist aber in der Realität undeutlich. Im wirtschaftlichen Kampf wird er zur Verteilungsgerechtigkeit reduziert. Diese, isoliert genommen, ist nichts mehr als der Ausgleich der ökonomischen Egoismen und setzt sich allen soeben genannten Kritiken aus. Ihre Rechtfertigung findet diese Forderung nur in dem Blick auf das gesellschaftliche Ganze, die, in moralische Motivierung umgesetzt, eben Solidarität bedeutet.

Es ist vielleicht nicht nur spielerisch, wenn man sie mit den beiden vorangehenden Werten durch die Formel verbindet, sie sei *Einheit in Freiheit.* Man sieht hier wieder die Kontinuität im Gegensatz. Die Freiheit der bürgerlichen Schicht ist nur Freiheit eines Teils der Gesellschaft, und in der wachsenden Funktionalisierung der kapitalistisch-technischen Welt wird auch diese Freiheit immer fiktiver, sie wird auf die Freiheit zum Privatleben eingeschränkt. Nur eine solidarische Freiheit, eine Freiheit in Einheit, ist wahre Freiheit. Erst so geschieht, wenn er möglich ist, der Fortschritt zur vollen Gleichheit.

Der Sozialismus hat sich in den knapp anderthalb Jahrhunderten seiner Geschichte gespalten in seinem Verhältnis zur liberalen Welt. Die Sozialdemokratie hat sich der liberalen Welt reformerisch eingefügt. Sie hat die zentralen politischen Wertsetzungen des Liberalismus voll, seine wirtschaftlichen Wertsetzungen schrittweise und partiell akzeptiert.

Es ist die innere Spannung, also die Ambivalenz der Sozialdemokratie, daß sie nicht wissen kann, ob sie eine sozialreformistische Variante des Liberalismus oder der Weg zu einem radikaleren Ziel ist. Als Kern dieser Spannung erscheint nun zunächst die Fragwürdigkeit, die Ambivalenz, in der dieses radikale Ziel selbst bisher in der geschichtlichen Realisierung aufgetreten ist. Die Sozialdemokratie fühlt sich – mit Recht, wie mir scheint – abgeschreckt von den Ergebnissen, die der konkurrierende Zweig der sozialistischen Bewegung, der revolutionäre Sozialismus, bisher produziert hat.

Kommunistische Parteien und nationale revolutionäre Sozialismen haben sich bisher von innen her praktisch nur in Ländern durchgesetzt, die wirtschaftlich unterentwickelt waren und keine nennenswerte liberale Phase hinter sich haben. (In den manifesten Gegenbeispielen DDR und CSSR ist die kommunistische Herrschaft von außen, durch internationale Machtverhältnisse, durchgesetzt worden.) In diesen Ländern liegt es nahe, den Erfolg zunächst durch das Kriterium des Wirtschaftswachstums zu messen, das auch von den Sozialisten selbst dort voll anerkannt wird. Dieser Erfolg ist nicht so groß, wie er in der Eigenpropaganda dargestellt wird, aber doch beachtlich. Fragt man nach seinen Ursachen, so habe ich deren zwei einleuchtend gefunden: die Möglichkeit, ein Land gegen Kapitalexport abzuschließen, und die Möglichkeit, eine Bevölkerung über Jahrzehnte zu einem für Investitionen erforderten Konsumverzicht zu zwingen. In der Frühphase der großen kapitalistischen Entwicklung war der Abschluß nach außen für die wirtschaftlich führenden Länder nicht nötig und wurde in anderen z.T. durch merkantilistische Maßnahmen erreicht. Der Konsumverzicht wurde im Frühkapitalismus durch die Wirtschaftsmacht der Unternehmer und die Festigkeit des sie stützenden Staatsapparats erzwungen. Beides leistet in den heutigen Entwicklungsländern der »weiche Staat« nichtsozialistischer Verfassungen im allgemeinen nicht. Ein anderer Ausweg aus dem weichen Staat sind freilich Militärdiktaturen, die sich selbst dann aber oft auch eine sozialistische Interpretation geben.

Soweit gesehen ist die Leistung des Sozialismus, etwas pointiert gesagt, daß er einer noch »feudalen« Gesellschaft die Vorteile des Absolutismus bringt. Diese Formel unterschlägt freilich die wichtige Rolle der sozialen Bewußtseinsbildung, also der Orientierung des Denkens einer Nation auf den Wert der Solidarität. Hier ist kein König von Gottes Gnaden, der die bestehenden ökonomischen Machtverhältnisse allenfalls reformerisch ändert, sondern meist ein charismatischer Führer, der, seiner egalitären Lehre treu bleibend, die alte Oberschicht total entmachten muß. Das Verhältnis zwischen den vier Komponenten, die ich Charisma, Terror, Bürokratie und Selbstbestimmung nennen würde, ist das Problem, um das alle ernstzunehmenden sozialistischen Systeme ringen. Die sozialistische Doktrin dient, positiv gewendet, der Verankerung des Solidaritätswillens, ohne den diese Auseinandersetzung selbstzerstörerisch würde; negativ gesagt dient sie zur Verschleierung des radikalen Widerspruchs zwischen Anspruch und Wirklichkeit.

Von der marxistischen Geschichtserwartung aus erscheint diese Entwicklung, mindestens zunächst, paradox; und bürgerliche Kritiker des Marxismus haben auf diesen Widerspruch von Erwartung und faktischer Geschichte oft hingewiesen. Die Länder, von denen hier die Rede ist, sollten nach dem klassischen marxistischen Ansatz erst auf dem Wege zur bürgerlichen Gesellschaft sein. Ich möchte mich in meinen eigenen Begriffen dieser Erwartung anschließen. Ich halte für wahrscheinlich, daß diese Länder ihrer gesellschaftlichen Entwicklung nach etwas wie ein Bedürfnis nach Absolutismus haben. Andererseits leben sie in einer modernen Welt, deren Bewußtsein nicht mehr absolutistisch, sondern eben liberal oder sozialistisch ist. Deshalb müssen sie mit dem Bekenntnis zu solchen modernen Wertsetzungen ein Stück absolutistischer Praxis verbinden. Der Liberalismus ist für sie noch nicht reif, und wo er formal durchgeführt wird (z. B. in Indien), erschwert er die notwendige Entwicklung. Das Bekenntnis zum Sozialismus erleichtert die notwendigen absolutistischen Maßnahmen, wird aber durch eben diese korrumpiert. Rußland ist heute in gewisser Weise noch oder wieder ein zaristisches Land, dessen Intellektuelle nach den Freiheiten verlangen, die der Liberalismus bei uns durchgesetzt hat. China ringt, in m. E. sehr viel interessanterer Weise, mit demselben Problem.

Was haben wir für unsere fortgeschrittenere Gesellschaft hieraus zu lernen? Junge Linke haben in den letzten zehn Jahren oft behauptet, die liberale Kritik an den manifesten Übeln z. B. der heutigen osteuropäischen Zustände verkenne, daß im kapitalistischen System die Übel durch die Struktur des Systems erzwungen, im sozialistischen hingegen grundsätzlich überwindbar seien. Die Übel des sowjetischen Systems werden dann entweder auf menschliches Versagen geschoben oder auf Notwendigkeiten in der Defensivposition gegenüber kapitalistischem Imperialismus. Ich halte dieses Argument für essentiell kurzschlüssig, aber einer sorgfältigen Diskussion wert.

Um die Gesichtspunkte der Reihe nach durchzugehen, halte ich zunächst das Argument menschlichen Versagens (Personenkult, Bürokratie) für richtig, aber eben für einen Ausdruck dessen, was ich als Ambivalenz bezeichne. Ich komme im anthropologischen Kapitel auf die gewaltigen Kräfte zurück, die solches Versagen immer wieder erzeugen. Eine politische Doktrin ist naiv, die sich einbildet, sie habe nun zum erstenmal den Weg aus den Folgen dieses Versagens, die wir die Weltgeschichte nennen, gefunden. Ein politisches System wird nicht zu Unrecht an seinem realen Erfolg im Kampf gegen dieses Versagen gemessen. Im besonderen bezeichnen gerade Personenkult und Bürokratie zwei Formen des Absolutismus, also des, wenn ich richtig sehe, historisch nahezu notwendigen Wegs dieser Länder. Dies dient einerseits, solches Versagen begreiflich zu machen (es ist eben nicht nur Versagen, sondern z. T. Notwendigkeit), zeigt andererseits, wie wenig das, was dort als Sozialismus versucht wird, für uns vorbildlich sein kann.

Daß sich ferner die Sowjetunion unter dem Druck des westlichen Imperialismus, das maoistische China unter dem Druck des amerikanischen und des sowjetischen Imperialismus hat entwickeln müssen und weiter unter diesem Druck steht, ist zweifellos. Ich gebe nur zu bedenken, daß der Konflikt der Imperien um die Welthegemonie durch die ideologischen Differenzen eher mystifiziert als erklärt wird. Nun ist freilich die Überwindung der Weltmachtpolitik das Thema, mit dem die hier vorgelegten Aufzeichnungen beginnen, und ich würde mir selbst widersprechen, wenn ich diese Überwindung a priori als unmöglich unterstellte. Ich diskutiere aber, z. Z. unter dem Titel der Ambivalenz des Fortschritts, warum sie so schwer ist.

Hier treffen wir auf das Paradox, daß gerade die beiden heutigen Hauptkonkurrenten um die Welthegemonie, die Vereinigten Staaten und die Sowjetunion, ihre heutige politische Gestalt einer Revolution verdanken, zu deren ideellen Zielen die Überwindung der Weltmachtpolitik gehörte. Keine Weltmacht hat sich je so widerwillig in die Rolle des Weltimperialisten drängen lassen wie die Vereinigten Staaten (wenn auch Wirtschaftsimperialismus gegenüber Lateinamerika stets praktiziert wurde). Die Väter der amerikanischen Verfassung wollten vorbildlich den Verzicht auf die Machtpolitik europäischer Fürsten praktizieren; dies hing mit ihrem innenpolitischen Bekenntnis zur Bürgerfreiheit und zum minimalen Staat aufs engste zusammen. Die russischen Revolutionäre erhofften von der Weltrevolution das Ende der kriegserzeugenden ökonomischen Mächte und schließlich das Dahinschwinden des Staats; mit beiden Gedanken radikalisieren sie Ansätze der amerikanischen Revolution. Woodrow Wilsons »war to end wars« und Stalins Sozialismus in einem Land waren jedoch Kompromisse mit der Realität, und die Kraft dieser Realität ist hier unser Thema.

Ich kehre nun zu der These zurück, die Behebung der Übel sei im liberalen System grundsätzlich unmöglich, im sozialistischen aber grundsätzlich möglich und nur, etwa aus den genannten Gründen, bisher nicht hinreichend geglückt. Versteht man dabei unter liberalem und sozialistischem System die heute faktisch etablierten Systeme, so halte ich die These für schlicht und einsehbar falsch. Versteht man unter ihnen aber ihre theoretischen Entwürfe, so erheben beide den Anspruch, die Übel überwinden zu können, und es fragt sich, welcher Anspruch realistischer ist. Nur wenn man die Realität des einen Systems, z.B. dessen, in dem wir leben, mit der Hoffnung auf ein noch nicht errichtetes anderes vergleicht, so entsteht die natürliche und legitime Asymmetrie zwischen schlechter Wirklichkeit und erhoffter besserer Zukunft. Die von mir angefochtene These besagt in ihrer theoretischen Grundlage, das liberal-kapitalistische System fordere grundsätzlich die ungehemmte Verfolgung der Privatinteressen, das sozialistische aber grundsätzlich die Priorität des Gesamtinteresses; daher sei ersteres unfähig, letzteres grundsätzlich fähig, die Probleme des Gesamtinteresses zu lösen. In der theoretischen Ebene ist dies nun eine unzweifelhafte Entstellung der liberalen Doktrin. Diese fordert den politischen Mechanismus der repräsentativen, rechtsstaatlich gebundenen Demokratie zur Lösung der Probleme des Gemeininteresses, und sie hat sich stets im Prinzip reformfreudig genug gefunden, ihren Glauben an den Nutzen des Marktmechanismus durch staatliche Eingriffe auf das rechte Maß zu beschränken. Freilich führt dieser Weg auch in der Theorie mit Notwendigkeit durch Phasen fast unerträglicher Spannung, da ohne solche Spannung die für Beschlüsse erforderlichen Mehrheiten oft nicht zustande kommen. In der Praxis ist heute der zutreffende Hauptvorwurf gegen das System eher seine vordergründige Spannungslosigkeit, der durch Meinungsmanipulation und Selbsttäuschung aufrechterhaltene Eindruck, die Zustände seien »im Kern gesund«. Wenn einst Konservative den Liberalen das Meinungschaos, die schwankenden Entschlüsse und die manifesten Skandale des entfesselten Privategoismus des liberalen Systems vorwarfen, so konnten diese mit Recht antworten, in ihrer offenen Gesellschaft komme der Schmutz zum Vorschein und könne angegriffen werden, den ein autoritäres System unter die Schränke fegt, wo er Miasmen ausbrütet. Der Vorwurf gegen die heutige liberale Gesellschaft, sie fege ihren Schmutz auch unter die Schränke, besteht jedoch weitgehend zu Recht. Dies gehört zur Ambivalenz des Fortschritts im Liberalismus, fordert aber zur Prüfung der analogen Frage im Sozialismus heraus.

Anders als die reformistische Sozialdemokratie, deren Schwäche oft der Kompromiß ist, hat der revolutionäre Sozialismus, wo er nicht dem Feudalismus, sondern dem Liberalismus gegenübertritt, ein Prinzip, das m. E. die gefährlichen, ambivalenten Folgen geradezu erzwingt. Es ist die Rückkehr zum Dogmatismus, d. h. zur Überzeugung, eine bestimmte Gruppe – und zwar natürlich die eigene – sei im Besitz der Wahrheit. Wie in den klassischen Kirchen und Sekten wird die Menschheit im dogmatischen Sozialismus wieder in Eingeweihte und Außenstehende eingeteilt. Das Glückserlebnis, zu den Eingeweihten zu gehören, hat eine unendliche Verführungskraft. Die manifest richtige Kritik, daß das liberale System nicht jedem seine Chance gibt, sondern auch eine Herrschaft von Interessen und Doktrinen stabilisiert, dient zur Verwerfung seines Grundgedankens, in der illusionären Hoffnung, nur gerade diese eine Machtposition müsse noch gestürmt werden, damit die freie Gesellschaft sich selbst herstellen kann. Nun wirkt das Prinzip, der Zweck rechtfertige die Mittel, in der Gestalt, daß dem Gegner seine unmoralischen Handlungen als Beweis seiner egoistischen Moral vorgeworfen werden, während die eigene Seite, unter dem Titel der revolutionären Taktik, genau solche Handlungen begehen darf, da sie ja dem wahren Fortschritt dienten. Der Selbstwiderspruch nimmt oft groteske Formen an, so in der extrem-elitären anti-elitären Doktrin, die der gegnerischen Majorität falsches Bewußtsein vorwirft.

Bedenken wir die im Liberalismus-Abschnitt besprochene Spannung zwischen der politischen Notwendigkeit der Wahrheit und ihrem Nichtbesitz, so ist auch dieser Dammbruch verständlich. Erkannte Wahrheit ist intolerant. Wo Absolutismus die Forderung der Stunde ist, kann dieses Verfahren das historisch gebotene sein. Für uns aber ist eine Solidarität, die die Freiheit nicht opfert, die Forderung der Stunde; und zwar geht es nicht um die Freiheit, die wir für uns beanspruchen, sondern um die Freiheit, die wir unseren Mitmenschen gewähren. Dies wird bei uns heute unter den Titeln Demokratie, Demokratisierung, Mitbestimmung thematisiert.

Ich füge hier einen weiteren Ladenhüter unter meinen Überzeugungen an, daß nämlich mehrheitliche Demokratie, für sich genommen, nicht Freiheit, sondern Herrschaft einer größeren Gruppe ist. Der Sinn des Liberalismus ist nur in frühen Kampfphasen die Freiheit der Vielen von der Herrschaft der Wenigen. Ein solcher Kampf muß wohl in immer neuen Gestalten immer wieder ausgefochten werden, und er bringt als Geschenk, solange er dauert, ein Solidaritätserlebnis unter den Vielen. Aber eine siegreiche Gruppe ist darum, weil sie die Majorität darstellt, nicht weniger töricht als andere Sieger. Minderheiten sind unter einer ihrer selbst sicheren, aufgeklärten konservativen Herrschaft oft besser geschützt als unter einer militanten Demokratie. In der siegreichen Demokratie wird daher zur wichtigsten Aufgabe des liberalen Prinzips der Schutz der Minderheiten, zumal derjenigen, die keine Aussicht haben, die Mehrheit für sich zu gewinnen.

Das moralische Problem der Linken und das moralische Problem der Moral

(1975)

Vorbemerkung: Die Moralisierung der Politik

In unserer Zeit findet eine Politisierung der Menschheit statt. Nie zuvor hat sich ein so großer Prozentsatz der Menschen um Politik gekümmert. Dies ist ein Aspekt der Demokratisierung der Politik.

Dieser Vorgang führt zugleich zu einer Moralisierung der Politik. Politik wird weniger als das Spiel der Großen, als das Geschäft der Fachleute, als Schicksal betrachtet, sondern als Thema moralisch beurteilter Entscheidungen, zu denen jeder aufgefordert ist. Ob die Politik dadurch moralischer wird, kann man bezweifeln. Sicher wird sie moralisierender. Der Appell an moralische Urteile gehört zu den immer unentbehrlicheren Mitteln der Politik. Die in der Politik uralten Verhaltensweisen der Lüge und der Selbstbestätigung durch Selbstbetrug nehmen heute immer mehr die Gestalt der Ideologie, d. h. der Berufung auf allgemeingültige moralische Prinzipien an. Die Moralisierung der Politik ist ein Beispiel für die Ambivalenz des Fortschritts.

Die nachfolgende Niederschrift erörtert dies an einem aktuellen Beispiel. Ein konkreter Anlaß hat in mir die Emotionen noch einmal wachgerufen, die ich in ihrem Anfang schildere. Die Niederschrift entstand als Versuch, dieser Emotionen durch Objektivierung, also durch Analyse ihrer Gründe, Herr zu werden. Sie spiegelt wegen dieser Entstehungsweise unverhohlener als andere, kontrolliertere Äußerungen meine Empfindungen gegenüber dem Phänomen der »Linken«. Sie schneidet aber zugleich Probleme an, die mir weit über die Geschichte der linken Bewegung der vergangenen Jahre hinaus von zentraler Bedeutung zu sein scheinen. Um dieser Probleme willen wollte ich sie in die Hand von Freunden geben, zumal von solchen, die der Linken in ihrem elementaren Empfinden näherstehen als ich. Nicht die Emotion, sondern ihre Überwindung durch Klärung der Gründe der Ambivalenz des den Fortschritt wollenden Verhaltens ist das, worum es ihr geht.

Niederschrift

Diese Betrachtung strebt vom Besonderen zum Grundsätzlichen. Sie beginnt mit einem Beispiel aus dem Erfahrungsbereich der Berufs- und Generationsgenossen des Verfassers.

Das Wort »die Linke« bzw. »die Linken« sei zunächst zur Bezeichnung derjenigen politischen Tendenz gebraucht, die in der Studentenbewegung der letzten zehn Jahre in Ländern wie dem unseren bestimmend war. Mit diesen Linken haben liberale Professoren (ähnlich auch liberale Politiker, Richter usw.) oft folgende Erfahrung gemacht. Der betreffende Professor war ein entschiedener Kritiker vieler Strukturen der Gesellschaft, in der er lebte. Er begrüßte die Anfänge der linken Studentenbewegung mit Sympathie und mit großer Lernbereitschaft. Er sah die gedankliche Kraft der meist irgendwie von Marx bestimmten globalen Betrachtung der Gesellschaft, die Wichtigkeit einer politisch-ökonomischen Betrachtungsweise. Er bewunderte den entschlossenen Einsatz, nicht ohne Selbstkritik, die er seinem eigenen faktischen bürgerlichen Konformismus zudachte. Letztlich beruhte diese seine Sympathie mit den Linken nicht auf einer theoretischen Übereinstimmung – dazu fand er die linken Theorien denn doch zu konfus –, aber auf dem tiefen Eindruck, den ihm die *moralische* Motivation dieser jungen Menschen machte. Die bürgerlichen Schockiertheiten über rüde Umgangsformen, sexuelle Libertinage und ähnliche Brüche mit der traditionellen Moral überwand er leicht, denn auch in diesen Brüchen, selbst wenn er sie persönlich nirgends mitmachte, spürte er den moralischen Sinn eines Bedürfnisses nach Wahrhaftigkeit, er spürte den moralisch motivierten Protest gegen die moralische Verlogenheit herrschender äußerer Formen. Er bot den Linken offenes Gespräch, freie Kooperation, Schutz gegen die Repressionen des herrschenden Systems an. Nicht in jedem Fall, aber in signifikant vielen Fällen erlebte er nach kurzer oder längerer Zeit, daß gerade sein moralisches Zutrauen gröblich und unheilbar mißbraucht und verletzt wurde. Er sah sich einer planvollen Machtergreifung gegenüber, der er nur gerade so lange interessant war, als sie seiner bedurfte. Er erkannte, daß er ein »nützlicher Idiot« gewesen war. Von hierher erklärt sich das heute unheilbar gewordene Trauma gerade vieler aufrichtig fortschrittlich gewesener Liberaler gegen die Linken, das seine Träger oft zu einer reaktionären Haltung bringt, die sie selbst noch vor zehn Jahren aufs schärfste mißbilligt hätten. Ich vermute, daß dies auch der tiefste Grund des, wenigstens vorläufig, radikalen und kläglichen Scheiterns der linken Bewegung in allen hochindustrialisierten Gesellschaften mit repräsentativer Demokratie ist. So berechtigt die Vorwürfe gegen das in dieser Gesellschaft hinter der formellen Rechtsstaatlichkeit bestehende Herrschaftssystem sind, so konnte doch die Linke sich gerade bei dem einfachen, aber nicht ganz leicht zu täuschenden *moralischen* Urteil der Nicht-Intellektuellen, zumal der Arbeiter, auf die sie sich so oft beruft, nicht durchsetzen. Die Linke ist bisher gegen ein moralisch durchaus anfechtbares und von ihr mit Recht kritisiertes System deshalb unterlegen, weil ihre eigene faktische Moral einen moralischen Schrecken verbreitet, der, auch wenn er sich oft ungewandt ausspricht, im Kern voll begründet ist. Gerade die moralisch hochmotivierte Linke scheitert an ihren systematischen Verstößen gegen die Moral.

Es ist klar, daß eine Analyse, wie ich sie hier versuche, im Faktischen hochkontrovers bleiben wird. Ich wäre bereit, mich einer Diskussion über ihre Richtigkeit zu stellen, und auch, sie zum Zweck der Kontrolle in weiten Details in unserer Gesellschaft und in anderen Gesellschaften auszubreiten. In der vorliegenden Notiz gehe ich von der Vermutung aus, diese Analyse habe wenigstens einen Zug des Geschehens richtig bezeichnet. Dann entsteht die Frage, wie so etwas zu erklären sein mag. Das moralische Problem der Linken leitet über zum moralischen Problem der Moral.

Es handelt sich zunächst um das Verhältnis von Moral und Gesellschaft. Unter Moral sei hier abkürzend die wohl höchste bisher entwickelte Form von moralischen Prinzipien verstanden, die universalistische Moral. Sie hat ihre alte Formulierung in der goldenen Regel: »Was du nicht willst, daß man dir tu, das füg auch keinem andern zu«, ihre philosophisch durchdachteste Fassung in Kants kategorischem Imperativ: »Handle so, daß die Maxime deines Handelns jederzeit Prinzip einer allgemeinen Gesetzgebung sein könne.« Nun gibt es in der menschlichen Geschichte seit Jahrtausenden das Phänomen der Herrschaft, also einer manifesten Ungleichheit der gesellschaftlich gesicherten Rechte der Menschen. Die meist religiös verankerte traditionelle Moral hat zwischen der Anerkennung dieses Faktums und der universalistischen Moral Kompromisse gefunden. Dazu gehört das Ethos der höheren Verpflichtung des Herrschenden, dessen große reale Bedeutung die heutige linke Kritik meist in einem zum Realitätsschwund führenden Grade mißachtet. Ein anderer Ausweg ist der Verzicht von Individuen auf die eigene Teilhabe am Herrschafts- und Reichtumssystem bei Eremiten, Bettelmönchen, Sekten. Sowohl im Kern des Ethos der Vornehmen wie offenkundig im Ethos der Verzichtenden steckt die Überzeugung, daß die Forderung der Gleichheit der Behandlung der Mitmenschen nur erfüllt werden kann, wenn ich von mir selbst mehr verlange, als ich meinem Partner zumute. Dies ist in diesen Formen der Ethik möglich gewesen durch ihren religiösen Kern: nicht die selbstgeleistete – und nie glückende – eigene Gerechtigkeit ist die Basis moralischen Verhaltens, sondern die göttliche Gnade, welche die Lücken ausfüllt, die jedes Handeln, auch bei bestem Willen, lassen muß. Diese religiöse Erfahrung ist in nicht geringerem Grade eine Realität als die Erfahrung der unwidersprechlichen Gültigkeit der universalistischen Moral.

Die radikale europäische Aufklärung, in deren Tradition die heutige Linke steht, attackiert das Faktum der Herrschaft selbst. Sie tendiert dazu, Herrschaft abzuschaffen. Ich spreche jetzt nicht davon, ob das im radikalen Sinne eines Tages möglich sein wird; ich muß es nach meinem anthropologischen Urteil grundsätzlich für möglich halten, aber in einer auf lange Zeit unerreichbaren Zukunft. Ich spreche von den Problemen, die entstehen, wenn man hofft und versucht, dergleichen direkt, also in einem Anlauf zu erreichen. Die Linken, die dies entweder in einem revolutionären Anlauf oder in dem noch immer phantastisch kurzen Schritt eines einmaligen »langen Marschs durch die Institutionen« zu erreichen hoffen, kritisieren direkt die Einrichtung der Herrschaft selbst vom Standpunkt der Moral aus. Sie nennen dies die Forderung nach Gerechtigkeit. Sie durchschauen und kritisieren das Verhalten der Herrschenden, die sich auf das Ethos der Vornehmheit im wesentlichen dort berufen, wo es ihrer eigenen Herrschaft keinen Abbruch tut. Diese linke Kritik stößt nun auf das uralte moralische Problem von Zweck und Mitteln. Sie erkennt die gesellschaftliche Bedingtheit und den seinen Trägern verborgenen (»ideologischen«) Zweck moralischer Urteile. Sie ist überzeugt, daß eine Änderung der Gesellschaft, welche die Herrschaft als die faktische Vorbedingung der moralischen Lüge abschaffen würde, allein eine echt universalistische Moral gesellschaftlich möglich machen würde. Ihre Träger fühlen sich daher legitimiert, gegen die Träger des bestehenden Systems eine ungleiche Moral anzuwenden, d. h. sie so zu behandeln, wie sie von diesen nicht behandelt werden möchten. Sie verdrängen die Wahrheit, daß sie die Moral, die sie selbst etablieren wollen, auf dem Wege zu ihrer Etablierung durch die Tat verraten und daß jeder halbwegs Sensible diesen Verrat merkt. So schaffen sie ihre eigene moralische Diskreditierung, von der eingangs die Rede war. Sie geraten aber, wenn ihnen diese Erkenntnis dämmert, in eine verzweifelte Lage. Denn sie wissen andererseits, daß das herrschende System mit anderen als den von ihnen versuchten Mitteln nicht gestürzt werden kann. Versagen diese Mittel, so wird das System eben auf absehbare Zeit nicht gestürzt.

Ich spreche nun nicht davon, was langfristig mit dem System geschehen mag, sondern von dem moralischen Problem der Linken. Es ist in folgendem Sinne das moralische Problem der Moral selbst. Moral in einem einigermaßen radikalen Sinne ist möglich, wenn man auf gesellschaftliche Sicherung verzichtet, wie die vorhin genannten religiösen Gruppen. Es dürfte jedoch eine echte Verpflichtung für politisch verantwortlich denkende Menschen sein, zum Entstehen solcher gesellschaftlicher Zustände beizutragen, in denen auch den normalen Menschen, die keine radikalen Nonkonformisten sind, ein möglichst moralisches Handeln möglich wird. Wie, wenn dies gegen bestehende Macht nur unter Verletzung moralischer Prinzipien durchsetzbar ist?

Ich behaupte, daß dieses Problem zwar viele pragmatische

Lösungen von Fall zu Fall zuläßt, aber auf der Basis einer *bloßen Moral* keine grundsätzliche Lösung besitzen *kann*. Unter bloßer Moral verstehe ich hier eine Moral, die zwar die goldene Regel oder den kategorischen Imperativ zugrunde legt, aber nicht noch tiefer in dem begründet ist, was ich vorhin die religiöse Erfahrung genannt habe. Dies ist die Erfahrung der Gnade, der erlösenden Kraft der Nächstenliebe, und zwar in der Liebe, Verehrung und Furcht jenes tiefsten Selbst, das in der religiösen Tradition Gott heißt. Ohne diese Erfahrung gibt es zwischen unerfüllbarer Kompromißlosigkeit und faulen Kompromissen keinen gangbaren Weg. Beide Verhaltensweisen führen bei einem moralisch sensiblen Menschen zum Selbsthaß, und durch den psychologischen Mechanismus der Projektion zum Haß gegen andere. Dieser Haß liegt auf dem Grund des moralischen Versagens der Linken. Ich glaube, man sieht in diesem Gedankengang die »Dialektik« der linken Moralität: Gerade *weil* die Linke primär moralisch motiviert ist, verfällt sie tieferen moralischen Fehlern als ihre moralisch weniger aktivierten Gegner. Darum liegt mir fern, diese moralischen Fehler moralisch zu verdammen; sie sind im Grunde ein Phänomen der Verzweiflung. Aber sie haben die den Produkten der Verzweiflung innewohnenden selbstmörderischen Konsequenzen. Nicht wer diese Versuchungen nie gehabt hat, hat Anlaß zur moralischen Selbstzufriedenheit. Der eigentliche, fruchtbare Weg endet nicht in dieser Verzweiflung, sondern beginnt, wo wir ihr ins Auge zu schauen wagen. Man kann das moralische Problem der Moral auf eine Formel bringen, wegen deren Simplizität man sich als Intellektueller normalerweise schämen würde: letzter Grund der Möglichkeit menschlichen Zusammenlebens ist die Liebe und nicht die Moral. Die Moral ist ein vorletzter Grund.

Die Hoffnung des revolutionären Sozialismus

(1976)

Der immanenten, auf Stabilisierung zielenden Kritik am kapitalistischen Weltsystem steht eine völlig andere Kritik am selben System gegenüber, die des radikalen Sozialismus. Sie hält die stabilisierende Reform des Kapitalismus weder für wünschbar noch auf die Dauer für möglich. Für sie trägt der Weg durch die Gefahr ein völlig anderes Gesicht als für liberale oder sozialdemokratische Wirtschaftspolitiker. In der weltweiten wirtschaftlichen Krise sieht sie die Chance der Überwindung eines Systems, das untergehen soll; die Gefahr sieht sie in den verzweifelten Aktionen des Systems zu seiner Rettung, wirtschaftlich in wachsender Ausbeutung, politisch im Faschismus und, äußerstenfalls, im Krieg gegen die Vorposten der neuen, sozialistischen Welt; der Weg in der Gefahr schließlich liegt für sie in der revolutionären Aktion, in nationalen Befreiungskriegen, im Gang zum Sozialismus in denjenigen Ländern, in denen revolutionäre Sozialisten zur Herrschaft gekommen sind. Wir nehmen die Suche nach Wegen in der Gefahr nicht ernst, wenn wir diese Denk- und Handlungsweise nicht als eine Alternative völlig ernst nehmen. Ich werde sie kritisieren und mich ihr nicht anschließen. Aber dahinter steht ein jahrelanges Bemühen, diese Denkweise nach ihrer eigenen inneren Logik zu vollziehen. Die Kritik an ihr versucht, »dialektisch« zu bleiben, d. h. die kritisierte Denkweise nicht von ihren natürlich vorhandenen Schwächen und Unvollkommenheiten, sondern von ihren Stärken her zu kritisieren; mit anderen Worten, zu zeigen, daß gerade die Richtigkeit gewisser fundamentaler Gedanken des radikalen Sozialismus die Schwierigkeiten, in die dieser sich verstrickt, als wesensnotwendig und nicht als bloße Betriebspannen erkennen läßt.

Freilich ist dies nicht ein Buch über Gesellschaftssysteme, sondern vorwiegend über wirtschafts-, außen- und militärpolitische Fragen. Für die volle Durchführung einer gleichzeitigen Kapitalismus- und Sozialismuskritik (Fragen zur Weltpolitik, S. 38-39) wäre eine tieferdringende und breitere Analyse nötig.

Deshalb folgt das gegenwärtige Kapitel dem Strang eines einzigen theoretischen Gedankengangs, nämlich der Frage, ob die Hoffnung des revolutionären Sozialismus auf Überwindung von Herrschaft nach den durch Marx selbst erschlossenen Einsichten glaubwürdig ist. Ein nachfolgendes Kapitel bietet als gleichsam aphoristische Fallstudie Impressionen aus dem m. E. bei weitem interessantesten radikal sozialistischen heutigen Land, aus China.

Es gehört zu den Stärken des Marxismus, daß er kein detailliertes Bild von der Zukunft festlegt: weder von dem angestrebten Endziel noch von dem Weg dahin. Dies ermöglicht ihm eine flexible Taktik. Es ist auch theoretisch konsequent. Nach dem Denkschema der Dialektik muß sich die Zukunft aus den Widersprüchen der Gegenwart herausarbeiten. Das Ergebnis dieser Arbeit läßt sich in der Gegenwart nicht gedanklich vorwegnehmen.

Gleichwohl bezieht der Marxismus einen großen Teil seiner Überzeugungsstärke aus einer, wenn auch vagen, Antizipation der Zukunft. Er entwirft in Worten ein Bild vom Endziel. Es ist die Aufhebung der Herrschaft von Menschen über Menschen, näher ausgemalt als klassenlose Gesellschaft und Absterben des Staats. Ebenso entwirft er ein Bild vom Weg dahin. Es ist die proletarische Revolution und die aus ihr hervorgehende Diktatur des Proletariats. Bürgerliche Gegner des Marxismus beneiden ihn oft um einen so deutlichen Entwurf der Zukunft. Auch nicht orthodox-marxistische Sozialisten erweisen sich in einer ihnen selbst nicht immer durchsichtigen Weise von diesen Bildern bestimmt. Man könnte m. E. leicht zeigen, daß z. B. ihre Analyse der Probleme des heutigen Kapitalismus aus denselben Fakten andere Schlüsse zieht als eine nichtmarxistische Analyse, weil hinter ihrer Analyse als Kriterium steht, die realen Vorgänge an der sozialistischen Hoffnung zu messen.

Eine Überprüfung der sozialistischen Hoffnung ist daher auch für eine Beurteilung der Gegenwart wichtig. Wir beschränken uns hier auf eine Kritik des Weges, also der Begriffe der proletarischen Revolution und der Diktatur des Proletariats. Eine kurze Bemerkung über die ungelöste Aufgabe einer deutlicheren Bestimmung des Endziels geht dieser Kritik voran.

Der Begriff der Herrschaft bezeichnet ein komplexes Phänomen. Man kann in dem Phänomen der Herrschaft wenigstens drei Komponenten unterscheiden, die man mit den ihrerseits wieder erklärungsbedürftigen Worten: Rangordnung, Funktion, Macht benennen könnte. Mir ist kein anthropologischer, historischer oder systemtheoretischer Grund bewußt, warum dieses Verhaltensgefüge in alle Zukunft fortbestehen müßte. Die langfristige Hoffnung auf die Überwindung der Herrschaft über Menschen erscheint mir also sinnvoll. Ich unterlasse hier aber die sehr voraussetzungsvolle nähere Diskussion dieses Gedankens. Diese Hoffnung liegt aber heute in einer unseren Blicken ganz verhüllten fernen Zukunft.

Die Hoffnung hingegen, das Phänomen der Herrschaft durch eine proletarische Revolution zu überwinden, scheint mir in einsehbarer Weise falsch. Ich behaupte: Eine sozialistische Revolution mag zwar in gewissen Situationen ein notwendiger und im Interesse der Menschen wünschbarer Vorgang sein. Sie trägt aber zur Überwindung des Phänomens der Herrschaft nichts bei, da sie die Revolutionäre zwingt, eine nicht minder stabile Herrschaft zu errichten. Gerade darin unterscheidet sie sich von der bürgerlichen Revolution; denn diese hat zwar das Phänomen der Herrschaft nicht überwunden, hat aber zu seinem Abbau beigetragen. Diese Behauptung ist, wie man sieht, der Hoffnung von Marx genau entgegengesetzt.

Marx übernimmt und transformiert einen Hegelschen Gedanken über die Weltgeschichte mit der Meinung, in jeder geschichtlichen Phase gebe es eine Klasse, deren Partikularinteresse dem Gesamtinteresse der Gesellschaft nahe genug stehe, um in dieser Phase diese Klasse zum Träger des geschichtlichen Fortschritts zu machen. Eine Revolution tritt ein, wenn eine Klasse die andere in dieser geschichtlichen Rolle ablöst. Die Revolution könnte an sich eine unblutige Ablösung sein. Realiter wird sie fast immer gewaltsam geschehen, da eine herrschende Klasse ihre Herrschaft nicht freiwillig aufgibt. In der Beschreibung der neueren Zeit operiert Marx begrifflich mit drei Klassen: dem feudalen Adel, dem kapitalistischen Bürgertum und dem industriellen Proletariat. Selbstverständlich differenziert er diese Klassen in sich und kennt die Bauern als eine von ihnen verschiedene Klasse. Aber genau diese drei macht er zu Trägern der geschichtlichen Dynamik. Daraus ergibt sich das Modell der zwei sukzessiven Revolutionen: der bürgerlichen und der proletarischen.

Ich behaupte nun, daß dieses Modell einem in seinen Motiven verständlichen Wunschdenken entstammt, aber einer genaueren Prüfung mit seinen eigenen Begriffen nicht standhält. Das Zusammenfallen des partikularen Klasseninteresses mit dem Gesamtinteresse hat beim Bürgertum und beim Proletariat einen ganz verschiedenen Sinn.

Der Sieg des Bürgertums über den Adel war der Sieg der Stadtkultur über die landwirtschaftliche Kultur. Die Städte waren seit dem Mittelalter in den Händen der Bürger und nicht des landbesitzenden Adels. Die Bürger verfügten von jeher über die materiellen und intellektuellen Machtmittel ihrer eigenen Kultur, und als diese das ökonomische Übergewicht über die Landwirtschaft gewonnen hatte, übernahmen sie schließlich auch die politische Macht. Das Bürgertum war nie in seiner Geschichte seit dem Hochmittelalter ein funktionaler Diener des Adels.

Das Industrieproletariat hingegen war von Anfang an der abhängigste der Stände. Es war ein Produkt der bürgerlichen Wirtschaftsform, eine von Marx im Prinzip richtig beschriebene Sklavenarmee des Kapitalismus. Es verfügte nicht über die Maschinen, die es bediente; intellektuell mit wachsender Technisierung immer weniger, materiell nur in der negativen Form der Möglichkeit des Streiks. Sein Partikularinteresse war nicht wie beim Bürgertum die Durchsetzung realer, integrierter Macht, sondern Befreiung von Elend und Abhängigkeit. Dem entspricht genau, was das Proletariat hat durchsetzen können: seine Integration in die bürgerliche Gesellschaft in einer kleinbürgerlichen Rolle.

So hat es auch niemals in der bisherigen Weltgeschichte in einem industrialisierten Lande eine erfolgreiche gegen das Bürgertum gerichtete proletarische Revolution gegeben. Ebensowenig hat es je eine Diktatur des Industrieproletariats gegeben. Die obige Überlegung macht wahrscheinlich, daß es beides auch niemals geben wird. Das Industrieproletariat ist zu Anfang der Industrialisierung zur Revolution zu schwach und in den späteren Phasen zu wenig revolutionär motiviert.

Die sozialistischen Revolutionen, die wirklich stattgefunden haben, sind etwas völlig anderes. Sie sind, marxistisch ausgedrückt, antifeudale Revolutionen vor der Entstehung eines zur bürgerlichen Revolution fähigen Bürgertums. Sie sind Wege zur Modernisierung wirtschaftlich rückständiger Länder. Wenn man sie mit den Epochen der westeuropäischen Geschichte überhaupt parallelisieren dürfte, so wären sie funktionale Entsprechungen zu den Machtergreifungen des merkantilistischen Absolutismus gegen den Feudaladel. Sie sind getragen von intellektuellen Kadern (Abkömmlingen des alten Adels und des in seiner Masse zu schwachen Bürgertums) und gestützt durch ein revolutionäres Potential der Bauern. Das natürliche Produkt dieser Revolutionen sind zentralistische Bürokratien. Die russische Revolution hat gegenüber der inneren Logik dieser Entwicklung kapituliert. Die chinesische Revolution hat mit einer wohl stark von Mao persönlich getragenen heroischen Anstrengung versucht, ihr zu entgehen. Es scheint, daß nur der chinesische Weg heute ein denkbares Gegenmodell gegen die hier von mir behauptete geschichtliche Nötigung ist. Im Blick auf ihn ist daher das folgende gemeint. Doch argumentiere ich zunächst mit den außerchinesischen Erfahrungen.

Die Parallele der heutigen sozialistischen Staaten mit dem bürokratischen Absolutismus entspricht zwar einem strukturellen Sachzwang, aber nicht der Intention der Träger der Revolution. Für diese erscheint der Bürokratismus als eine Entartung des Sozialismus. Nicht nur Mao, auch Namen wie Tito, Dubček, Nyerere, Allende, auch Castro, bezeichnen Versuche, den Sozialismus besser zu verwirklichen. Die programmatische Entwicklung der italienischen und französischen kommunistischen Parteien nimmt zum mindesten Rücksicht auf den in westlichen Ländern überwiegenden Abscheu gegen den sowjetischen Absolutismus. Die heutigen Sozialisten sind Zeitgenossen einer liberalen bürgerlichen Gesellschaft mit repräsentativer Demokratie und egalitärer Ideologie, sie sind Teilhaber moderner Rationalität und guter und bitterer Erfahrungen mit der Marktwirtschaft und der kapitalistischen Produktionsform, welche alle es zur Zeit des europäischen Absolutismus im 17. und 18. Jahrhundert noch nicht gab. Zudem sind die lokalen Kulturen sehr verschieden. Es kann sein, daß man sich in einer seit Jahrtausenden so fleißigen und spontan ordnungsbereiten Nation wie der chinesischen Dezentralisierungsexperimente leisten kann, die in Rußland zum Scheitern verurteilt wären.

Ich behaupte aber, daß dieser Reichtum von Begleitphänomenen die strukturelle Nötigung nicht aufhebt, welche sozialistische Revolutionen, völlig anders als bürgerliche Revolutionen, dazu drängt, Herrschaft nicht abzubauen, sondern zu übernehmen und dann zu stabilisieren, ja zu verschärfen. Sozialisten, welche die in dieser Richtung deutenden Phänomene beobachten, entschuldigen sie oft durch die Meinung, echter Sozialismus lasse sich erst nach der Überwindung des kapitalistischen Weltsystems aufbauen. Vorher sei Sozialismus in einem Lande eigentlich nicht möglich, sondern höchstens Herrschaft sozialistisch gesinnter Menschen. Denn das kapitalistische Weltsystem nötige alle in den Welthandel verstrickten Nationalwirtschaften, sich den Konkurrenzformen des Kapitalismus anzupassen, wenigstens in der Form, daß der Staat als Unternehmer auftritt, also der Form eines Staatskapitalismus. Auch ein Land, das sich wirtschaftlich autark halten kann, stehe noch immer unter den Zwängen des kapitalistischen Weltsystems durch die Notwendigkeit, eine zum Selbstschutz hinreichende militärische Stärke und innenpolitische Kontrolle und die dazugehörigen Herrschaftsstrukturen aufrechtzuerhalten.

In dieser These steckt m. E. eine Wahrheit, die aber im Ausdruck durch Hoffnungen entstellt ist. Der Kapitalismus ist in der Tat ein weltweites System, heute mehr denn je, das auch den ihm ideologisch und machtmäßig abgewandten Gesellschaften gewisse Strukturmerkmale aufnötigt. Im Anschluß an das zuvor Gesagte kann man die Unmöglichkeit des radikalen Sozialismus in unserer Welt auch so ausdrücken: Es gibt keine gesellschaftliche Formation, welche kraft ihrer ökonomischen Macht imstande wäre, den ins kapitalistische System integrierten Klassen so die politische Herrschaft aus der Hand zu nehmen, wie einst das Bürgertum sie dem Adel bzw. dem König aus der Hand genommen hat. Sozialistische Revolution kann daher von innen nur durch straff organisierte Minoritäten, durch Kader, verwirklicht werden; von außen durch militärischen Sieg einer sozialistischen Macht über eine nichtsozialistische. Es ist reines Wunschdenken, zu meinen, die Gewalt, die eine solche Revolution herbeiführt, werde nachher automatisch die Majorität der Bevölkerung auf ihrer Seite haben. Auch dort, wo sie die Gegenrevolution nicht mehr zu fürchten hat, hat sie neue Staatsstreiche zu fürchten. Denn ihre Legitimationsbasis bleibt die einer gewaltsam zur Macht gekommenen Minorität. Dazu kommt das psychologische Argument: Seit Jahrzehnten in Machtkategorien geschulte Berufsrevolutionäre sind unabhängig von ihrer vielleicht freiheitlichen Ideologie wenig geeignet, als Sieger die Macht aus der Hand zu legen; ihre Nachfolger aber sind die in ihrem Dienst erzogenen Bürokraten.

Die einzige Macht, die in der absehbaren Zukunft dem Kapitalismus die politische Herrschaft entwinden könnte, liegt also im Militär der sozialistischen Großstaaten, der Sowjetunion und, auf längere Sicht, Chinas. Die Erwartung einer weltweiten sozialistischen Revolution ist also wahrscheinlich objektiv gleichbedeutend mit der Erwartung des Weltkriegs. Dieser ist auch unabhängig vom Gegensatz der Gesellschaftssysteme wahrscheinlich. Über ihn hinaus zu prognostizieren erscheint kaum möglich. Wir sollten gleichwohl die Frage stellen, welche Entwicklung wahrscheinlich ist, wenn es gelingen sollte, ihn zu vermeiden.

In den sozialistischen Staaten wird vermutlich die Modernisierung der Wirtschaft und der Mentalität voranschreiten. Dies dürfte die Menge und das Selbstbewußtsein derjenigen Schicht wachsen lassen, die in der Produktion funktional eine ähnlich leitende Rolle spielt wie im europäischen 18. und 19. Jahrhundert das Bürgertum. Man darf vermuten, daß diese Schicht ein ähnliches Freiheitsverlangen entwickelt wie einst das Bürgertum. Liberalisierung dürfte dann das langfristige Schicksal der sozialistischen Staaten sein, insofern also eine Annäherung an den Abbau von Herrschaft. Jedoch hat die faktische Machtübernahme des westeuropäischen Bürgertums ihre ökonomische Basis eben, wie Marx gesehen hat, in dem rechtlichen Institut des Privateigentums an Produktionsmitteln gehabt. Dessen Fehlen ist, zum mindesten im sowjetischen Machtbereich, wohl die Hauptstütze des bestehenden »Absolutismus«, also das Haupthindernis des politischen Fortschritts. Man hätte wohl gerade durch intelligente Marx-Interpretation wissen können, daß die Abschaffung dieses Privateigentums jedenfalls in einer vorbürgerlichen Gesellschaft ein Fortschrittshindernis ist.

Ein feudaler Staatsmann konnte, wenn ihm der Staatsdienst nicht mehr paßte, »auf seine Güter gehen«. Der großbürgerliche Politiker konnte im Idealfall von seinen Kapitalzinsen leben, der heutige amerikanische Politiker oder höhere Beamte kommt oft genug aus der Wirtschaft und kehrt, wenn er es wünscht, in sie zurück. Der Professor als Abgeordneter oder Administrator hat oft genug einen freigehaltenen Lehrstuhl, in angelsächsischen Ländern u. U. an einer privaten Universität, als das »Rittergut«, dessen Existenz er seine Unabhängigkeit verdankt. Die totale Abhängigkeit jedes Glieds der politischen Führungsschicht vom Wohlwollen der Spitze eben dieser Führungsschicht engt den Bewegungsspielraum zur Durchsetzung abweichender Meinungen und Interessen stärker ein, als dies im Absolutismus des 18. Jahrhunderts für Barone und für Bürger der Fall war. Es gibt also im bürokratischen Sozialismus keine Klasse, deren ökonomische Situation sie zu Trägern der Bewegung zu individueller Freiheit hin prädestinieren würde, allenfalls zu Trägern einer gemeinsamen Durchsetzung kollektiver Interessen.

Die von Marx theoretisch konstruierte Abfolge Feudalismus-Kapitalismus-Sozialismus hat gerade unter dem Gesichtspunkt der Schaffung und Sicherung politischer Freiheit einen klaren Sinn. Es ist in diesem Schema die Rolle des kapitalistischen Bürgertums, diejenigen Freiheiten durchzusetzen, rechtlich zu sichern und einzuüben, die dann in der sozialistischen Phase der breiten Masse zugute kommen sollen. Die revisionistische Sozialdemokratie handelt und denkt genau im Sinne dieser Logik. Der Gedanke der Diktatur des Proletariats entspringt einer völlig anderen, revolutionären Argumentationskette. Die Vereinigung beider Gedanken im klassischen Marxismus war m. E. nur »dialektisch« möglich, d. h. durch Zulassung eines Widerspruchs innerhalb der Doktrin. Die Geschichte hat diesen Widerspruch bisher nicht »aufgehoben«, sondern hat jeweils nur die eine Seite realisiert, wodurch die andere Seite ausgeschlossen wurde. Im entwickelten Kapitalismus ist es zu einer sozialen Evolution ohne Revolution und eben darum ohne Aufhebung der kapitalistischen Grundstruktur gekommen. Die sozialistische Revolution aber ist bisher nur in solchen Ländern geglückt, in denen die reale Erfahrung der bürgerlichen, staatlich garantierten Freiheit unbekannt war, und sie hat nicht zur Entstehung, sondern zur Verhinderung dieser Freiheit beigetragen. Versucht man, von den Analysen von Marx die Kruste seines eigenen Wunschdenkens behutsam abzulösen, so ist dies wohl ziemlich genau das historische Ergebnis, das man gemäß eben diesen Analysen hätte erwarten müssen. Die maoistische Hoffnung, die Spontaneität der Massen anstelle des bürgerlichen Profitstrebens zum Garanten einer die Freiheit tragenden ökonomischen Struktur zu machen, erscheint mir, wie oben gesagt, heroisch, aber – vorbehaltlich besserer Belehrung – wenig aussichtsreich. Wird hier nicht die von Adam Smith und Karl Marx völlig parallel gesehene Bedeutung des ökonomischen Handlungsmotivs idealistisch überspielt?

Diese Kritik an der utopischen Hoffnung des revolutionären Sozialismus hebt nicht auf, daß er wenigstens für die Überführung wirtschaftlich unterentwickelter und sozial vorkapitalistisch strukturierter Länder in die Modernität wohl der radikalste Weg und insofern als Vorbild und Machtsystem höchst folgenreich ist. Wenigstens wo er sich auf ein hinreichendes Maß an Autarkie stützen kann, bietet er die Chance, gewisse Fehlentwicklungen und Gefahren des abhängigen Kapitalismus zu vermeiden. Die Moral, an die er appelliert, ist freilich eine Moral der Einteilung der gesellschaftlichen Gruppen in Gute und Böse, also der Polarisierung. Sie trägt, soweit man sehen kann, eher zur Erhöhung als zur Verminderung der schon ohne sie bestehenden Kriegsgefahr bei, nicht zum mindesten durch die unbefangene Willkür, mit der die sozialistischen Großmächte, in vielfach genau entgegengesetzter Weise, die Einteilung in Gute und Böse konkret vollziehen.

Ein Absterben des Staats liegt weder auf der Entwicklungslinie des heutigen Sozialismus noch auf der des heutigen Kapitalismus. Die außenpolitischen wie die weltwirtschaftlichen Unheilsprognosen wären sehr viel weniger begründet, wenn der weltweite Wirkungszusammenhang den Rahmen einer staatsähnlichen Organisation hätte. Daher ist zu vermuten, daß Krisen entweder destruktiv bleiben oder die Entstehung eines solchen Rahmens beschleunigen werden. Das wahre Problem der Freiheit in derjenigen Zukunft, die wir überhaupt in einen mutmaßenden Blick fassen können, lautet daher: Freiheit im Staat, nicht Freiheit ohne Staat. Dies wird wohl wenigstens so lange so sein, als die Weltwirtschaft dynamisch ist.

Wechselwirkung weltweiter ökonomischer und politischer Probleme

(1977)

Meine Damen und Herren!

Dieser Vortrag handelt über die Wechselwirkung weltweiter ökonomischer und politischer Probleme. Er knüpft an ein Buch an, das ich vor wenigen Monaten veröffentlicht habe. Dem Buch habe ich einen mehr herausfordernden Titel gegeben; es heißt »Wege in der Gefahr«. Dementsprechend gliedere ich den Vortrag in zwei Hauptteile: 1. Welche Gefahren erwarten uns? 2. Welche Wege durch diese Gefahren sollten wir beschreiten?

Die Teile werden von ungleicher Länge sein. Über Krieg und über den kulturellen Hintergrund der Krisen werde ich hier und heute nur ganz kurz sprechen, über Wirtschaft ausführlich. Ich bin freilich kein Wirtschaftsfachmann; ich spreche über die Wechselwirkung zwischen Wirtschaft und Politik.

1. Welche Gefahren erwarten uns?

1.1. Was heißt Gefahr? Vielleicht wird die heutige Weltzivilisation ihre Probleme nicht lösen ohne eine Kette von Ereignissen, die ihre eigene Existenz gefährden. Wenn ich das sage, spreche ich nicht als Pessimist, sondern als Evolutionist. Evolution, Entwicklung, ist kein glatter Ablauf. Sie geht durch aufeinanderfolgende Ebenen und Krisen. Die Medizin kennt seit den alten Griechen den Begriff der Krise einer Krankheit. Krise, Κρίσις, heißt Entscheidung. Die psychosomatische Medizin weiß von biographischen Problemen einer Person, die unlösbar erscheinen, bis sich nach einer lebensgefährlichen Krankheit eine unerwartete, zuvor unvorhersehbare Lösung zeigt. Selbst die Entwicklung der Wissenschaft ist nicht eine gleichmäßige Akkumulation von Kenntnissen, sondern eine Folge von Ebenen sogenannt normaler Wissenschaft, die Einzelprobleme löst, unterbrochen durch wissenschaftliche Revolutionen, die uns zur Revision der Prinzipien zwingen.

Mein heutiger Vortrag ist aber nicht philosophisch, sondern pragmatisch gemeint. Ich werde einige Probleme der Weltwirtschaft und der Sozialstruktur nennen, die auf Krisen hinweisen. Angesichts dieser praktischen Probleme sollten wir uns bemühen, keiner pessimistischen Konsequenz auszuweichen, aber in keiner Konsequenz auf dem Pessimismus sitzenzubleiben. Weichen wir pessimistischen Konsequenzen aus, so verschließen wir unsere Augen vor denjenigen Informationen, die zur Lagebeurteilung am wichtigsten sind; bleiben wir auf dem Pessimismus sitzen, so verschließen wir unsere Augen vor den Wegen zur Lösung.

1.2. Wirtschaftswachstum. Gewöhnlich stellen wir uns eine Wirtschaftskrise nicht als Ergebnis des Wachstums vor, sondern als Stagnation oder Rückgang des Wirtschaftsvolumens. Dies allein aber erweckt den Verdacht, daß unser Wirtschaftssystem nur stabil sein kann, solange es wächst. Das erinnert an ein Fahrrad, das umfällt, wenn es nicht voranfährt. Deshalb erweckt jeder Zweifel, ob das Wirtschaftswachstum unbegrenzt weitergehen kann, Zweifel an der Stabilität unseres Systems. Ich betrachte drei aktuelle Probleme, die solche Zweifel wachrufen können: Energie und Umwelt, Arbeitslosigkeit, inflationäre Stagnation.

Energie und Umwelt. Die Energiekrise unseres Jahrzehnts hat zwei Hauptaspekte: den plötzlichen Anstieg des Ölpreises und das unvorhergesehene Mißtrauen der Öffentlichkeit gegen Kernreaktoren. Aus einem Energieüberschuß torkeln wir, so scheint es, unerwartet in Energieknappheit. Diese zwei Energieprobleme sind gute Beispiele für eine allgemeine These: daß nämlich jedes Problem unserer Gesellschaft eine vernünftige Lösung zuließe, wenn man diese Gesellschaft nur zum vernünftigen Handeln bewegen kann. Langfristig gesehen war die Verdreifachung des Ölpreises wahrscheinlich ein Gottesgeschenk für die hochindustrialisierten Länder. In den zwei vorangegangenen Jahrzehnten war die Energie weit unterbewertet. Ich sage das nicht, weil ich die Energieressourcen langfristig für knapp hielte; sie sind es nicht. Ich sage es, weil unsere natürliche Umwelt die Folgen wachsenden Energiekonsums nicht unbegrenzt erträgt. Knappheit der Ressourcen ist meist ein fragwürdiges Argument. Für praktisch alle mineralischen Rohstoffe – außer der Energie – haben sich die ständig wiederkehrenden Knappheitsprognosen immer wieder als falsch erwiesen; der Eindruck von Knappheit wurde durch die Kosten der Prospektierung erzeugt. Aber bei steigender Nachfrage nach einem Mineral muß man ärmere Erze ausbeuten, und dazu braucht man mehr Energie; insofern ist Energie der Schlüssel zum Wirtschaftswachstum. Nun sind die fossilen Brennstoffe in der Tat mengenmäßig begrenzt. Zudem kann heute jeder, der in einer Großstadt lebt, die ökologische Absurdität eines Industrie- und Verkehrssystems, das vom Verbrennen fossiler Brennstoffe lebt, mit seiner eigenen Nase riechen. In einem Jahrhundert würden die klimatischen Folgen eines weiteren exponentiellen Energiewachstums unerträglich werden. Andererseits erscheint es technisch denkbar, wenigstens zwei oder drei Jahrzehnte normal wachsenden Sozialprodukts ohne Wachstum des Energiekonsums zu haben, wenn nur genügend Anreize zur Entwicklung energiesparender Techniken bestehen; dies gilt besonders für Amerika, wo man mehr Energie vergeudet als hier in Europa. In der Marktwirtschaft muß dieser Anreiz in einem hohen Energiepreis liegen.

Wir müssen also langfristig eine Sättigung des Energiekonsums in heute schon hochindustrialisierten Gebieten anstreben. In unserer heutigen Wirtschaftsstruktur würde dies aber zu schweren wirtschaftlichen und sozialen Krisen führen. Und in den wirtschaftlich unterentwickelten Regionen der Welt ist ein weiteres Wachstum der Energienachfrage um einen großen Faktor unerläßlich. Anders kann man den Hunger und das Bevölkerungswachstum, das eine Folge der Armut ist, nicht überwinden. Die Kernenergie bietet sich als eine sinnvolle Zwischenlösung für die nächsten fünfzig Jahre an; ob dann die Sonnenenergie an ihre Stelle treten kann, ist technisch noch nicht klar. Aber werden die Kernreaktoren die heutige öffentliche Kampagne gegen sie überleben? Das ist nicht gewiß. Aber obwohl gerade in meinem Lande in den letzten Monaten der Widerstand sehr angewachsen ist, bin ich noch immer versucht, zu sagen, ihr Sieg sei schon entschieden. Zwei der drei großen

Machtgruppen in unserer Gesellschaft, das Management und die Gewerkschaften, sind natürliche Verbündete der Kernenergie; die dritte Machtgruppe, die staatliche Bürokratie, hat keinen starken Anlaß, ihr Gegner zu sein. Vermutlich wird diese Machtverteilung den Kampf entscheiden, noch ganz unabhängig davon, wer recht hat. Bezüglich der realen Gefahren teile ich die Meinung aller Reaktorspezialisten, daß ein technischer Schutz gegen alle technisch verursachten Unfälle möglich ist, der die Reaktoren, solange Friede herrscht, bei weitem ungefährlicher macht als den Straßenverkehr. Menschlich verursachte Gefahren wie Terrorismus, Zerstörung von Reaktoren durch Kriegseinwirkung und vor allem die Proliferation der Kernwaffen sind viel wichtiger. Die harten Probleme unserer Zukunft sind die politischen Probleme. Ich empfinde ein neurotisches Moment in der Anti-Reaktor-Kampagne, und es ist von größter politischer Wichtigkeit, die Quellen öffentlicher Neurosen zu verstehen. Die Reaktorfurcht ist ein Angsttraum, der aus der Verdrängung der realen Gefahr des Atomkriegs stammt.

Arbeitslosigkeit. Alle politischen Parteien in meinem Lande sind einig, daß die Arbeitslosigkeit überwunden werden muß, und sie werfen einander nur vor, dafür nicht die richtigen Maßnahmen zu ergreifen. In anderen Ländern ist das kaum anders. Niemand hat anscheinend den Mut, zuzugeben, daß man beim heutigen Lohnniveau mit der heutigen Wochenstundenzahl die Arbeitslosigkeit nicht überwinden kann. In dieser Reaktion liegt etwas Paradoxes, so klar ihre politischen Motive sind. Die Unterbeschäftigung von einer bis zwei Milliarden Menschen in den ökonomisch unterentwickelten Regionen der Welt ist freilich eine Katastrophe, denn sie bedeutet zu niedrige Produktion. Aber die abnehmende Nachfrage nach Arbeit in den hochindustrialisierten Ländern bedeutet, daß wir das Ziel des technischen Fortschritts zu erreichen beginnen, nämlich die Entlastung vom Zwang zu physischer Arbeit. Das Verteilungsproblem der Arbeit wird genau wie das Verteilungsproblem der Konsumgüter ein Problem sozialer Gerechtigkeit; in einer Wirtschaft wie der unseren, in der der Staat den Rahmen für den Markt bestimmt, sollte dieses Problem lösbar sein. Wenn freilich die politischen Lobbies der Sozialpartner die politische

Regulierung verhindern, können sie am Ende dieses unser Wirtschaftssystem zerstören. Das objektiv harte Problem ist der internationale Arbeitsmarkt, in dem es keinen nationalstaatlichen Rahmen für die nötigen Regelungen gibt. Darauf komme ich zurück.

Stagnation. Die sichtbarste Ursache der Arbeitslosigkeit, die Stagnation, zeigt die Fahrradnatur unseres Wirtschaftssystems; wir haben nicht gelernt, es anders als durch Vorwärtsbewegung zu stabilisieren. Wie entsteht eigentlich heute die zähe Stagnationstendenz, die entgegen älteren Erfahrungen mit Inflation verbunden ist?

Der psychologische Grund liegt, so scheint mir, in der Abnahme der Wachstumsanreize in einer Wohlstandsgesellschaft mit zunehmendem Bewußtsein für die Umweltprobleme. Es gibt eben einen abnehmenden Grenznutzen des Sozialprodukts pro Kopf. Natürlich erzeugt arbeitsparender technischer Fortschritt nicht, wie ökonomisch ungebildete Kritiker meinen, an sich schon Arbeitslosigkeit. Er erzeugt ja auch neue Kaufkraft, also Nachfrage nach Gütern und damit nach der Arbeit zu deren Produktion. Aber der Wachstumsprozeß geht immer durch Reibungen, Friktionen, und er braucht einen inneren Antrieb, um die Reibungsverluste zu überwinden. Eines der Haupthindernisse ist die Verzerrung des Markts durch Kartelle und Monopole. Der natürliche Preisbildungsprozeß für die Energie wurde zuerst verzerrt durch das latente Kartell der Ölfirmen und der westlichen Regierungen, die den Erzeugungspreis viel zu niedrig hielten, und dann durch das sichtbare Kartell der Ölerzeuger, die den Preis, statt ihn langsam steigen zu lassen, emporschnellen ließen und so weltweite Inflation erzeugten. Das Kartell der Gewerkschaften ist vermutlich die Hauptquelle der Stagnation. Die Gewerkschaften waren ein notwendiges Produkt des Frühkapitalismus. Indem sie eine sozial vertretbare Güterverteilung erzwangen, haben sie wahrscheinlich das kapitalistische System vor dem Zusammenbruch gerettet, den Marx prophezeit hatte. In ihrer heutigen Machtposition erzwingen die Gewerkschaften Lohnerhöhungen, auf die der Unternehmer nur durch geringere Investition oder durch höhere Preise reagieren kann. Das eine heißt Stagnation, das andere Inflation, der übliche Kompromiß heißt Stagnation und Inflation. Die Regierungen haben ein ganzes Spektrum möglicher Maßnahmen, monetärer und anderer, um dieser Entwicklung zu steuern, aber sie haben meist weder die Macht noch die politisch überzeugenden Argumente, diese Maßnahmen durchzusetzen. Damit kehre ich zum psychologischen Argument zurück. In hochindustriellen Gesellschaften sind die Wachstumsanreize nicht mehr stark genug, um weite Kreise der Bevölkerung zur Duldung unpopulärer Maßnahmen zu bewegen. Vielleicht hat die Bevölkerung in ihrer dumpfen Reaktion recht, vielleicht ist weiteres Wachstum gar nicht so gut für uns. Aber sicher können wir nicht zugleich ein Wirtschaftssystem haben, das nur stabil ist, wenn es wächst, und eine Gesellschaft, die ihre Sicherheit faktisch in der Verhinderung weiteren Wachstums sucht.

Meine Schlußfolgerung: Die Wirtschaftskrise wird sich weiter hinschleppen, solange wir nicht ein Verhalten lernen, das abnehmende Wachstumsraten in Hochindustrieländern und beschleunigtes Wachstum im wirtschaftlich unterentwickelten Teil der Welt zu vereinen vermag.

1.3. Soziale Revolution. Von neuem geht ein Gespenst um in Europa, und nicht nur hier, das Gespenst des Kommunismus. Wir müssen aber echte soziale Revolution vom Sowjet-Imperialismus zu unterscheiden lernen.

Vor zehn Jahren ging eine revolutionäre Bewegung wie ein Sturm durch die intellektuelle Jugend der nördlichen Halbkugel, von Berkeley über Paris, Frankfurt, Prag bis Schanghai und Tokio. Mit der Ausnahme Chinas erreichte die Bewegung überall schlechthin nichts. Eine kleine zusätzliche Ausnahme sind vielleicht die westdeutschen Universitäten; da brachte die Studentenrevolte einen Machttransfer in Gang; die Macht wandert aus der Hand paternalistischer Professoren über die Zwischenstufe ineffizienter zeitvergeudender Mitbestimmungsgremien unausweichlich in die Hand staatlicher Bürokratien. Warum war die Bewegung erfolglos? Der Prager Frühling hatte intern Erfolg und wurde von außen unterdrückt; das ist ein Kapitel Sowjet-Imperialismus. Warum mißlangen die übrigen Bewegungen innerhalb ihrer eigenen Gesellschaften? Ohne Zögern billige ich der Bewegung ein Verständnis für einige der tiefen Schwächen unserer Gesellschaft zu, ein Vorgefühl der kommenden Krisen. Aber offenbar läßt sich – entgegen der Erwartung von Marx – eine soziale Revolution gerade in einer hochindustrialisierten kapitalistischen Gesellschaft mit repräsentativer Demokratie und Redefreiheit kaum zuwege bringen. Marx setzte seine revolutionäre Hoffnung auf das Industrieproletariat. Aber soweit ich sehe, hat es nie in der Welt eine Revolution des Industrieproletariats oder eine Diktatur dieses Proletariats gegeben; es wird wohl auch keine geben. Die antifeudale bürgerliche Revolution vergangener Jahrhunderte war möglich, weil die Bürger die industriellen Produktionsmittel schon besaßen, ehe sie die politische Macht übernahmen. Das Industrieproletariat hat die Fabriken nie besessen und kann sie ohne eine Managerklasse nicht betreiben; man hat es als einen kleinbürgerlich gestellten Verhandlungspartner in den Kapitalismus integriert. Und junge Intellektuelle allein sind kein revolutionäres Potential; nach einiger Zeit werden sie zu den Bourgeois, die sie immer waren. Die kommunistische Gefahr in Europa ist nicht immanent, sondern extern: in den Panzerarmeen des roten Zarismus, und im ungelösten Problem weltweiter Unterentwicklung. Denn unsere Welt ist voll von latenter oder offen siegreicher Sozialrevolution. Das rührt daher, daß wir, die westlichen Nationen, das Zentrum der herrschenden Klasse der wirtschaftlich unterentwikkelten Regionen der Welt sind. Die erfolgreichen militant sozialistischen Revolutionen unseres Jahrhunderts, in Rußland, China, Kuba, vielleicht Angola, waren – wenn man es in ihrer eigenen marxistischen Sprache sagen will – antifeudal und nicht antibürgerlich. Ihr revolutionäres Potential bestand in einer Allianz moderner Intellektueller mit unterdrückten Bauern. Die Industrialisierung war nicht ihr Ursprung, sondern ihr Zukunftsziel.

Die Probe, welche die heutige wirtschaftliche Herrschaft der westlichen Nationen über den größten Teil der Erde wird bestehen müssen, läßt sich in einer Frage aussprechen: Wird der Kapitalismus den sozialen Fortschritt erfolgreicher vorantreiben können als der militante Sozialismus? Das ist nicht unmöglich. Die zwei kapitalistischen Jahrhunderte haben in unseren westlichen Ländern erheblichen sozialen Fortschritt gebracht.

Rechnen wir, wie es sein muß, die staatsbürgerlichen Freiheiten zu den sozialen Werten, so können die sozialen Errungenschaften des militanten Sozialismus den Vergleich mit denen des Kapitalismus bis heute nicht aushalten.

Aber wird die heutige Weltwirtschaft weltweit Bedingungen schaffen können, die sich denen des sozialen Fortschritts in den kapitalistischen Nationalwirtschaften der letzten anderthalb Jahrhunderte vergleichen lassen? Bei uns garantierte der feste Rahmen des Staats unter demokratischen Institutionen den Arbeitern die Koalitionsfreiheit und eine effiziente Sozialgesetzgebung; er gestattete eine konsistente staatliche Wirtschaftspolitik. Adam Smith schrieb dem Staat drei Aufgaben zu, ohne deren Lösung der Markt nicht funktionieren kann: Schutz nach außen, Aufrechterhaltung der Rechtsordnung, Betrieb nicht-profitbringender wirtschaftlicher Tätigkeiten. Wir würden modern sagen: Friedenserhaltung, Rechtsordnung, Infrastruktur. Es gibt heute für die weltweite internationale Wirtschaft keinen Träger dieser Aufgaben, der über die selbst in dem Konkurrenzkampf verstrickten Nationalstaaten hinreichend effizient hinausreichte. Es gibt heute keine Weltregierung und keine weltweite Demokratie. Soeben macht man weite Teile der Welt durch Militärdiktaturen »safe for capitalism«. Wir dürfen uns nicht wundern, wenn sich die Hoffnungen der Intellektuellen und der Massen eher als zu unserem System zum Sozialismus wenden oder aber resignieren.

1.4. Krieg. Krieg ist nicht das Thema dieses Vortrags. Nur wenige Sätze dazu. Die heutige Welt hat Frieden im Norden, Unfrieden im Süden. Der Friede im Norden ist nicht Abwesenheit von Konflikten, sondern Machtgleichgewicht. Der Unfriede im Süden ist Austrag der Konflikte, ermöglicht durch ein Machtvakuum, das seinerseits die Folge der gegenseitigen Lähmung der nördlichen Weltmächte durch ihr Machtgleichgewicht ist. Dies ist keine stabile Lage. Es wird weiter Kriege im Süden geben. Ein dritter Weltkrieg ist möglich, denn die Abschreckung ist nur technisch gesichert, durch Waffensysteme, die alle zehn Jahre veralten. Im heutigen Vortrag soll der Hinweis auf die Kriegsgefahr nur deutlich machen, daß wir uns nicht leisten können, die Lösung der weltweiten sozialen, wirtschaftlichen und kulturellen Probleme sich selbst zu überlassen. Das mindeste, was wir von uns fordern müssen, ist die Anstrengung, sie zu verstehen. Was für Wege gibt es in dieser Gefahr? Ich mache heute keine konkreten Vorschläge. Ich bleibe in der Ebene des Allgemeinen. Vielleicht formuliere ich damit Kriterien für die Beurteilung von Vorschlägen.

2. Wege in der Gefahr

Das soziale Problem der gegenwärtigen Jahrzehnte ist die Modernisierung des Südens. Der Sieg der Modernisierung ist im Prinzip schon entschieden. Die Frage ist, wer sie durchführen wird, in welchem politischen Rahmen. Wir, die westlichen Nationen sind hier in einer zweischneidigen Lage. Technisch und organisatorisch sind wir die modernsten Nationen; wir sind insofern die Führer in die Modernität. Eben dadurch sind wir mächtig. Unser Kampf aber um die Verteidigung dieser unserer Macht verurteilt uns dazu, politisch die Konservativen der Welt zu sein. Wir können faktisch nicht die Partei der Revolution nehmen, die uns unserer Macht berauben würde. Wir können aber die Partei einer raschen, einer radikalen Evolution nehmen. Dies halte ich für unsere moralische Pflicht. Es liegt aber auch in unserem Machtinteresse. Andernfalls fällt die Führung unweigerlich den Mächten zu, die aus ebenso zwingenden machtpolitischen Gründen genötigt sind, die Partei der Revolution zu nehmen: Rußland, das in Wahrheit viel reaktionärer ist als der Westen, oder China, das ein faszinierendes Modell des Sozialismus für ein Entwicklungsland anbietet, aber mit nur einem Minimum persönlicher Freiheit. Radikale Evolution enthält zwei Elemente: ein mehr an der Oberfläche liegendes, kurzfristig entscheidendes in der Wirtschaft, ein tiefliegendes, umstreitbares Element in der Kultur.

Soziale Evolution setzt wirtschaftliche Stabilität voraus. Weltweite wirtschaftliche Stabilität erfordert unbedingt einen internationalen Rahmen zur Regelung gemeinsamer wirtschaftlicher Probleme. Wettbewerb ist der Nerv wirtschaftlichen Fortschritts, *wenn* es gerechte und durchsetzbare Gesetzgebung, eine Instanz zur Regelung externer Kosten wie die

Umweltgefährdung, einen Schutz der Schwachen gibt. Nichts davon existiert heute weltweit. Kartelle der wirtschaftlich unterentwickelten Teilnehmer am Weltmarkt sind ein unvermeidlicher, aber schlechter Ersatz eines solchen Rahmens. Entweder nämlich bleiben sie wirkungslos; oder sie werden so mächtig wie das Ölkartell und führen dann ihre speziellen Teilhaber als neue Mitglieder in den Klub der Reichen, dem anzugehören nicht das Ziel der Rhetorik, aber der realen Wünsche ist. Heute artikuliert sich das Bedürfnis nach einem weltweiten Rahmen unter dem Namen der neuen Weltwirtschaftsordnung. Unsere begreifliche Unlust, uns auf oft schlecht durchdachte, politisch motivierte Vorschläge einzulassen, darf uns nicht hindern, die absolute Unerläßlichkeit einer internationalen wirtschaftlichen Regelung zu sehen. Wenn ich hier richtig sehe, so lautet die politisch mögliche und zugleich wirtschaftlich sinnvolle Alternative nicht: Weltwirtschaftsordnung oder weltweiter freier Markt, sondern marktgerechte Weltwirtschaftsordnung oder Revolution und vermutlicher Krieg.

Der tiefere Grund unserer Unfähigkeit, die sozialen Probleme der Welt zu lösen, liegt in einer gegenwärtigen oder bevorstehenden Krise unserer eigenen Kultur. Wir überzeugen nicht, weil wir selbst nicht überzeugt sind. Ich möchte den Vortrag mit einer optimistischen Deutung dieses Mangels an Vertrauen in unsere eigenen Werte beschließen. Dazu muß ich zuerst, jeweils in einem einzigen Satz, drei andere Auffassungen zurückweisen. Weder sollten wir sagen, unsere Werte seien sehr gut gewesen, aber wir hätten sie verloren. Noch sollten wir sagen, sie hätten nie viel getaugt. Noch sollten wir sagen, sie seien nach wie vor ausgezeichnet, und wir müßten uns nur fest an sie halten. Letzteres ist vielleicht die Versuchung für einen Kreis wie den hier versammelten. In Wahrheit waren unsere klassischen politischen, sozialen, kulturellen, moralischen Wertsysteme recht gut für eine regionale Kultur wie diejenige Europas, aber sie sind manifest unzureichend für eine Weltkultur. Eine der besten, wie ich hoffe unverlierbaren Traditionen unserer eigenen Kultur ist ihre ständige Selbstkritik im freien Dialog. Wir spüren heute recht präzis, was uns fehlt. Uns fehlt eine politische Weltordnung. Uns fehlt die Fähigkeit, Wirtschaftswachstum im eigenen Land anders als durch das langfristig unhaltbare Stabilitätsargument zu rechtfertigen. Uns fehlt eine hinreichende, breit wirksame Motivation, den Armen der Welt die einzige relevante Hilfe zu geben, die Hilfe zu einer ihrer Kultur angepaßten Selbsthilfe; unvermerkt zerstören wir durch die Unerbittlichkeit unserer Art wirtschaftlichen Fortschritts die Kulturen. Wir wissen jedoch sehr gut, daß der oberflächliche Restbestand unserer eigenen Kultur, der Technokratie genannt werden kann, heute zwar wohl ein unerläßlicher Produktionsfaktor ist, aber nichts, woraus eine menschliche Gesellschaft die Werte ihres Lebens gewinnt. Ein Teil unserer intellektuellen Jugend beginnt, sich, wenn auch manchmal durch Scharlatane vermittelt, den zentralen Erfahrungen der asiatischen Kulturen zu öffnen. Kulturelle Krise bei uns bedeutet, daß wir nicht abgestumpft genug sind, die Schwächen unserer eigenen Problemlösungen nicht zu merken. Wir sollten also die Kraft zur Krise behalten. Keiner pessimistischen Konsequenz ausweichen, nicht auf dem Pessimismus sitzenbleiben.

Sie sehen, ich ende mit schönen moralischen Sprüchen. Die Rolle des Moralpredigers aber ist eine lächerliche Rolle. Ich wollte als Analytiker unserer Probleme sprechen. Erwachsene Menschen – wenn man so sagen darf – ziehen aus einer Analyse ihre Konsequenzen alleine.

Gehen wir einer asketischen Weltkultur entgegen?

(1978)

Die Frage

Das Motiv dieses Aufsatzes liegt in der Praxis. Er stammt aus den Besorgnissen, die sich mit den Entscheidungen der heutigen Politik, zumal der Wirtschaftspolitik verbinden. Er ist damit zugleich ein Versuch, auf gewisse kritische Rückfragen einzugehen, die ich zu den drei politischen Vorträgen gehört habe, mit welchen ich jetzt diesen Band einleite. Diese Vorträge scheinen auf einen Ton des gedämpften Optimismus gestimmt. Ersparen sie nicht – so wird gefragt – eben damit der herrschenden Politik die notwendige Kritik?

Die Absicht der Vorträge war nicht, Optimismus zu verbreiten, wohl aber Mut; eben darum nicht Dämpfung des Tones, wohl aber unterscheidende Deutlichkeit des Denkens. Es sei mir erlaubt, hier an den Sinn des Buchtitels *Wege in der Gefahr* zu erinnern. Die heutige Menschheit wandert durch eine Zone tödlicher Gefahr. Der Weg in der Gefahr wird aber nicht gefunden, wenn man die Gefahr dort vermutet, wo sie nicht ist. Nicht durch ihre Gegner ist unsere politische Freiheit am tiefsten gefährdet, sondern durch unsere – d. h. ihrer Nutznießer – Unfähigkeit, sie ihrem Sinne gemäß zu gebrauchen. Nicht speziell die Kernenergie ist gefährlich, sondern die wachsende Gewaltanwendung in der technischen Welt. Was aber ist der Grund dieser Unfähigkeit der heutigen Menschheit, mit den politischen und technischen Instrumenten umzugehen, die sie selbst in ihrer Geschichte geschaffen hat?

Der gegenwärtige Aufsatz gibt sich mit einer bestimmten Antwort auf diese Frage ab. Diese Antwort sieht einen wesentlichen Grund des Versagens im zügellosen Verfolgen ökonomischer Ziele, im unbegrenzten, ja sogar ideologisch geforderten Wirtschaftswachstum. Ich möchte auch dieser Ansicht mit dem Bemühen um unterscheidende Deutlichkeit gegenübertreten.

Zum Wortgebrauch: Im Titel des Aufsatzes kommt das Wort

»asketisch« vor. Ich werde versuchen, mehrere Bedeutungen des Wortes zu unterscheiden. Zunächst sei, in einer vorläufigen Definition, eine Kultur als asketisch bezeichnet, die bewußt und aus Grundsatz auf ökonomische Güter verzichtet, welche in ihrer technischen Reichweite liegen. Unsere heutige Kultur ist in der Tat nicht nur nicht asketisch, sondern sie ist bewußt anti-asketisch. Sie ist erstens konsumtiv; ökonomische Bedürfnisse werden bejaht und erfüllt. Sie ist zweitens strukturell kapitalistisch; Bedürfnisse werden geschaffen, um den Markt vergrößern, also die Produktion steigern zu können. Sie ist im Effekt technokratisch, auch dort, wo sie sozialistisch-planwirtschaftlich auftritt; der Wert, der sich durchsetzt, ist der Fortschritt der Technik, auch wo wir in subjektiv ehrlichen Bekenntnissen andere Werte wie individuelle Freiheit oder Solidarität und soziale Gerechtigkeit höher stellen. Im Sinne dieser Kennzeichnungen kann man, bei allen Verschiedenheiten der überlieferten Kulturen, schon von einer heutigen Weltkultur sprechen. Diese Kultur ist unvollständig, selbstgefährdend, voll innerer Widersprüche. Die Frage ist, ob sie einer Phase entgegengeht oder doch entgegengehen sollte, in der sie einige der Gefahren und Widersprüche durch eine asketische Haltung meistern könnte.

Diese Frage, Kritikern unserer Kultur seit langem vertraut, ist populär geworden durch einige im letzten Jahrzehnt manifest gewordene Probleme. Die Ölkrise hat den ökonomisch herrschenden Nationen die Erfahrung vermittelt, die den ökonomisch unterentwickelten Nationen seit langem bewußt ist: daß ein ökonomisches Weltsystem kaum erträgliche nationale Abhängigkeiten mit sich bringt. Das Bevölkerungswachstum, Folge der wissenschaftlich-technischen Weltkultur, droht alle ökonomischen Fortschritte zu verzehren. Die politisch durchgesetzte Erhöhung des Lohnniveaus in Industrieländern treibt den technischen Fortschritt in der Richtung der Rationalisierung, also anscheinend unumkehrbar anwachsender Arbeitslosigkeit; diesem speziellen Problem soll der Schlußabschnitt dieses Aufsatzes gewidmet sein. Nach dem Verbrauch des billigen Öls wird die Kapitalintensität der Energieproduktion voraussichtlich so sehr steigen, daß über eine längere Frist nicht bloß das Wachstum, sondern sogar die Aufrechterhaltung des

Sozialprodukts pro Kopf zweifelhaft erscheint. Es ist fraglich, ob wir die Umweltschädigung, die durch weiter wachsende Wirtschaft erzeugt wird, in Schranken halten können. Die Menge der psychischen Störungen in unserer Gesellschaft nimmt zu; es sei erlaubt, Rauschgifte und Terrorismus als Beispiele unter dieser Überschrift mitzuführen. Die Störanfälligkeit gegen Gewalt in hochtechnisierten nationalen und internationalen Systemen nimmt natürlicherweise zu, damit die Versuchung des Polizeistaats. Das außenpolitische System hat die jahrtausendealte Institution des Kriegs noch nicht überwunden; als Weltsystem geht es schwanger mit dem Weltkrieg.

Die Abhilfen, die das heutige System versuchen kann, sind naturgemäß systemimmanent. Sie sind im Prinzip dieselben, durch die es seine vergangenen Krisen erzeugt und bewältigt und so sein gewaltiges Wachstum produziert hat. Das System gleicht einem Fahrrad, das nur stabil ist, wenn es weiterfährt. Ein paar stilisierende Beispiele: Man bekämpft Ölkrisen durch Ölbohrungen, allgemeiner gesagt Energiemangel durch Energieplanungen, in denen die Ersparnis stets weniger ausmacht als die Erschließung neuer Energiequellen. Man begegnet dem Bevölkerungswachstum und der Arbeitslosigkeit mit weiterem Wirtschaftswachstum, der Umweltschädigung mit Umwelttechnik, der Gewalt mit Kontrolle, dem Krieg mit Abschrekkungsrüstung, den psychischen Störungen mit Psychoanalyse, Massenpädagogik und schließlich Polizei.

Wer einmal, sei es auch nur ernsthaft beratend, an Regierungsverantwortung teilgenommen hat, weiß, daß der Handlungsspielraum sehr eng ist; daß das bestehende System diese Art, seine Probleme zu lösen, selbst programmiert. Ich habe in meinem bescheidenen Umgang mit den Aufgaben der praktischen Politik hohen persönlichen Respekt gelernt gegenüber den verantwortungsbewußten Technokraten, welche die moralische Tugend der Präzision, der Konsequenz in der Planung und Durchführung der unerläßlichen Maßnahmen üben, gegen die faulen Kompromisse der Interessengruppen, gegen Trägheit und blinde Emotion. Ich habe die tiefe Skepsis bestätigt gefunden gegenüber der Meinung, Demokratisierung oder Sozialisierung oder Sozialismus könnten irgendeines dieser Probleme besser lösen; die Mentalität der Mitbestimmenden erweist sich durch dieselben Motive gelenkt wie die der bisher Alleinbestimmenden, nur unerleuchteter, egoistischer, chaotischer. Dies ist kein Einwand gegen die historische Notwendigkeit der Partizipation. Partizipation ist ein unerläßlicher Teil des massenpädagogischen Prozesses, den man Demokratie nennt; des Lernens der Entscheidung durch die Betroffenen. Wir Menschen müssen lernen, die Welt, in der wir leben, als unsere eigene Welt zu verstehen; in dezentraler Entscheidung, soweit möglich, sie mitzutragen. Eine der negativen seelischen Wirkungen der technischen Kultur ist gerade die Konsumentenmentalität, die Unwilligkeit zur Teilhabe an Verantwortung. Aber nicht die Teilhabe der Massen an technokratischer Entscheidung löst die immanenten Probleme der Technokratie, denn diese sind nicht die uralten Probleme der Herrschaft (»-kratie«), sondern die modernen Probleme des richtigen Gebrauchs der Technik.

So stellt sich in der Tat die Frage, ob nicht von uns allen eine grundsätzliche Verweigerung gefordert ist, eine radikale Abwendung von der konsumtiv-technokratischen zu einer asketischen Kultur. Vielleicht darf ich die Vorstellungen von einer solchen Wendung durch die Nennung von sieben Namen präzisieren; zwei Namen spontaner Volksbewegungen, fünf Namen gedanklich und politisch führender Personen. Die *Umweltschutzbewegung* setzt der Bedürfnisschaffung durch eine naturzerstörende Technik die erklärte Bereitschaft zum Konsumverzicht entgegen. In einer mehr phantastischen und radikalen Form hat vor einem Jahrzehnt die Jugendbewegung der *Hippies* die Macht der Industriekultur unter dem symbolischen Titel »flower power« durch die Verweigerung der Teilnahme an der Produktion und, soweit möglich, am Konsum der Güter dieser Kultur herausgefordert. Könnte man diese Phänomene noch als Selbstekel der Wohlstandsgesellschaft erklären wollen und ihnen die Notwendigkeit einer Industrialisierung der Entwicklungsländer entgegenhalten, so ist es lehrreich, daß die wichtigsten geistigen und politischen Wortführer einer asketischen Kultur ihre entscheidenden Erfahrungen gerade den Entwicklungsländern verdanken. *Fritz Schumacher* fragt, ob wir ihnen alle Probleme der Industrie, zumal die Arbeitslosigkeit durch Automatisierung, exportieren sollen; Eigenarbeit, small is beautiful. *Ivan Illich* bemerkt, daß 20 % der Menschheit sich eine Zivilisation geschaffen haben, die das an sich überflüssige Auto lebensnotwendig macht, während 80 % sich das wirklich nützliche Fahrrad nicht leisten können. Der große Stammvater dieser Lebenspraxis ist *Gandhi* mit dem Spinnrad; nicht die nationale Befreiung Indiens, sondern die bescheidene Selbständigkeit seiner Menschen war sein wichtigstes Ziel. *Mao Tse-tung* und *Nyerere* haben die ernsthaftesten Versuche politisch realer »asketischer« Alternativsysteme gemacht.

Es sei mir erlaubt, als ersten Ansatz zu einem Urteil über diese weltweite Bewegung meine persönlichen Empfindungen zu registrieren. Ich bin jeder einzelnen der sieben von mir soeben aufgezählten Gestalten der Bewegung, sobald sie in meinen Gesichtskreis trat, mit spontaner Sympathie, ja Bewunderung begegnet; am tiefsten berührt hat mich Gandhi. Aber nicht eine dieser Gestalten hat mich überzeugen können, der Erfolg werde auf ihrer Seite sein. Wollte ich, auch nur in der Form öffentlich geäußerten Rats, konkrete politische Verantwortung in meinem Lande mittragen, so konnte ich keiner mehrheitsabhängigen Regierung zumuten, einem dieser Modelle in seiner Strenge zu folgen. Die Frage konnte nur sein, ob ein politisch chancenloser Protest gleichwohl die langfristig politisch wichtigere Leistung sei als die Suche nach für die Heutigen gangbaren Wegen in der Gefahr.

Dieser Spontanreaktion aber fehlt noch die unterscheidende Deutlichkeit. Es kommt darauf an, das Berechtigte und Unberechtigte, das heute Ausführbare, das langfristig Ausführbare, das vielleicht nie Ausführbare zu unterscheiden, sowohl in den Motiven und Handlungsweisen der heutigen konsumtiv-technokratischen Kultur wie in denen der asketischen Alternativlösungen. Ein erster Schritt dazu sei die Unterscheidung verschiedener Bedeutungen des mit der Absicht der Herausforderung eingeführten Begriffs »asketisch« und das Verständnis ihres Zusammenhanges.

Das moralische Problem der Askese ist der Umgang des Menschen mit für ihn jeweils nicht knappen, sondern zugänglichen Gütern; nicht mit seiner Armut, sondern mit dem ihm möglichen Reichtum. Es ist kein Zufall, daß die Herausbildung asketischer Lebensformen sozialgeschichtlich mit der Entwicklung wohlhabender Oberschichten gekoppelt gewesen ist. Was die Alternativbewegungen gegen die technokratische Konsumgesellschaft fordern, muß jedoch, soll es wirklich sein, eine demokratische Askese sein. Aber führt hier der zugespitzte Begriff der Askese nicht in die Irre? Handelt es sich um mehr als die gute alte Tugend verständiger Bescheidenheit?

Ich möchte wenigstens drei Stufen der Zurückhaltung gegenüber erreichbaren Gütern unterscheiden, unter den Titeln Bescheidenheit, Selbstbeherrschung und eigentliche Askese. Jede von ihnen entspricht, als soziales Leitbild einer Gesellschaft oder einer gesellschaftlichen Gruppe verstanden, einer wohlumschriebenen, jeweils anderen Situation. So wie diese Leitbilder sich in der vergangenen Geschichte ausgebildet haben, sind sie auf die überlieferte Ethik des Herrschens und Dienens bezogen. Das Problem, mit dem wir uns auseinandersetzen müssen, ist ihre Übertragung auf die seit den Revolutionen des späten 18. Jahrhunderts langsam sich herausbildende Ethik der Freiheit und Gleichheit. Bescheidenheit soll in diesem historischen Zusammenhang ein Leitbild aus dem Ethos der Dienenden bezeichnen, Selbstbeherrschung ein Leitbild aus dem Ethos der Herrschenden, eigentliche Askese ein Leitbild aus dem Ethos der Entsagenden. Wir werden keines der drei Leitbilder verstehen, wenn wir nicht die spezifische soziale Situation sehen, der es einst angepaßt war.

Dieses geschichtliche Verständnis fällt eigentümlicherweise gerade den soziologisch denkenden modernen Intellektuellen besonders schwer. Diese Verständnisschwierigkeit ist freilich selbst leicht erklärbar; sie hat einen, meist unbewußten, Zweck. Die modernen Intellektuellen haben sich in ihrer Mehrzahl der Ethik der Freiheit und Gleichheit verschrieben. Sie sehen Herrschaft als ein zu überwindendes Übel und die alte Ethik des Herrschens und Dienens als eine zur Stabilisierung der Herrschaft erfundene Ideologie. Das soziologische Denken dient ihnen als Waffe, als Instrument zur Entlarvung dieser Ideologie; es hat für sie die ideologische Funktion der Ideologiekritik. Nun soll hier nicht geleugnet werden, daß sich die Menschheit in einem langsamen und schmerzhaften Übergang von der Ethik des Herrschens und Dienens zur Ethik der Freiheit und Gleichheit befindet. Dieser Übergang aber verwandelt, ebenso langsam und schmerzhaft, alle auf konkrete Situationen bezogenen spezielleren ethischen Begriffe und Verhaltensweisen. Ökonomisch gesagt: indem Güter, die früher nur den Herrschenden zugänglich waren, der ganzen Gesellschaft zugänglich werden, steht die ganze Gesellschaft vor bestimmten ethischen Problemen, die es früher nur für die Herrschenden gab. Ehe wir die heutige Gestalt dieses Problems zu verstehen suchen, ist es daher sinnvoll, uns ihre Herausbildung in den überlieferten ökonomisch-sozialen Verhältnissen zu vergegenwärtigen.

Als Bescheidenheit sei zunächst ganz allgemein die Tugend bezeichnet, nicht mehr zu begehren, als man vernünftigerweise zu erhalten hoffen kann. »Vernünftigerweise« heißt hier: im Blick auf das Ganze der Gesellschaft, der man angehört. Der Bescheidene will nicht mehr haben als der Durchschnitt der anderen, ja, er ist mit weniger zufrieden. Dies ist zunächst ein natürliches einhaltbares soziales Leitbild für eine homogene Gesellschaft mit knappen, aber ausreichenden Gütern, also insbesondere für kleine, überschaubare, primitive Wirtschaftsformen. Bescheidenheit ist in der Tat ein sehr altes Leitbild, das in den Hochkulturen schon sehr früh als die Tugend der Vergangenheit gepriesen und der Gier der jeweiligen Gegenwart gegenübergestellt wurde (so schon von Konfuzius und von Platon). Etwas von diesem konservativen Pathos ist auch in jeder der oben aufgezählten sieben Gestalten der modernen »asketischen« Gegenbewegung bewahrt, auch dort, wo diese zugleich mit dem Anspruch sozialer Revolution auftreten. Man ist überzeugt, daß auch die moderne Menschheit in Wahrheit knappe, aber bei bescheidener Verwendung ausreichende Ressourcen habe. Man erhebt die Bescheidenheit der Ressourcenverwendung zum moralischen Postulat. Die Frage ist nur, ob diese so einleuchtende Forderung die seelischen Triebkräfte richtig einschätzt, und zwar sowohl die seelischen Triebkräfte, gegen die sie sich wendet, wie die seelischen Triebkräfte, aus denen heraus sie selbst erhoben wird. Meine Behauptung ist, daß sie selbst gerade nicht aus schlichter Bescheidenheit, sondern aus einem asketischen Pathos ihrer Verfechter hervorgeht und daß sie nur dann eine Durchsetzungschance hat, wenn dieses asketische Pathos sich selbst versteht.

Mit Recht kann der Verfechter des moralischen Postulats der Bescheidenheit antworten, daß er nichts radikal Neues verlangt, sondern an die überlieferten »Tugenden des kleinen Mannes« anknüpft. In der Tat hatten in der Vergangenheit gerade die unteren Gesellschaftsschichten feste und strenge Regeln des Verhaltens, zumal der Sparsamkeit. Das gilt von Bauern und Handwerkern und kennzeichnet ebenso das seit der industriellen Revolution herausgebildete Ethos der Arbeiterbewegung. Man findet dieses Ethos als eine der Kraftquellen der klassischen Sozialdemokratie und noch der heutigen kommunistischen Parteien in vielen Ländern, gerade soweit diese Parteien wirklich Arbeiterparteien sind. Aber mit dieser Beobachtung sind wir von der Bescheidenheit als dem eher fiktiven Leitbild einer ganzen Gesellschaft in die historische Realität der Bescheidenheit als Leitbild für das Verhalten einer Unterschicht, einer dienenden Klasse übergegangen. In ökonomisch und sozial stabilisierten Herrschaftsverhältnissen konnte eine dienende Schicht unter dem Leitbild der Bescheidenheit ihre Selbstachtung, ihre Identität bewahren. Eben darum aber ist die Resistenz der »Tugenden des kleinen Mannes« gegen den hereinbrechenden technischen Wohlstand so gering. Bescheidenheit, die auf sozial unerreichbare Güter verzichtet, ist – so zeigt sich – etwas anderes als Selbstbeherrschung, die auf sozial erreichbare Güter verzichtet.

Eine Randbemerkung: Im Ästhetischen, diesem immer so feinen Seismographen einer Kultur, zeigt sich die mangelnde Resistenz der Tugenden des kleinen Mannes besonders deutlich. Schönste Volkskunst, wie es sie in jeder bäuerlichen und handwerklichen Kultur gibt, erliegt fast immer der Überschwemmung mit willig akzeptiertem technischem Kitsch, sofern nicht Intellektuelle, als Sprößlinge der Oberschicht, die gleichsam mit dem modernen Virus schon durchseucht sind, sie zu schützen lehren. Die Erfahrung lehrt, daß bewußte kulturelle Disziplin etwas ganz anderes ist als »anständige Armut«.

Wenn eine dienende Schicht einst unter dem Leitbild der Bescheidenheit ihre Identität stabilisierte, so stabilisierte dieses Leitbild natürlich zugleich die bestehende soziale Rangordnung. Dies wird noch deutlicher, wenn wir bedenken, daß nicht bloß – schon in den Tiergesellschaften – sozialer Rang den Zugang zu knappen Gütern regelt, sondern umgekehrt der Zugang zu knappen Gütern zum sozialen Statussymbol wird. Die Weckung immer neuer materieller Bedürfnisse, von der Produzentenseite her gesehen ein kapitalistisches Motiv, ist von der Konsumentenseite her vermutlich vor allem durch den Wettlauf um den sozialen Status gefördert worden; und dieses letztere Motiv zeigt sich heute in realen sozialistischen Gesellschaften, angesichts der in ihnen herrschenden größeren Knappheit und strikteren sozialen Rangordnung, eher noch penetranter als in kapitalistischen. Man bedarf – um in unserem Raum zu bleiben – eines recht stabilen sozialen Selbstbewußtseins, um in einer Gesellschaftsschicht, die Mercedes fährt, VW zu fahren, oder in einer Altersstufe, die Motorrad fährt, unbekümmert das Fahrrad zu benutzen.

Diese kleine aktuelle Beobachtung über die Stabilisierungsbedürftigkeit von Rangordnungen mag ausreichen, um uns, nun wieder im Blick auf die Vergangenheit, an die Notwendigkeit eines sozialen Leitbildes auch für die Herrschenden zu erinnern. Herrschaft als ständiger Kampf um den Rang ist nicht hinreichend stabilisiert. Es ist vielmehr zentral für die Ethik des Herrschens und Dienens, daß der Herrschende sich immer zugleich als Dienender versteht. Es muß eine in seinen Augen sittlich gerechtfertigte Ordnung geben, die ihm zwar die Herrschaft gewährt, die er aber auch durch seinen Herrscherwillen nicht ändern kann. In einer feudalen oder hierarchischen Rangordnung sieht der kleinere Herr sich konkret als Dienenden, indem er stets einen größeren Herrn über sich weiß. Auch der oberste menschliche Herr, »von Gottes Gnaden« oder im mythischen Zeitalter selbst ein Göttersohn, weiß eine göttliche Macht über sich. Der moralisch unumschränkte Herr, der die Ordnung selbst nicht respektiert, ist zu allen Zeiten als ein Scheusal moralisch verurteilt worden. In der säkularisierten

Fassung der Herrschaftsethik wird Herrschaft zu einem Amt, sie wird nun gerade als Dienst am Ganzen überhaupt erst gerechtfertigt.

Diese Ethik des Herrschens und Dienens ist ebenso wie die Ethik der Freiheit und Gleichheit, welche begonnen hat, sie abzulösen, zahllosen Formen des Mißbrauchs und der Lüge geöffnet. Aber es ist ein für die moderne Ideologiekritik charakteristischer psychologischer Fehler, die Moral des Herrschens und Dienens prinzipiell als Beschönigung der Herrschaft aufzufassen – als ob diese für einen wirklichen Herrn der Beschönigung bedürfte. Dieses Urteil ist nur ein Symptom des tödlichen Kampfes, der so oft zwischen differierenden Moralsystemen entsteht; des moralischen Problemes der Moral. Aber um den Versuchungen des Mißbrauchs zu widerstehen, bedarf das Ethos des Herrschers einer persönlichen Moral der Selbstbeschränkung. Das sittliche Ich des Herrschenden muß auch über sein eigenes begehrendes Ich herrschen. Das bezeichnet der Ausdruck der Selbstbeherrschung. Nur wer sich selbst beherrschen kann, ist sittlich qualifiziert, über andere zu herrschen.

Wir haben oben Selbstbeherrschung als den Verzicht auf sozial erreichbare Güter bezeichnet. Dies hat zunächst einen direkten sozialen Sinn. Gesellschaftlich gesehen sind auch in der Klassengesellschaft der Hochkultur viele der wichtigsten Güter knapp, wenngleich sie dem Angehörigen der herrschenden Klasse verfügbar sein mögen. Keine Versuchung ist für den Herrn größer, als die Dienenden auszubeuten; eben darum ist für ihn im Ethos des Herrschens und Dienens keine moralische Pflicht wichtiger als die Fürsorge für die Dienenden. So jedenfalls haben die immer wiederkehrenden Gesetzgeber und Propheten gelehrt.

Selbstbeherrschung hat aber auch eine elitäre Funktion. Sie dient in Adelsgesellschaften der Unterscheidung des Vornehmen und Unvornehmen. Edelmann und – noch mehr – Edelfrau ist nur, wer sich innerhalb der gesellschaftlich anerkannten Formen zu beherrschen vermag. Das ist nicht nur Unterscheidung durch Stilisierung. Die Regeln adligen Verhaltens sind fast durchweg so geartet, daß sie, physiologisch wie soziologisch gesehen, die Kontinuität der Adelsschicht gewährleisten.

Der Adel war zunächst ein Kriegerstand. Der Krieger, wie später der Sportsmann, kann die erforderliche körperliche Überlegenheit nur durch ständiges Training aufrechterhalten. Training heißt auf griechisch *askesis*, Askese. Die adligen Herren waren vielleicht die ersten, welche die physiologische Wichtigkeit bestimmter Formen der Askese erkannten. Körperbau und Triebstruktur des Menschen sind, seiner Herkunft gemäß, einem Leben in Knappheit und Gefahr angepaßt. Einer Herrenschicht konnte nicht verborgen bleiben, wie der ökonomische Wohlstand die angeborene Vernunft der Affekte derangiert. Der Wohlstand gestattet, die Triebe der Trägheit, des Hungers, der Sexualität weit über ihre physiologische Funktion hinaus zu befriedigen, ja zahllose neue Bedürfnisse, darunter hochkulturelle, zu erzeugen. Eine Herrenschicht, welche die ihr verfügbaren Formen der Trieberfüllung voll ausnutzt, ist zum baldigen Untergang verurteilt. Dies zu erkennen war darum für den Adel Vorbedingung des Überlebens. Eine Adelsschicht mußte, in diesem speziellen Sinn der Worte, nicht glücksorientiert, sondern wahrheitsorientiert sein, wenn sie fortbestehen wollte.

Körperliches Training ist aber nur ein besonders deutliches Beispiel der für die Fortdauer des Adels notwendigen Selbstbeherrschung. Materielle Güter sind ihm ein anvertrautes Erbe, das von Generation zu Generation weiterzugeben ist. Sexualmoral hat die Reinheit des Bluts (heute sagt man: der Gene. Erst in den letzten Jahren hat eine Schule von Genetikern den »Egoismus des Gens« entdeckt.) zu bewahren; das erklärt fast alle Formen erotischer Restriktion und Libertät von Adelsschichten, zumal die so weit verbreitete ungleiche Moral für Mann und Frau. Der legitime Waffenträger, der nicht die eigene gesellschaftliche Ordnung zerstören soll, muß schließlich als wichtigste Qualität die Selbstbeherrschung haben, dem Tötungstrieb außer in rituell geordneten Zusammenhängen nicht nachzugeben; das ist der Anfang der »Ritterlichkeit«.

Neben den einander ergänzenden Leitbildern der Bescheidenheit der Dienenden und der Selbstbeherrschung der Herrschenden steht in fast allen Hochkulturen das Leitbild echter Askese der Entsagenden. Diese Entsagung versteht sich im allgemeinen religiös. Medizinmann und Priester, Einsiedler und

Mönch, der Fromme einer Heilssekte, jeder, der in sich und anderen eine religiöse Reinigung und Reifung sucht, braucht Übung, Askese. Er braucht insbesondere die Beherrschung der elementaren leiblichen Bedürfnisse, ihre scharfe Zügelung in Fasten und sexueller Enthaltung. Er braucht die scharfe Zügelung der gesellschaftlichen Bedürfnisse durch freiwillige Armut und durch Machtverzicht, letzteren in den religiösen Orden wie im Militär in der Form des freiwilligen Gehorsams. Einheitlich in den Grundzügen, wenngleich mit zahllosen kulturellen und individuellen Schattierungen, findet sich diese Erfahrung in allen überlieferten Kulturen.

Unserer konsumtiven Gesellschaft blieb es vorbehalten, diese Erfahrung zu vergessen. Dem Bewußtsein des wissenschaftlichen Zeitalters steht zudem die religiöse Sprache nicht mehr zur Verfügung, in der einstmals diese Erfahrung sich selbst verständlich wurde. So hat man in neueren Zeiten die asketische Grunderfahrung mit einer kulturell bedingten Interpretation verwechselt und hat jene Grunderfahrung für ein Mißverständnis, für das Werk eines leibfeindlichen religiösen Weltbildes gehalten. So kann immer wieder die Durchbrechung von »Tabus«, die die traditionelle Gesellschaft selbst nicht mehr versteht, das echte Erlebnis einer neugewonnenen Freiheit und Wahrhaftigkeit vermitteln, oft ohne die Ahnung, daß mit dieser Freiheit der Lehrgang nur von neuem beginnt. In Wahrheit handelt es sich um ein Beispiel der anthropologisch verständlichen Aufgabe der Gestaltung einer menschlichen Kultur, für welche die Ethik des Herrschens und Dienens ein anderes Beispiel war.

Das Kunstwerk menschlicher Kultur, also Tradition und Freiheit, wird möglich durch den Zerfall der tierischen spontanen Einheit allen Handelns in die Trias von Affekt, Erkenntnis und Wille. Der Zerfall ermöglicht und fordert, daß die Bruchstücke zu einer neuen gewollten, unsäglich viel reicheren Struktur als der des tierischen Lebens fließend zusammengefügt werden. Trieberfüllung als eigenständigen Wert anzusehen wäre also ein Mißverständnis der menschlichen Natur. Beim stabilisierten Tier ist Trieberfüllung allerdings ein Indikator des Zuträglichen – soweit die »Vernunft der Affekte« reicht. Verstehen wir Glück als Trieberfüllung, so ist Glück günstigenfalls ein Indikator, beim Menschen ein vielen Fehlern unterworfener. Eher noch ist Leiden ein zuverlässiger Indikator des Unzuträglichen, der notwendigen Anstrengung.* Denn, darwinistisch geredet, den Verlust der Warnfunktion des Schmerzes wird eine Kulturgesellschaft schwerer überleben als eine Akkumulation von nicht mehr biologisch sinnvollen Glückserlebnissen. Häufig gewinnen die vielen vom ursprünglichen biologischen Sinn entkoppelten Affekte und Verhaltensweisen einen neuen, kulturellen Sinn in dem reichen Gewebe von Ritualisierungen, das wir eben Kultur nennen. Dazu müssen wir über diese Verhaltensweisen frei verfügen, mit einer Sicherheit, die man nicht ohne lange Einübung – Askese – gewinnt. Eine solche Ritualisierung ist die Kunst. Nicht zufällig ist neben dem Sportler** der Musiker das unserem Bewußtsein vertrauteste Beispiel für die Notwendigkeit des Übens.

Die allgemeine Verbreitung religiös asketischer Lebensformen durch alle Hochkulturen spricht dafür, daß diese Gesellschaften von Herrschenden und Dienenden nicht bestehen konnten, wenn nicht in ihrer Mitte zugleich die Entsagenden lebten, die auf die Güter der Herrschaft verzichteten und einem anderen als dem weltlichen Herrn dienten. Religion ist durch die Jahrtausende kulturtragend gewesen, weil sie zugleich die verkörperte Kulturkritik enthielt. Hier hatte die Askese einen symbolischen Sinn. Sie drückte die Verwerfung des der herrschenden Kultur innewohnenden Prinzips der Begehrlichkeit in sinnenfälliger Schärfe aus. Es mag übrigens soziologisch interessant sein, daß die religiöse Askese als Kulturfaktor ein Werk von Aristokraten ist. Dies zeigt ein Blick auf die Entstehung der kontemplativen Askese in Indien. Der Waldeinsiedler ist die vierte und letzte Lebensphase des Lebenslaufs in der höchsten Kaste, der brahmanischen; Buddha war Adelssohn;

* In Freuds Ausdrucksweise geredet: Beim Tier *ist* das Lustprinzip die subjektive Erscheinungsweise des unbewußten, objektiven Realitätsprinzips. Beim Menschen wird das Realitätsprinzip bewußt und schafft die Welt der Kultur, die durch das Lustprinzip nicht erzeugt und nicht aufrechterhalten werden kann. Askese hat die kulturelle Funktion, das Lustprinzip zu zügeln, die Indikatorfunktion des Leidens wachzuhalten.

** Der Vergleich sportlicher Übung mit moralischer Askese ist schon biblisch. Vgl. den ersten Brief des Paulus an die Korinther, 9, 24-27.

noch die meisten der großen indischen Heiligen unserer Zeit sind brahmanischer Herkunft. Die kontemplative Askese erscheint hier wie die Radikalisierung eines Adelsideals.

Der Sinn der Askese gerade für die meditative Lebensweise ist aber nicht nur symbolisch; die Askese hat hier wie stets zugleich eine fast technische Funktion. Die Bedürfnisverzichte, symbolisiert in den Mönchsgelübden der Armut, der Keuschheit, des Gehorsams, sind Mittel der Bewußtwerdung, der Distanzierung von sich selbst und damit der Entdeckung seiner selbst. Die tiefe Verwandlung der menschlichen Natur, die dadurch möglich wird, strahlt dann prägend in die Kultur zurück. Sie gibt der Selbstbeherrschung des Adels, der Bescheidenheit des Volkes einen Hintergrund, eine neue Interpretation. Diese Selbstzucht dient also – so konnte man wissen – nicht nur der Erhaltung der bestehenden Gesellschaft, sondern der Verwandlung des Menschen; dem, was die Religion sein Heil nennt.

Das Problem einer Ethik der technischen Welt

Die ökonomische Entwicklung der Neuzeit, zugleich Motor und Folge des technischen Fortschritts, bietet zum erstenmal der ganzen Gesellschaft Zugang zu Gütern, die früher wegen ihrer Knappheit einer Oberschicht vorbehalten blieben. Freilich ist dieser Prozeß nicht vollendet, und gerade die Anwälte einer asketischen Alternative fragen, ob er überhaupt vollendbar wäre. Es ist wichtig, daß wir uns den Grund der Schwierigkeit seiner Vollendung klarmachen. Er liegt, so möchte ich behaupten, nicht darin, daß die Güter an sich knapp wären. Die vom ersten Bericht an den Klub von Rom in die Welt gebrachte Furcht vor der absoluten Knappheit der Rohstoffe sucht, wenn ich richtig sehe, die Gefahr dort, wo sie nicht ist. Anorganische Rohstoffe sind an sich nicht knapp. Organische Stoffe, zumal Nahrung, werden, wie Malthus gesehen hat, knapp, wenn das Bevölkerungswachstum der Wirtschaftsentwicklung davonläuft. Aber die Landwirtschaft der Welt könnte bei geeigneter Modernisierung die heutige und auch die doppelte Weltbevölkerung ernähren. Organisatorisch gesehen stellen sich unsere

Probleme als unsere Unfähigkeit dar, unser eigenes ökonomisches System dem Ziele hinreichender Produktion und zumal gerechter Verteilung zuzulenken. Die von Marx prophezeite Verelendung der Massen ist zwar im Zentrum des kapitalistischen Systems im ganzen gesehen vermieden worden – wenngleich das Wohlbefinden nicht dem Sozialprodukt gemäß zugenommen hat –, aber sie ist vorerst in das »äußere Proletariat« der Peripherie, der Dritten Welt verlagert worden. Gehen wir die im Anfang dieses Aufsatzes aufgezählten Gefährdungen unserer Welt durch, so entstammen sie überwiegend nicht einer absoluten Knappheit der Ressourcen, sondern der Unfähigkeit der Menschheit, ihre eigenen Probleme zu sehen, in die Hand zu nehmen und zu lösen.

Nun kann man nicht erwarten, daß Menschheitsprobleme von einer hinreichenden Zahl von Menschen erkannt, geschweige denn mit Erfolgsaussicht praktisch angefaßt werden, wenn ihnen nicht ein Ethos gemeinsam und eine Verhaltensweise eingeübt ist, welche es gestatten, das Notwendige nicht psychisch zu verdrängen, sondern anzusehen und zu wollen. Es handelt sich um ein Ethos für die technische Welt. Technik bedeutet, Mittel für Zwecke zu schaffen und zu gebrauchen. Technik als Selbstzweck kann in einer Entwicklungsphase förderlich sein, so wie zur Entstehung der menschlichen Kultur ohne Zweifel der Spieltrieb einen wesentlichen Beitrag geleistet hat. Der Mensch ist in gewissem Sinne das spielende Tier: homo ludens. Aber der Mensch kann nicht bestehen, wenn er den Unterschied von Spiel und Ernst nicht begreift: das nennt man Erwachsensein. Alles zu machen, was technisch möglich ist, ist ein letztlich untechnisches Verhalten, eine Kinderei. Erwachsener Gebrauch der Technik verlangt die Fähigkeit, auf technisch Mögliches zu verzichten, wenn es dem Zweck nicht dient. Es verlangt Selbstbeherrschung. Technik ist als Kulturfaktor nicht möglich ohne die Fähigkeit zur technischen Askese.

Schauen wir mit dem so geschulten Blick auf die alten Kulturen zurück, so meldet sich der Verdacht, daß schon die »neolithische Revolution«, die Entstehung des Ackerbaus, eine tiefe Umweltkrise bedeutet hat. Man kann sich ausmalen, wie die klugen Konservativen der Jäger- und Sammler-Kultur auf die

Zerstörung des natürlichen Lebensraums der Tiere und Menschen reagiert haben mögen, die in der Verwandlung von Wald in Ackerland geschah. Was spätere Kulturkritiker als die tiefe Naturverbundenheit der bäuerlichen Lebensform preisen, war historisch vermutlich die nach jahrhundertelangen bitteren Erfahrungen eingeübte Verhaltensweise zur Pflege einer Landschaft, die selbst ein Produkt des Menschen und der älteren Natur abgetrotzt war. Zu dieser Disziplin gehören die einander zugeordneten Tugenden der Bescheidenheit und der Selbstbeherrschung. Vermutlich erst der Stadtkultur entstammt die dritte, radikal kulturkritische Tugend religiöser Askese. Unsere Frage heißt: Wie übertragen wir, nicht die zeitgebundenen Erscheinungsformen, sondern die lebenserhaltende Substanz dieser Tugenden in die durch die neue, die industrielle Revolution erzeugte technische Welt?

Diese Frage nötigt uns, den Übergang von der Ethik des Herrschens und Dienens zur Ethik der Freiheit und Gleichheit thematisch ins Auge zu fassen.

Die Ethik der Freiheit und Gleichheit

Der Übergang vom Herrschen und Dienen zur Freiheit und Gleichheit als ethischen Prinzipien hat sein ökonomisches Korrelat im Übergang von der privilegierten Verfügung über knappe Güter zu einem allgemeinen Wohlstand. Der ökonomische Übergang erklärt zwar nicht die ethische Substanz der einander ablösenden ethischen Prinzipien, aber er erklärt vermutlich die Gründe der Möglichkeit der gesellschaftlichen Durchsetzung des egalitären Prinzips. Freiheit als allgemeines Prinzip bedeutet Gleichheit der Menschen in der Gesellschaft in dem wohl wichtigsten politischen Gut, eben der Freiheit. Reale Gleichheit aber setzt jedenfalls einen angemessenen Grad ökonomischer Gleichheit voraus. Diese gibt es entweder in einer primitiven oder bewußt asketischen Gesellschaft, in der niemand reich ist, oder in einer Wohlstandsgesellschaft, in der – nach überlieferten Maßstäben gemessen – alle reich sind. Eben die ökonomischen Bedingungen der Wohlstandsgesellschaft aber enthalten zugleich die Gefahr, den Sinn des Ethos der

Freiheit und Gleichheit zu verfehlen und dadurch am Ende sogar den Wohlstand wieder zu verlieren. Was ist der ethische Sinn von Freiheit und Gleichheit?

Es sei mir erlaubt, in einem kleinen Exkurs die wohl philosophisch reifste Fassung dieses ethischen Prinzips zu skizzieren, wie sie in Kants praktischer Philosophie gegeben ist. Nach Kant gibt es für ein vernünftiges Wesen nur einen einzigen kategorischen, d.h. unbedingt gebietenden Imperativ, das »Grundgesetz der reinen praktischen Vernunft«: »Handle so, daß die Maxime deines Willens jederzeit zugleich als Prinzip einer allgemeinen Gesetzgebung gelten könne.«* Vernunft ist für Kant nämlich das Vermögen des allgemeinen Denkens, ein vernünftiges Gebot also ein allgemeines Gebot. Der kategorische Imperativ fordert somit vom Menschen als einem vernünftigen Wesen nichts anderes, als daß er seine Vernunft gebraucht und nach Maximen handelt, die fähig sind, allgemeine, also vernünftige Gesetzesprinzipien zu sein. Hierin nun sind Freiheit und Gleichheit als Wesenselemente der Vernunft bereits mitgedacht. Die Freiheit des menschlichen Willens kann empirisch nicht nachgewiesen werden. Habe ich eine Handlung vollzogen, so kann ich nicht empirisch wissen, ob ich fähig gewesen wäre, auch anders zu handeln; die Motive unseres Handelns bleiben uns faktisch nur zu oft verborgen. Aber indem ich einen Imperativ überhaupt als unbedingte Forderung anerkenne, erkenne ich an, daß ich ihm gehorchen könnte; ich erkenne meine Freiheit als moralisches Postulat an, ich erkenne mich als verantwortlich. Der Imperativ, den meine Vernunft hiermit anerkennt, ist nicht ein Gebot eines Herrschers (Heteronomie), sondern er definiert vielmehr eben, was es heißt, vernünftig zu handeln; er ist ein Gebot der Vernunft selbst (Autonomie), ohne das sie nicht vernünftig wäre. Das Gebot ist allgemein im doppelten Sinne. Es gilt erstens für alle Fälle. Und es gilt zweitens für alle vernünftigen Wesen, also für alle Menschen. Alle Menschen, indem sie sich genötigt sehen, das Gebot anzuerkennen, sind gleich. Was in ihnen gleich ist, ist eben ihre vernünftige Freiheit.

Es ist selbstverständlich, daß Kant sich nicht einbildet, die

* Kritik der praktischen Vernunft, § 7; A. 54.

Menschen handelten faktisch vernünftig. Die Vernunft brauchte nicht als Gebot formuliert zu werden, wenn wir ihr faktisch ohnehin folgten. Behauptet ist nur, daß keiner von uns, wenn er mit sich selbst ehrlich umgeht, der Forderung der Vernunft die Gültigkeit auch für sein eigenes Handeln bestreiten könnte. Wenn ich dem Gebot nicht gefolgt bin, so weiß ich mich schuldig, einerlei welche psychologischen Erklärungsgründe für mein Handeln ich anzuführen vermag. Es sei hier vermerkt, daß auch die paulinisch-lutherische Rechtfertigungslehre und die Freudsche Praxis der Neurosenheilung auf dieser Grunderfahrung beruhen: ich kann nur »gerechtfertigt« oder »geheilt« werden, wenn ich einsehe, daß ich meine Handlung, auch die dem von mir anerkannten vernünftigen Gebot widersprechende Handlung, selbst gewollt habe. Ich mache diese Anmerkung, um dem naheliegenden Einwand zu begegnen, diese Überlegungen Kants seien für uns nicht verbindlich, sei es wenn wir uns als Christen verstehen, oder wenn wir nach-kantischer Psychologie folgen. Kant beschreibt in der Sprache der Aufklärung ein Phänomen, das, in der kulturell bedingten Sprache jeder Zeit immer wieder anders formuliert, immer wieder erfahren wird.

Was aber haben die so beschriebenen moralischen Begriffe von Freiheit und Gleichheit mit den gleichnamigen politischen Begriffen zu tun? Hier ist die Schwierigkeit, daß sich aus dem formalen allgemeinen Prinzip des kategorischen Imperativs keine materialen speziellen Vorschriften (oder »Werte«) herleiten lassen, ohne konkrete Voraussetzungen über die menschliche Gesellschaft zu machen, die, wie wir wissen, geschichtlichem Wandel unterliegen. Kants eigene Beispiele erweisen sich dem heutigen Leser als zeitbedingt. Formal läßt sich auch eine Ethik des Herrschens und Dienens mit dem kategorischen Imperativ leicht vereinbaren. Man muß dazu nur das Prinzip einer allgemeinen Gesetzgebung so formulieren: Jeder fülle den Platz in der Gesellschaft aus, in den er hineingeboren ist; etwa gemäß den Prinzipien von Bescheidenheit und Selbstbeherrschung. Es ist leicht zu erkennen, daß Gesellschaften nach diesem Prinzip stabilisiert werden können, und vernünftiges Dienen ist dem Menschen genau dann möglich, wenn ihm vernünftiges Herrschen den Raum dafür schafft. Gleichwohl ist

Kants eigene Position eindeutig bei der politischen Ethik der Freiheit und Gleichheit. Sein Weg dazu geht über die Philosophie des Rechts und die Philosophie der Geschichte.

Kant unterscheidet Legalität und Moralität: »Man nennt die bloße Übereinstimmung oder Nichtübereinstimmung einer Handlung mit dem Gesetze, ohne Rücksicht auf die Triebfeder derselben, die *Legalität* (Gesetzmäßigkeit); diejenige aber, in welcher die Idee der Pflicht aus dem Gesetze zugleich die Triebfeder der Handlung ist, die *Moralität* (Sittlichkeit) derselben.«* Die politische Ordnung der Gesellschaft muß äußerlich kontrollierbar sein und kann daher nur auf der Legalität beruhen, also auf dem Recht. »Das Recht ist ... der Inbegriff der Bedingungen, unter denen die Willkür des einen mit der Willkür des anderen nach einem allgemeinen Gesetze der Freiheit zusammen vereinigt werden kann.«** Man sieht hier die politische Verwirklichung der Freiheit gemäß dem kategorischen Imperativ: Gleichheit der Freiheit der vernünftigen Wesen ist geboten und wird durch gegenseitige Einschränkung der Willkür ermöglicht. Die Verwirklichung dieses Postulats ist das Thema der menschlichen Geschichte: »Das größte Problem für die Menschengattung, zu dessen Auflösung die Natur ihn zwingt, ist die Erreichung einer allgemein das Recht verwaltenden bürgerlichen Gesellschaft.*** Dieses Problem ist zugleich das schwerste, und das, welches von der Menschengattung am spätesten aufgelöst wird.**** Das Problem der Errichtung einer vollkommenen bürgerlichen Verfassung ist von dem Problem eines gesetzmäßigen äußeren Staatenverhältnisses abhängig und kann ohne das letztere nicht aufgelöset werden.«***** Der letzte Satz weist auf das Thema von Kants Schrift *Zum ewigen Frieden* voraus: Die Schaffung einer stabilen Rechtsordnung ist notwendigerweise ein Weltproblem.

Was lernen wir für uns selbst aus diesem vor zweihundert Jahren aufgezeichneten philosophischen Entwurf? Politische

* *Die Metaphysik der Sitten*, Erster Teil, Metaphysische Anfangsgründe der Rechtslehre, A. 15.
** Ebenda, S. 33.
*** *Idee zu einer allgemeinen Geschichte in weltbürgerlicher Absicht*, S. 394.
**** Ebenda, S. 396.
***** Ebenda, S. 398.

Freiheit ist nicht die Freiheit, die ich mir nehme (sie nennt Kant »Willkür«), sondern die Freiheit, die ich dem Mitbürger als Spielraum seiner Vernunft garantiere. So hängen die »Grundwerte« der Freiheit, Gerechtigkeit und Solidarität sachlich zusammen. Sie halten den Spielraum der Vernunft für eine »wahrheitsorientierte« Kultur frei. Diese Vernünftigkeit hat eine doppelte Funktion; sie gehört sowohl zur Selbsterhaltung wie zur Sinnerfüllung. Vernunft als Instrument der Selbsterhaltung ist der Leitbegriff für Wege in der Gefahr. Für Kant steht die Sinnerfüllung im Vordergrund. Dies ist eine, m.E. vorletzte, aber unüberspringbare Antwort auf das Sinnproblem der modernen Kultur, auf ihre immanente Skepsis gegenüber dem eigenen Sinn, auf ihren verborgenen oder offenen Nihilismus.

Die streitenden Brüder der modernen Zivilisation, die Technokraten und ihre »linken« Kritiker, erkennen einen Wert an, den sie, bei verschiedener inhaltlicher Erfüllung, doch mit demselben Namen belegen, dem Namen »Rationalität«. Irrationalität wirft man sich gegenseitig vor. Was aber ist rational?

Als rational leicht zu erkennen ist das Zweckrationale, die Angemessenheit eines Mittels an einen Zweck. Man kann dies die Interpretation der Rationalität als Verständigkeit nennen. Aber sind die Zwecke selbst rational? Gibt es auch eine Vernünftigkeit der Zwecke? Vielleicht erweist sich einem tieferen Blick ein Zweck noch einmal als Mittel zu einem höheren Zweck. Aber gibt es eine Vernünftigkeit der letzten Zwecke? Hier wagt die liberale Doktrin unserer Staaten kein Urteil mehr. Man redet von der pluralistischen Gesellschaft, von der Anerkennung einer Vielheit subjektiver Werte. Aber ist nicht eben diese Anerkennung des Pluralismus eine schlichte nihilistische Resignation gegenüber der Wahrheitsfrage? Offensichtlich liegt eine technische Pointe darin, äußere Spielregeln anzuerkennen, die das Funktionieren des Apparats garantieren, und den Rest frei zu lassen. Aber in diesem Freiheitsraum entwikkelt sich eine Skepsis an jenen Werten, die er garantieren sollte, eine Beliebigkeit, eben ein Nihilismus. Kann ein Wert mich noch fordern und mir so Sinn gewähren, den vom Mitmenschen zu fordern mir die Liberalität verbietet?

Hier deutet der Zusammenhang von Freiheit und Vernunft

eine Antwort an. Toleranz, als die politische Gewährung der Freiheit an die andern, ist nicht der Verzicht auf die Wahrheitsfrage, sondern die Schaffung des Raums für die Wahrheitsfrage. Die pluralistisch zugelassenen Werte sind nicht gleichgültig, sie sind nicht alle gleich gut. Man mag sie locker in die essentiell individuellen und die essentiell gesellschaftlichen einteilen. Essentiell individuell, nicht zur Verallgemeinerung bestimmt, ist die Wahl des Menschen, gemäß seiner Begabung, seinem Interesse, seiner Leidenschaft zu leben. Einer kann Künstler, Wissenschaftler, Skiläufer sein, gerade weil nicht alle es sind; jeder hat zu Recht einen anderen Freundeskreis, einen anderen Ehepartner als die andern. Die essentiell gesellschaftlichen Werte aber stehen unweigerlich zur Debatte. Hier ist Freiheit der Entscheidung für sie nur die Vorbedingung des Ernstnehmens der Wahrheitsfrage. Kants Entwurf der geschichtlichen Aufgabe des Menschengeschlechts erinnert uns daran, wieviel allein in der Forderung, vernünftige Zustände zu schaffen, bisher unerfüllt ist. Vernunft politisch zu ermöglichen, indem man ihre Forderungen realisiert, ist noch auf unabsehbare Zeit eine inhaltlich bestimmte Aufgabe, die der Politik definierte Ziele setzt. Zur Vernunft aber gehört Selbstbeherrschung, denn nur Selbstbeherrschung dokumentiert Freiheit.

Dies ist der grundsätzliche, abstrakte Entwurf eines Ethos der Freiheit und Gleichheit. Wie aber sind die Realisierungschancen? Im gegenwärtigen Aufsatz kehre ich zu dem speziellen Thema zurück: der Selbstbeherrschung im Raum der Freiheit und Gleichheit.

Bisherige Grenzen und Chancen einer demokratischen Askese

Die Schwierigkeit einer demokratischen Askese beruht auf einem moralischen Dilemma. Die Hauptschwierigkeit ist nicht die oben vermerkte mangelnde Resistenz der »Tugenden des kleinen Mannes« gegen die konsumtiven Lockungen des Wohlstands. Die Schwierigkeit liegt in dem Bruch mit gewissen normativen Prinzipien der aristokratischen Selbstbeherrschung, der für das Aufkommen der Marktwirtschaft konstitutiv war. Der Übergang zur Marktdoktrin war der Übergang zu einem

Pathos der Freiheit und (Chancen-)Gleichheit, gegen die Bevormundung durch die Herrschenden. Dem Individuum wird der Verstand zugetraut, sein eigenes Interesse am besten zu verstehen, und die »unsichtbare Hand«, die den transparenten Markt zum Optimum auch der Gesamtwirtschaft führt, wurde eines der eindrucksvollsten Modelle für Hegels Gedanken einer »List der Vernunft«. Die objektive Vernunft, so die Doktrin, setzt sich durch, auch wenn kein Individuum sie denkt. Es war derselbe Schritt im Denken, der den Übergang von der Herrschaftsethik zur Freiheitsethik und den Übergang von einer asketischen Doktrin zur ethischen Hochbewertung der Schaffung konsumtiver Bedürfnisse vollzog.

Dieser doktrinale Schritt war vielleicht noch einschneidender als die ihn begleitende Änderung der realen Wirtschaftsstruktur. Denn faktisch war die Wirtschaft wohl von jeher durch Eigeninteresse und Marktpraxis gesteuert. Die asketischen Ideale biblischer Propheten und griechischer Philosophen erweisen sich, wenn man die alten Texte liest, bereits als eine intellektuelle Gegenbewegung gegen eine schon damals wachsende Reichtumspraxis der Wirtschaft – so wenn Platon in den *Gesetzen* die politische Stabilität der zu gründenden Stadt an ihre sittliche Integrität bindet, und diese an die Bedingung, daß die Stadt nicht am Meer liege, um nicht der Versuchung des Seehandels ausgesetzt zu sein. Die durch zwei Jahrtausende herrschende, eher asketische politische Doktrin – die der Stoiker, des christlichen Aristotelismus – drückte weniger die gesellschaftliche Realität als die begleitende ständige Kritik an dieser Realität aus. In dieser konservativen Tradition steht auch die heutige Doktrin der sozialistischen Staatswirtschaften, welche entgegen allen Erkenntnissen des historischen Materialismus nicht den Bewußtseinswandel als Folge der ökonomischen Entwicklung zuversichtlich erwarten, sondern ihr eigenes ökonomisches System nur vom Bewußtsein her durch unablässige massenpädagogische Bemühungen und polizeilichen Druck aufrechtzuerhalten vermögen. Auch dort ist die Realität marktwirtschaftlicher als die Doktrin, aber der Markt ist gezwungen, in weitem Umfang schwarzer Markt zu sein. Demgegenüber war das marktwirtschaftliche Prinzip ein Doktrinwandel, der Übergang zu einer Anerkennung der ökonomischen Realität, also zu einer Form der Wahrhaftigkeit. Er wurde bezahlt durch eine Diskreditierung der überlieferten asketischen Tugenden im Publikum.

Dem ökonomischen Liberalismus und dem planwirtschaftlichen Sozialismus gemeinsam ist das Bekenntnis zum Ethos der Freiheit und Gleichheit. Gemeinsam ist ihnen eine Ambivalenz der Resultate, die vermutlich in einem ihnen gemeinsamen anthropologisch irrealen Optimismus, in der Verkennung der sittlichen Notwendigkeit der Askese wurzelt. Beide sind zur demokratischen Askese bisher unfähig, das Marktsystem, weil es nicht asketisch, das Plansystem, weil es nicht demokratisch ist. Daß der Markt nicht asketisch ist, liegt auf der Hand. Daß der Plan nicht demokratisch sei, bestreiten seine Anhänger, aber faktisch erzwingen sie den Plan durch Stabilisierung der Herrschaft und demonstrieren damit – gegenüber dem Zynismus als dem moralischen Problem des Kapitalismus – die Lüge als das moralische Problem des Sozialismus.

Dabei zeigt ein Blick auf die Geschichte der modernen Gesellschaft, wie stark gerade die Träger des Fortschritts von den überlieferten asketischen Idealen geprägt geblieben waren. Das Bürgertum, das den Adel in der Herrschaft beerbte, hat viele der asketischen Ideale in leichter Modifikation übernommen. Das Beamtenethos des monarchischen, auch noch des bürgerlich-republikanischen Staats, das Ethos der Berufsrevolutionäre des revolutionären Sozialismus, der Kader kommunistischer Parteien trägt evident zweckrationale Züge der asketischen Selbsterhaltung einer Elite. Egalitäre Theorie ist, wo sie politischen Erfolg hat, fast stets mit elitärer Praxis verbunden. Besonders wichtig ist wohl Max Webers Beobachtung über den frühkapitalistischen Unternehmer, daß sein Leistungsethos stark durch die besondere, theologisch fundierte Askese der Puritaner geprägt war. Wenn dies zutrifft, so erweist sich in diesem Beispiel wie so oft in der christlichen Geschichte, daß, während die Selbstbeherrschung der Herrschenden die Welt stabilisiert, die Askese der Entsagenden die seelischen Kräfte freisetzt, welche, oft in eigentümlichen Verkleidungen, die Welt verändern.

Auch die Frage nach den prägenden Motiven der eingangs aufgezählten kritischen Gegenbewegungen gegen die technokratisch-konsumtive Gesellschaft führt fast überall tief in die religiöse Tradition und ihre asketischen Erfahrungen zurück. Umweltschützer und Hippies sind allerdings als komplexe Gruppen nicht auf eine einzelne Traditionslinie festzulegen. Der relativ statische Naturbegriff der Umweltschützer weist freilich eher auf den Schöpfungsglauben als auf die naturwissenschaftliche Evolutionslehre zurück. Der kalifornische Boden, auf dem die Hippie-Bewegung entstand, war innerhalb der westlichen Welt am stärksten mit asiatischen Meditationslehren gepflügt und gedüngt, zu denen es viele Träger der heutigen jungen intellektuellen Gegenkultur ständig zieht. Klar sind die Quellen bei den namentlich genannten Einzelnen. Schumacher war in der entscheidenden Phase seiner asketischen Meinungsbildung tief vom Buddhismus beeinflußt, Illich nahm als katholischer Priester sein Christentum ernst, Gandhi war ein vom Evangelium tief beeindruckter frommer Hindu, Nyerere ist ein der überlieferten afrikanischen Kultur treuer katholischer Christ, Mao wurzelt jedenfalls bewußt in der dreitausendjährigen ethisch-ästhetischen Tradition Chinas.

Aber gerade das, was ihre tiefsten Motive waren, konnten diese elitär geprägten Menschen bisher am wenigsten in demokratischer Politik durchsetzen. Nach ihren revolutionären Erfahrungen hätten wir vor allem die drei erfolgreichen politischen Führer zu befragen: Gandhi, Mao und Nyerere. Alle drei haben einen nationalen Befreiungskampf gewonnen, der zugleich, mehr oder weniger, eine soziale Revolution, jedenfalls die Abschüttelung einer Herrenschicht war. Hier war die demokratische Komponente der Bewegung gleichsam ein Geschenk des Schicksals. Nichts einigt eine Nation so sehr wie ein nationaler Befreiungskampf oder eine erfolgreiche soziale Revolution. Der Pegel dieses Erlebens sinkt wieder, wenn das Ziel erreicht ist. Die Errichtung einer demokratisch-asketischen Kultur aber müßte ein Einschleifen fester Gewohnheiten und Überzeugungen für viele Generationen sein. Alle drei versuchten, das Pathos des Anfangs in die langfristige Verwirklichung ihrer tief eindrucksvollen asketischen Überzeugung einfließen zu lassen. Gandhi ist damit gescheitert, und er wußte das, ehe er starb; das heutige Indien ist arm, aber, außer in einer Minderheit, nicht asketisch. Mao wußte am Ende seiner dreißigjährigen Regierungszeit, daß nicht eine, sondern dreißig Kulturrevolutionen in dreihundert Jahren nottäten; die uns Europäern und gewiß der Mehrheit der Chinesen so einleuchtende Entwicklung seit seinem Tode besagt doch wohl, daß er damit für diese Generation gescheitert ist und vermutlich schon vor seinem Tode gescheitert war. Nyerere lebt und kämpft; kann sein Schifflein die Wogen des kapitalistisch-kommunistischen Machtkampfs um Afrika ausreiten? Die demokratischen Solidaritätserlebnisse der Umweltschützer und der intellektuellen Gegenkultur schließlich sind die typischen Erlebnisse von Minderheiten, die Minderheiten bleiben.

Man kann nicht aus fünf oder sieben Beispielen ableiten, daß eine vielleicht erst beginnende historische Bewegung schon gescheitert sei. Aber man kann an ihnen ablesen, wo die Schwierigkeit liegt. Sie liegt darin, eine Haltung das Volk durchdringen zu lassen, die bisher stets mit elitärem Bewußtsein wesentlich verknüpft war. Der religiöse Asket wußte, daß er am Rande der menschlichen Möglichkeiten kämpfte; er zog aus der außerordentlichen Anstrengung die Hoffnung auf außerordentliches Heil. Der Adlige war seine Selbstbeherrschung seinem Stande schuldig; Ehrverlust war der schrecklichste Verlust. Demokratischer Askese am nächsten kam das neuzeitliche Bürgertum, zumal die Calvinisten; doch gerade diese wußten sich meist als das ringsum bedrohte Volk Gottes.

Was haben wir aus diesen Beobachtungen für unser Handeln zu folgern? Vermutlich zweierlei. Einerseits: Die Entwicklung neuer Formen der Selbstbeherrschung wird für die Zukunft unerläßlich sein. Andererseits: Wir dürfen nicht auf die Durchsetzung demokratischer Askese warten, um die materiellen Probleme der technischen Zivilisation zu lösen.

Es handelt sich genau um jene Bewußtseinsbildung, die vorhin als der rechtfertigende Sinn des Ethos der Freiheit und Gleichheit bezeichnet wurde. Es handelt sich um eine wahrheitsorientierte Kultur. Die Menschheit als ganze ist heute unserem Bewußtsein in einem Grade präsent wie nie zuvor; dies ist ein Geschenk der technischen Zivilisation. In diesem Schmelztiegel bereitet sich eine noch nicht beschreibbare neue Kultur vor. Ihre langfristige Wirkung wird vielleicht dort am tiefsten sein, wo sie am wenigsten der Illusion planvoller Weltveränderung anheimfällt. Es ist eine der asketischen Grunderfahrungen, daß gerade die Arbeit des Individuums an sich selbst, unbewußt ausstrahlend, die Gesellschaft verändert. Diese Arbeit aber leisten heute wohl nur diejenigen Individuen, die getroffen sind vom Blitzstrahl des Bewußtseins ihrer Mitverantwortung für die reale Welt – also gerade nicht die Weltflüchtigen. Präzision des Bewußtseins, Deutlichkeit des Denkens, ist eine der wichtigen Wirkungen der intellektuellen Selbstbeherrschung; sie ist einer der moralischen Werte.

Heute sind es eigentümlicherweise gerade die einander in Feindschaft gegenüberstehenden elitären Minoritäten innerhalb unserer Gesellschaft, die dieser Forderung am nächsten kommen: eben einerseits die Technokraten, andererseits die kritische Gegenkultur der Jugend. Die einen üben die Askese des Leistungsethos, die anderen sind motiviert von einer Suche nach einem neuen Leben, das in der Verweigerung der Überlieferung anknüpft an die Überlieferung der Verweigerung, die selbst eine asketische Überlieferung ist. Die Grenze der Vernünftigkeit der Technokratie liegt darin, daß die Rationalität der Zwecke der Rationalität der ihnen dienenden Mittel nicht gleichkommt. Die Grenze der Vernünftigkeit des Protests liegt darin, daß Protest eben an das gebunden bleibt, wogegen er protestiert.

Der Arbeitsmarkt, ein Modellfall

Dieser Aufsatz ist nicht geschrieben, um Lösungsmodelle für unsere wirtschaftspolitischen Probleme vorzuschlagen, sondern um eine Haltung zur Beurteilung solcher Lösungsmodelle zu erwägen. Eines dieser Probleme hat den Anstoß zu seiner Abfassung gegeben: das Problem der Kernenergie. Ein anderes Problem, das der Arbeitslosigkeit, sei hier nur in wenigen Strichen in derjenigen Sichtweise skizziert, die mit diesem Aufsatz angestrebt wird; nicht als Lösungsvorschlag in einem wiederum höchst komplizierten Fragenkreis, sondern zur Illustration einer Art, an diese Fragen heranzugehen.

Das Bemühen geht hier zunächst auch um Deutlichkeit der Fragestellung. Ich werde auch hier den Verdacht nicht los, daß wir die Gefahr dort suchen, wo sie nicht ist; daß wir die größere

Gefahr durch die Art und Weise selbst erzeugen, in der wir uns vor der kleineren Gefahr fürchten. Ich knüpfe dabei zunächst noch einmal an das Problem der Kernenergie an.

In der gegenwärtigen öffentlichen Diskussion ist das Hauptargument für die Kernenergie die Notwendigkeit weiteren Wirtschaftswachstums, und das Hauptargument für das Wirtschaftswachstum die Notwendigkeit, die Arbeitslosigkeit zu überwinden. Diese scheinbar plausible Argumentationskette scheint mir in jedem ihrer Glieder falsch. Sie verknüpft mehrere vermutlich richtige Vorschläge durch lauter logisch unzutreffende Schlüsse und macht die vertretene Position dadurch vielleicht kurzfristig politisch wirksam, aber in den Augen intelligenter Kritiker schwächer, als sie objektiv ist.

Die Arbeitslosigkeit ist erstens ein Problem der Gegenwart und der nahen Zukunft; über mehr als zehn Jahre sehen wir in dieser Frage nicht voraus. Der Beitrag der Kernenergie zum weiteren Wirtschaftswachstum wird hingegen in den kommenden fünfzig Jahren wichtig werden. In den kommenden zehn Jahren ist er belanglos. Vorerst ist genug Öl da, und wenn in den Achtzigerjahren die vielfach vorhergesagte Ölkrise kommt, wird das teurer und vielleicht absolut knapper werdende Öl nicht in den wenigen Jahren, in denen die Krise eintreten würde, plötzlich durch Kernenergie substituiert werden. Man vergleicht hier Unvergleichbares: eine sehr langfristige Entwicklung mit Krisenphänomenen, die rasch eintreten können. Was zur Arbeitslosigkeit in unserem Lande beitragen würde, wäre allenfalls der Verlust der Arbeitsplätze der Reaktorindustrie; also nicht der Ausfall der von Reaktoren gelieferten Energie, sondern der Ausfall der Produktion von Reaktoren.

Zweitens sieht es heute so aus, als würde die Wirtschaft so oder so nicht die Wachstumsraten wieder erreichen, die zum Abbau der Arbeitslosigkeit durch Wiederherstellung der alten Nachfrage nach Arbeitsleistung erforderlich wären. Über die Ursachen dieser Wachstumsverlangsamung alsbald ein Wort. Jedenfalls aber ist es heute vermutlich reine politische Rhetorik, von der Überwindung der Arbeitslosigkeit durch Wirtschaftswachstum zu reden.

Drittens ist zwar die Arbeitslosigkeit ein Übel, aber vielleicht ist dieses Übel nur die Folge unserer Unfähigkeit, mit einer höchst wünschenswerten Entwicklung umzugehen. Ihre auslösende Ursache ist die Steigerung der Arbeitsproduktivität durch technischen Fortschritt. Um dieser Produktivitätssteigerung willen ist die gesamte industrielle Entwicklung seit Jahrhunderten vorangetrieben worden. Ihre Wirkungen sind in all dieser Zeit auf zwei erwünschte Vorgänge verteilt worden: die Produktion neuer und zahlreicherer Güter einerseits, die Senkung der Arbeitsdauer andererseits. Nimmt, wie gegenwärtig, die Güterproduktion langsamer zu als die Produktivität der Arbeitsstunde, so muß die Nachfrage nach Arbeitskraft abnehmen. Nimmt man dies als Faktum hin, so entsteht das Verteilungsproblem der Arbeit. Dieses Problem könnte ohne Abnahme der gesellschaftlich zur Verteilung kommenden Güter durch eine Reduktion der durchschnittlichen Arbeitszeit gelöst werden. Faktisch wird für die heute im Arbeitsverhältnis Stehenden die Arbeitszeit nicht nennenswert gesenkt, und die geringe Arbeitsnachfrage führt zu Arbeitslosigkeit und Kurzarbeit.

Mit dieser zunächst rein beschreibenden Feststellung plädiere ich noch nicht für die Arbeitszeitverkürzung als Lösung des Arbeitslosigkeitsproblems. Gäbe es eine demokratisch legitimierte Instanz, die über die relevanten Faktoren – also über die Wachstumsraten der Produktivität des Sozialprodukts und über die Verteilung der Arbeitszeit – frei verfügen könnte, so stände diese vor einer vielfältigen Wahl möglicher Wege. Das normative Problem läßt sich zunächst in dem abstrakten Modell erörtern, welchen Weg wir einer solchen fiktiven Instanz empfehlen würden; nachher können wir fragen, wie zu handeln ist, wenn der Weg, den wir für optimal halten, ungangbar sein sollte.

Die fiktive Instanz könnte, um die Arbeitsplätze mit Sicherheit zu erhalten, das Produktivitätswachstum, also die Rationalisierung zum Stillstand bringen. Würden wir das wünschen? Das einzige sinnvolle Motiv dafür könnte in der Meinung liegen, der Zwang zur Arbeit sei für den Menschen lebensnotwendig; die Alternative sei nur der moralische Verfall in der Faulheit. Dieser skeptischen Ansicht steht die optimistische Ansicht gegenüber, die Minderung der zur Selbsterhaltung notwendigen Arbeit könne für freiwillige, kulturell produktive Arbeit genützt werden; die Freiheit von erzwungener Arbeit ermögliche die freie Eigenarbeit. In der bisherigen Geschichte dürften die großen kulturellen Schritte vorwiegend von Eliten getan worden sein, die vom Zwang selbsterhaltender Arbeit freigestellt waren. Diese Eliten freilich bedurften der Selbstbeherrschung zur moralischen Selbsterhaltung. Die soeben zitierte optimistische Ansicht traut dies auch den Massen der Zukunft zu. Sie rechnet also – ohne sich das vielleicht immer klarzumachen – mit der Möglichkeit einer demokratischen Askese. Die skeptische Ansicht hingegen wird vorwiegend von solchen Angehörigen der bisherigen Eliten vertreten, welche den Massen nur die erzwungene Bescheidenheit, aber nicht die Selbstbeherrschung zutrauen; ihre Skepsis ist Skepsis gegenüber der demokratischen Askese. Dies also ist die schwierige historisch-anthropologische Grundfrage. Eigentümlicherweise vertreten heute – ohne sich das wohl klarzumachen – die gewerkschaftlichen Gegner der Wegrationalisierung von Arbeitsplätzen, in der konservativen Rolle, die heute die Arbeiterorganisationen der Hochindustrienationen ohnehin spielen, faktisch die Position des alten elitären Weltbildes, die Unternehmer hingegen, die rationalisieren, also Welt verändern, vertreten ebenso faktisch den Optimismus der Progressiven.

Ich versuche nicht, diese normative Frage normativ zu entscheiden, wenn ich auch persönlich langfristig zur progressiv-optimistischen Auffassung neige. Ich hebe vielmehr für den nächsten Schritt des Arguments die Fiktion der freien Entscheidbarkeit *dieser* Frage wieder auf. Faktisch ist in unserer Wirtschaft entschieden, daß weiter rationalisiert wird; wir werden nachher fragen, warum das so ist. Nun können wir unserer fiktiven Instanz die zweite normative Frage stellen, ob sie die Veränderung vorwiegend für Wachstum des Sozialprodukts oder vorwiegend für Arbeitszeitverkürzung verwenden will. Es liegt auf der Hand, daß das Wirtschaftswachstum die kurzfristig konservativere Lösung ist; es verlangt die geringste unmittelbare Änderung unserer Sozialstruktur. Jedes Prozent Wachstum mehr vermindert drastisch die aktuellen Schwierigkeiten aller drei Beteiligten, der Regierungen, der Unternehmer und der Gewerkschaften. Dies ist eine Feststellung nicht einer fetischistischen Wachstumsideologie, sondern kurzfristiger politischer Taktik. In keinem anderen der größeren Industrieländer drückt sie zugleich so sehr eine kurz- und mittelfristige Nötigung der nationalen Wirtschaftspolitik aus wie bei uns und in Japan. Wir haben uns durch unser Wachstum seit dreißig Jahren extrem exportabhängig gemacht. Heute bräche daher kurzfristig die Basis unseres Wohlstands zusammen, wenn wir unsere Exportposition nicht durch Fortführung derselben Wirtschaftspolitik, also durch Rationalisierung und Wachstum, wenigstens teilweise aufrechterhielten. Mehr noch als die Weltwirtschaft im Durchschnitt ist unsere nationale Wirtschaft das Fahrrad, das fällt, wenn es nicht weiterfährt.

Es liegt aber ebenso auf der Hand, daß die Wachstumspolitik langfristig keine konservative, sondern eine radikal weltverändernde Politik ist. Hier kann der Streit nur darum gehen, ob diese Weltveränderung langfristig wünschenswert oder bedrohlich ist. Wir kehren damit zur Ausgangsfrage des Aufsatzes zurück. Wäre es notwendig, dem Konsumwachstum durch Askese zu begegnen? Ich gliedere nun die Kritiken am Wirtschaftswachstum in zwei Ebenen der Fragestellung auf. Wirtschaftswachstum kann entweder für direkt physisch gefährlich oder für primär moralisch gefährlich gehalten werden. Entweder, so meint man, zerstört es direkt unsere Lebensbasis, oder es zerstört die lebenserhaltende Tugend der Selbstbeherrschung.

Auf die Behauptung der physischen Gefahr kann ich nur noch einmal mit der Forderung nach unterscheidender Deutlichkeit antworten. Ich erinnere an die Beispiele. Die anorganischen Rohstoffe können wir kaum aufbrauchen; das organische System ist ernstlich verletzlich und faktisch gefährdet. Nicht die Kernenergie als solche ist die Hauptgefahr, sondern die auch ohne Kernenergie stattfindende Gewaltanwendung durch Terror, Polizeistaat, Krieg. Ich übernehme gerne die Formel von E. U. und C. v. Weizsäcker, unser technisches System sei nicht »fehlerfreundlich« genug, d. h. es sei gefährdet durch seine zu geringe Fähigkeit, technische und beabsichtigte Fehler auszuhalten. Jedes dezentralisierte System ist fehlerfreundlich; keine Teilkatastrophe wird ihm so leicht zur Totalkatastrophe. Dezentralisierung ist auch moralisch wünschenswert als die plausibelste Straße politischer Freiheit. Aber die nationale und weltweite Interdependenz ist selbst eine Folge des schon eingetretenen Wirtschaftswachstums. Das Problem, diese Wirtschaft »fehlerfreundlicher« werden zu lassen, ist noch kaum in den Blick der Theoretiker (vielleicht eher in den der Praktiker) gekommen. Es ist jedenfalls durch den Widerstreit zweier gleichermaßen abstrakter Prinzipien überhaupt nicht zu lösen: weder durch grundsätzliche Befürwortung des Wachstums noch durch grundsätzliche Gegnerschaft. Wir werden, wie stets in der Geschichte, Krisen erleben, und, bei unvermeidlich wachsender Wirtschaft, vermutlich wachsende Krisen; aber es ist nicht zu erkennen, warum sie nicht der Herausarbeitung deutlicheren Bewußtseins dienen und dann auch wieder bewältigt werden sollten. Die größte dieser Krisen ist der Weltkrieg.

Insofern liegt das eigentliche Gewicht auf der Frage, ob das Wachstum eine moralische Gefahr ist. Einer moralischen Frage ist in ihrer eigenen Ebene nur mit einer moralischen Aufforderung zu antworten. Diese ist hier die Forderung sinnvoller Askese als Bewußtseinsbasis.

Vor dem Hintergrund dieser Forderung kehre ich als Abschluß zurück zu der zweimal zurückgestellten Frage nach den Ursachen der objektiven Zwänge, welche die vorhin eingeführte, über die Weiterentwicklung des Arbeitsmarkts frei entscheidende Instanz zu einer bloßen Fiktion degradieren. Warum ist unser Entscheidungsspielraum so gering? Im jetzigen Augenblick erscheinen drei Zwänge fast unabänderlich: 1. Die Rationalisierung schreitet fort. 2. Damit ist der Zwang unausweichlich, entweder das Wirtschaftswachstum zu verstärken oder die Arbeitszeit zu reduzieren. 3. Faktisch bleibt das Wirtschaftswachstum (bei uns, d. h. im Industrieland) langsam, und die strukturelle Arbeitslosigkeit wächst solange, als andere Verteilungsschlüssel der Arbeitszeit nicht gefunden sind.

In der Kausalanalyse dieser Zwänge schließe ich mich derjenigen Richtung an, welche ihre gemeinsame direkte Ursache in der überstarken Verhandlungsposition der Gewerkschaften sieht, welche diese, gegeben die Mentalität der Konsumgesellschaft, nötigt, Lohnforderungen durchzusetzen, die in einem freien Arbeitsmarkt nicht erreichbar wären, die also in diesem marktökonomisch objektiven Sinne überhöht sind. Auch dies ist deskriptiv und nicht normativ gesagt: Wenn wir gemeinsam die zwangsläufigen Folgen dieser Politik verstehen, so werden wir die Freiheit haben, zu entscheiden, ob wir eben diese Folgen – nämlich das sinkende Wachstum, die noch rascher sinkende Nachfrage nach Arbeit und daher die Notwendigkeit der Organisation einer Freizeitwirtschaft – wollen. Nur dürfen wir uns über die Wirkungszusammenhänge nicht täuschen. Die Unternehmer werden weiterhin in Rationalisierung und nicht in Expansion investieren, sie werden, wenn sie können, im lohnbilligen Ausland und nicht im Inland investieren, wenn sie nicht mit überwiegender Wahrscheinlichkeit voraussehen, daß über wenigstens die ein bis zwei Jahrzehnte hinweg, für welche die Investitionen mindestens gemacht werden, der Produktionsfaktor Arbeit nicht noch teurer wird, als er heute schon ist. Alle Beteiligten stehen hier unter Zwängen, denen sie sich nicht entziehen können. Es ist nicht »Begehrlichkeit«, sondern die durch die kapitalistische Wirtschaftsform andressierte Konsumentenhaltung, die kapitalistisch erzeugte Abdressur der »Bescheidenheit«, was die Gewerkschaftsführungen unter den Druck ihrer Basis setzt, ihre Macht auszunützen. Es ist nicht »Profitgier«, sondern Selbsterhaltung im Markt, was die Unternehmer zu ihrer Reaktion hierauf nötigt.

Dies ist vielleicht eine strukturell marxistische Analyse. Das Eingeständnis würde mich nicht schrecken, hier vom Marxismus gelernt zu haben. Ich schließe mich aber keiner der zwei Folgerungen an, die heute z. T. aus dieser Analyse gezogen werden. Die weich sozialistische, optimistische Folgerung heißt, hier handle es sich in Wahrheit nicht um überhöhte Löhne, sondern um kapitalistische Überakkumulation, welche eben durch Hebung der Kaufkraft, also der Löhne, zu überwinden wäre; also: höhere Löhne, mehr Nachfrage, mehr Produktion, mehr Arbeit. Zu dieser Schlußkette müssen die weiteren unvermeidlichen Kettenglieder hinzugefügt werden: höhere Preise, Inflation, Senkung der realen Kaufkraft. Ich empfinde diese optimistische (und eben hierin nicht-marxistische) Auflösung des Problems als eine »Milchmädchenrechnung«. Der Leser möge verzeihen, daß ich hier schwierige ökonomische Probleme in sehr abgekürzter Form, ohne volle Argumentation, behandle.

Sehr viel mehr Plausibilität hat die streng marxistische Ansicht, hier liege einer der zentralen »Widersprüche« des Kapitalismus vor; dieses Problem sei eben im Kapitalismus unlösbar und signalisiere vielleicht sogar seine letzte Krise; es sei, um ein zeitweilig im Schwange gewesenes Wort zu benutzen, ein Symptom des »Spätkapitalismus«.

Gleichwohl scheint mir die marxistische Krisenprognose für den Kapitalismus heute wie vor hundert Jahren halb selbstverständlich, halb falsch. Selbstverständlich ist, daß sich geschichtliche Entwicklungen in Ebenen und Krisen vollziehen und daß jede ernsthafte Krise eines Systems an den Rand der Gefährdung seiner Existenz stößt. Nur die Existenzgefährdung ruft die Kräfte wach, welche – vielleicht – die Krise überwinden und eine neue Ebene seiner Existenz ermöglichen. Es wäre völlig falsch, wollten wir verkennen, daß wir auch heute einer Krise entgegengehen, die für unser System tödlich werden könnte. Deshalb mein Insistieren auf Erkenntnis der Zwänge, gegen die erkenntnisbetäubende Hoffnung: »es wird schon gutgehen«. Aber eben weil Krisen historisch normal sind, ist nicht klar, ob die marxistische Analyse den tiefsten Grund der Krisen erfaßt, auch wo sie diese ein Stück weit einleuchtend analysiert. Die marxistische Krisenerwartung für den Kapitalismus ist eine Krisenhoffnung, da man meint, eine bessere Alternative zu kennen. Die bisherige Stabilität des Kapitalismus hat doch auch mit der abstoßenden Natur der faktisch realisierten Alternativen zu tun; moralisch gesagt damit, daß der »reale Sozialismus« das Ethos von Freiheit und Gleichheit, das er formal bekennt, real verletzt und vermutlich zu verletzen gezwungen ist. Er ist für eben diejenigen Faktoren seiner eigenen Krisen blind, die er beim Kapitalismus dem Blick freilegt.

Die sinkende Nachfrage nach Arbeit aber braucht keineswegs der Indikator einer lebensgefährlichen Krise zu sein. Sie könnte im Prinzip auch zu einer Liberalisierung des Arbeitsmarkts führen, etwa im Sinne einer größeren Freiheit für den Einzelnen, ob und wann er seine Zeit für sich, ob und wann er sie für bezahlte Arbeit verwenden will (»Zeitsouveränität«). Es ist nicht eine prinzipielle Kalamität, daß wir heute weniger zu arbeiten gezwungen sind als früher. Die Kraft zu solchen Lösungen setzt nur voraus, daß man sie denkt und daß man sie will. Wollen aber kann man nichts Sinnvolles ohne Selbstbeherrschung.

Rede am 20. Juli 1974

(1974)

Wir gedenken heute der Menschen, die vor dreißig Jahren an diesem Ort einen Staatsstreich gegen die Herrschaft Hitlers versucht haben. Der Staatsstreich ist gescheitert. Er wurde kein Erfolg, aber ein Zeichen. Die meisten derer, die ihn getragen haben, haben damit ihr Leben zum Opfer gebracht.

Wir denken an die einzelnen Menschen, vielen unter denen, die heute hier stehen, nahe verbunden, unvergeßlich, solange wir leben werden. Es ist unmöglich, ihre Namen vollständig und gerecht aufzuzählen, und doch drängen sich die Namen auf die Lippen. Seien einige für alle genannt: die Brüder Stauffenberg, Oster, Tresckow, Witzleben, Stülpnagel, Leuschner, Leber, Haubach, Mierendorff, Moltke, Delp, die Brüder Bonhoeffer, Dohnanyi, Canaris, Goerdeler, Hassell, Haeften, Yorck, Trott, Schwerin ... Aber diese, die für eine Verschwörung nahe genug am Machtzentrum waren, fühlten sich nicht herausgehoben. Unsere Erinnerung muß zu den Tausenden gehen, die an vielen Stellen ihren Widerstand mit dem Leben bezahlten, als Sozialisten, Kommunisten, als Liberale, Konservative, als Christen, als Deutsche, Polen, Tschechen, Franzosen, Norweger, Griechen, zu den Millionen, die fast ohne Möglichkeit des Widerstands nur Opfer waren, zuerst und zuletzt zu den Juden.

Jeder von uns sieht vor sich die Bilder derer, die er persönlich gekannt, die er persönlich verloren hat. Das ist recht. Aber heute soll zugleich ein Tag des öffentlichen Gedenkens sein. Ist das nötig? Ist das möglich? Das Wort »Gedenken« ist oft ein Ausdruck der Verlegenheit, wo wir nicht denken. Geschichtsunterricht und Publizistik haben in diesen dreißig Jahren den 20. Juli 1944 oft genannt. Die Gedanken der Verschwörer haben gleichwohl die deutsche Nachkriegspolitik wenig beeinflußt. Die Nötigung, sie öffentlich zu ehren, wurde manchmal als peinlich empfunden. Für die heutige Jugend sind sie in die ferne Geschichte versunken.

Dies hat einen tiefen und höchst begreiflichen Grund. Man hat auch die Erinnerung an die Verschwörung gegen Hitler verdrängt, weil man die Erinnerung an Hitler selbst verdrängte. Hitler als das Symbol unseres moralischen und politischen Scheiterns ist in den halbbewußten seelischen Schichten aller von uns, die ihn noch erlebt haben, so gegenwärtig, er ist zugleich so widerlegt und so unbewältigt, daß wir alle eine Glocke des Schweigens über ihn gesenkt haben. Die Aufklärungsbemühungen der politischen Erziehung, die fortdauernde Erschütterung der heute meistgelesenen Autoren, die manchmal zu schrille Stimme der wenigen, die ihre Verwundetheit in an die Vergangenheit fixiertes Reden umsetzten, sie alle haben diese Glocke nicht wirklich gehoben. Vielleicht ist die Welle der Hitler-Literatur der letzten Jahre, in all ihrer Fragwürdigkeit, ein Zeichen einer Wandlung. Diese Wandlung wäre nötig. Man könnte die ersten zwei Jahrzehnte nach dem Krieg als eine Art Heilschlaf unserer Nation auffassen, als ein zeitweiliges Vergessen des noch übermächtig Nahen. Aber auf das Erwachen aus dem Schlaf muß noch eine Beichte folgen. Wir können die Geister dieser Vergangenheit nicht verabschieden, ohne sie noch einmal zu beschwören. Es handelt sich nicht darum, uns unsere Schuld abermals einzubleuen, wodurch unser innerer Widerstand gegen ihre Anerkennung nur verhärtet würde. Im Gegenteil, wir müssen uns unbefangen als die sehen lernen, die wir waren. Es wäre gesund für uns, wenn es keine Schande wäre, zu bekennen, daß wir Hitler gefolgt sind, daß wir, jeder vielleicht in anderem Grade und einer anderen Phase, Glieder eines nationalsozialistischen Volks waren. Wenn der Schuldkomplex von uns fiele, könnte vielleicht aus der bisher unterdrückten Tiefe die verspätete Trauer über uns kommen; und die Unfähigkeit zu trauern ist es ja, die uns von wahrer Freude abschließt und uns in die Ersatzbefriedigungen der Tüchtigkeit, des materiellen Erfolgs und der billigen Genüsse jagt. Wenn die ältere Generation dies nicht leistet, so versperrt sie der Jugend den seelischen Zugang zu unsrer nationalen Geschichte, denn der Weg in deren reiche Jahrhunderte geht nicht an den zwölf Jahren des Hitlerreichs vorbei. Bleibt dieser Zugang versperrt, so wird die künftige Überwindung der Nation in einer größeren politischen Einheit nicht ein fruchtbringendes Opfer sein, sondern ein Hinübergleiten aus einer leeren Form in eine andere leere Form.

Deshalb wird die heutige Ansprache in ihrem Mittelstück ein Versuch einer Analyse Hitlers sein. Dann wird sich uns unsere Gemeinschaft mit denen ergeben, die damals den Anfang der Anstrengung machten, ihn zu überwinden. Diese Analyse will ich in einem Hin- und Rückweg von der Nation zur Welt und zurück zur Nation versuchen. Hitler ist ein deutsches Phänomen. Er ist ein europäisches Phänomen. Er ist ein Weltphänomen unseres Jahrhunderts. Von der Weltentwicklung her können wir vielleicht verstehen, wie Europa ihn ermöglichte, von der europäischen Zeitgeschichte her, wie unser Deutschland ihn hervorbrachte.

Hitler ist ein deutsches Phänomen. Sein innenpolitischer Weg zur Macht war ermöglicht durch die Niederlage im Ersten Weltkrieg. Hitler markiert objektiv das in der Geschichte häufige Phänomen des Aufbäumens der im Kampf um die Hegemonie besiegten Großmacht zu einem zweiten und letzten Versuch, also das letzte extreme Ausgreifen vor dem Zusammensinken des imperialen Feuers. Auch die Klaviatur seiner politischen Mittel ist bezogen auf den besonderen Zustand der Deutschen, dieser nach westeuropäischem Maßstab sowohl zum Nationalismus wie zur Aufklärung zu spät gekommenen Nation. Das Deutschland des späten 19. Jahrhunderts war altmodisch in seinen Begriffen, hochmodern in seinen technischen Mitteln. Hitlers Ideologie von Blut und Boden, von Antidemokratie und Antikommunismus appellierte an die Abwehr gegen die Modernität, seine Technik der Macht war moderner als die aller seiner Gegner. Seine persönliche Lebensprägung spiegelt Stationen der deutschen Geschichte. Nationalismus und Judenhaß seiner Jugend entstammen den Ängsten der aus der Bismarckschen Reichsgründung ausgeschlossenen Deutschen in der Habsburgermonarchie, einer Monarchie, die sich in der nationalistischen Ära auf einmal als ein Vielvölkerstaat darstellte. Das Trauma, das Hitler dann in die Politik führte, hat er mit der ihm eigenen Kraft der verräterischen Symbolik selbst dargestellt, als er 1940 die französische Führung zwang, ihre Kapitulation in demselben Salonwagen im Wald von Compiègne zu unterzeichnen, in dem die Deutschen 1918 die ihre unterzeichnet hatten.

Albrecht Haushofer sagte mir damals: »Er ist seelisch an

diese Situation fixiert; er wird nicht ruhen, bis er die deutsche Niederlage in einem Zweifrontenkrieg ein zweites Mal herbeigeführt haben wird.« Diesen Sinn des Symbols freilich verstand damals weder Hitler noch das deutsche Volk.

Hitler war ein europäisches Phänomen. Die zwanziger Jahre entwickelten sich zu einem Krisenjahrzehnt für die Demokratie. Die Niederlage der Kaiserreiche im Ersten Weltkrieg hatte nicht zu neuen stabilen innenpolitischen Formen geführt. In Süd- und Osteuropa setzten sich autoritäre oder, wie man nach dem erfolgreichsten Beispiel zu sagen begann, faschistische Regime durch. Die alten Demokratien des Westens freilich blieben immun. Sie waren die geistig, technisch, wirtschaftlich modernsten Staaten. Man realisierte im Westen nicht genug, daß die deutsche Entscheidung eine Schlüsselrolle spielte. Die verspätete deutsche Demokratie litt unter dem Trauma, von den Siegern eingesetzt zu sein, aber von ihnen – anders als 30 Jahre später unter Adenauer – nicht die notwendige Unterstützung zu erhalten. Zumal die französische Politik verweigerte demokratisch gewählten deutschen Regierungen Erfolge, die sie Hitler nachher widerstandslos gewährte. Das ambivalente Verhalten Frankreichs und Englands gegenüber Deutschland nach dem Ersten Weltkrieg ist psychologisch völlig begreiflich, wenn man bedenkt, daß dieser Krieg tatsächlich den Zusammenbruch des Imperialismus aller drei Nationen einleitete; zum Versuch, Schuld und Schaden auf Deutschland allein abzuwälzen, gab es verständliche Gründe, aber die Kraft reichte nicht mehr aus dazu. Freilich kann man sagen, daß der Wendepunkt in Hitlers Erfolgskurve der Augenblick war, in dem sich die Engländer, anders als die deutschen Konservativen, trotz der Verführung scheinbarer Interessenparallelität, als es ernst wurde, ihm gegenüber unbestechlich erwiesen.

Hitler ist ein Weltphänomen unseres Jahrhunderts. Weltweit war der Vorgang, der ihm schließlich den Weg in die Macht freigab: die Wirtschaftskrise. Der Erste Weltkrieg hatte sichtbar gemacht, daß Amerika von England die Führungsrolle der modernen kapitalistischen Weltwirtschaftsentwicklung übernommen hatte. Die Weltwirtschaftskrise war für Amerika die erste, für Europa nächst dem Krieg die zweite Erschütterung des naiven Glaubens an die Stabilität und Moral dieser Entwicklung. Keynes und Schacht bezeichneten die in ihrem Gedankengut für vierzig weitere Jahre ausreichende ökonomisch-finanztechnische Antwort auf die Krise. Roosevelt und Hitler waren politische Antworten, eine demokratisch-intellektualistische und eine antidemokratisch-antiintellektualistische. Hitlers zeitweilige Überlegenheit über alle seine europäischen Partner hing damit zusammen, daß er eine, ebenfalls nur zeitweilige Antwort auf das Problem war, als dessen hilflose Exponenten sie sich erwiesen.

Aber was war das Problem, und was war seine Antwort? Die europäische Kultur war bis zum Ende des Mittelalters eine unter den großen Weltkulturen, und nicht die bedeutendste unter ihnen. Seitdem hat sie durch ihre technische Rationalität einen großen Teil der Welt politisch erobert und die ganze Welt strukturell radikal umgestaltet. Das kapitalistische Wirtschaftswachstum ist der ökonomische Aspekt dieses Vorgangs. Die unausweichliche innere Krise dieser Willens- und Verstandeswelt konnte solange nach außen verlagert werden, als das System sich durch Wachstum stabilisierte. Dieser Prozeß der Verlagerung der Krise nach außen kennzeichnet die Entwicklung Europas im Jahrhundert vom Wiener Kongreß bis zum Ersten Weltkrieg, zumal in seiner zweiten Hälfte. Die Vermeidung eines all-europäischen Kriegs in der Phase wirtschaftlicher und imperialer Expansion ist sein sichtbarstes Anzeichen. Der Weltkrieg trat ein, als, um es salopp zu sagen, die europäischen Imperialismen entdeckt hatten, daß die Erde rund ist. Der Krieg von 1914 wurde mit Recht als Ausbruch einer Krise der europäischen Kultur empfunden. Dreißig Jahre später erwies sich die Krise, wie Krisen so häufig, als noch begrenzt. Die politischen und ökonomischen Formen dieser Kultur, Kapitalismus und Sozialismus, Demokratie, Technokratie und Bürokratie erlebten nun erst ihre größte bisherige Entfaltung. Nur haben die im engeren Sinn europäischen Großmächte die Stafette des imperialen Wettlaufs an Amerika und Rußland abgegeben. Wenn die Krise, die sich für dieses erneuerte System heute zusammenbraut, sichtbarer geworden sein wird, werden wir manche Züge der letzten Krise wieder verstehen.

Deutschland, Österreich und Rußland, als Unterlegene, waren am tiefsten von der Krise getroffen. Die österreichischungarische Monarchie verschwand von der Weltkarte. Rußland konnte sich zwei Jahrzehnte in der Weite seines Raums mit sich selbst beschäftigen. Deutschland blieb vom Gedeihen Westeuropas abhängig und entwickelte auf dessen Unfähigkeit, seine Probleme zu lösen, eine wahnsinnige, aber zunächst höchst erfolgreiche Alternative. Niemand kann behaupten, dies sei die einzig mögliche Alternative, Hitler also sei welthistorisch notwendig gewesen. Jedes politische Handeln wäre sinnlos, wenn wir nicht jederzeit bereit wären, zu glauben, daß verschiedene Alternativen möglich sind. Dies gegen jeden Fatalismus zu demonstrieren war wohl eine der tiefsten Triebkräfte des deutschen Widerstands gegen Hitler. Aber Hitler war die Alternative, die sich faktisch durchsetzte. Warum gerade Hitler?

Seine Verbindung von Wahnsinn und Erfolg hat die Zeitgenossen wie später die Historiker verwirrt. Wer 1923, 1933, 1939 sah, wie absurd Hitler war, der konnte nicht glauben, er werde weiterhin erfolgreich sein. Wer den Erfolg erlebte, mußte sich selbst prüfen, ob er ihn mit Recht für absurd gehalten habe. Viel an diesem Erfolg erklärten gewiß einige seiner persönlichen Eigenschaften, so die tief im Triebhaften wurzelnde Kommunikation des Redners mit den Massen, die opernhafte Phantasie und die taktische Genialität, ungehindert durch normalmenschliche moralische Hemmungen. Und doch reicht ein solches Persönlichkeitsbild zur Erklärung des Erfolgs nicht aus. Die Fachleute hatten mit ihrer Kritik an seinen Lösungsideen zu speziellen Problemen meistens darin recht, daß seine Lösung mehr Probleme erzeugen als beseitigen würde, kurz, daß sie instabil sei. Hitlers zeitweilige Überlegenheit war, daß ihn diese Instabilität überhaupt nicht störte, da er ohnehin viel weiter reichende Ziele verfolgte. Er stabilisierte seine Politik wie ein Fahrrad, das nur in der Bewegung aufrecht bleibt, oder wie ein Flugzeug, das nur in der Bewegung in der Luft bleibt.

Was aber war das Ziel? Das läßt sich mit wenigen Worten sagen, denn er war trotz taktischer Verschleierungen erstaunlich offen darüber: Es war die Weltherrschaft der nordischen Rasse, gestützt auf ein deutsches Reich im russischen Raum. Es war die Unterwerfung der minderen Rassen und die Vernichtung der bewundernd gehaßten Gegenrasse, der Juden. Es war die absolute Macht seiner eigenen Person in Partei, Volk und Welt, da nur er die Kraft zur Durchsetzung dieses Ziels in sich spürte. Es war die Mobilisierung des ganzen Volks zur Erkenntnis seines unerkannten, aber im Führer zum Bewußtsein gelangten Willens.

Aber die Antwort wirft uns auf die Frage zurück: wie konnte dieses Wahnsystem zeitweiligen Erfolg haben? Die Erwiderung muß sein, daß sich manchmal in Wahnsystemen Züge der Wirklichkeit spiegeln, die der Verstand der Verständigen nicht sehen will. Nikolaus von Halem, der der Entschlossenheit der Verschwörer nicht traute und seinen eigenen Versuch gegen Hitlers Leben mit dem Tod bezahlt hat, sagte mir 1938: »Was an dieser Unperson bedingt seine historische Rolle? Denken Sie sich Menschen, die durch einen dunklen Wald gehen, in dem Schlangen sind. Plötzlich schreit einer; er ist als erster von einer Schlange gebissen. Das ist Hitler.« Die Fachleute wollten stabilisieren. In Hitlers Wahn spiegelt sich die faktische Instabilität des Weltsystems, sein Gezogensein zu einer noch unsichtbaren Einheit. Das Konkurrenzdenken des Kapitalismus hatte sich in den biologischen Theorien vom Kampf ums Dasein niedergeschlagen; Hitler übernahm die oberflächliche Seite dieser Theorien in der unwissenschaftlichen, aber eben darum symbolkräftigen Ideologie der nordischen Rasse. Hitler, der nie eine eigentliche Person war, begriff nur zu leicht, daß individueller Egoismus die Menschen unerfüllt läßt, und gab als Lösung die emotionelle Mobilisierung der Massen im Gemeinschaftserlebnis und im Führerkult.

Diesem Menschen standen die Offiziere, Beamten, Gutsbesitzer, Parteifunktionäre, Geistlichen des Widerstands gegenüber, die Familienväter und Söhne staatstragender Familien, die Personen. Ich möchte noch einmal sagen: es ist keine Schande, ihm unterlegen gewesen zu sein. Es ist keine Schande, sei es bezaubert von seiner Verführung, sei es widerstrebend in der Tradition des Staatsdienstes, sei es schlicht um eigenes und benachbartes Leben zitternd, ihm gehorcht zu haben; eine Schande ist es nur, dieses Versagen nachträglich nicht zu erkennen, seine Gründe nicht wissen zu wollen. Es ist eine Ehre, Glied des aktiven Widerstands gewesen zu sein – eine Ehre, die ich, um darüber klar zu sprechen, für mich nicht in Anspruch nehmen kann. Wir ehren den Widerstand aber nicht mit dem billigen Lob dessen, der sich nicht mehr in Gefahr fühlt, sondern indem wir auch nach seinen Problemen und nach den Gründen seines Scheiterns fragen.

Die meisten, die zuletzt an der Verschwörung beteiligt waren, haben sich nur langsam zum Widerstand entschlossen. Man hat ihnen das manchmal zum Vorwurf gemacht. Man hat gesagt, sie hätten gar nicht Hitlers Ziele, sondern nur seine dilettantische Art der Verfolgung dieser Ziele mißbilligt, denn seine Ziele seien die der alten herrschenden Klasse gewesen. Das ist ein naheliegender, aber tiefer Irrtum. Hitler hat spätestens 1923 erkannt, daß er die Duldung der in Deutschland noch immer mächtigen Konservativen und insbesondere des Militärs brauchte, um zur Macht zu kommen. Dies war eine deutsche und eine Hitlersche Version der funktionalen Erkenntnis, daß ein moderner Staat nicht von der Straße aus, sondern nur von innen her erobert werden kann. Es fiel Hitler leicht, die Konservativen über seine Ziele zu täuschen, da er den Staat, den wiederherzustellen ihr Ziel war, seinerseits als Mittel brauchte. Man kann auch die These vertreten, die innere Logik des Imperialismus habe schon das Kaiserreich in jene Richtung gedrängt, in der Hitler dann hemmungslos voranschritt. Aber wohl bei jedem der Verschwörer des 20. Juli geschah der radikale Bruch mit Hitler nicht an der Frage nach der Zweckmäßigkeit der Mittel oder des Maßes der Ziele, sondern an der Stelle der Moral. Dies wird vielleicht am deutlichsten an der Tatsache, daß der unbedingte Entschluß zum Attentat erst in dem Augenblick gefaßt wurde, in dem gewiß war, daß es am politischen Schicksal des Reiches kaum mehr etwas ändern konnte.

Verfolgen wir am Ende den Weg zu diesem Entschluß! Die parlamentarische Demokratie war 1933 wie ein Kartenhaus zusammengebrochen. Sozialdemokraten und Kommunisten waren in die Illegalität und damit in die Erfolglosigkeit gedrängt. In den Kirchen gab es teilweise erfolgreichen Widerstand gegen Eingriffe in ihre innere Struktur, aber wenig Widerstand gegen Hitlers Politik selbst, und dieser Widerstand prägte sich bekennerisch und eben darum nicht konspirativ aus. Als Dietrich Bonhoeffer in den Kreis der Verschwörer eingetreten war, verwandelten sich ihm alle Werturteile darüber, was man sagen oder nicht sagen sollte, und er wurde manchen seiner Freunde aus der Bekennenden Kirche unverständlich. In der Tat war der Entschluß zum Staatsstreich und Attentat für die Menschen überlieferter Prägung ein schweres moralisches Problem. Die tiefe moralische Erschütterung über die Komplizenschaft im Verbrechen, in die das Regime jeden zu verwickeln trachtete, war nötig, um die Skrupel wegen Diensteid und Tyrannenmord bei einigen von ihnen zu überwinden. Das tiefste Problem sprach wohl Werner von Trott aus, der nicht wie sein Bruder Adam an der Verschwörung teilnahm. Er, ein mir bis zu diesem Moment Unbekannter, trat 1940 in mein Zimmer und sagte in einem seiner ersten Sätze: »Sie stimmen sicher mit mir überein, daß nur eine unbeschönigte totale Niederlage unser Volk moralisch aus seiner Selbstbelügung retten kann.«

Der Verschwörerkreis, der sich allmählich bildete, dachte nicht so und konnte nicht so denken. Er fühlte sich verpflichtet, praktikable nächste Schritte nach der politischen Elimination Hitlers vorweg zu planen. Das war ein Gebot überlieferten politischen Verstandes. Es war aber wohl zugleich der Grund dafür, daß es zu diesem rechtzeitigen Staatsstreich nicht kam. Freilich kamen auf eine fast unbegreifliche Weise Zufälle dazwischen, so im aussichtsreichsten Augenblick 1938 die Münchener Konferenz, oder dann im Krieg bei den Attentatsversuchen Schlabrendorffs und Bussches technisches Versagen und Luftangriffe. Es kam nicht dazu, daß einmal einer der Verschworenen Hitler in die Augen gesehen und ihn niedergeschossen hätte. Die unbedingte Entschlossenheit, mit der Stauffenberg schließlich handelte, beruhte auf dem Gedanken, jetzt gehe es nicht mehr darum, den günstigsten Augenblick zu finden, sondern darum, zu beweisen, daß es hier Menschen gegeben hat, die bereit waren, das Böse auch mit Opferung ihres Lebens zu bekämpfen. Die feudale Führungsschicht war durch Hitler diskreditiert und damit politisch endgültig überwunden; moralisch fand sie in diesen ihren Vertretern zu sich zurück.

In jener Zeit wurden viele Sonette geschrieben. Ihr literarischer Wert ist meist nicht groß, aber sie können als authentische Zeugnisse des Erlebten dienen. Es sei mir erlaubt, eines zu zitieren.

Ihr Alten, deren zögernd klugen Händen
ein Stärkerer die Zügel längst entwunden,
die dienend hofften, durch die Pflicht gebunden,
ein unaufhaltsam Unheil abzuwenden,

Ihr Jungen, die ihr in den Bränden
der Zeit des Meineids und der tausend Wunden
wohl einen Glauben und ein Ziel gefunden,
doch keinen Weg, die Schrecken zu beenden,

Zu spät wars, als Verzweiflung euch gebot,
das fast vollendete Geschick zu beugen,
mit Menschenkraft zu treffen die Dämonen.

Doch unvergeßlich macht euch euer Tod.
Gemartert und verleumdet bliebt ihr Zeugen.
Nun tragt auch ihr die kostbarste der Kronen.

Die kostbarste Krone ist die Märtyrerkrone. Es steht uns objektiv nicht zu, sie unseren im Verfolg eines Staatsstreichs gefallenen Freunden zuzusprechen. Aber uns ist erlaubt, so zu empfinden.

Erforschung der Lebensbedingungen

(1979)

Am 1. Januar 1970 wurde, nach zweijähriger Vorbereitungszeit, das Max-Planck-Institut zur Erforschung der Lebensbedingungen der wissenschaftlich-technischen Welt gegründet. Am 30. Juni 1980 wird der auf die Gründungsthematik zurückgehende Arbeitsbereich I des Instituts geschlossen werden. Der unter der Leitung von Jürgen Habermas stehende Arbeitsbereich II soll in ein Max-Planck-Institut für Sozialwissenschaften umgewandelt werden. Dieser Beschluß des Senats der Max-Planck-Gesellschaft gibt einen erwünschten äußeren Anlaß zu einem Rückblick darauf, was mit dem Institut ursprünglich gewollt war, und darauf, was erreicht und was verfehlt worden ist. Ein solcher Rückblick könnte objektiv an Hand der Jahresberichte gegeben werden, die das Institut, wie alle Max-Planck-Institute, regelmäßig verfaßt hat; dazu müßte dann eine kritische Auswertung der Publikationen und, soweit möglich, der nicht publizierten Arbeitspapiere, der Protokolle und Erinnerungen der institutsinternen Diskussionen kommen. Das alles würde einen großen Arbeitsaufwand bedeuten. Dem Verfasser des gegenwärtigen Aufsatzes ist es zweifelhaft, ob sich jemals jemand diese Mühe machen wird und sollte. Er wählt hier eine bescheidenere, subjektivere und eben darum rasch lösbare Aufgabe. In der Ich-Form, im vollen Bekenntnis zur Subjektivität der eigenen Erinnerungen und Urteile, aber dafür solange die Erinnerung noch frisch und die Thematik noch aktuell ist, gibt er einen Bericht über die Motive für die Gründung des Instituts, für die Auswahl der Mitarbeiter und für die Auswahl der bearbeiteten Themen durch die Mitarbeiter sowie eine vorläufige Bewertung der Resultate. Der Bericht ist mitten in den noch laufenden Geschäften abgefaßt. Er ist notwendigerweise unvollständig und kann an vielen Stellen einen in Wahrheit viel komplexeren Zusammenhang nur andeuten. Sein Motiv ist so aktualitätsbezogen, wie es die Gründung des ganzen Instituts war. Daß das Institut nicht fortdauern wird, ist entschieden, und obwohl ich es anders gewünscht hätte, habe ich keine innere Schwierigkeit, diese Entscheidung unter den bestehenden Umständen zu akzeptieren. Wichtig, ja, ich wage das Wort lebenswichtig, scheint mir, daß die Fragen, um derentwillen es gegründet wurde, im breiten Kreis der wissenschaftlichen und der politischen Öffentlichkeit gestellt und bearbeitet werden. Als Anregung dafür mag dieser Bericht nützlich sein.

Vorbereitung

Der Name des Instituts bezeichnet nicht, wie bei Forschungsinstituten üblich, eine wissenschaftliche Disziplin, einen Bereich, in dem geforscht werden soll. Er bezeichnet vielmehr ein Problem, zu dessen Lösung eine interdisziplinär angelegte Forschung beitragen soll. Der Name setzt voraus, daß die Welt, in der wir heute leben, eine »wissenschaftlich-technische Welt« ist, also eine Welt, die in noch immer wachsendem Maß durch die Auswirkungen von Wissenschaft und Technik geprägt ist. Das Wort »Lebensbedingungen« hat dabei einen Doppelsinn. Einerseits bezeichnen die Lebensbedingungen der wissenschaftlich-technischen Welt die Umstände, unter denen wir faktisch in dieser Welt leben, also die Art, wie Wissenschaft und Technik unsere Lebensform bedingen. Andererseits bezeichnen sie die Bedingungen, unter denen diese Welt überhaupt leben kann, also die notwendigen Bedingungen ihres Überlebens (englisch: *conditions of survival*). Ich schränke hierbei das Forschungsziel auf notwendige Bedingungen des Überlebens ein, d. h. auf solche, von denen einsehbar sein sollte, daß ohne ihre Erfüllung ein Überleben dieser Welt nicht zu erwarten ist. Hinreichende Bedingungen des Überlebens anzugeben übersteigt die Kraft menschlicher Einsicht.

Die Max-Planck-Gesellschaft (MPG) ist eine Gesellschaft zur Förderung der Wissenschaften. In dem 1967 an die MPG gerichteten Antrag auf Gründung eines Max-Planck-Instituts zur Erforschung der Lebensbedingungen der wissenschaftlich-technischen Welt war also der Gedanke enthalten, es sei eine der Aufgaben der Wissenschaft, die Lebensbedingungen zu studieren, die von ihr selber erzeugt werden. Die Wissenschaft sollte also erstens nicht nur der rein theoretischen Wahrheitssuche, sondern auch der Lebenspraxis dienen. Das tut nun in ihrer Weise nicht bloß alle angewandte Wissenschaft, sondern auch die sogenannte Grundlagenforschung in anwendungsrelevanten Sachgebieten, wie sie in vielen Max-Planck-Instituten betrieben wird. Die Wissenschaft sollte aber zweitens auch die Wirkungen zweiter Ordnung studieren, welche sie selbst auf das menschliche Leben ausübt. Angewandte oder anwendungsorientierte Wissenschaft läßt sich die Bedürfnisse von der Praxis vorgeben und sucht Methoden, die Bedürfnisse zu befriedigen: Materialbearbeitung, Energielieferung, Pflanzenzüchtung, Krankenheilung... Die Veränderung der menschlichen Gesellschaft durch die Wissenschaft geschieht aber weitgehend durch die nicht vorweg geplanten Wirkungen zweiter Ordnung, die zunächst als »Nebeneffekte« dem planenden Blick entgehen: Gesellschaftsveränderung durch technisch erzeugten Wohlstand, Bevölkerungswachstum durch Medizin, Umweltveränderung durch technische Ausbeutung, Änderung der Außenpolitik durch technische Waffen. An sich sind diese Probleme in der Menschheit uralt. Man hält in unserer Tradition den Bauern zu Recht für naturverbunden. Aber vor einigen Jahrtausenden bedeutete der Übergang von der Jäger- und Sammler-Kultur zur Ackerbau-Kultur ohne Zweifel eine tiefe, gefährliche Umgestaltung der Umwelt und der Gesellschaft. Diejenige Natur, der der Bauer verbunden ist, ist selbst ein Kulturprodukt. Wie man sie vor der menschlichen Selbstzerstörung bewahrt, mußte langsam gelernt werden, und zum Teil hat erst die Wissenschaft begonnen, der unbewußten Naturzerstörung durch primitive Landwirtschaft entgegenzuwirken. Heute ist die Wissenschaft ein natur- und gesellschaftsverändernder Faktor ersten Ranges. Der Name des Instituts sollte also die Reflexion der Wissenschaft auf ihre eigenen Wirkungen zweiter Ordnung thematisieren.

Auf den Gedanken einer Gründung dieser Art kommt man nicht durch abstraktes Nachdenken, sondern aus konkreten Anlässen. Für mich war der Anlaß die Gefährdung der Menschheit durch die Atombombe. Nur weil mich dieses Problem nicht in Ruhe ließ, habe ich eine mich voll befriedigende und ausfüllende Professur für Philosophie aufgegeben, um dieses »Institut für unangenehme Fragestellungen« zu gründen. Der Leser möge die Subjektivität einer solchen Feststellung entschuldigen. Das Konkrete in unserem Leben ist zugleich stets das subjektiv Erlebte. Wenn dieser Aufsatz anderen Menschen, die meist jünger sein dürften als ich, berichten soll, was zu tun ich für wichtig halte, so muß er meine eigenen Motive offenlegen.

Die für die spätere Institutsgründung folgenreiche Beschäftigung mit dem Atomwaffenproblem begann für mich rund zehn Jahre vorher. Es war mir seit 1939 klar, daß die Atombombe den Zwang zu einer radikalen Veränderung der Weltpolitik ankündigt, ja enthält. Jetzt, in den fünfziger Jahren, bestand die prekäre Friedenssicherung durch Abschreckung. Wir ließen in der Göttinger Erklärung (1957) diese Art der Friedenssicherung, als Angelegenheit der Weltmächte und als jenseits unserer Kompetenz liegend, auf sich beruhen. Nur durch diesen Verzicht auf Zustimmung oder Ablehnung gegenüber dem Prinzip der bestehenden außenpolitischen Weltordnung wurde das, was wir positiv vorschlugen, politisch praktikabel. Wir steuerten eine der Schwachstellen der Abschreckungspolitik an: das Problem der Proliferation der Kernwaffen. Wir rieten unserer eigenen Nation, auf den nationalen Besitz von Kernwaffen freiwillig und ausdrücklich zu verzichten, da dieser uns faktisch nicht schützen, sondern gefährden würde. Ich bin auch heute, zwei Jahrzehnte später, überzeugt, daß die Kernwaffenproliferation international nur verhindert werden kann, wenn diese Überzeugung sich in allen Nationen, die bisher keine Kernwaffen haben, durchsetzt. Unausgesprochen zielte unsere Erklärung schon auch auf andere Nationen, insbesondere auf Frankreich, dessen Pläne der force de frappe – schon vor de Gaulles Rückkehr an die Macht – uns bekannt waren; wir glaubten, keiner anderen Nation raten zu können, was wir nicht der eigenen Nation zumuteten. Auf Frankreich machte unsere Erklärung natürlich keinen Eindruck. Für die deutsche Situation hatten wir, so scheint mir jetzt, schlicht recht. Heute äußert sich die Bundesregierung eindeutig im damals von uns empfohlenen Sinne. Aber wie stets, wenn man politisch handelt, trafen wir auch Interessen und Ansichten, die anderen Zusammenhängen entstammten. Wir trafen mit unserer Abmahnung zugleich Adenauers – meines Erachtens illusionäre – Hoffnung auf die nukleare Option als außenpolitisches, vielleicht deutschlandpolitisches Tauschobjekt und Strauß' – vielleicht etwas realistischeren – Wunsch nach europäischer Nuklearrüstung.

Die Beziehung zum Kern des Atomwaffenproblems und damit der Grund der großen öffentlichen Wirkung der Erklärung lag in einem einzigen Satz, in dem die Unterzeichner sich persönlich zur radikalen Abstinenz von der Mitwirkung an Bau, Erprobung und Einsatz von Kernwaffen verpflichteten. Persönliches Engagement, ob es rational begründbar ist oder nicht, hat eine Wirkung auf die Menschen, zu der realistisch wohldurchdachte politische Vorschläge nicht fähig sind. Man braucht aber manchmal Jahrzehnte, um einen getanen Schritt nachzuarbeiten. In bezug auf die Göttinger Erklärung bedeutete dies jedenfalls für mich, zwei kurzschlüssig optimistische Auffassungen des Atomwaffenproblems in eigener Gedankenarbeit als falsch zu erkennen und diese Erkenntnis womöglich der Öffentlichkeit zu vermitteln. Ich möchte diese hier den Anti-Atom-Irrtum und den Arms-Control-Irrtum nennen.

Nach der Urteilsform des »politischen Fehlschlusses« (»du hast unrecht, also habe ich recht«) hält jeder dieser Irrtümer sich bis heute dadurch aufrecht, daß er die Falschheit des anderen nachweist. Der Anti-Atom-Irrtum ist die Meinung, gerade die Abschaffung der Atomwaffen sei der Weg zum lebensnotwendigen Weltfrieden. Der Arms-Control-Irrtum ist die Meinung, gerade der maßvolle, kontrollierte Besitz von Atomwaffen werde den Frieden bewahren. Beides sind Irrtümer. Keiner von beiden Wegen garantiert den Frieden oder das Überleben. Aber beide enthalten jeweils eine Komponente, ohne die man sich eine Stabilisierung des Friedens kaum denken kann.

Seelisch ist der Kern der Anti-Atombewegung, die abgrundtiefe Empörung, das Entsetzen über die Atomwaffe, eine Bedingung des Schritts, der not tut. Aber die Meinung, es gehe nun in erster Linie darum, die Kernwaffen (oder gar die Kernenergie) abzuschaffen, und das werde zum Frieden führen, ist doch nur einer jener zu kurzen Schritte, einer jener konservativ-optimistischen Irrtümer, die für die linken Flügel politischer und kirchlicher Gruppen so charakteristisch sind: man meint viel zu verändern, indem man ein Symptom bekämpft. Gegen diesen Irrtum wandte sich schon Szilards Formel: »Our problem is not how to get rid of the bomb but how to live with the bomb.« Intellektuell vollzogene Erfindungen wie die arbeitsteilige Gesellschaft, wie die Waffe, welche Mord und Selbstmord ermöglicht, wie die empfängnisverhütende Sexualität – solche Erfindungen können nicht rückgängig gemacht werden. Sie können nur durch neue Schritte menschlicher komplexer Kultur in neue Stufen des Bewußtseins eingebaut oder durch sie überholt werden. Nicht die Atombombe ist abzuschaffen, sondern der Krieg. Aber wie? Die Irrigkeit der Anti-Atom-Hoffnung zu erkennen, das bedeutet das Aushaltenlernen einer zunächst pessimistischen Konsequenz, eines Wahrheitsbausteins unter mehreren.

Arms Control ist der Versuch realer Politik in einer Welt, die weiß, daß sie mit der Bombe leben muß. Das Irrige in diesem Konzept ist fast nur die mit ihm verbundene Zuversicht, also die Erziehung zum Vergessen des Schauderns vor der Atomwaffe, das von der Anti-Atom-Bewegung wenigstens wachgehalten wird. Das Arms-Control-Konzept ist optimistisch-konservativ in einem anderen Sinne: es geht einen zu kleinen, einen zu konventionellen Schritt vorwärts. Aber zu kleine, zu konventionelle Schritte sind fast immer die einzigen in der Politik möglichen Schritte. Es war die Verbindung mit einem Arms-Control-Teilgedanken, eben dem der Nichtverbreitung, was der Göttinger Erklärung politische Substanz gab. Und wir verdanken wohl in der Tat die jetzige Atempause zwischen den Kriegen dem Arms-Control-Konzept.

Diese Skizze des Kernwaffenproblems sucht optimistischen Tröstungen auszuweichen, nicht um Pessimismus oder Untergang zu predigen, sondern um das Augenmerk auf die Fragen zu richten, die heute angegangen werden müssen. Sie setzt die Gedankenwege der seit damals vergangenen zwanzig Jahre voraus, deren viele sich als vergeblich und doch notwendig erwiesen haben. Eben von einigen dieser Wege soll dieser Aufsatz Rechenschaft geben.

1959 gründete eine zunächst vorwiegend aus Physikern bestehende Gruppe die Vereinigung deutscher Wissenschaftler (VDW), die sich die Bearbeitung der politischen und sozialen

Konsequenzen der Wissenschaft zum Thema machte. Hahn, v. Laue, Born, Heisenberg gehörten zu den Gründungsmitgliedern, Kopfermann wurde der erste Vorsitzende. Die Initiative war von einer Gruppe etwas jüngerer, engagierter Wissenschaftler ausgegangen – Burkhardt, Kliefoth, Wolf –, von denen heute keiner mehr am Leben ist. Ich nahm teil mit der Bitte, daß es sich nicht um einen Verein zur Verbreitung des rechten Glaubens (auch nicht des meinigen) handeln möge, sondern um ein Forum zur offenen Diskussion schwieriger Fragen. Die beiden wichtigsten Arbeiten, die die VDW in den ersten zehn Jahren ihres Bestehens abschloß, waren Studien über Zivilschutz und über Welternährung.*

Die Zivilschutzstudie war ausgelöst durch ein 1961 vorgelegtes Bunkerbauprogramm der Bundesregierung. Die Studie kritisierte dieses Programm als zu groß und teuer und gleichwohl nicht einen wirklichen Schutz garantierend; sie legte aber selbst ein – freilich sehr viel bescheideneres – Schutzraumbauprogramm vor. Es kam anschließend 1964 zu einem Hearing vor den zuständigen Bundestagsausschüssen, nach dem die Bundesregierung ihr Programm zurückzog. Schließlich wurde auch das VDW-Programm nicht übernommen; es geschah so gut wie nichts. Ich habe das bedauert.

Auch im Zivilschutzproblem standen meines Erachtens unrealistische optimistische Auffassungen auf beiden Flügeln, die aus entgegengesetzten Gründen eine echte Anstrengung für den Bevölkerungsschutz verhinderten. Die Anti-Atom-Richtung sah im Zivilschutz Kriegsvorbereitung. Die Arms-Control-Richtung sah die Aufgabe in der Abschreckung und empfand Zivilschutz als überflüssig, falls die Abschreckung glückt, als vergeblich, falls sie scheitert. Die politische Führung hatte, mit Ausnahme dieses einen, dann gescheiterten Bunkerbauprogramms, nie ein Interesse an ernstlichen Zivilschutzmaßnahmen; diese hätten der Bevölkerung den keiner Partei angenehmen Eindruck vermittelt, man meine es ernst mit der Kriegsgefahr. Diese Haltung ist bis heute der Ursprung vieler

* VDW (Hrsg.), *Ziviler Bevölkerungsschutz heute*, Frankfurt/M. 1962.
J. Heinrichs (Hrsg.), *Welternährungskrise oder Ist eine Hungerkatastrophe unausweichlich?*, Reinbek bei Hamburg 1968.

Entscheidungen, die ich nur als Fehlentscheidungen ansehen kann.

Die Debatte über die Zivilschutzstudie machte mir klar, daß in unserer Öffentlichkeit keine deutlichen Vorstellungen über die Folgen eines möglichen Krieges in unserem Land bestanden. Man schwankte zwischen Kriegsbildern aus der Zeit des Zweiten Weltkrieges, die objektiv Verniedlichungen sind, und der Idee, dann sei »ohnehin alles aus«. 1963 faßte ich bei der Lektüre von Hermann Kahns Buch *On thermo-nuclear war* den Gedanken einer VDW-Studie über Kriegsfolgen. »Das Undenkbare zu denken« schien mir unerläßlich. Die Studie wurde von H. Afheldt, Ph. Sonntag und U. P. Reich mit einer Reihe weiterer Mitarbeiter ausgeführt und erschien 1971 als erste Publikation des neugegründeten Instituts.* Als wichtigster Teil erwies sich eine Kritik der Abschreckungsstrategie. Jetzt wagten wir, was wir 1957 nicht gewagt hatten, die langfristige Zuverlässigkeit der nuklearen Abschreckung selbst in Zweifel zu ziehen, weltweit und für den NATO-Bereich. Die Arbeit wurde in der Öffentlichkeit beachtet. In der Bundeswehr setzte sich die Meinung, sie sei ernst zu nehmen, langsam im Lauf der siebziger Jahre durch.

Während diese Studie im Gang war, 1967, wurde mir von mehreren Seiten die Gründung eines Instituts nahegelegt. Ich folgte einer Anregung der MPG. Die Auswahl dieses Trägers für das Institut geschah mit einer präzisen Absicht. Ich sah voraus, daß das Institut unangenehme, hochkontroverse Themen würde bearbeiten müssen. Ich wollte von keiner inhaltlich interessierten Instanz abhängig sein, selbst dann nicht, wenn die Träger dieser Instanz »zufällig« meine Ansichten billigten, weder von Staat noch Kirche, weder von Industrie noch Gewerkschaft. Ich kannte die Orientierung der MPG am Prinzip der reinen Forschung, und ich wußte, daß in der MPG der Direktor eines Instituts kritisch ausgesucht wird, nachher aber sehr weitgehende Freiheit in der Wahl der Mitarbeiter und Themen hat. Im Gründungsantrag wies ich darauf hin, daß mein Lebensalter mir nur eine Frist von zehn Jahren für die Leitung des

* C. F. v. Weizsäcker (Hrsg.), *Kriegsfolgen und Kriegsverhütung*, München 1971.

Instituts gewähren werde und daß die MPG das Institut, ebenfalls einer ihrer guten Traditionen folgend, nachher, falls sie seine Fortführung problematisch fände, wieder schließen könne. Ich bin in meiner Erwartung, im Rahmen meiner Leitungsfunktionen frei handeln zu können, nicht enttäuscht worden, obwohl sich natürlich auch in der MPG viel Kritik an den von mir ermöglichten Arbeiten des Instituts regte, Kritik, die ich zum Teil richtig, zum Teil auch abwegig fand. Ich bereue diese Wahl des Trägers nicht und akzeptiere schon deshalb die Konsequenz, daß die MPG nun von der Möglichkeit der Schließung Gebrauch macht.

Die Themen des Instituts wurden in noch höherem Grade kontrovers, als ich im Augenblick des Gründungsantrags vorhergesehen hatte. Dies geschah aus zwei Gründen, die sich mir freilich schon im Jahre 1968, als die Entscheidung für das Institut, obwohl formell noch nicht vollzogen, doch faktisch gefallen war, in ihrer vollen Tragweite enthüllten. Der eine Grund war intern: eben damals wurde mir endgültig klar, daß strategische und außenpolitische Mittel nicht ausreichen konnten, um den in der Logik der heutigen Entwicklung liegenden zukünftigen Krieg auszuschließen; ich verzweifelte an der permanenten Kriegsverhütung durch Arms Control. Der andere Grund war extern: zur selben Zeit wandte sich ein großer Teil der intellektuellen Jugend der nördlichen Hemisphäre, zumal auch unseres Landes, kritisch gegen die bestehende politische Ordnung, und ich wollte die Komponente dieser kritischen Denkweise nicht aus dem werdenden Institut ausschließen.

Arms Control. Ich darf wohl sagen, daß ich 1958 derjenige war, der diese damals neue amerikanische Denkschule in Deutschland durch eine Artikelfolge in der *Zeit* bekanntmachte; nur vielleicht F. J. Strauß und Helmut Schmidt hatten sich über diese Gedanken schon vorher voll informiert. Das ursprüngliche Konzept war: Stabilisierung der gegenseitigen Abschreckung, um dann abrüsten zu können. Zur Stabilisierung der Abschreckung ist es gekommen, aber einigermaßen zuverlässig nur auf der höchsten, der sogenannten »strategischen« Ebene; zur Abrüstung kam es nicht. Die beiderseits stabilisierte Abschreckung führte zur politischen »Entspannung«, und diese führte wenigstens zu diplomatischen

Verhandlungen über Rüstungsbeschränkung. Faktisch aber ist das Wettrüsten während der Entspannungsphase unvermindert weitergegangen. Mein subjektives Vertrauen in die Stabilisierung der Kriegsverhütung durch Abschreckung brach aus Gründen, die in meiner persönlichen Biographie liegen mögen, 1968 zusammen. Erst danach kam die ausgereifte Form des außenpolitisch konkretisierten Arms-Control-Denkens in der Gestalt der Politik Kissingers zum Tragen, der ich als einer letzten Chance den Erfolg heiß gewünscht habe. Heute treten die Fakten aus den Schatten zwanzigjähriger psychischer Verdrängung wieder ins öffentliche Bewußtsein, die mich damals, in der Mitte dieser zwanzig Jahre Arms Control, aufhören ließen, an die permanente Wirksamkeit des Konzepts zu glauben. Uns im Westen erscheinen diese Fakten heute im Bilde der sowjetischen Überrüstung. Wir nehmen damit eine sehr große reale Gefahr wahr. Wieweit wir in der Phase unserer militärisch-technischen Überlegenheit zum Aufbau der Gefahr selbst beigetragen haben, entzieht sich eher der öffentlichen Reflexion.

Das Ungenügen der militärischen Sicherung lenkte meine Gedanken mit innerer Notwendigkeit auf die Breite der politischen, sozialen, ökonomischen Voraussetzungen unserer Welt. Genau in dieser Situation mußte mir das volle Konzept der Erforschung der Lebensbedingungen der wissenschaftlich-technischen Welt als einzige denkbare Lösung der gestellten Frage erscheinen. Politische Strukturen, soziale Konflikte, ökonomische Notwendigkeiten erzeugen von jeher die Spannungen, die das Wettrüsten unausweichlich machen und im Krieg enden. Meine Fragestellung begegnete nun Fragen, die von völlig anderen Problemen als denen des Kriegs ausgegangen waren, zumal allen Fragen nach dem fortschreitenden Wandel gesellschaftlicher Strukturen. Diesen Wandel zu verstehen erschien unerläßlich.

Dieser sachlich gebotenen Fragestellung nun begegnete die damalige Bewegung der Neuen Linken. Äußerlich konnte diese Koinzidenz als ein Zufall erscheinen. Aber es war dieselbe Entwicklung unserer Welt, welche politisch oder systemanalytisch denkende Wissenschaftler zu einer Analyse in der Breite und Tiefe aufforderte und welche die engagierten, aber machtlosen jungen Intellektuellen sich im Zorn gegen sie wenden ließ. 1967 entdeckte ich, daß viele meiner jungen Gesprächspartner und Mitarbeiter zur Linken tendierten. Keiner von ihnen hat sich an Gewaltakten beteiligt, aber sie teilten die kritische Haltung, die sich als »links« verstand. Nicht weil sie Linke waren, hatte ich sie gesucht oder akzeptiert, aber diejenigen, die bei mir Raum fanden, waren spontan offen für die neue Bewegung. Daß Linke bei mir weniger Schwierigkeiten hatten als bei der Mehrzahl meiner Altersgenossen, hatte neben einer mir naheliegenden Tendenz zur Liberalität seinen Grund in meiner tiefen Skepsis gegenüber dem Bestehenden. Politische Liberalität hat meiner Überzeugung nach mit dem Willen zu gemeinsamer Wahrheitssuche zu tun. Wahrheitssuche ist politisch unerläßlich, und gemeinsam kann man Wahrheit nur suchen, wenn man dem Partner das Recht zu eigener Meinung auch dort einräumt, wo man diese Meinung als schwer erträglich empfindet; alle andere Toleranz ist keine Kunst. Meine Skepsis gegenüber dem Bestehenden hatte selbst eine doppelte Wurzel. In der Tiefe ist sie religiös bestimmt, seit der kindlichen Lektüre des gesellschaftskritischsten Textes der Weltliteratur, der Bergpredigt. In der Ebene der politischen Verstandesanstrengung war sie gerade damals, wie geschildert, das Ergebnis kritischer Analyse. Fährt der Wagen unserer politisch-gesellschaftlichen Entwicklung geradeaus weiter, so wird er scheitern; wie aber findet man die Kurve?

Es ist erkennbar, daß dies keine hinreichende Basis war, um mich mit den Linken in einer gemeinsamen Überzeugung zusammenfinden zu lassen. Weder durften sie hoffen, mich auf ihre Seite zu ziehen, noch konnte ich sie überzeugen. Schon 1968 habe ich gelegentlich gesagt: »Ein guter Gesprächspartner wäre ich erst für in der Tiefe enttäuschte Linke.« Denn meine Skepsis traf die Hoffnungen der Linken genauso wie das Bestehende. Die Linken verstanden sich ja als »progressiv«, also hoffnungsvoll. Sie erlaubten sich den Zorn gegen das Bestehende, wo ich nicht zornig war, weil ich nichts Besseres danach erwartete. Aber daß ich, wenn ich ein kritisch arbeitendes Institut gründen wollte, die Fragestellungen der Linken nicht aus ihm ausschließen konnte, lag auf der Hand.

Es waren nun Entscheidungen über Ort, Thematik, Mitarbeiter, Arbeitsweise des Instituts zu treffen.

Für den *Ort* des Instituts wünschte der Präsident der MPG, A. Butenandt, die Nähe zur Generalverwaltung der MPG, also den Münchener Raum. Ich wies sofort darauf hin, daß ich nicht gleichzeitig ein so komplexes Institut gründen und an der Leitung der MPG einen nennenswerten Anteil nehmen könne, folgte aber dem Wunsch. Starnberg mit guter Verkehrsverbindung zur Münchener Stadtmitte, aber mit besserer Luft, war meine eigene Wahl. Im Institut wurde gelegentlich die Meinung geäußert, besser hätten wir uns »in Wanne-Eickel« angesiedelt, um die Lebensbedingungen, die wir erforschen wollten, auch zu erleiden. Diesem Gedanken bin ich, wie man sieht, nicht gefolgt.

Die *Thematik* war durch den Namen des Instituts nur vage umrissen. Das Thema der Kriegsverhütung legte strategische und außenpolitische Analysen nahe, wie sie in vielen amerikanischen Instituten, vorbildlich vom Londoner International Institute for Strategic Studies (IISS), in Deutschland von der Stiftung Wissenschaft und Politik in Eggenberg betrieben wurden. Ich hielt diese Studien für unvermindert wichtig, konnte aber in ihnen nicht die grundsätzliche Problemlösung, sondern nur eine begleitende Forschung zur aktuellen Politik sehen. Ich drängte auf die ökonomischen, sozialen, seelischen Wurzeln der ungelösten, in aller bisherigen Menschheitsgeschichte unlösbar gebliebenen Probleme. Diese Tieferlegung des Fragenniveaus wurde damals unter dem Titel Friedensforschung von vielen Seiten angestrebt. Gleichwohl wollte ich die Vokabeln »Zukunftsforschung« und »Friedensforschung« im Namen des Instituts nicht auftreten lassen. Zukunftsforschung schien mir eine Unmöglichkeit. Ich hätte dann noch lieber »Gegenwartsforschung« gesagt; was wir heute von der Zukunft rational erkennen können, sind die in der Gegenwart angelegten künftigen Möglichkeiten, und jedes Jahr lernen wir ein neues zukunftsbestimmendes grundlegendes Faktum, das unserem Blick bis dahin entgangen ist.

Friedensforschung erschien mir als notwendig, aber nur als

ein Ausschnitt aus den wichtigen Problemen, der isoliert kaum zu verstehen ist. Als Gustav Heinemann Bundespräsident wurde, betrieb er sofort die Gründung der Deutschen Gesellschaft für Friedens- und Konfliktforschung (DGFK), die bis heute besteht. Er leistete damit dem politischen Bewußtsein in unserem Lande einen sehr wichtigen Dienst. Viele unserer Mitbürger sahen damals in der Friedensthematik etwas wie ein Monopol kommunistischer Propaganda. Heinemann nützte das Ansehen seines Amtes, um dem Thema den verdienten öffentlichen Respekt zu verschaffen. Er bat mich um meine Mitwirkung, die ich leider nur unvollkommen gegeben habe, wiederum weil das eigene entstehende Institut meine Kraft absorbierte. Im Fortgang zeigte sich eine vorhersehbare Schwäche des zu eingeschränkten Themas »Friedensforschung«. Es entstanden alsbald zwei Flügel dieser Forschung, unterschieden durch den Bereich, in dem die Forscher die Lösung des Friedensproblems suchten. Die mehr traditionelle Richtung suchte Konfliktgründe und Lösungswege in außen- und militärpolitischen Handlungsweisen, eine andere von der Neuen Linken inspirierte Richtung suchte sie in gesellschaftlichen Strukturen. Die extremen Positionen jener Frühzeit haben sich inzwischen längst abgearbeitet, und die DGFK leistet heute wichtige Förderungshilfe für Forschungen, die beiden Gesichtspunkten gerecht werden. Meine damalige Position war, daß ich mich mit den militär- und außenpolitischen Gesichtspunkten vertraut fühlte und in den gesellschaftlichen Konfliktgründen nicht von einer geprägten politischen Ansicht ausging, sondern die Grundfragen der Gesellschaftsstruktur dem Institut und vor allem mir selbst noch einmal als vollkommen offene Fragen zu präsentieren suchte.

Damit aber waren die Grundfragen von wenigstens drei wissenschaftlichen Disziplinen angesprochen: der Ökonomie, der Soziologie, und einer Lehre vom Menschen, welche die Psychologie umfaßt und welche ich gerne als Anthropologie bezeichnete. In der Breite dieser Fragen lag, wie ich wußte, die Chance und die Gefahr des Instituts. Die Gefahr des engagierten Dilettantismus lag auf der Hand. Die Chance bedarf einiger erläuternder Worte. Die disziplinäre Spezialisierung der Wissenschaften rührt von den Grenzen unserer intellektuellen Leistungsfähigkeit her, nicht von einem objektiven Zerfallen der Wirklichkeit in Bereiche. Die Politik ist von der Wirtschaft untrennbar, die Wirtschaft ist nur eine der Funktionen der Gesellschaft, die Gesellschaft besteht aus Personen und lebt inmitten der Natur, der sie historisch entstammt. Die Enge jedes Expertengesichtskreises ist ein Grundproblem der wissenschaftlichen Politikberatung. Jeder Praktiker weiß, wie unzureichend die Ratschläge spezialistischer Experten sind, wieviel er selbst also bei jeder Entscheidungsfindung aus simpler Lebenserfahrung heraus ergänzen muß, was kein Experte ihm sagen kann. Hier sah ich eine Chance für die Wissenschaft in der problemerzwungenen Interdisziplinarität. Der Fachmann sollte die Grenze seines Fachs, die er nicht mehr in spezialistischer Kompetenz überschreiten konnte, wenigstens im anhaltenden wahrheitssuchenden Gespräch mit dem Fachmann des Nachbargebiets, am besten in der Form interdisziplinärer Projekte, überbrücken. Ich wußte, daß dies eine Überforderung ist, die nur durch starke sachliche Motivation aufrechterhalten werden kann, und gebrauchte gelegentlich dafür den Slogan »Leistung durch Überanstrengung«. Aus meiner Jugend kannte ich naturwissenschaftliche Beispiele für die Entstehung neuer Erkenntnisse, ja neuer Disziplinen, durch interdisziplinäre Zusammenarbeit; so die Entstehung der Astrophysik aus Astronomie und Physik. Sollte dies in den Sozialwissenschaften nicht auch geschehen? Jedenfalls ging ich persönlich mit jungenhafter Neugier auf die Zentralfragen der Ökonomie und der Anthropologie zu, auf letztere im philosophischen Wechselspiel biologischer, theologischer und gesellschaftskritischer Fragen. Für ein ähnlich intensives Zugehen auf die Soziologie hat meine Kraft nicht gereicht.

Selbstverständlich war mir klar, daß das Institut nicht eine integrierende Rolle im Felde dieser Wissenschaften übernehmen konnte. Persönlich hoffte ich noch soviel von diesen Wissenschaften zu lernen, wie ich zur Beurteilung meines Zentralproblems, des Friedens, brauchte. Vom Institut erhoffte ich problembezogene, interdisziplinär durchgeführte Einzelarbeiten und daneben ein wachgehaltenes Bewußtsein für die Grundfragen. Ich wünschte, daß wir uns in einer anfänglichen gemeinsamen Anstrengung einen Überblick über die uns erkennbaren gemeinsamen Fragen verschafften, um dann die meisten von ihnen fallenzulassen und eine kleine Auswahl aus ihnen in entschlossener erneuter Spezialisierung zu bearbeiten. Es erschien mir deshalb legitim, nicht vorherzuwissen, den Weg welcher Spezialisierung das Institut nehmen würde. Das bedeutete, daß das Institut auch personell offen bleiben mußte, mit Mitarbeitern, die ihm nur begrenzte Zeit angehören würden, und auf Wachstum angelegt.

Im Zusammenhang mit der Wahl der Themen stellte sich die Frage der Auswahl der *Mitarbeiter*. In der Forschungsstelle der VDW in Hamburg, die unter meiner Leitung stand, waren zwei Arbeiten noch im Gang: die Studie »Kriegsfolgen und Kriegsverhütung« und die Welternährungsstudie, die zu einer grundsätzlichen ökonomischen Studie über das Problem der Unterentwicklung in der Dritten Welt wurde. Beide Studien waren von Jahr zu Jahr durch Stiftungen, zumal durch die entgegenkommende Hilfe der Stiftung Volkswagenwerk, finanziert worden. Beide wünschte ich fortgesetzt zu sehen, ohne die ständige Sorge um die Weiterfinanzierung. Ich übernahm daher die Arbeitsgruppen ins Institut. Dazu kamen mehrere Mitarbeiter aus meinem Hamburger philosophischen Seminar, die an den politisch-gesellschaftlichen Fragen interessiert waren.

Hiermit hatte die Vorgeschichte des Instituts schon eine Vorentscheidung über seine Struktur zur Folge. Ich fing nicht von Null an. Man hätte daran denken können, das Institut »von oben herab« aufzubauen, durch Berufung einer Reihe ausgewiesener älterer Wissenschaftler in den relevanten Bereichen, deren jeder dann seine Mitarbeiter mitgebracht oder rekrutiert hätte. Ich suchte nach solchen etwa gleichaltrigen oder etwas jüngeren Partnern, denen ich die Gleichberechtigung mit mir in der Leitung des Instituts einräumen wollte. Mehrere, darunter sehr namhafte, wurden mir angeboten. Die Zusammenarbeit hat sich dann aber jedesmal nicht realisiert. Die Gründe dafür lagen manifest nicht in mir, sondern in den Wünschen jener Partner oder in äußeren Umständen. Gleichwohl war der Vorgang wohl nicht zufällig. Schon an der Universität hatte ich zwar freundschaftliche Beziehungen zu gleichaltrigen Kollegen, aber meine spontanen Hoffnungen auf produktive Zusammenarbeit richteten sich auf die um eine Generation Jüngeren. Die Gleichaltrigen wußten in ihren spezialisierten Fächern selbst schon genau genug, was sie wollten und worauf sie sich nicht mehr einlassen wollten, und soweit sie politisch engagiert waren, lag es in ihren politischen Interessen nicht anders. Einige der besten möglichen Mitarbeiter aus der jüngeren Generation freilich sind mir dadurch entgangen, daß sie selbst die Chance zu unabhängigeren, führenden Positionen anderwärts, begreiflicherweise, vorzogen.

So habe ich schließlich nur einen einzigen gleichgeordneten Direktor für das Institut gefunden, Jürgen Habermas. Auf ihn bin ich zu seiner Überraschung, einzig aus meiner eigenen Initiative heraus, zugegangen; es war für mich ein glücklicher Zufall, daß er sich bereit fand zu kommen. Meine Initiative hatte etwas damit zu tun, daß ich gerade im Fach der Soziologie eine Ergänzung meiner mangelnden Kompetenz als vordringlich empfand und daher sehr aktiv in diesem Fach suchte. Wichtiger noch war mir, daß er der gesellschaftskritischen Motivation eines Teils der jüngeren Wissenschaftlergeneration, mit der ich zu arbeiten hatte, spontan viel näherstand als ich und zugleich sowohl hinsichtlich der Rechtsstaatlichkeit, Gewaltfreiheit und Toleranz wie hinsichtlich der unnachsichtigen Forderung wissenschaftlicher Strenge niemals zu Kompromissen bereit gewesen ist. Ich bedurfte der Partnerschaft eines solchen Mannes, und er hat sie mir gewährt.

Der zweite Versuch, einen gleichgeordneten, also einen dritten Direktor für das Institut zu gewinnen, bezog sich auf das Fach der Ökonomie. Dieser Versuch ist gescheitert, und sein Scheitern war der Grund des Scheiterns der Fortführung meiner Arbeitsrichtung im Institut über meine jetzt bevorstehende Emeritierung hinaus. Ich hatte von Anfang an eine Reihe ökonomischer Projekte im Institut entstehen lassen. Sie interessierten mich brennend, aber natürlich fehlte mir die Kompetenz, sie fachlich zu überwachen. Ich ergriff daher mit Freude die Gelegenheit, als die Entscheidungsgremien der MPG mir 1971 anläßlich der Berufung von Habermas auferlegten, einen empirisch arbeitenden dritten Direktor, bevorzugt einen Ökonomen, zu berufen. Es erwies sich dann als sehr schwer, einen Ökonomen zu finden, der nach meinem Empfinden zu der ihm hier zufallenden Rolle im interdisziplinären Zusammenhang geeignet und zugleich für das – nach Maßstäben ökonomischer Institute – relativ kleine Institut zu haben war. Als Habermas und ich 1975 einen Berufungsvorschlag vorlegen konnten, wurde eine Kommission eingesetzt, auf deren Empfehlung die hierfür zuständige Geisteswissenschaftliche Sektion 1976 die Berufung nicht beschloß, da dies ein Präjudiz für die Zukunft des Instituts nach meiner Emeritierung gewesen wäre. Da die MPG, meines Erachtens mit vollem Recht, schon fünf Jahre vor einer Emeritierung die Frage der Zukunft des betreffenden Instituts zum leitenden Gesichtspunkt für Berufungsentscheidungen macht, konnte ich gegen diesen Entschluß kein formell gültiges Bedenken erheben. Ich schlug 1977 der für die Zukunft des Instituts eingesetzten Kommission die Berufung zweier Nachfolger für mich vor, eines Ökonomen und eines der politischen Analyse im Fragenkreis der Kriegsverhütung zugewandten Forschers. Die Kommission kam jedoch zu dem Schluß, es sei kein adäquater Nachfolger für mich zu finden, und empfahl die Schließung meines Arbeitsbereichs.

Wie ich sowohl in der MPG wie in der Öffentlichkeit erklärt habe, akzeptiere ich diesen Beschluß willig, wenngleich mit Bedauern. Ich kann nicht zehn Jahre den vollkommenen Schutz der MPG für kontroverse Arbeiten in Anspruch nehmen und danach einen korrekt zustande gekommenen Beschluß derselben MPG nicht respektieren; auch kenne ich zu gut aus vielen Beispielen die Blindheit scheidender Inhaber einer Stelle gegenüber dem Problem ihrer Nachfolge. Ich bemerke nur, daß ein zwei Jahre früher (also etwa 1973) vorgeschlagener ökonomischer Direktor aller Voraussicht nach berufen worden wäre und jetzt einen meinen Fortgang überdauernden, meines Erachtens wichtigen ökonomischen Arbeitsbereich leiten würde.

Zur *Arbeitsweise* des Instituts sind noch einige Angaben zu machen. Wir hatten niemals eine nach Disziplinen gegliederte Abteilungsstruktur. Anfangs gliederte das Institut sich nach problemorientierten Projektgruppen unter der gemeinsamen Verantwortung beider Direktoren. Nach einigen Jahren teilten wir das Institut organisatorisch in zwei Arbeitsbereiche auf, deren jeder einem der Direktoren zugeordnet war, und hielten

Stellen frei für einen dritten Arbeitsbereich, der mit dem zu berufenden dritten Direktor arbeiten sollte. Die Mitwirkung der Mitarbeiter an Entscheidungen führten wir weiter, als es in den meisten Forschungsinstituten üblich ist, aber nicht so weit wie in den siebziger Jahren in den meisten deutschen Universitäten. Es gibt einen für organisatorische und Personalangelegenheiten zuständigen Institutsrat mit ebensoviel stimmberechtigten gewählten Mitgliedern wie Direktoren (also, da der dritte Direktor nicht berufen wurde, 2 : 2) und einem Letztentscheidungsrecht der Direktoren; und es gibt eine für die wissenschaftlichen Entscheidungen zuständige Konferenz aller Wissenschaftler mit demselben Letztentscheidungsrecht der Direktoren.

Ich selbst bin in einer Welt erzogen worden, in der nicht Mitbestimmung, sondern Liberalität der leitende Wert war. Wie soll ein Wissenschaftler produktiv arbeiten, wenn er die Arbeit nicht aus freien Stücken tut? Die geschilderten Mitwirkungsgremien habe ich, als eine der Mentalität des Jahrzehnts entsprechende Form, Liberalität zu ermöglichen, willig, experimentell und skeptisch zugelassen. Rückblickend empfinde ich, daß die administrativen Funktionen kompetent und sorgfältig wahrgenommen worden sind. Die Diskussionen der Wissenschaftlerkonferenz fand ich nur dort sachlich auf hohem Niveau, wo sie von Entscheidungsfunktionen entlastet waren.

Arbeiten

Hier kann ich nur einige der Arbeiten des Instituts kurz charakterisieren und, wie stets gemäß meinem subjektiven Urteil, bewerten. Alle in diesen zehn Jahren entstandenen Arbeiten aufzuführen oder gar zu beschreiben würde den Rahmen des Aufsatzes sprengen.

Charakteristisch für die Anfangsphase war das völlige Zurücktreten der Kriegsproblematik. Zwar stellte sich das Institut 1971 mit der Kriegsfolgenstudie der Öffentlichkeit vor. Aber diese war schon fast fertig aus der Forschungsstelle der VDW mitgebracht. Sie wurde in den ersten Jahren nur durch eine

kurze, populärere Darstellung derselben Probleme ergänzt.*
Ihre Autoren wandten sich anderen Fragen, vor allem der Umweltproblematik, zu. Dies hatte einen doppelten Grund. Sachlich hatten wir die bestehende Kriegsverhütungsstrategie in Zweifel gezogen, aber wir hatten nicht vermocht, eine Alternative anzugeben. Wir folgten in unseren Fragestellungen für einige Jahre der Vermutung, das militärische Problem sei nur politisch, das politische nur gesellschaftlich zu lösen. Seelisch kam hierzu, daß keiner der Beteiligten es aushielt, sich ununterbrochen mit einem so entsetzlichen Thema wie dem der voraussichtlichen Kriegsfolgen zu beschäftigen. Die ökonomisch-gesellschaftlichen Studien waren zugleich eine seelische Entlastung.

Im folgenden skizziere ich den Verlauf von sechs Projekten, die 1972 als Zentrum der Institutsarbeit etabliert wurden. Sie waren alle ausdrücklich auf das Problem der »Lebensbedingungen« bezogen. Daneben gab es eine Gruppe von Physikern, die mit mir über meine Ansätze zum Verständnis der Grundlagen der Physik arbeitete, es gab eine Reihe von philosophischen Einzelarbeiten, und es gab philosophische Kolloquien, die teilweise von Habermas und mir, später auch von E. Tugendhat, gemeinsam veranstaltet wurden. Dies waren die Arbeiten, die meinen persönlichen Interessen am nächsten standen; aber sie können in diesem Aufsatz nicht dargestellt werden.

Von den sechs Projekten kamen drei von Mitarbeitern, die mit mir nach Starnberg gekommen waren: 1. Umwelt, 2. Unterentwicklung, 3. Alternativen in der Wissenschaft. Drei kamen von Mitarbeitern, die mit Habermas gekommen waren: 4. Ökonomische Krisentendenzen im heutigen Kapitalismus, 5. Krisenbehandlung durch den Staat, 6. Protest- und Rückzugspotentiale von Jugendlichen in unserer Gesellschaft. Die ersten drei Themen waren aus den internen Diskussionen des ersten Jahres im Institut herausgewachsen, die letzten drei waren von Habermas in innerem Zusammenhang geplant.

Umwelt war ein Thema, das damals in der Öffentlichkeit zur

* H. Afheldt, Ch. Potyka, U. P. Reich, Ph. Sonntag, C. F. v. Weizsäcker, *Durch Kriegsverhütung zum Krieg?*, München 1972.

Aktualität emporschnellte. Wer noch ohne festes Programm ins Institut kam, für den lag es nahe, sich diesem Thema zu widmen, zumal da es den im Institut zahlreichen Naturwissenschaftlern den Einstieg in Gesellschaftsprobleme eröffnete. Das Projekt begann mit einer Sammlung naturwissenschaftlicher Daten zum Umweltproblem. Von außen wurde uns nahegelegt, eine Keimzelle für ein Institut über Urbanistik zu bilden, was wir erörterten, aber fallenließen. Ein Gutachten über Fluglärm entstand. Der Klub von Rom lud mich zum Beitritt ein. Ich lehnte auch dies wegen der Auslastung durch das Institut ab. Wir sahen, daß sich die naturwissenschaftlich faßbaren Umweltprobleme in den Fragen der Energiepolitik verdichteten. K. M. Meyer-Abich, der aus Starnberg 1972 an die Gesamthochschule Essen überging, hat diese Richtung in Arbeiten über die klimatologischen Folgen des wachsenden Energieumsatzes und dann über Energieeinsparung fortgeführt. Eine philosophisch fundierte, ökonomisch durchdachte, politisch planbare Humanökologie ist sein Thema.

Die Starnberger Umweltstudie entwickelte sich konsequent weiter zu einer Grundlagenstudie über ökonomische Theorie. Sie ist damit charakteristisch für ein Grundproblem des Instituts. Um praxisbezogen zu sein, mußte das Institut entweder ein Riesenapparat für ökologische Einzelfragen werden, was wir weder konnten noch wollten, oder es mußte Schlüsselfragen angreifen. Diese waren nicht naturwissenschaftlich, sondern hatten mit menschlichem, gesellschaftlichem Verhalten zu tun. Der Mensch kann mit der Natur nicht umgehen, weil er mit dem Menschen nicht umgehen kann. Konkret gefaßt muß politischer Umweltschutz weitgehend juristische Gestalt annehmen. Im Rahmen der Marktwirtschaft ist hier das Verursacherprinzip der zentrale Gedanke. Wollte man in die gesellschaftlichen Ursachen der Umweltzerstörung tiefer eindringen, so mußte man Ökonomie treiben. Eine Zeitlang überprüfte die Gruppe die bekannte These, das Sozialprodukt sei kein vernünftiges Wohlstandsmaß, Wachstum des Sozialprodukts bedeute heute vielmehr de facto schon Abnahme des realen Wohlstandes. Sie konnte diese These aber nicht bestätigen. Die negativen Effekte, die es zweifellos gibt, erwiesen sich als überwogen durch die fortdauernd positiven Effekte im Wohlstand der ärmeren

Bevölkerungsschichten. Das Ergebnis gehört zu denjenigen Befunden, die für mich überzeugend sind, weil sie das Gegenteil des von den Forschern ursprünglich erwarteten und erhofften Befundes sind. Die Untersuchung führte immer tiefer in die Frage, wie denn eine volkswirtschaftliche Gesamtrechnung sinnvoll durchzuführen sei. Die übliche Berechnung des Sozialprodukts wurde als produzentenbezogen charakterisiert. Ihr wurde eine konsumentenbezogene »Arbeits-Konsum-Rechnung« gegenübergestellt. Das Buch fand das Interesse eines so guten Kenners der volkswirtschaftlichen Gesamtrechnung wie G. Bombach, der aus freien Stücken eine Vorrede beisteuerte.* Charakteristisch für ein Grundproblem des Instituts ist an dieser Entwicklung des Projekts: der ehrliche Wunsch nach Praxisbezogenheit führte, weil man den Mut hatte, sich nicht selbst zu betrügen, in fundamentale Fragen ökonomischer Theorie. Das Ergebnis war in sich selbst interessant genug. Es hätte ein Beitrag zu einer koordinierten ökonomischen Arbeit des Instituts werden können, wenn eine solche, unter der dafür unerläßlichen Leitung eines dritten Direktors, zustande gekommen wäre. Das Beispiel zeigt, wie konsequent die Forderung nach diesem Direktor war, warum also ihre Verweigerung für das Institut tödlich sein mußte.

Ich füge hier das von Habermas initiierte Projekt Nr. 4 über *ökonomische Krisentendenzen im heutigen Kapitalismus* an. Die Arbeit, unter der externen wissenschaftlichen Leitung des Regensburger Ökonomen W. Vogt, strebte danach, mit Mitteln der klassischen bzw. neoklassischen Ökonomie, Krisenerwartungen für die kapitalistische Wirtschaftsform zu rechtfertigen – ein ehrgeiziges, interessantes Programm.** Die Gruppe hat das Ansteigen der Arbeitslosigkeit vorhergesagt, ehe es eingetreten war. Ein zentraler Gedanke war die Irreversibilität des entstandenen Anspruchsniveaus der Arbeiterklasse und die Unverträglichkeit dieser Irreversibilität mit

* W. Holub, U. P. Reich, Ph. Sonntag, *Arbeits-Konsum-Rechnung*, Köln 1977.
** G. Müller, U. Rödel, C. Sabel, F. Stille, W. Vogt, *Ökonomische Krisentendenzen im gegenwärtigen Kapitalismus*, Frankfurt/M. 1978.

dem marktgemäßen Funktionieren des Arbeitsmarkts. Der Gedanke als solcher hatte für mich etwas Überzeugendes, aber nicht die Vermutung einer Unlösbarkeit dieser Krise im kapitalistischen System. Meines Erachtens kann eine solche im klassischen Sinne ökonomische Analyse, auch wenn sie immanent fehlerlos ist, lediglich zeigen, was in der Gesellschaft geschehen müßte, wenn die Krise überwunden werden soll. Die Schlüsselrolle des Handelns fällt dabei dem Staat zu. Deshalb würde der Beweis der Unlösbarkeit dieser Krise den Beweis der Unfähigkeit des Staats zu den nötigen Handlungen voraussetzen. Mit dieser Frage beschäftigte sich das zweite der von Habermas geplanten Projekte (Nr. 5; s. unten). Auch dieses ökonomische Projekt hätte im übrigen der kritischen Einbettung in eine Gesamtplanung unserer ökonomischen Arbeiten bedurft. Es wurde beendet, als der ökonomische Direktor abgelehnt war.

Das Projekt *Unterentwicklung* ging vom Hungerproblem zum Studium der Ursachen der Unterentwicklung über, die es nicht als bloße Rückständigkeit, sondern als einen fortschreitenden negativen Prozeß auffaßte. Mir war die Entwicklung der Ansichten dieser Arbeitsgruppe hochinteressant. Sie begann unter dem Einfluß der lateinamerikanischen dependencia-Theorie mit Gedanken, wie sie in der Bundesrepublik später öffentlich von Senghaas vertreten wurden: Löst die unterentwickelten Länder aus der Weltmarktabhängigkeit, und der Prozeß der Unterentwicklung wird in Entwicklung umschlagen. Unter dem Eindruck der Tatsachen hat sich die Gruppe von der Unausführbarkeit dieses Programms überzeugt. Sie lehnt sich nun theoretisch mehr an Wallerstein an, der den Kapitalismus als einen alle neuzeitlichen Jahrhunderte überdeckenden großen einheitlichen Prozeß studiert. Diese Denkweise ist in meinen Augen sehr viel besser als andere gegen das sozialistische Wunschdenken gefeit: »der Kapitalismus sollte aufhören, also wird er aufhören«, aber ebenso gegen das kapitalistische Wunschdenken: »der Kapitalismus hört nicht auf, also ist er gut«. Meines Erachtens ist auch aller sogenannte Sozialismus essentiell ein Teil, nicht ein Gegenspieler dieses Prozesses, und eine tiefdringende Geschichtsanalyse müßte zu begreifen suchen, warum das so ist. Doch das sind meine persönlichen Reflexionen zu diesem Thema. Die große Leistung der Gruppe besteht in ihrer breit recherchierten Empirie. Ihre Studie über die neue ökonomische Arbeitsteilung*, also über die Produktionsverlagerung in Niedriglohnländern, hat weite Resonanz gefunden. Auch ihre Arbeit wird nun ein Opfer der Verweigerung des ökonomischen Direktors. In der MPG ist ihres Bleibens nicht, und ich weiß nicht, wo die Arbeit außerhalb der MPG wird fortgeführt werden können.

Die Studie *Alternativen in der Wissenschaft* war anfangs an einer praxisbezogenen, »gesellschaftlich relevanten« Forschungspolitik interessiert. Ihre Entwicklung hat sie jedoch in rein wissenschaftliche Untersuchungen in den Feldern der Wissenschaftsgeschichte und Wissenschaftssoziologie mit einem besonders breiten philosophischen Fundament geführt. Sie wurde vor einigen Jahren in eine öffentliche Debatte über »Finalisierung der Wissenschaft« verwickelt, welche der ausgereiften Form der wissenschaftshistorischen Thesen der Gruppe** unrecht tat. Die Frage, ob die Wissenschaftsentwicklung intern (durch Wahrheitsfindung) oder extern (durch gesellschaftliche Interessen) gesteuert ist, beantwortet die Gruppe durch eine Phasenunterscheidung. Unter weiterbildender Verwendung des Paradigma-Begriffs von Kuhn unterscheidet sie drei Phasen in der Ausbildung einer Wissenschaft. Einer tastenden, vorparadigmatischen ersten Phase folgt die paradigmatische Phase, nämlich die nur innengesteuert mögliche Ausbildung der für diese Wissenschaft fundamentalen Theorie. Ist dies geschehen, so folgt eine dritte, den Anwendungen offene Phase, in der externe Steuerung so legitim sein kann, wie es eben die steuernden Interessen sind. In der dritten Phase gibt es also sinnvolle »Alternativen in der Wissenschaft«. Auch hier ist nicht das relativ simple allgemeine Schema die eigentliche Leistung, sondern seine Anwendung in der Breite der wissenschaftshistorischen Empirie.

Die drei Habermasschen Projekte 4, 5, 6 bildeten einen inneren Zusammenhang, den ich damals so verstanden habe: Öko-

* F. Fröbel, J. Heinrichs, O. Kreye, *Die neue internationale Arbeitsteilung*, Reinbek bei Hamburg 1977.

** G. Böhme ed. al., *Die gesellschaftliche Orientierung des wissenschaftlichen Fortschritts*, Starnberger Studien, Frankfurt/M. 1978.

nomische Krisentendenzen können nur bis zu dem Punkt ökonomisch analysiert werden, an dem klar wird, was der Staat tun müßte, um sie zu überwinden. Das Projekt 5, *Krisenbehandlung durch den Staat*, ging von der Vermutung aus, daß der heutige Staat dies essentiell nicht könne. Die Gruppe hat kein geschlossenes Referat vorgelegt. Ein Ergebnis war eine Studie von Offe über die Bildungspolitik in der Bundesrepublik.* Mit dem Fortgang von Offe nach Bielefeld 1975 löste sich die Gruppe in Einzelarbeiten auf. Persönlich konnte ich den empirischen Nachweis der behaupteten Unfähigkeit des Staats vielleicht plausibel, aber nicht zwingend finden. Eigentlich beruhte die Überzeugung davon auf einer Betrachtung nicht der administrativen Mechanismen, sondern ihres sozialpsychologischen Hintergrunds. Es handelte sich um das große Habermassche Problem, ob oder unter welchen Bedingungen eine moderne Gesellschaft eine vernünftige Identität entwickeln, ihr Staat sich dann also die erforderliche Legitimation verschaffen kann. Eine wichtige empirische Studie hierzu war das 6. Projekt über *Protest- und Rückzugspotentiale von Jugendlichen.*

Wollte ich dem Ursprung dieser, inzwischen im Habermasschen Arbeitsbereich durch neue Projekte über Kommunikationstheorie und über die neuzeitliche Entwicklung der juristischen Rationalität überholten Ansätze gerecht werden, so müßte ich die Entwicklung des Denkens von Habermas, in meiner subjektiven Sichtweise, darstellen. Das kann wiederum vom jetzigen Aufsatz nicht gefordert werden, und es ist für Habermas nicht nötig, da er weiterarbeitet und seine Gedanken selbst, wie bisher, der Öffentlichkeit vorlegen wird. Ich erlaube mir nur einen Exkurs hierüber unter dem Gesichtspunkt der Relevanz seiner Gedanken für die Fragen, die mich bewegen.

»Wie du anfingst, wirst du bleiben.« Habermas ist Philosoph, und zwar Philosoph im Sinne der praktischen Philosophie Kants. Der kategorische Imperativ ist ihm aus dem Herzen gesprochen. Um legitim sein zu können, muß eine moralische Norm vernünftig sein, und um vernünftig zu sein, muß sie allgemein sein können. Dies ist die einzige stichhaltige Recht-

* C. Offe, *Berufsbildungsreform*, Frankfurt/M. 1975.

fertigung des Egalitarismus der Aufklärung. Die reale, historische Gesellschaft entspricht diesem Prinzip nur unvollkommen. Deshalb war Kant in seinen späteren Jahren zu einer Geschichtsphilosophie genötigt. Ihr Thema ist die der Menschheit gestellte Aufgabe, dem Prinzip aller Moral im historischen Fortgang approximativ gesellschaftliche Realität zu verschaffen. In den Nationen – das füge ich hinzu – ist nach Kant der entscheidende Schritt dahin mit dem Übergang der Gesellschaft aus dem Naturzustand in den bürgerlichen Zustand geschehen, zwischen den Nationen steht er noch aus; daher gipfelt Kants Geschichtsphilosophie in den realistischen Forderungen der Schrift *Vom ewigen Frieden.*

Habermas hat als junger Philosoph zwei wichtige Schritte der deutschen Philosophie mitvollzogen: von Kant zum Idealismus, vom Idealismus zu Marx. Hegels Geschichtsphilosophie versteht den Weg vom Sollen zum Sein als spekulative Notwendigkeit, als den Weg des Absoluten zu sich selbst. Damit die spekulative Versöhnung von Sollen und Sein nicht politisch zur Beschönigung des Bestehenden werde, wandte Habermas sein Interesse der Schellingschen Lehre von der Kontraktion Gottes zu, die sich mit einer unlängst von Habermas in einer Rede auf Scholem* in tiefem Verständnis ausgelegten kabbalistischen Lehre trifft. Damit die Welt sein konnte, mußte sich Gott aus ihr zurückziehen; das ist die Bitternis der Realität. Im geschichtlichen Fortgang bedeutet diese Verweigerung der Beschönigung des Bestehenden, bei fortdauernder Forderung der Versöhnung von Sollen und Sein, den Übergang zu Marx. Der kategorische Imperativ verlangt die ökonomische Gerechtigkeit, und erst diese ist eine mögliche gesellschaftliche Basis der vollzogenen politischen Gerechtigkeit, der Freiheit, welche die geschichtliche Präsenz der Vernunft ermöglicht.

Habermas war niemals ein dogmatischer Marxist; er ist ein Angehöriger des wissenschaftlichen Zeitalters, der Marx ernst nimmt. Marx erhob den Anspruch, wissenschaftlich zu sein. Habermas als Soziologe macht Ernst damit, was dieser An-

* J. Habermas, *Die verkleidete Thora.* Rede zum 80. Geburtstag von Gershom Scholem, *Merkur* 1, 1978.

spruch heute bedeuten muß; er macht kritisch Ernst damit. Man hat den »Positivismusstreit« der deutschen Soziologen vor nun über zehn Jahren nicht verstanden, wenn man ihn als einen Streit »Wissenschaft gegen Dialektik« simplifiziert. Habermas zeigte damals, daß die von ihm als »positivistisch« bezeichnete Auffassung, die er irrig mit dem realen Verfahren der Naturwissenschaft gleichsetzte, das reale Verfahren einer wahrheitssuchenden Sozialwissenschaft nicht beschreiben kann; mit tiefem Vergnügen fand ich gerade in seiner Beschreibung der Sozialwissenschaft die mir vertrauten Strukturen des realen Verfahrens der Physik wieder. Die inständige Bemühung von Habermas, sein »Über-Ich«, wenn ich so sagen darf, geht auf Wissenschaftlichkeit, und auch um dieses erzieherischen Einflusses willen habe ich ihn damals gebeten, nach Starnberg zu kommen. Heutige Wissenschaft ist empirisch. Die neueren Arbeiten von Habermas und seinen Mitarbeitern, anschließend an die Studien von Kohlberg zur Entwicklung des moralischen Bewußtseins von Jugendlichen, die ihrerseits an die Studien von Piaget zur Entwicklung des kognitiven Bewußtseins anknüpfen – diese Arbeiten kann man als empirisch fundierte Untersuchungen zur Realisierung des kategorischen Imperativs lesen. Ich habe gelegentlich einen Frieden den Leib einer Wahrheit genannt. Der Weg vom politischen Motiv der Friedenssicherung zur Psychologie der Entwicklung des moralischen Bewußtseins ist weit, aber nicht unlogisch. Nicht ob dieser Weg zu gehen sei, ist meines Erachtens die Frage, sondern ob die heutige Sozialwissenschaft die tiefen anthropologischen Probleme, die sich hier stellen, in ihren Begriffen zu fassen vermag.

Die bis hierher geschilderten Arbeiten spiegeln in ihrer Mehrzahl einen Weg ins Grundsätzliche, ins Theoretische, der dem Bild entgegengesetzt läuft, das sich die Öffentlichkeit von den Absichten des Instituts machte. Ich habe diesen Weg voll bejaht, auch wenn ich natürlich kaum einen seiner Schritte inhaltlich habe vorhersehen können – wäre es anders gewesen, so wäre hier ja nicht Forschung geschehen, sondern Programmerfüllung. Andererseits gebe ich zu, daß ich wenig getan habe, ihn der Öffentlichkeit zu erklären, ja daß ich gelegentliche anfängliche »public-relations«-Tendenzen gebremst habe. Ich hatte das Gefühl, ein so schwieriger Weg sei öffentlich überhaupt kaum zu erklären, er könne sich allenfalls durch die erreichten Ziele rechtfertigen. Im ursprünglichen Institutsprogramm war er als mehrjährige theoretische Anfangsphase vorgesehen. Wenn mich Außenstehende fragten, wie ich denn den Ergebnissen der Institutsarbeit öffentliche Wirkung verschaffen wolle, war meine feststehende Antwort, dieses Problem beunruhige mich heute nicht, verglichen mit dem viel schwereren Problem, Ergebnisse zu finden, die überhaupt verdienen, öffentliche Wirkung zu haben.

Aber das Wort »Anfangsphase« besagte schon, daß ich hierbei nicht bleiben wollte. Natürlich habe ich mir nicht vorgestellt, eines Tages würden die theoretischen Probleme geklärt sein und man könne »auf Praxis umschalten«. Ich war immer überzeugt, daß jedes ernsthafte Bemühen um Praxis wieder in tiefe theoretische Fragen zurückführen und jede theoretische Frage neue, noch tiefere theoretische Fragen erzeugen werde. Die Theorie, zumal in einem so komplexen Feld wie den Sozialwissenschaften, ist eine nicht endende Anstrengung. Aber eben darum muß sie, wenn sie jeweils für die Praxis relevant werden soll, ständig von Praxis begleitet sein. Ich war immer überzeugt, daß nur der Druck der praktischen Verantwortung die theoretische Arbeit vor dem Irrelaufen in die auch theoretische Irrelevanz schützen könne. Mit dieser Ansicht habe ich mich in Teilen des Instituts nur schwer durchsetzen können. Sie stieß kritisch mit dem »wissenschaftlichen Über-Ich« der professionellen Sozialwissenschaft zusammen. In unserem Institut bedeutete das nicht die These einer grundsätzlichen Wertneutralität der Wissenschaft. Es bedeutete aber, daß sich auch wertbestimmte Überzeugungen der wissenschaftlichen Kritik – der Selbstkritik wie der Kritik der weltweiten »scientific communitiy« – unterwerfen müßten, wenn sie nicht im Selbstbetrug enden sollten. Dem habe ich immer voll zugestimmt. Es lag nahe, daraus zu folgern, eine sinnvolle Weiterentwicklung unserer Gesellschaft werde vom Wissenschaftler durch gute sozialwissenschaftliche Arbeit mehr gefördert als durch politischen Aktivismus im bestehenden System. Dem widerspreche ich nicht, aber ich glaube, daß gerade die gesellschaftswissenschaftliche Selbstkritik sehr viel profitiert von den schmerzhaften Erfahrungen, die jeder macht, der Verantwortung in der menschlichen Gesellschaft auf sich nimmt.

Jedenfalls war ich für meine eigene Person entschlossen, mich dem belehrenden Druck der verantwortlichen Mitarbeit im bestehenden System nicht zu entziehen, sofern jemand in diesem System meine Mitarbeit wünschte. 1969-74 war ich Vorsitzender des Verwaltungsrats des *Deutschen Entwicklungsdienstes* (DED). Dies gab mir willkommene Gelegenheit, in Visitationen unserer jungen Freiwilligen die Probleme der Entwicklungsländer an Ort und Stelle zu studieren, Probleme, die gegenüber dem, was Theoretiker an Hand unermeßlichen statistischen Materials ermitteln, eine so eigentümliche leidvolle, manchmal auch freudvolle Lebendigkeit bewahren. Etwas vom Wichtigsten, was man fast nur an Ort und Stelle lernen kann, ist der Respekt vor den Kulturen, die der unseren nicht, wie die Entwicklungsideologie meinen möchte, unterlegen sind, der Respekt vor den durch diese Kulturen geprägten lebendigen Menschen.

Einen fürs Institut folgenreichen Anstoß zur praktischen Politik gab mir der Vorsitz im *Beratenden Ausschuß für Forschung und Technologie* (BAFT) beim Bundesminister für Forschung und Technologie, 1975-77. Ich gewann die Mitarbeit von K. Gottstein, der lange Zeit Abteilungsdirektor im Max-Planck-Institut für Physik und dann drei Jahre Wissenschaftsattaché an der deutschen Botschaft in Washington gewesen war. Die Kernenergie nahm mehrere Jahre lang einen wesentlichen Teil unserer Arbeitszeit in Anspruch, unter anderem auch in der Form der Organisation bilateraler amerikanisch-deutscher Gespräche zum Proliferationsproblem.

H. Afheldt und ich beschlossen 1974, unser ursprüngliches Thema der militär- und außenpolitischen *Kriegsverhütung* wiederaufzunehmen. Unsere gemeinsamen Arbeiten der sechziger Jahre, nun durch die Distanz des ökonomischen und gesellschaftspolitischen Denkimpulses des Institutsbeginns gesehen, forderte jeden von uns beiden auf, nun einmal seine persönliche Sicht dieser Fragen je in einem eigenen Buch zusammenzufassen. Afheldt fand für seinen neuen Impuls verwandte Tendenzen in der von E. Spannocchi durchgeführten österreichischen Heeresreform und in ähnlichen Vorschlägen für die französische Armee von G. Brossollet. So entstand eine Publikation von drei zusammengehörigen Büchern.*

Mein Beitrag war eines von vier nacheinander vorgelegten Büchern, in denen ich in meiner persönlichen Version niederzuschreiben versuchte, was ich im Institut gelernt hatte (*Fragen zur Weltpolitik*, 1975, *Wege in der Gefahr*, 1976, *Der Garten des Menschlichen*, 1977, *Deutlichkeit*, 1978), und denen das gegenwärtige Bändchen** als fünftes folgt. *Wege in der Gefahr* ist keine Aufsatzsammlung, sondern ein systematisch geplantes Buch über den gesamten Fragenkreis der »Lebensbedingungen«. In seinem Aufbau folgt einem Beitrag zur Kernenergie aus der BAFT-Arbeit ein Kapitel, das zusammenfaßt, was ich den ökonomischen Arbeiten des Instituts verdanke, zwei kurze Kapitel zum russischen und chinesischen Sozialismus und eine Reihe von Kapiteln zur Kriegsproblematik. Ein Schlußkapitel leitet über in die geschichtsphilosophisch-anthropologischen Fragestellungen, denen dann die breite Aufsatzsammlung Der *Garten des Menschlichen* gewidmet ist. Aus den in diesen Büchern entwickelten Meinungen speist sich auch die hier vorgelegte explizite Beurteilung der Institutsarbeit.

Afheldts großes Buch *Verteidigung und Frieden* ist vor allem eine systematische und kritische Analyse des Gesamtthemas der »Friedenspolitik mit militärischen Mitteln«. Sowohl die Abschreckungsstrategie der Großmächte wie die europäische Strategie der NATO sind im Detail behandelt. Den Rahmen bilden grundsätzliche Erwägungen über die Bedingungen, unter denen Abschreckung überhaupt stabil sein kann. Die umfassende Komplexität, logische Subtilität und kritische Präzision dieser Analysen ist, soviel ich sehen kann, von der Militärwissenschaft in den seit der Publikation verstrichenen zweieinhalb Jahren noch nicht verarbeitet worden. Der Aufnahme dieser denkerischen Substanz des Werks hat vielleicht die Tatsache eher im Wege gestanden, daß das Buch zugleich einige positive strategische Vorschläge enthielt, die kurzfristig sensa-

* H. Afheldt, *Verteidigung und Frieden*, München 1977. E. Spannocchi und G. Brossollet, *Verteidigung ohne Schlacht*, München 1977. C. F. v. Weizsäcker, *Wege in der Gefahr*, München 1976.

** *Diagnosen zur Aktualität*, München 1979.

tionell wirkten und eine intensive Diskussion in der Bundeswehr ausgelöst haben.

Afheldts grundsätzliche Forderungen an ein Abschreckungssystem, das zu einer stabilen Friedenssicherung soll führen können, sind hart, und unsere ältere Studie hatte nachgewiesen, daß die bestehende Abschreckungsstrategie diese Forderungen nicht erfüllt. Grob vereinfachend sage ich, ein solches System sollte nicht der Drohung mit dem gegenseitigen Selbstmord bedürfen, und es sollte keinen eingebauten Zwang zum Wettrüsten enthalten. Die erste Forderung wird von der countervalue-Strategie verletzt (MAD = *mutually assured destruction*), die zweite von der counter-force-Strategie. Die vergangenen zwanzig Jahre waren durch die relative Sicherheit der countervalue-Strategie geprägt, welche für den Preis einer untragbaren Zerstörung im Fall des Kriegs eine niedrige Wahrscheinlichkeit des Ausbruchs eines solchen Kriegs einhandelte. Die kommenden zwanzig Jahre scheinen in wachsendem Maß durch counter-force-Strategien bestimmt sein zu wollen, technisch ausgelöst durch die wachsende Treffgenauigkeit der Waffen. Sie handeln für die Möglichkeit einer höheren Schonung der Bevölkerung und der zivilen Güter eine erhöhte Wahrscheinlichkeit des begrenzten Waffeneinsatzes, also eben des Kriegsausbruchs ein, und sie machen das Wettrüsten fast unvermeidlich.

Afheldt hatte bei der Abfassung seines Buchs die Forderung an sich selbst gestellt, sich nicht mit der kritischen Position unserer älteren Studie zu begnügen, sondern wenigstens in einem Denkmodell zu zeigen, daß seine Forderungen an eine stabile Abschreckung grundsätzlich erfüllbar sind. Nur ein solches Angebot einer Lösung des Problems konnte hoffen, auf die praktische Rüstungspolitik einen Einfluß auszuüben. Andernfalls hätte man resigniert festgestellt, Afheldts Bedingungen seien unerfüllbar, und man müsse eben hoffen, daß es auch ohne ihre Erfüllung gutgeht. Afheldt nennt diese Haltung mit meines Erachtens berechtigtem Sarkasmus das »Prinzip Hoffnung«. Afheldts positiver Vorschlag beschränkte sich in dem Buch auf den konventionellen Bereich: Raumverteidigung durch »Technokommandos« mit panzerbrechenden Präzisionswaffen. Also nicht Abwehr numerisch überlegener Panzerarmeen durch numerisch unterlegene Panzerarmeen, auch nicht Wettrüsten in Panzern oder atomaren Anti-Panzer-Waffen, sondern eine zu keinem Wettrüsten anreizende defensive Rüstung. Afheldt hat nie geglaubt oder behauptet, die Denkskizze, die er hier vorgelegt hatte, sei eine vollständige und insofern praktikable Strategie. Gleichwohl hatte schon diese Skizze die erhoffte Wirkung, eine lebhafte Debatte auszulösen.

Seitdem hat Afheldt seine Arbeit auf die Auswertung der Konsequenzen dieser Debatte eingestellt. Er hat eine Reihe militärischer Fachleute, vorwiegend ehemalige Offiziere der Bundeswehr, mit Zeitverträgen ins Institut verpflichtet. Eine neuerliche Analyse der bestehenden NATO-Strategie und eine detaillierte Ausarbeitung alternativer Vorschläge wird in absehbarer Zeit zu neuen Publikationen führen. Diese Studien müssen meines Erachtens noch über eine Reihe von Jahren intensiv fortgesetzt werden. In ihnen kommen Afheldts langjährige Überlegungen praktisch zum Tragen. Der Auflösungsbeschluß der MPG betrifft Afheldt persönlich nicht. Die bescheidenen Arbeitsmöglichkeiten, die er immer nur in Anspruch genommen hat, sind ihm prinzipiell auch für die Zukunft zugesagt. Und dies ist der Teil der von mir seinerzeit mit der Institutsgründung beabsichtigten Arbeiten, für dessen Fortsetzung im bisherigen Rahmen ich mich mit allen mir verfügbaren Mitteln einsetzen werde. Ich identifiziere mich nicht mit allen Meinungen, die bei diesen Überlegungen vorgebracht werden, aber ich bin überzeugt von der Lebenswichtigkeit solcher alternativer Analysen.

Rückblick

Wie sind Erfolg und Mißerfolg der Institutsarbeit gegeneinander abzuwägen? Ein endgültiges Urteil kann heute niemand darüber abgeben, und gerade mir steht es gewiß nicht zu. Ich hebe hier nur diejenigen meiner subjektiven Eindrücke heraus, die mir für zukünftige Arbeit lehrreich erscheinen. Dabei gliedere ich auf nach Einzelprojekten, dem gedanklichen Zusammenhang des Ganzen und der Beziehung zur praktischen Politik.

Inhaltlich habe ich über jedes der oben besprochenen *Einzelprojekte* ebendort schon ein knappes Urteil abgegeben. Zusammenfassend würde ich sagen: jedes von ihnen ist nach Fragestellung und Ergebnis kontrovers, jedes ist interessant, jedes enthält in seinen bisherigen Ergebnissen Fragen, die eine Fortführung rechtfertigen. Organisatorisch sei gesagt, daß ich auch mit meinem abgewiesenen Wunsch, einen politisch-analytischen und einen ökonomischen Nachfolger zu bekommen, nicht gewünscht habe, damit sollten eben diese Gruppen eben diese Themen eben in Starnberg weiterbearbeiten. Meines Erachtens waren die Verhältnisse in der Wissenschaft sowohl für die Institute wie für die Mitarbeiter solange optimal, als der wachsende Arbeitsmarkt für Wissenschaftler einen Ortswechsel des Wissenschaftlers wenigstens einmal im Jahrzehnt zum normalen Vorgang machte. Die Gottesgabe des Forschers, die ins erwachsene Alter gerettete kindliche Neugier, reagiert sehr positiv auf diese Verhinderung der Bildung von »Erbhöfen«. Und ganz gewiß wollte ich meinen Nachfolgern die Freiheit in der Themen- und Mitarbeiterwahl nicht beschränken, die ich selbst genossen habe. Daß heute auch der wissenschaftliche Arbeitsmarkt stagniert, schafft schwerwiegende soziale Probleme. Diese sorgfältig zu behandeln ist eine menschliche Pflicht. Das kann aber die Erkenntnis nicht aufheben, daß personelle und thematische Stagnation in der Wissenschaft ein Übel ist.

Mein Votum, die erzielten Fragen verdienten eine Weiterführung, ist also zunächst thematisch gemeint, und personell dann nur in dem Sinne, daß auch die Forscher, die selbst von ihren anfänglichen Vermutungen zu diesen neuen Fragen vorgestoßen sind, motiviert und fähig sein dürften, diese Fragen zu bearbeiten. Bei der Schilderung der Projekte habe ich Wert darauf gelegt, die Änderungen der Fragestellungen beim Fortschritt der Arbeit in jedem Fall zu beschreiben. Eine Schwäche des Instituts war die Ausschließlichkeit, mit der seine Projekte kontroversen Themen gewidmet waren. Die Schuld daran trage ich selbst in erster Linie durch meinen Wunsch, aus jedem Projekt etwas politisch Wichtiges zu lernen. Gleichwohl vermute ich, daß die entstandenen Arbeiten fachmännische Kritik aushalten, sobald die Diskussionspartner sich ernstlich bemühen, nicht legitime politische Differenzen des Urteils als fachliche Kritiken zu kaschieren. Da im Institut selbst oft Differenzen des politischen Urteils bestanden, habe ich mich stets bemüht, den Unterschied von politischer und fachlicher Kritik nicht zu verwischen. Wissenschaftliche Kritik kann ein politisches Urteil nur dann korrigieren, wenn erkennbar ist, daß sie nicht bloß die (meist unbewußte) Tarnung eines abweichenden politischen Urteils ist; und ein politisches Urteil wird erst dann wissenschaftlich diskutierbar, wenn es sich mitsamt seiner Motivation als politisch zu erkennen gibt. Geschieht diese Verdeutlichung nicht, so weiß man nicht, wovon man redet; oder schlimmer, man weiß es, ohne es sich oder dem Partner einzugestehen. Voraussetzung dazu ist natürlich die Basis der politischen Liberalität, des Zusammenhangs von Meinungsfreiheit und Wahrheitssuche: die Fähigkeit, ein vom eigenen politischen Urteil abweichendes Urteil als diskussionswürdig anzuerkennen. Ich täusche mich nicht darüber, daß das Institut auf dieser Ebene seinen Freunden und Feinden einiges zugemutet hat.

Schwer zu erkennen war für alle Beobachter der *gedankliche Zusammenhang des Ganzen.* Die Kommission, die den Auflösungsbeschluß vorgeschlagen hat, hatte offenbar den Eindruck unverbundener Heterogenität der Teile. Ich habe oben die Herkunft der Projekte aus einer gemeinsamen, wenngleich recht allgemeinen Fragestellung angedeutet. Die innere Weiterentwicklung jedes Projekts hat die Projekte in wachsende gegenseitige Isolierung geführt, unbeschadet freundschaftlicher persönlicher Beziehungen zwischen ihren Trägern. Dies liegt technisch meines Erachtens daran, daß wir das Problem interdisziplinärer Arbeit nicht zu lösen vermocht haben. Die von vielen beklagte Unterbringung in schließlich sechs verschiedenen Gebäuden in der Kleinstadt Starnberg trägt nach meiner Meinung daran nur einen sehr kleinen Teil der Schuld. Mit wem man reden will, mit dem redet man, einerlei wo er sitzt, und wenn uns der Zimmernachbar nichts zu sagen hat, so reden wir nicht mit ihm. Vielmehr schafft die Sozialstruktur der weltweiten Wissenschaftlergesellschaft (der »scientific community«) ein gravierendes Hemmnis gegen interdisziplinäre Arbeit. Die Karriere eines jungen Wissenschaftlers hängt vom Urteil seiner

Fachgenossen über seine fachlich spezialisierten Arbeiten ab. Alles andere wird allenfalls als Allotria geduldet. Wer aus Sachmotiven in ein interdisziplinäres Institut geht, der riskiert seine Karriere. Er wird daher leicht der Versuchung erliegen, innerhalb des Instituts doch möglichst fachspezifisch zu arbeiten.

Eine zweite Stufe in den Gründen mangelnder Integration ist die Fremdheit zwischen den Denkweisen der Wissenschaften. Ich habe vorher nicht gewußt, wie tief die Kluft zwischen den Mentalitäten von Ökonomen und Soziologen ist. Wo diese aber nicht miteinander reden können, bleiben die Fragen eines Instituts über »Lebensbedingungen« unbeantwortet. Noch tiefere Klüfte müßte eine anthropologische Fragestellung überbrücken, so die zwischen den traditionellen, verstehenden Geschichtswissenschaften und den empirisch-systematischen Sozialwissenschaften, die noch tiefere zwischen den Humanwissenschaften und der Biologie und schließlich die Fremdheit aller positiven Wissenschaften gegen philosophische oder gar theologische Fragestellungen. Ich traue mir zu, mit Vertretern jeder dieser Fachrichtungen zu reden, aber es ist mir nicht gelungen, sie zu gemeinsamer wissenschaftlicher Produktivität zu veranlassen. Sicherlich trägt daran auch eine verfrühte Resignation auf meiner Seite die Schuld. Für die anthropologischen Fragen war es vermutlich richtig, sie als Philosophie und damit in individueller Arbeit zu behandeln. Für die politikorientierten Fragen ist hier eine dritte, inhaltliche Stufe des Problems zu nennen.

Im ersten Jahr des Instituts habe ich dem Institut unter dem Titel »Lebensbedingungen« ein Exposé der nach meinem Empfinden wichtigen Themen für eine künftige Arbeit vorgelegt. Die hauptsächlichen Teile dieses Aufsatzes habe ich sieben Jahre später in meinem Buch *Der Garten des Menschlichen* veröffentlicht (dort I, 3: »Die Ambivalenz des Fortschritts« und II, 4: »Die Vernunft der Affekte«; Fortsetzungen dazu II, 5: »Über Macht« und III, 3: »Zu Hegels Dialektik«). Unter dem Titel der Ambivalenz des Fortschritts habe ich dort insbesondere die immanenten Probleme des Liberalismus und des Sozialismus besprochen. Die Erkenntnis, daß diese beiden Systeme ihre eigenen Ziele durch die Folgen ihres eigenen Handelns verfehlen, sollte weiterführen zu einer grundsätzlichen

Skepsis gegen die politische Programmatik der neuzeitlichen »Willens- und Verstandeswelt«, zu einem erneuten Verständnis der »Vernunft der Affekte«. Sie sollte, naiv gesagt, der Forderung der Moral die unverdiente und darum erlösende Liebe gegenüberstellen (dazu I, 6: »Das moralische Problem der Linken und das moralische Problem der Moral«). Ich konnte nicht erwarten, daß ein Institut, das unter den sozialen Spielregeln der Forschung steht, eine derartige menschliche Bewegung vollzieht; dies bleibt Sache des Einzelnen und einer nicht bloß durch Wissenschaft und Politik geeinten menschlichen Gemeinschaft. Aber ich hatte gehofft, wir würden in gemeinsamer Anstrengung die Analyse der Ambivalenzen des Liberalismus und des Sozialismus ein Stück weit vorantreiben. Was gelungen ist, ist ein meines Erachtens wichtiges Stück der Analyse der inneren Probleme des wirtschaftlichen Liberalismus oder Kapitalismus. Eine entsprechende Analyse des »realen Sozialismus« wäre nötig gewesen, aber ich habe nicht die Kraft gehabt, auch sie zu etablieren. Erst jetzt erscheint eine einzige Publikation dieser Art aus dem Institut, ein Buch von M. S. Voslenskij über die herrschende Klasse der Sowjetunion.*

Erst auf dieser Stufe hätte eine inhaltliche Integration der Institutsarbeiten, so wie sie mir vorschwebte, beginnen können. Ich sehe rückblickend, daß dies eine Überforderung aller Beteiligten war. Vermutlich war schon der Entschluß, ein wissenschaftliches Institut zu gründen, also eine Institution der wissenschaftlich-technischen Welt, in der wir faktisch leben, mit der Erreichung dieser Stufe des geistigen Zusammenhangs unvereinbar. Ich bedaure nicht, dieses Ziel wenigstens im Auge gehabt zu haben, denn ich kann mir nicht vorstellen, daß wir den Lebensproblemen unseres Zeitalters um einen geringeren Preis als diesen werden gewachsen sein können. Es mag sein, daß die persönliche Krise, die keinem der Mitarbeiter des Instituts erspart geblieben ist, den Leidensdruck signalisiert hat, den die Spannung zwischen dem Möglichen und dem Notwendigen stets erzeugt. Wenn ich heute die Weiterführung der Fragen des Instituts empfehle, so meine ich freilich die deutlich formulierbaren Einzelfragen, die aus seinen Projektarbeiten

* M. S. Voslenskij, *Nomenklatura*, Wien 1980.

hervorgehen. Ich meine aber auch, daß die Wissenschaftler sich in Zukunft der offenen Erkenntnis dieser Spannung nicht entziehen sollen.

Die Beziehung des Instituts zur *praktischen Politik* war in den ersten fünf Jahren seines Bestehens aus den weiter oben genannten Gründen fast nicht existent. Inzwischen haben die Arbeiten zur Energiepolitik, zur Rüstungspolitik und zur Weltwirtschaft (Unterentwicklung) die ebenfalls oben schon angedeutete Beachtung gefunden. Persönlich bin ich entschlossen, an diesen Themen nicht mehr selbst wissenschaftlich weiterzuarbeiten. Ich werde den Apparat dafür nicht haben, und ich werde nicht versuchen, ihn mir zu schaffen. Mein Wunsch ist, zu denjenigen Arbeiten zurückzukehren, die mich von jeher wissenschaftlich und philosophisch beschäftigt haben: zu den Grundlagen der Physik und, anschließend daran, zu einer Meditation der Grundlagen unseres Bewußtseins. Aber ich kann dabei den Blick nicht von den ungelösten Problemen unserer Politik abwenden. Darum muß ich auch die Fortführung unserer Arbeiten wünschen. Dieser Wunsch ist natürlich nicht schon damit erfüllt, daß es anderswo Institutionen gibt, die dieselben Themenkreise bearbeiten. Unsere Arbeiten haben in jedem dieser Gebiete eine gewisse Schärfe der Position gewonnen, sie sind in keinem Gebiet mit der herrschenden Meinung – soweit es eine solche gibt – identisch. Mir liegt heute, wie schon seit langem, nicht daran, bestimmte Meinungen durchzusetzen – und wenn es meine eigenen wären. Die Meinungen aller Mitarbeiter des Instituts, mich eingeschlossen, haben sich ständig entwickelt. Mir liegt daran, daß im öffentlichen Bewußtsein die Probleme gegenwärtig sind, die durch die nichtkonventionellen Ergebnisse der Institutsarbeiten gleichsam aufgespießt werden. Haben wir die Priorität der Energieeinsparung verstanden? Ist unser technisches System auf die Möglichkeit begrenzter Kriegshandlungen vorbereitet? Müssen wir unsere Daseinsangst in die Kernenergiepanik flüchten? Haben wir ernstlich eine Alternative zum Wettrüsten gesucht? Wissen wir, in welchem Mischungsverhältnis der Weltmarkt Entwicklung und Unterentwicklung produziert?

Wissenschaft und Menschheitskrise

(1980)

Vor zehn Jahren war eine Reihe von Autoren aufgefordert, ihre Mutmaßungen über die bevorstehenden Siebzigerjahre niederzuschreiben. Mir fiel das Thema der Wissenschaft zu.* Bemüht um unterscheidende Sorgfalt ging ich die Wissenschaftsgebiete durch. Im heutigen Rückblick scheint es, daß sich die immanenten Tendenzen des soziokulturellen Systems »Wissenschaft« seitdem kaum geändert haben. Am Modell der Strukturwissenschaften (Mathematik ...) präzisiert sich der herrschende, durch Entscheidbarkeit der Fragen charakterisierte Wissenschaftsbegriff. Die Naturwissenschaft strebt gedanklicher Einheit in der Physik zu; die Fülle ihrer Anwendungen verwandelt die Welt. Vielleicht die größten Fortschritte unter den Realwissenschaften macht die Biologie. Medizin, Psychologie, Anthropologie stehen in der ungelösten Spannung zwischen der strömenden Fruchtbarkeit des naturwissenschaftlichen Ansatzes und der überwiegenden, aber heute unerfüllten Wichtigkeit eines verstehenden Verhältnisses des Menschen zum Menschen. Die Gesellschaftswissenschaften, eine Großmacht im öffentlichen Bewußtsein, haben sich ihre Anerkennung in der Gelehrtenrepublik zum Teil noch zu verdienen. Die historischen Wissenschaften, unerläßlich, wenn wir die hinter unserem Rücken wirksame Macht unserer Herkunft, also wenn wir uns selbst und unsere Partner verstehen wollen, sind öffentlich in der Defensive. Die Theologie hat die Spannung zwischen der konservativen Überlieferung der revolutionärsten Wahrheit und der meist fortschrittskonformistischen Verarbeitung des modernen Bewußtseins nicht gelöst. Die Philosophie ist für uns Menschen wie eh und je zu schwer.

Die Leitfrage betraf aber die Zukunft der Menschheit unter dem Einfluß der Wissenschaft. Es sei erlaubt, drei damalige

* *Das 198. Jahrzehnt. Eine Team-Prognose für 1970 bis 1980.* Marion Gräfin Dönhoff zu Ehren, Hamburg 1969. Mein Beitrag ist auch abgedruckt in: *Die Einheit der Natur*, München 1971.

Sätze nochmals wörtlich zu zitieren. Ich habe 1969 geschrieben: »Trotz des Protests der heutigen intellektuellen Jugend, eines Protests um der Menschlichkeit willen, werden die Siebzigerjahre vermutlich ein technokratisches Zeitalter par excellence sein.« »Nicht der Verzicht auf wissenschaftliche Entdekkungen oder auf ihre Veröffentlichung (Dürrenmatts ›Physiker‹) ist die Lösung, sondern die Veränderung der politischen Weltordnung, die, so wie sie heute ist, einen Mißbrauch wissenschaftlicher Erkenntnisse nahezu erzwingt.« »Niemand weiß, ob die Siebzigerjahre nicht das letzte Jahrzehnt der vom europäisch-amerikanischen Kulturkreis dominierten Industriegesellschaft sein werden.« Hier spricht sich die Erwartung einer Menschheitskrise, vielleicht schon für die Achtzigerjahre, aus.

Die Achtzigerjahre haben begonnen. Die ersten Stöße des erwarteten Erdbebens haben uns erreicht. Seine noch verborgene Größe läßt sich heute nur am unsicheren Seismographen politischer Stimmungen abschätzen.

Die Nationen des atlantischen Bündnisses, wirtschaftlich noch immer die Herren der Welt, taumeln durch seelische Identitätskrisen. In der Gegenwehr gegen ihre Ängste, mögen diese nun Arbeitslosigkeit, Inflation, Ölerpressung, Sowjetaggression, Kernenergie oder Terrorismus heißen, erzeugen sie mehr Probleme, als sie lösen. Sie wissen weder sich mit ihrer Macht zu identifizieren noch sich von ihr zu trennen. Die führende Nation USA reagiert mit übergroßen Pendelausschlägen. Ihre Härte ist Unsicherheit, ihre Nachgiebigkeit schlechtes Gewissen.

Die Dritte Welt übernimmt unsere Technik, mißtraut unseren Werten, haßt unsere wirtschaftliche Herrschaft. Die steigenden Ölpreise zerstören ihre Wirtschaft rascher als die unsere. Zugleich haben Öl, Guerillastrategie, Waffenimport ihren Nationen in ungleicher Weise Macht gebracht. Nationale und moralische Selbstbesinnung uralter Kulturen gehen ein militantes Bündnis mit modernem Radikalismus ein, um unsere Dominanz als unerträglich zu denunzieren.

Die Sowjetunion, die seit Jahrzehnten eine konsequente und vorsichtige Machtpolitik betreibt, muß im kommenden Jahrzehnt fürchten, daß die Zeit nicht mehr für sie arbeitet. Ihre

Wirtschaft ist, vermutlich aus systemimmanenten Gründen, in Stagnation, wenn nicht in unheilbarem Niedergang. Ihre ideologische Überzeugungskraft geht weltweit verloren. Die einzige Überlegenheit, die sie hat aufbauen können, die militärische, kann nach dem vermutlich nicht mehr revozierbaren Aufrüstungsentschluß Amerikas binnen zehn Jahren dahinschwinden, so daß die mit ihrer Hilfe zu erntenden politischen Früchte jetzt geerntet werden müssen.

So sieht eine gefahrenschwangere Weltlage aus, die gefährlichste seit dem Ende des Zweiten Weltkriegs. Der gegenwärtige Aufsatz aber hat nicht die politische Krisenerwartung zum Thema, sondern ihren kulturellen Hintergrund; und in ihm nur einen Aspekt, den der Wissenschaft. Trägt unsere wissenschaftsbestimmte Zivilisation die Schuld an der Krise?

Die Kriegsgefahr als solche ist keine Folge der modernen Zivilisation. Periodisch wiederkehrende hegemoniale Kriege im jeweils technisch erreichbaren größten Bereich waren die Signatur der meisten Geschichtsepochen seit Jahrtausenden. Aber die westliche Kultur hatte gehofft, sie werde endlich die Ursachen der Kriege überwinden, die wirtschaftlich-sozialen durch allgemeinen Wohlstand, die seelisch-irrationalen durch Aufklärung. Sie hat schließlich durch technische Anwendung der Wissenschaft Waffen geschaffen, die einzusetzen selbstmörderisch erscheinen muß. Aber die Atomwaffen werden immer mehr für begrenzte, umschriebene Einsätze spezialisiert. Die Logik der strategischen Entwicklung spricht dafür, daß solche Einsätze stattfinden werden. Wir erwachen heute aus dem Traum, daß nicht sein kann, was nicht sein darf; daß die erreichte Stufe der Rationalität uns schützt. Wo lag der Fehler?

Dieser Aufsatz versucht, drei Thesen wahrscheinlich zu machen:

1. Die jetzt anstehende Krise hat eine ihrer Ursachen in der neuzeitlichen Gestalt der Wissenschaft.
2. Weder der Verzicht auf Wissenschaft noch ihre unveränderte Fortführung kann diese Krisenursache überwinden.
3. Nötig wäre ein besseres Verständnis der kulturellen Rolle der Wissenschaft.

Für die beiden ersten Thesen seien zunächst naheliegende, wenngleich noch oberflächliche Argumente genannt. Zur ersten These:

Es liegt auf der Hand, daß die Krisen in den Völkern eine andere, begrenztere Gestalt hätten, wenn nicht die Technologie des Verkehrs und der Produktion die Menschheit in ein schon weitgehend zusammenhängendes wirtschaftliches System gefügt, wenn nicht die Medizin die Weltbevölkerung zum vorerst unbeschränkten Wachstum gebracht, wenn nicht die Waffentechnologie die Welthegemonie zu einem vielleicht erreichbaren Ziel gemacht hätte. Zur zweiten These: Verzicht auf Wissenschaft ist heute noch eine leere, aussichtslose Phantasie. Ihre Verwirklichung würde zudem nicht die Technik stabilisieren, sondern sie würde das Verständnis für die Technik und damit deren Funktionsfähigkeit zum Erlahmen bringen; das aber würde, beim erreichten Zustand der Menschheit, eine weltweite Hungerkatastrophe bedeuten. Ein Hoffnungstraum hingegen war es eine Zeitlang, die Probleme der wissenschaftlich-technischen Welt durch mehr Wissenschaft zu lösen. Dazu mußte man die technische Weltveränderung technisch, die soziale Rolle der Wissenschaft sozialwissenschaftlich verstehen und verbessern. Die Hoffnung hierauf ist in den Siebzigerjahren rapide geschwunden. Die anfängliche Hoffnung war naiv, aber in ihr verbarg sich eine richtige Fragestellung. Die Wissenschaft hat eine künstliche Welt geschaffen. Sie hat immer mehr Bedingungen unseres Lebens, die einst naturgegeben waren, von unserer technischen Verfügung abhängig gemacht. Technik stellt Mittel zu Zwecken bereit. Wie kann man hoffen, eine künstliche Welt zu stabilisieren, wenn man die Wirkung (auch die unbeabsichtigten Nebenwirkungen) der Mittel und die Vernunft der möglichen Zwecke nicht versteht? Wir werden zur dritten These getrieben: Nötig wäre ein besseres Verständnis der kulturellen Rolle der Wissenschaft.

»Nötig wäre...«, das heißt zunächst: eine jetzt einsetzende Besinnung auf diese Rolle wird die schon begonnene politische Krise nicht mehr aufhalten. Ob ein früher und in breiter Front begonnenes Studium der Lebensbedingungen der wissenschaftlich-technischen Welt das vermocht hätte, läßt sich ebenfalls bezweifeln. Nach meinem Empfinden war es freilich eine moralische Pflicht der Wissenschaft, wenigstens diese Anstrengung zu machen. Diese Anstrengung hätte vielleicht eine Anzahl kluger und verantwortungsbewußter Menschen aus dem herrschenden Zustand der Verdrängung dieser Probleme in den Zustand der Verzweiflung an den Problemen gebracht. Und ohne den Durchgang durch die erfahrene Verzweiflung wird kein Schicksal gewendet.

Dieser Aufsatz stellt daher nicht die Frage, was zu tun wäre, um die Krise aufzufangen oder doch zu lindern. Diese kurzfristige Frage findet ihre Antwort im Felde praktischer Politik: behutsamer Außen- und Wirtschaftspolitik, rechtzeitiger Versorgungsplanung, maßvoller, aber entschlossener Schritte zum Bevölkerungsschutz. Dieser Aufsatz tritt einen Schritt von der Aktualität zurück. Er stellt eine Frage grundsätzlicher Besinnung. Wie hätten wir Wissenschaft treiben und beurteilen sollen, als dafür noch Zeit war? Wie sollte eine Menschheit, die die Krise überlebt, zur Wissenschaft stehen? Der Versuch einer Antwort soll nochmals in Thesen gegeben werden; es sind deren vier:

A. Der Grundwert der Wissenschaft ist die reine Erkenntnis.
B. Eben die Folgen der reinen Erkenntnis verändern unaufhaltsam die Welt.
C. Es gehört zur Verantwortung der Wissenschaft, diesen Zusammenhang von Erkenntnis und Weltveränderung zu erkennen.
D. Diese Erkenntnis würde den Begriff der Erkenntnis selbst verändern.

Der Leser verzeihe in einer so ernsten Sache den fast spielerischen Umgang mit den Begriffen »erkennen« und »verändern«; wer sich kurz ausdrücken muß, braucht diesen Abstraktionsgrad.

A. Der Grundwert der Wissenschaft ist die reine Erkenntnis. Dies beschreibt zunächst die Mentalität des geborenen Wissenschaftlers. Man kann das große Wort »Wahrheitssuche« verwenden. Man kann das Pathos herunterspielen und sagen, der Wissenschaftler habe das Privileg, seine kindliche Neugier ins erwachsene Leben hinüberzuretten und zum Beruf zu machen. Der Mathematiker Gauss sprach in einem Brief von der »unnennbaren Satisfaktion der wissenschaftlichen Arbeit«. Wer diesen Grundwert nicht respektiert, der zerstört die Wissenschaft und rettet die Welt nicht.

B. Eben die Folgen der reinen Erkenntnis verändern unaufhaltsam die Welt. Hier ist eine anthropologische Bemerkung am Platz. Die pragmatische Überlegenheit, welche die Menschen über alle Tiere und welche die Hochkulturen über die Primitiven gewonnen haben, beruht auf der weltverwandelnden Kraft des handlungsentlasteten Denkens. Im tierischen Verhaltensschema folgt auf den Reiz die angeborene oder erlernte Reaktion; dieser Ablauf ist ein Ganzes. Der Mensch hat in der Sprache ein symbolisches Handeln entwickelt. Reden ist ein Handeln, das anderes Handeln darstellt oder vertritt. Das symbolische Handeln des sprachlichen Denkens gestattet, den direkten Zusammenhang zwischen Reiz und Reaktion zu unterbrechen. Das Urteil, das »Sagen, was der Fall ist«, tritt dazwischen. Erst durch diese Unterbrechung tritt an die Stelle der automatischen Reaktion eine Aktion, ein gewolltes, als frei erlebtes Handeln. Urteil und Handeln, Verstand und Wille, ermöglichen einander, indem sie auseinandertreten. Ein Wille kann wollen, was ein Verstand denken kann. Deshalb erweitert eine Erweiterung des Denkbereichs automatisch den Bereich erfolgversprechenden Handelns. Und nicht die pragmatisch orientierten Gedanken sind letzten Endes die pragmatisch wirksamsten, denn sie dienen schon bekannten Zwecken in schon bekannten Situationen. Die neuen Horizonte des Handelns schließt das von allen vorgegebenen Handlungszielen entlastete Denken auf, eben die reine Wahrheitssuche. Vielleicht ist dies eine pragmatische Erklärung dafür, daß die unnennbare Satisfaktion der Wahrheitssuche sich in den Wirren der Jahrtausende immer wieder durchgesetzt hat.

C. Es gehört zur Verantwortung der Wissenschaft, diesen Zusammenhang von Erkennen und Weltveränderung zu erkennen. Dies nicht sehen zu wollen ist die große Versuchung der Wissenschaft. Oft wirft man ihr zwar gerade das Gegenteil vor: die leichtfertig unternommene Weltveränderung. Daran ist auch etwas Wahres. Das neugierige Kind ist zugleich spielendes Kind. Technik und Wissenschaft verbinden sich leicht und natürlich in einem Gemüt: ein Verstand kann denken, was ein Wille wollen kann. Und der Wissenschaftler, der um sein soziales Privileg der Wahrheitssuche bangt, wird dem Geldgeber klarmachen, daß seine Erkenntnis die Welt verwandelt. An den optimistischen Aspekt dieser Weltverwandlung wird er auch selbst gerne glauben.

Aber wer gewachsene Lebenszusammenhänge verändert, zerstört auch Gewachsenes. Keine Operation ohne Schnitt. Kein Medikament ohne Nebenwirkungen. Kein Erwachsenwerden ohne Identitätskrise. Die Wissenschaft ist noch nicht erwachsen. Mit der aufdämmernden Einsicht in die durch die Wissenschaft ermöglichte Menschheitskrise tritt die Wissenschaft selbst in ihre Identitätskrise ein. Wie meist in einer beginnenden Identitätskrise neigt sie, die Schuld zunächst bei anderen zu finden. Man spricht von Mißbrauch der Wissenschaft. Aber der heute geschehende Gebrauch der Wissenschaft ist der unter den bestehenden gesellschaftlichen Verhältnissen selbstverständliche Gebrauch. Die Wissenschaft ist verpflichtet, auch zu erkennen, wie die gesellschaftlichen Verhältnisse verändert werden müssen, wenn die Gesellschaft die durch die Wissenschaft ermöglichte Weltveränderung überleben soll.

Dieser Erkenntnis entziehen wir uns, weil ihr Weg uns zunächst in die Verzweiflung führt. Ein Beispiel genügt. Die Kriegsverhütung durch atomare Abschreckung konnte uns nie mehr als eine Gnadenfrist versprechen. Moderne Zerstörungskapazitäten sind langfristig mit einer politischen Weltordnung unvereinbar, in der es Regierungen politisch möglich und völkerrechtlich erlaubt ist, Krieg zu beginnen. Eine andere Weltordnung als diese ist aber nicht in Sicht. Ob sie jenseits der jetzt beginnenden Krise auf uns wartet, ist unserem heutigen Blick verborgen. Diese Lage ist zum Verzweifeln, seit Jahrzehnten. Aber es nützt uns nichts, all dies nicht zu denken. Gewußte Verantwortung darf sich nicht durch die Leichtfertigkeiten des Optimismus oder Pessimismus lähmen lassen: »es wird schon gutgehen« oder »man kann ja nichts machen«. Der Frosch, der ins Milchfaß fiel und strampelte, machte Butter und kam so heraus; sein nicht strampelnder Bruder erstickte. Frösche strampeln, Wissenschaftler denken. Deshalb ist es die erste Verantwortung des Wissenschaftlers, die Verflechtung von Erkenntnis und Weltveränderung zu erkennen. Auch der Ausweg in politischen Radikalismus kann hier eine Drückebergerei sein, denn der Radikale weiß ja meist die »Wahrheit« schon, er sucht sie nicht mehr.

D. Diese Erkenntnis mag, wie wirkliche Erkenntnis überhaupt, auch pragmatisch, politisch nützlich sein. Uns geht hier an, daß sie den Begriff der Erkenntnis selbst verändern wird. Erinnern wir uns noch einmal der eingangs zitierten immanenten Tendenzen der heutigen Wissenschaften. In ihnen ist der Erfolg dort am offensichtlichsten, wo Strukturen in entscheidbarer Weise erkannt werden, von der Mathematik bis zur Mikrobiologie. Umstritten ist das Verständnis des Menschen für den Menschen. Erkenntnis ist selbst eine Leistung des Menschen. Verstehen wir, was Erkenntnis ist?

Die linke Bewegung der späten Sechzigerjahre war eine zornig-optimistische Vorwegnahme der Menschheitskrise. Ihre geistigen Führer thematisierten die Frage nach der Erkenntnis in dem aristotelischen Begriffspaar von Theorie und Praxis. Sie sprachen vom moralischen Primat der Praxis und entlarvten die ideologische Funktion des Begriffs wertneutraler Theorie. Hiervon war soeben unter dem Titel »Verantwortung der Wissenschaft« die Rede. Wertneutralität des Denkens ist freilich ein hoher Wert, eine Selbstdisziplinierung. Die Fähigkeit, sich auch von den eigenen Wertsetzungen kritisch zu distanzieren, ist eine Disziplin der Horizonterweiterung, eine Voraussetzung intelligenter Nächstenliebe im faktischen Pluralismus unserer Welt. Legitime Wertneutralität ist aber nicht ein Anspruch der Wissenschaft, mit den Problemen der Welt in Ruhe gelassen zu werden; sie ist nicht das Ruhekissen des guten Gewissens.

Man darf hier an den aristotelischen Sinn von »Praxis« erinnern. Praxis meint nicht Techne: die Fähigkeit, gesetzte Zwecke zu verwirklichen. Praxis meint das handelnde Leben, das seinen Sinn in sich selbst trägt, das also auch selbst die Zwecke setzt. Theorie als reine Anschauung des höchsten Sinns ist für Aristoteles die höchste Praxis. Darin spiegelt sich die Ermöglichung des Handelns durch das Urteil. Etwas davon drückt sich im wissenschaftlichen Grundwert der Wahrheitssuche aus. Aber die moderne wissenschaftliche Wahrheitssuche ist eingeengt durch das so fruchtbare Prinzip der Entscheidbarkeit der Fragen. »Was suchen Sie im Lichtkegel dieser Straßenlaterne?« – »Meinen Hausschlüssel.« – »Haben Sie ihn hier verloren?« – »Nein.« – »Warum suchen Sie dann hier?« – »Weil ich hier wenigstens etwas sehe.« Die lebenswichtigen Fragen sind nicht die am leichtesten entscheidbaren. Entscheidbare Theorie ist nicht Kontemplation des höchsten Sinns. Die Polarität von Verstand und Wille erreicht die Wahrheit nicht, um die es hier geht.

Der Mensch ist einer, wenngleich stets unvollkommenen, Wahrnehmung dessen fähig, worauf es für sein Leben ankommt. Diese Wahrnehmung ist nicht wertneutral; sie ist auch nicht durch den Willen zu erzeugen. Sie ist kein Werk des Urteils- und Handlungsvermögens. Man mag sie affektiv nennen. Sie ist liebend, manchmal auch hassend; sorgend, oft fürchtend; sie ist der Verzweiflung und der Beseligung fähig. In bescheidener Form geschieht sie jeden Tag, in unser aller Alltag. Ihre hohen Stufen aber sind dem Blick der modernen Rationalität entschwunden. Sie ist Wahrnehmung, also eine Weise der Erkenntnis. Ein Erkenntnisbegriff, der sie nicht umfaßt, ist zu eng. Die neuzeitliche europäische Kultur hat Erkenntnis als theoretische, als zweckrationale, als moralische Einsicht unterschieden. Theoretische Einsicht gipfelt im Turm der Wissenschaft, zweckrationale wächst in die Breite der Technik und der Wirtschaft, moralische umfaßt die Rationalität progressiver Politik, den Rechtsstaat, die Wahrheitssuche der freien öffentlichen Meinung, die soziale Gerechtigkeit. Keine dieser Pointierungen bietet der affektiven Wahrnehmung dessen, worauf es ankommt, eine Heimat. Eine solche Heimat war einst die Religion als Träger der Kultur. Sie wäre, so glaube ich, noch immer die einzige Heimat, wenn sie mit dem modernen Bewußtsein versöhnt werden könnte. Die Größe dieser Aufgabe aber wird, wo man sie überhaupt will, meist unterschätzt. Das moderne Bewußtsein müßte sich dazu nicht weniger radikal weiterentwickeln als die überlieferte Religion. Ein Thema für andere Betrachtungen als dieser Aufsatz.

Eine neuzeitliche Pointierung der affektiven Wahrnehmung findet sich in der Kunst. Kunst ist das Schaffen von Gestalten.

Mathematik, das Paradigma der Wissenschaft, schafft intellektuelle Gestalten, »Strukturen«. Hier scheint sich Theorie als der engere, künstlerische Produktivität als der umfassendere Begriff anzubieten. Wissenschaftliche Kreativität ist in der Tat der künstlerischen verwandt.

Die Einschränkung der Wirklichkeit, auch des Erkenntnisbegriffs, auf die Willens- und Verstandeswelt schafft eine Verzerrung des Blicks und des Handelns, die sich heute mörderisch auswirkt. Die Krise dieser Verzerrung ist unausweichlich. Der Versuch, den Erkenntnisbegriff erkennend zu verändern, steht freilich unter dem Schatten der Einsicht, daß Philosophie für uns Menschen zu schwer ist. Aber wissenschaftliche Paradigmenwechsel sind nie ohne jene äußerste Anstrengung der Wahrheitssuche geglückt, die man eben Philosophie nennt.

Was folgt?

(1981)

Der Friede ist bedroht. Er ist bedroht, weil er niemals wahrer Friede war. Er war ein Waffenstillstand der Großmächte in einer von Konflikten gepeinigten Menschheit. Selbst dieser Waffenstillstand könnte in den kommenden zehn Jahren zusammenbrechen.

Die Aufsätze dieses Buches waren vom ersten Augenblick an – seit dem August 1945 – von der Sorge vor dem Zusammenbruch des großen Waffenstillstands bestimmt. Das Schlußkapitel sucht die Folgerungen zu ziehen. Im vorangegangenen Aufsatz wurde der Entstehungszusammenhang der Texte erläutert. Jetzt käme es darauf an, ein zusammenfassendes Bild der heutigen Lage zu zeichnen. Dabei sind die Details wegzulassen; für sie wird auf die das jeweilige Problem behandelnden Aufsätze dieses Buchs und ihre Ergänzung durch andere Bücher (vor allem »Wege in der Gefahr«) verwiesen. Im Bewußtsein der unvermeidlichen Subjektivität der eigenen Sichtweise und der damit verbundenen Möglichkeit der Blickverzerrung und des Irrtums muß der Verfasser hier in einfacher Strichführung hervorheben, was er wichtig findet.

Es handelt sich um zwei Aufgaben: zuerst die Analyse der Gründe der gegenwärtigen Gefahr, dann die Angabe möglicher Schritte in dieser Gefahr.

Die Analyse der Gründe der Gefahr wird von denjenigen Feldern ausgehen, die der direkten politischen Entscheidung am zugänglichsten erscheinen. Sie wird von hier aus schrittweise zu den allgemeinen Voraussetzungen alles heutigen politischen Handelns aufsteigen. Gehen wir so von den konkreten Entscheidungsfeldern aus, so erscheint die heutige Steigerung der Gefahr zunächst nicht wie das lauter werdende Ticken eines vor langer Zeit gestellten einzigen Weckers, sondern wie eine Koinzidenz unabhängiger Einzelursachen, wie das Zusammenbranden mehrerer Wellen, die von verschiedenen Zentren ausgehen. Die Analyse muß diese Ursachen einzeln bezeichnen, denn auch das politische Handeln, das ihnen begegnen soll, besteht aus einzelnen Schritten. Im Aufstieg zu allgemeineren Gründen zeigt sich aber ein gemeinsamer Zug der Ereignisse. Er wird hier als *das Wanken der großen Entwürfe* bezeichnet. Zukunftshoffnung und Krisenabwehr ist in der neueren Zeit in eine Reihe großer Entwürfe gekleidet worden. Das »Zusammenbranden mehrerer Wellen« ist der Vorgang, daß die wichtigsten dieser Entwürfe gleichzeitig ins Wanken geraten sind und vielen Beobachtern schon als gescheitert erscheinen. Wir verfolgen dies im Aufstieg über eine Stufenleiter von sechs Bereichen, die bezeichnet seien als

Rüstung
Außenpolitik
Wirtschaft
Gesellschaft
Kultur
Menschlichkeit.

Die Untertitel der sechs Abschnitte des Aufstiegs, von »Rüstungskontrolle« bis »Humanität«, kennzeichnen die dem jeweiligen Bereich zugehörigen großen Entwürfe.

Das Mittelstück des Aufsatzes verharrt, unter dem Titel *Politik und Menschlichkeit*, im obersten der sechs Bereiche. Es ist eine Besinnung, die vom Aufstieg, d. h. der Frage nach den Ursachen der Gefahr, überleitet zum Abstieg, der Frage nach möglichen Schritten in der Gefahr. Es rekapituliert selbst in Kürze diese Bewegung von Aufstieg, Besinnung und Abstieg, indem es sich in drei Unterabschnitte gliedert: eine Reflexion auf die Gründe des Wankens der großen Entwürfe, eine Besinnung auf den das ganze Buch durchziehenden Zusammenhang von Menschlichkeit und Religion, und eine Erörterung der Grundfrage nach der Anwendung radikaler Ethik in politischen Entscheidungen.

Der dritte Teil des Aufsatzes steigt durch dieselben Bereiche wieder ab bis zu den konkreten politischen Entscheidungen der gegenwärtigen Jahre. Dieser Rückgang zur Politik hat nicht den Charakter eines neuen »großen Entwurfs«. Er greift, leicht modifiziert und noch bescheidener, einen älteren Titel wieder auf und nennt sich *Schritte in der Gefahr.* Wege *aus* der Gefahr* sind denkbar, sie sind möglich, aber daß wir sie beschreiten, liegt nicht in der Macht eines Menschen oder einer Partei. Sie zu beschreiten würde ein Zusammenwirken der Vernunft in der Menschheit voraussetzen, und daß dies geschieht, liegt in einem präzisen Sinne in Gottes Hand. Schritte *in* der Gefahr sind Schritte, die ein Einzelner, eine Partei, eine Nation oder eine imperiale Führung heute wirklich tun kann. Sie müssen drei Bedingungen genügen. Sie müssen erstens an den jeweils sichtbaren Abgründen rettend vorbeiführen. So müssen sie zweitens den bestehenden Weltzustand bewahrend fortbilden, anders gesagt, die Welt ohne Katastrophen verändern. Sie müssen drittens in der Richtung auf einen großen, radikalen Wandel des Bewußtseins und der Organisationsformen führen. Um all dies zu können, müssen sie nach den Maßstäben des heute unerreichbaren Zusammenwirkens der Vernunft erkennbar vernünftig sein: vernünftig, d. h. dieses künftige Zusammenwirken erleichternd und nicht erschwerend; erkennbar vernünftig, d. h. sichtbare Zeichen dafür setzend, wohin der Weg weiter führen sollte.

Das Buch endet also mit den konkreten Entscheidungen von heute. Wer Politik will, muß nicht mit Visionen, sondern mit der Forderung des Tages schließen.

Das Wanken der großen Entwürfe

Rüstungskontrolle. Die akute Gefahr der Achtzigerjahre ist ein Krieg, der sich zum Weltkrieg auswachsen könnte.

Diese Gefahr hat zunächst drei voneinander unterscheidbare rüstungstechnische Gründe. In erster Linie: die *Sowjetunion* erreicht vermutlich jetzt das relative Maximum ihrer Rüstungs-

* Erhard Eppler stellt in seinem engagierten und lesenswerten Buch *Wege aus der Gefahr* (Reinbek bei Hamburg, 1981) das, was ich in meinem Buch *Wege in der Gefahr* (1976) der Politik der Siebzigerjahre vorzuschlagen wagte, in Zusammenhang mit dem Begriff des Krisenmanagements (S. 11). Was er mit dem in der Politik nötigen Optimismus Wege *aus* der Gefahr nennt, ist in meiner Sprache die eben noch sichtbare Fortsetzung der Wege *in* der Gefahr, auf denen wir heute konkrete Schritte tun müssen.

stärke, verglichen mit der Rüstung des Westens. In zweiter Linie: der technische Fortschritt der Waffen, der noch immer seine Spitze in den *USA* hat, führt zur »Remilitarisierung der Atomwaffen«, d. h. zur Entwicklung von mehr und mehr Atomwaffen für begrenzten und darum bei Fortbestehen der großen Abschreckung möglichen Einsatz. In dritter Linie: die Rüstung der vielen einander feindlich gegenüberstehenden Nationen der *Dritten Welt* nimmt ständig zu, einschließlich einer langsamen und unaufhaltsamen Proliferation der Atomwaffen.

Der große Entwurf der Rüstungskontrolle, vor über zwei Jahrzehnten als Lösung des Rüstungsproblems begrüßt, hat seine Fruchtbarkeit erschöpft, wenn sie je bestand; er ist gescheitert. Rüstungskontrolle wurde damals angeboten als realistische Alternative zur unrealistischen Hoffnung auf Abrüstung. Tatsächlich ist nicht nur flagrant in der Sowjetunion, sondern auch in den USA die Realität der Aufrüstung stets neben der Diplomatie der Rüstungskontrolle einhergegangen. Nun ist zwar zutreffend gesagt worden, daß ein Rüstungswettlauf allein keinen Krieg zu erzeugen braucht. Aber die Lehre der Geschichte ist zum mindesten, daß er den Krieg auch nicht permanent verhindert. Der große Entwurf der Rüstungskontrolle sollte zunächst einmal eine rüstungspolitische Stabilität schaffen, von der aus das historisch Beispiellose versucht werden sollte, den Krieg, wenigstens den großen Krieg der Großmächte, permanent abzuschaffen. Es war der entsetzliche Irrtum der Sechziger- und Siebzigerjahre, die Überwindung des großen Kriegs sei mit Abschreckung und Rüstungskontrolle schon geleistet. Die drei oben genannten Gründe, drei aus der inneren Dynamik dreier Weltregionen heute zusammenbrandende Wellen, lassen das jetzt als Illusion erkennen. Man kann jetzt begrenzte Atomkriege führen; manches spricht dafür, daß man sie eines Tages führen wird; und wenn der erste und zweite von ihnen begrenzt bleiben sollte, so braucht es der dritte nicht mehr zu bleiben. Man wird legitim den Begriff der Rüstungskontrolle im diplomatischen Austausch weiter benützen; seine Funktion als großer Entwurf zum Frieden hat er verloren.

Entspannung. Man spricht heute oft von einem bevorstehenden oder schon geschehenen Scheitern der Entspannungspolitik. Die Kritiker dieser Politik halten diesen großen Entwurf damit für widerlegt. Widerlegt ist aber nur eine Hoffnung, die dem Entwurf mehr zutraute, als er jemals hätte leisten können. Entspannungspolitik der Weltmächte – denn um diese geht es hier – ist sinnvoll als deren gemeinsame Interessenpolitik. Ihr gemeinsames Interesse ist, den großen Krieg zu vermeiden, heute wie vor fünfzehn und vor dreißig Jahren. Dieses gemeinsame Interesse wurde selbst im Kalten Krieg respektiert; deshalb blieb er »kalt«. Entspannung war hierüber hinaus aber der technische Name der Phase kooperativer Bipolarität im weltpolitischen Zyklus, also der Phase, die sich mit Kennedy vorbereitete und wohl mit dem Abgang Kissingers ihrem Ende zuging. Die heute erneute Tendenz zu gegnerischer Bipolarität ist jedoch für alle Beteiligten gefährlicher als es vor dreißig Jahren der Kalte Krieg war. Dies liegt zum Teil an den drei Faktoren der rüstungspolitischen Entwicklung, die damals so nicht existierten: die Sowjetunion war zum militärischen Angriff nicht fähig, der begrenzte Atomkrieg war technisch nicht vorbereitet, und die Dritte Welt war machtlos. Es liegt auch an wiederum unabhängigen außenpolitischen Veränderungen in allen drei Regionen:

In der Dritten Welt, d. h. dem größten und politisch am meisten zersplitterten Teil der Erde hat es seit 1945 weit mehr als hundert Kriege gegeben. Solche Kriege sind wohl das bis heute weltgeschichtlich Normale, jetzt nur gesteigert durch die langsame Auffüllung des vom Kolonialsystem hinterlassenen Machtvakuums. Diese Kriegsbereitschaft wird fortdauern, ist aber solange keine Weltkriegsgefahr, als die Großmächte entschlossen sind, gegeneinander Frieden zu halten. Die Sowjetunion ist jedoch durch ihre fortschreitende Schwäche in allen Bereichen außer dem militärischen und durch die Erwartung der amerikanischen Aufrüstung genötigt, militärisch zu erntende Früchte bald zu ernten. Das wird vor allem in Asien, zumal im Umkreis des Persischen Golfs, gelten. Während die sowjetische Politik gleichmäßig machtorientiert ist, bewegt sich die amerikanische Politik in Wellen, in Pendelausschlägen, und ihr jetziger Pendelausschlag zielt auf Wiedergewinnung ihrer hegemonialen Weltposition. Diese Tendenz, die in Westeuropa nicht geteilt wird, droht eine Entfremdung zwischen den westlichen Verbündeten an, und damit, durchschaubar kontraproduktiv, eine Schwächung des westlichen Bündnisses, im sensibelsten, dem europäischen Bereich.

Auch die Kombination der außen- und rüstungspolitischen Probleme bedeutet für die kommenden zehn Jahre keine Notwendigkeit eines großen Kriegs, sondern nur einen höheren Gefahrenpegel als in allen vorangegangenen Jahrzehnten. Das Absinken des Elans der Entspannung, so naiv dieser gewesen sein mag, bedeutet aber foreign policy as usual, und Außenpolitik wie gehabt hat bisher stets in der Weltgeschichte am Ende Krieg bedeutet.

Weltmarkt. Wirtschaftlich führend in der Welt sind heute, und noch – solange kein großer Krieg kommt – auf unabsehbare Zeit, die kapitalistischen Nationen des Westens. Der Kapitalismus ist wenigstens seit zweihundert Jahren durch wechselnde Expansionen und Krisen gegangen. Die wirtschaftlichen Krisen haben ihn nie umgebracht, aber sie haben manchmal schwere politische Krisen ausgelöst; so die große Weltwirtschaftskrise von 1929, der wir Hitler und den Zweiten Weltkrieg verdanken. Dann und wann erzeugen die Krisen eine permanente weltwirtschaftliche Gewichtsverlagerung. Es ist, zum mindesten äußerlich angesehen, ein Zufall, daß sich heute eine solche krisenhafte Gewichtsverlagerung für die zugleich außen- und rüstungspolitisch kritischen Achtzigerjahre ankündigt.

Der Kapitalismus war vermutlich von jeher in erheblichem Maße Weltwirtschaft, auch wenn seine Theorie sich nur als National-Ökonomie bezeichnete. Nach 1945 wurde die Expansion des Weltmarkts zumal für Westeuropa und Japan lebenswichtig. Man kann die Expansion in den Weltmarkt als den großen Entwurf des »Wirtschaftswunders« der Nachkriegszeit verstehen. Die gegenwärtigen Stagnationstendenzen betreffen die führenden Länder (USA, Westeuropa und, in ihrem Bereich, die Sowjetunion) mehr als den Durchschnitt der Entwicklungsländer, und sie betreffen den Arbeitsmarkt tiefer als das Produktionsvolumen. Der Markt drängt die hochbezahlte Arbeitskraft der wirtschaftlich herrschenden Länder in eine auf die Dauer unhaltbare Defensive; und der Versuch, unhaltbare

Positionen durch politische Maßnahmen zu halten, beschleunigt das Übel (s. die pessimistische Version der langfristigen Wirtschaftsprognose). Welchem äußeren oder inneren Feind wird man nun das unverstandene Übel anlasten?

In dieser Darstellung, ja im ganzen Buch tritt die ökologische Krise an Bedeutung zurück. Das heißt nicht, daß sie als unreal angesehen würde, aber sie ist längerfristig. Soweit die Besorgnisse des Klubs von Rom gut begründet waren, bezogen sie sich auf das kommende Jahrhundert eher als auf die kommenden zwei Jahrzehnte. War die Öffentlichkeit in den Sechzigerjahren gegenüber den ökologischen Gefahren schlafend, so wurde sie in den Siebzigerjahren voreilig überwach und vergaß darüber nähere Gefahren – man fürchtete den Reaktor und vergaß die Bombe. Sollten wir freilich die Krisen der nächsten zwei Jahrzehnte ohne Katastrophen überstehen, so könnten sich die ökologischen Probleme als die größten erweisen. Sie würden dann in besonderem Maße der zusammenwirkenden Vernunft der Menschheit bedürfen.

Dies führt uns auf eine zentrale Schwäche des Weltmarkts zurück: das Fehlen eines ihn regulierenden umfassenden staatlichen Rahmens. Langfristig fordern Kriegsverhütung und Weltwirtschaft dasselbe: einen weltweiten staatsähnlichen Rahmen. Die einzige Alternative zu diesem Rahmen wäre, außer der Katastrophe, eine radikal asketische Weltkultur, welche die Menschen allseits mit einer lokal genährten Subsistenzwirtschaft zufrieden sein ließe: eine Umwertung aller Werte.

Liberaler Rechtsstaat, Demokratie und Sozialismus. Die europäische Neuzeit hat eine radikale Veränderung in der moralischen Beurteilung gesellschaftlicher Verhältnisse vollzogen: den Übergang vom Ethos des Herrschens und Dienens zum Ethos der Freiheit und Gleichheit. Die politische Gestalt des neuen Ethos heißt Rechtsstaat und Demokratie, die ökonomisch-soziale Gestalt heißt Sozialismus. Dies sind die langfristigen großen gesellschaftlichen Entwürfe unseres Jahrhunderts. Alle drei – nicht immer verbündet – schienen nach dem Zweiten Weltkrieg im Vormarsch zu sein. Alle drei sind ins Wanken geraten.

Nach der in diesem Buch vertretenen Meinung ist die klügste

politische Erfindung der europäischen Neuzeit der liberale Rechtsstaat. Er verdankt der absolutistischen Tendenz der früheren Neuzeit Westeuropas die Stärke des Staats, der das gleiche Recht seiner Bürger (citoyens) durchzusetzen vermag, soweit er es anerkennt. Er verdankt dem politischen Sieg der damals ökonomisch schon herrschenden Bürger (bourgeois) das Pathos der Freiheit. Die faktische Basis dieser politischen Freiheit ist die ökonomische Freiheit: der Markt. Ihre ideelle Basis aber, die jeder von uns, wo sie vergessen wird, im Prinzip öffentlich einklagen darf, ist, daß politische Freiheit nicht diejenige ist, die ich für mich fordere, sondern diejenige, die ich dem Mitbürger gewähre. Hier ist der Zusammenhang von Freiheit und Wahrheit wesentlich; Freiheit heißt Spielraum zur gemeinsamen öffentlichen Wahrheitssuche, Freiheit des Worts.

Demokratie und Sozialismus gehen in ihrem Pathos über den freiheitlichen Rechtsstaat hinaus. Sie sehen ihn als formal an und fordern Substanz. Die Forderung ist begründet, aber man kann nicht sagen, daß es gelungen sei, sie zu erfüllen. Demokratie ist zu einem verwaschenen Wort geworden, das jeder für sich in Anspruch nimmt. Sinnvollerweise könnte Demokratie heute bedeuten: Entscheidung nicht durch die Sachverständigen, sondern durch die Betroffenen. Diese Forderung ist hart genug, um weh zu tun, also um Substanz zu behalten. Sie verlangt, wenn sie nicht zur Katastrophe führen soll, daß die Betroffenen sich hinreichend sachverständig machen; sie impliziert eine unermeßliche Selbsterziehungsaufgabe. Die inneren Krisen kapitalistischer wie sozialistischer moderner Gesellschaften hängen mit der Ungelöstheit dieser Aufgabe zusammen. Die Entfremdung der Jugend von der herrschenden Ordnung spiegelt eine objektive Verzweiflung an ihrer Lösung. An sich ist die heutige Ohnmacht des Einzelnen gegenüber der Gesellschaft nicht größer, sondern zweifellos geringer als einst die Ohnmacht des Dienenden gegenüber dem Herrschenden. Aber damals war Herrschaft selbstverständlich; heute hat der große Entwurf demokratischer Selbstbestimmung Hoffnungen erweckt, die unter den Funktionsbedingungen der technischen Kultur vorerst nur enttäuscht werden können.

Sozialismus ist insofern ein weniger verwaschenes Wort als Demokratie, als es anerkannte demokratische Parteien gibt, die sich nicht zum Sozialismus bekennen. Die wahre Kluft aber ist nicht diese, sondern sie geht mitten durch den Sozialismus; sie spaltet diejenigen, welche den freiheitlichen Rechtsstaat in der Gestalt der repräsentativen Demokratie, mit Wahl- und Meinungsfreiheit, anerkennen, von denen, die ihn bekämpfen. Der harte, substanzielle Sinn des Sozialismus ist die ökonomische Forderung der Vergesellschaftung der Produktionsmittel. Sozialtheoretisch stehen sich der freie Markt und die vergesellschafteten Produktionsmittel als zwei alternative Ausprägungen der egalitären Grundstimmung der Neuzeit, des Ethos der Freiheit und Gleichheit gegenüber. Ob der freiheitliche Rechtsstaat mit dem strikten ökonomischen Sozialismus vereinbar ist, ist bisher durch kein funktionsfähiges Modell nachgewiesen. Die Sozialisten in der repräsentativen Demokratie haben sich mit Kompromissen begnügt, die den großen Entwurf des ökonomischen Sozialismus kaum mehr ausdrücken.

Die Sozialdemokratie ist eine liberale Partei, und nicht die schlechteste. Die Gewerkschaften sind objektiv ein Interessenkartell im Kapitalismus. Der radikale Sozialismus der kommunistischen Parteien hat sich nur in rückständigen Ländern durchgesetzt. Seine funktionale Leistung dort scheint am ehesten analog derjenigen des vorbürgerlichen westeuropäischen Absolutismus. Die Enttäuschung an ihm dürfte eine der bewegenden Kräfte des kommenden Jahrzehnts sein, wie es die Krise Chinas seit Maos Tod schon andeutet. Die westliche Bewegung der Neuen Linken schließlich, jetzt bald anderthalb Jahrzehnte zurückliegend, war objektiv gescheitert, ehe sie begann. Ihr Scheitern aber bedeutet keinen dauerhaften Sieg des bestehenden Systems, sondern einen Beitrag mehr zur Entfremdung der Jugend von diesem System.

Die akuten Probleme der Rüstungs-, Außen- und Wirtschaftspolitik stoßen somit auf eine in ihren progressiven Idealen zutiefst verunsicherte, eines selbstgewissen Konservatismus aber seit langem unfähige Gesellschaft.

Technische Kultur. Selbstgewiß konservativ ist eine Kultur in denjenigen ihrer Züge, von denen sie gar nicht weiß, daß man sich vernünftigerweise anders verhalten könnte. Konservativ sein in diesem Sinne bedeutet also niemals einen großen Entwurf; es bedeutet die Überflüssigkeit großer Entwürfe. Konservativ in diesem Sinne waren die großen außereuropäischen Kulturen, als die aggressive europäische Zivilisation auf sie stieß. Sie alle mußten lernen, daß Verteidigung ohne Anpassung unmöglich ist. Diese Krise ist nirgends überwunden. Sie kann es nicht sein, da die europäische Kultur mitten in derselben Krise steckt. Aus dem Schoß ihrer eigenen unbewußt konservativen Haltung hat sie die aggressive Weltveränderung geboren. Alle bisher aufgezählten Probleme zeigen, wie wenig sie den damit gesetzten Konflikt mit sich selbst zu lösen vermocht hat.

Der harte Kern der neuzeitlichen europäischen Kultur ist die Naturwissenschaft und die durch sie ermöglichte moderne Form der Technik. Das heißt nicht, daß sie das bedeutendste bewußte Ziel der europäischen Kultur gewesen wäre. Darin stand sie stets in Konkurrenz zu den Werten religiöser Inbrunst, politischer Macht, bürgerlicher Freiheit, sozialer Gerechtigkeit, künstlerischer Individualität, elementaren Glücksverlangens. Sie ist der *harte* Kern, insofern sie sich als einziger dieser Werte überall fraglos durchgesetzt hat. Technische Kultur ist der große Entwurf, um dessen Verwirklichung der Sozialismus mit dem Kapitalismus wetteifert; ihre Übernahme ist die Anpassungsleistung der außereuropäischen Kulturen, ohne die sie sich der Selbstverteidigung nicht fähig fühlen.

Eben darum hat der Protest der Jugend einen sicheren Instinkt, wenn er sich gegen die großtechnische Zivilisation wendet. In diesem Instinkt hat er die Konservativen des alten Europa wie einige Radikale des neueren Asien auf seiner Seite; man lese Goethes »Wanderjahre« oder Gandhis Selbstbiographie. Die öffentliche Neurose der Kernenergiegegnerschaft hat vielleicht ihren berechtigten Kern nicht nur in der verdrängten Bombenangst, sondern in der symbolischen Bedeutung des Reaktors wie der Bombe für die technische Zivilisation.

Auch diese Gegnerschaft aber bezeichnet zunächst nur, daß einer der größten Entwürfe öffentlich ins Wanken gerät – zur Verzweiflung derer, die für das Weiterfunktionieren unserer Wirtschaft verantwortlich sind. Sie kündigt ein neues, tiefes Krisenpotential an, aber keine Lösung. Denn der politische Weg zu einer Gesellschaft, die auf die Großtechnik verzichten könnte, zu einer demokratischen Askese, einer asketischen Weltkultur, ist unabsehbar weit. Was wir bekommen werden, ist ein Kompromiß, eine kleine Kurskorrektur, vermutlich unzureichend, um unsere langfristigen ökologischen Probleme zu lösen, aber eine Bremse für das Wachstum und ein Zeichen mehr für das Wanken der großen Entwürfe.

In der Tat dürfte die Technikgegnerschaft das Anzeichen eines völlig ungelösten, aber der Menschheit unausweichlich aufgegebenen Problems sein – das Anzeichen, aber zunächst in der Form einer aussichtslosen Flucht vor dem Problem. In älteren stabilisierten Kulturen war das, was man technisch leisten konnte, etwa im Gleichgewicht mit dem, was die gesellschaftlichen Gewohnheiten, die ethischen Normen, die politischen Entscheidungsmechanismen zu bewältigen vermochten. Dieses Gleichgewicht ist heute radikal zerstört. Wir können technisch mehr, als wir gesellschaftlich, ethisch, politisch bewältigen. Die Hoffnung ist naiv, durch technische Selbstentmannung das Gleichgewicht wiederherzustellen. Wir müssen Gesellschaft, Ethik, Politik so radikal weiterentwickeln, wie wir die Technik schon entwickelt haben – bei Strafe des Untergangs. Wer sollte da nicht Krisen erwarten?

Humanität. Offenbar geht es um eine Entfaltung des Menschen, um einen Bewußtseinswandel. In der Tat wäre keines der aufgezählten Probleme unlösbar, wenn eine zusammenwirkende Vernunft der Menschheit sich seiner annähme. Und dieses Zusammenwirken bedürfte nicht eines vollen intellektuellen Verständnisses jedes Einzelnen für den Sachgehalt der Probleme. Es bedürfte nur einer Delegation der Entscheidung an Personen, die Vertrauen genießen und der Sachfragen mächtig sind. Um einander zu verstehen, von Kultur zu Kultur, von Interessengruppe zu Interessengruppe, von Generation zu Generation, bedürften diese einer gemeinsamen Denkweise und Sittlichkeit, ohne daß einer darum den Rahmen seiner Kultur, seiner Interessengruppe, seiner Generation verlassen müßte. Einen Menschen verstehen heißt verstehen, inwiefern er legitim anders ist als ich selbst. In dem Wort »legitim« aber liegt das Gemeinsame, die Humanität.

Die europäische Neuzeit hat an die Entfaltbarkeit der

menschlichen Natur zur gemeinsamen Humanität geglaubt. Vielleicht war das ihr größter Entwurf. Vielleicht ist eben darum das Versagen der Humanität ihre tiefste Enttäuschung.

Wir nehmen das Versagen der Humanität meist an den Anderen wahr. Darum ist die Welt voll von enttäuschtem Vertrauen, von stets aufs neue bestätigtem Mißtrauen. Noch im Mißtrauen gibt es eine Art gemeinsamer Vernunft, wenn man den Gegner zwar für böse, aber für berechenbar halten kann. Das war die reale Basis der Koexistenz der Weltmächte in diesen 36 Jahren. Die Erosion selbst dieses Vertrauens ist vielleicht die Wurzel der akuten Gefahr.

Politik und Menschlichkeit

Gründe des Scheiterns. Warum wanken die großen Entwürfe? Wohl weil jedem von ihnen die Wahrheit fehlt, die er für sich in Anspruch genommen hat.

Knapp rekapitulierend gehen wir die soeben durchlaufene Reihe der Entwürfe noch einmal durch.

Rüstungskontrolle, ein nützliches diplomatisches Instrument, konnte ihrer begrenzten Reichweite wegen niemals fähig sein, das Problem der Kriegsverhütung permanent zu lösen. Der große Entwurf, der sie gerechtfertigt hätte, war, eine zeitweilige Stabilität, eine Atempause zu schaffen, um eine radikale Verwandlung der Weltpolitik beginnen zu lassen. Diese Verwandlung war vielleicht unmöglich. Jedenfalls blieb sie aus, und die Friedenswahrung durch Rüstungskontrolle wurde eine Art Opium fürs Volk, die Bewahrung eines Schlafs, solange noch Zeit zum Handeln gewesen wäre.

Entspannung war in der Ebene politischer Stimmungen ein ähnliches Instrument. Sie sollte ein auf Erkenntnis des gemeinsamen Überlebensinteresses gegründetes internationales Gleichgewicht entstehen lassen. Aber in der bisherigen Geschichte waren solche Gleichgewichte stets durch periodisch wiederkehrende Kriege stabilisiert. Der Gleichgewichtsgedanke allein ist zur Überwindung des Kriegs nicht fähig. Entspannung blieb eine Phase im weltpolitischen Zyklus.

Der Weltmarkt hat die Stärken und Schwächen des kapitalistischen Systems, das er verkörpert. Dieses System ist der einzige Weg zum Reichtum, den die neuzeitliche Menschheit gefunden hat. Stets krisenanfällig, hat es bisher doch stets seine Krisen gemeistert. Es ist jedoch ein für sich allein unzureichender Weg zu sozialer Gerechtigkeit, ein unzureichender Beitrag zum Frieden. Der Markt ersetzt die politische Ordnung nicht, er bedarf ihrer und macht sie dann allenfalls ökonomisch lebensfähig. Der Weltmarkt ersetzt die fehlende politische Weltordnung nicht, er bedarf ihrer.

Der liberale Rechtsstaat ist Vorbedingung des Funktionierens moderner politischer Vernunft, aber er ist nicht selbst diese Vernunft. Als Instrument zum Ausgleich hemmungslos verfolgter Gruppeninteressen ist er zu schwach. Demokratie, ernstgenommen, stellt eine bis heute ungelöste Erziehungsaufgabe. Erziehung heißt hier nicht nur »education«, Erwerb von Kenntnissen und Fertigkeiten, sondern Einübung der Fähigkeit, den Mitmenschen wahrzunehmen, der Solidarität. Der Sozialismus hat die Solidarität zu seinem Leitbegriff gemacht. Er hat sich heute in mannigfacher Gestalt als Interessenvertreter etabliert, als großer Entwurf aber den Atem verloren. Soweit er Ideologie absolutistischer Bürokratien geworden ist, ist er ein unerträglicher Rückschritt gegenüber dem liberalen Rechtsstaat. Seine vor zwölf Jahren so eindrucksvolle jugendlich militante Gestalt ist am »moralischen Problem der Moral«, der selbstgerechten Verteufelung des Gegners, moralisch gescheitert.

Der technische Fortschritt erweist sich als das, was er immer war: ein Mittel zu Zwecken, unfähig die Zwecke selbst human zu bestimmen.

Der Grund des Scheiterns der großen Entwürfe ist überall derselbe: die unzureichende Wahrnehmung des Menschen für den Menschen, die Unfähigkeit zur Humanität. Jedes der politischen Probleme wäre in zusammenwirkender Vernunft lösbar. Wir Menschen aber erweisen uns als emotional unfähig, die gemeinsam tätige Vernunft ernstlich zu wollen; denn wollten wir sie, so würden wir nach ihr handeln.

Menschlichkeit und Religion. Die emotionale Fähigkeit, den Mitmenschen als Mitmenschen wahrzunehmen, heißt Nächstenliebe. Das ist ein Wort aus der Überlieferung der jüdisch-christlichen Religion. Der Halt an der Praxis der überlieferten Religion ist dem modernen Bewußtsein entglitten. Das begann mit dem moralischen Zorn der Aufklärung gegen kirchliche Herrschaft, es vollendete sich, radikaler, durch die Wertneutralität des technischen Fortschritts. Hier entsteht ein Vakuum. Vielleicht ist die Unfähigkeit, dieses Vakuum auszufüllen, ist das Verlangen nach einem noch unerreichbaren neuen Inhalt, der liebend ergriffen werden könnte, die Wurzel der heutigen Menschheitskrise.

Religion ist nicht das Thema dieses Buchs, aber einige Worte über ihre Beziehung zur heutigen Krise sind nötig. Wir kennen Religion in wenigstens vierfacher Gestalt: als Träger einer Kultur, als Grund einer radikalen Ethik, als innere Erfahrung, als Theologie.

Religion als Träger einer Kultur formt das soziale Leben, gliedert die Zeiten, bestimmt oder rechtfertigt die Moral, interpretiert die Ängste, gestaltet die Freuden, tröstet die Hilflosen, deutet die Welt. Diese ihre überlieferte Form ist es, die dem modernen Bewußtsein entgleitet. Die moderne Kultur ist eine Kultur des Verstandes und des Willens. Das spiegelt sich noch in der traditionellen Einteilung ihrer Philosophie in theoretische und praktische Philosophie. Der harte Kern neuzeitlicher Theorie ist die Wissenschaft, der gegenüber die Theologie seit Jahrhunderten auf einem apologetischen Rückzug ist. Praktische Philosophie meint nicht die der Naturwissenschaft zugehörige Technik, sondern die sittliche Regulierung des Willens, das Normative, wie man heute gerne sagt. Der harte Kern der neuzeitlichen Praxis ist der Übergang von dem religiös gerechtfertigten Ethos des Herrschens und Dienens zum Ethos der Freiheit und Gleichheit. Beide Bewegungen, die theoretische wie die praktische, zeigen die Unmöglichkeit, in die überlieferte kulturtragende Religion zurückzukehren. Die Überlieferung aber ist keine plastische Masse, die sich bei gutem Willen leicht in eine moderne Gestalt umkneten ließe. Hier liegt ein Irrtum der meisten modernistischen Theologie. Geschichtliche Kulturkrisen sind härtere Vorgänge; in ihnen geht stets etwas unwiderruflich verloren. Es gibt aber Verluste, die unerträglich sind, die ein leidenschaftliches Verlangen nach gleichwertigem oder besserem Ersatz des Verlorenen wachrufen. Drei solche Verluste seien hier genannt, der Verlust der Geborgenheit, der Verlust der affektiven Vernunft des Mythos, der Verlust der Fähigkeit zu liebender radikaler Ethik.

Geborgenheit geht in jeder großen Krise verloren und stellt sich, wenn die Krise überlebt wird, auf anderer Ebene in unvorhersehbarer Gestalt wieder her. Die Geborgenheit des Verstandes in einer einzigen, alle anderen als Irrlehren ausschließenden religiösen Dogmatik dürfte unwiderruflich vergangen sein. Wie die Wahrheit der Religion angesichts der Vielheit ihrer Gestalten zu denken ist, ist die vielleicht wichtigste philosophische Frage der Zukunft, aber kein Gegenstand dieses Buches. Hier ist die Ungeborgenheit eine Folge des unstillbaren Verlangens nach Wahrheit. Vermutlich ist es ebenso im praktischen Feld. Die Geborgenheit des Willens in einem religiös legitimierten Herrschaftssystem ist gerade religiös problematisch. Religiös begründete radikale Ethik wie die der Bergpredigt macht die Menschen wenigstens vor Gott frei und gleich. Aber Verstand und Wille allein, selbst als radikale Wahrheitssuche und radikales Ethos, geben dem Menschen nicht die affektive Geborgenheit. Sie geben ihm nicht das Wissen, geliebt zu sein, sie geben ihm nicht die Fähigkeit zu lieben. Die bloße Willens- und Verstandeswelt ist, mit ihren hohen Idealen, psychologisch gesehen eine große Neurose.

Die affektive Vernunft des Mythos – das ist ein komplizierter Name für eine einfache Sache, für welche nur gerade die Willens- und Verstandeswelt, die Welt der Wissenschaft, der Wirtschaft und der technischen Macht, keinen Namen hat. Die Wahrnehmung des Menschen wie die jedes Tiers ist elementar affektiv. Liebend, begehrend, fürchtend nehmen wir wahr. Die Affekte sind vernünftig, aber in der Kultur belehrungsbedürftig. Die große mythische Bilderwelt der überlieferten Religion gab den menschlichen Affekten den direkt emotional wirksamen Halt einer überwölbenden, aber unanalysierten Vernunft. Religion als innere Erfahrung, als Glaube, Gebet, Liturgie, Meditation, Mystik ist die Fähigkeit, sich in dieser Vernunft lebendig zu bewegen. Die Meditationswelle der letzten zehn Jahre ist ein Symptom eines Durstes unter der Austrocknung durch die Willens- und Verstandesneurose. Die alternative Bewegung der

Gegenwart ist ohne dieses Verlangen nach affektiver Vernunft unverständlich. Der frühe Rationalismus hat nun freilich in der Dogmatik der Religionen die mythischen Aussagen in theoretische Sätze mit Wahrheitsanspruch umgesetzt und hat dadurch den späteren Konflikt mit dem weiterentwickelten Rationalismus der Wissenschaft provoziert. Die »Entmythologisierung«, eine Übersetzung des im Mythos Gemeinten in moderne Rationalität, verfehlt nur allzuleicht die eigentlich im Mythos ausgesprochene Erfahrung, verflacht oder verdünnt sie. Das heutige Denken versteht die mythische Vernunft noch am ehesten durch den Vergleich mit der Kunst.

Wir sollen uns nicht einbilden, wir könnten unsere politischen Probleme lösen, solange wir der liebenden Wahrnehmung des Mitmenschen unfähig sind. Eine Weltdiktatur können wir ohne sie bekommen, aber keinen Frieden. Nun ist der geistige Prozeß zwischen Religion und modernem Bewußtsein langfristig. Von ihm mußte hier die Rede sein, damit wir an der Ungelöstheit einer langwierigen Aufgabe nicht verzweifeln. Nicht warten aber können wir mit den ethischen Problemen.

Politik und radikale Ethik. Liebende radikale Ethik ist von höchster politischer Aktualität, sie ist ein Gebot der Stunde. Die Bergpredigt beginnt mit den Seligpreisungen. Sie beginnt nicht mit der abstrakten und unerträglichen moralischen Forderung, welche den Selbsthaß und das Zelotentum, den sich für legitim haltenden Haß gegen den Gegner erzeugt. Liebe ist der Affekt, der das Ertragen des Mitmenschen und – beim moralisch Sensiblen – das Ertragen der eigenen Person erst möglich macht. Diese Liebe ist jenseits der Willensanstrengung; sie wird als Gnade erlebt. Sie gestattet dann das Gebot: Liebe Gott von ganzem Herzen und ganzer Seele und deinen Nächsten wie dich selbst. Sie eröffnet die Fähigkeit des vernünftigen Zusammenwirkens, die »intelligente Feindesliebe«.

Das gegenwärtige Buch ist von seinen ersten kirchlichen Texten an eine Auseinandersetzung mit der Auslegung dieses Gebots in der aktuellen Politik. Jetzt, am Ende des Buchs im Blick auf das erkennbar gewordene Wanken aller großen Entwürfe, muß uns offenkundig sein, daß es keinen Ersatz für die Fähigkeit zur Feindesliebe gibt. Wenn einige von uns der Feindesliebe fähig sind, so garantiert das nicht, daß der Friede erhalten bleibt – die Lösung der Krise ist jenseits unserer Macht. Wenn aber niemand in unserer Welt sich der Feindesliebe fähig erweist, so ist die Katastrophe *dieser* Welt gewiß.

Von den »Heidelberger Thesen« von 1959 an aber geht die Auseinandersetzung um eine harte konkrete Entscheidung, die Entscheidung für oder gegen eine Politik völliger Gewaltlosigkeit. Der Abschnitt »Kirchliche Kommissionen« im Aufsatz »Zum Arbeitsplan« von 1969 schildert die Art, wie ich selbst in diese Auseinandersetzung verwickelt wurde. Man hat in unserem Lande diese Frage seit 1960 fortschreitend vergessen; heute aber taucht sie angesichts der wiederentdeckten Kriegsgefahr als ein die Kirche leidenschaftlich erregendes Thema wieder auf. Darum seien heute noch einige Worte darüber zu den älteren Äußerungen hinzugefügt.

Wer dem Wortlaut der Reden Jesu als einem Gebot folgen will, der kann nur die völlige Gewaltlosigkeit wählen. Spätestens seit Konstantin ist die Mehrheit der Christen diesen Weg nicht gegangen. Heutiges historisches Denken kann diese Entwicklung scheinbar leicht verstehen. Die Bergpredigt ist zu dem kleinen Kreis wandernder Jünger gesprochen. Die frühe Kirche war eine machtlose Minderheit im römischen Großreich. Sie konnte gewaltlos sein, denn Gewalt war nicht von ihr verlangt. Dann geschah das von der christlichen Enderwartung aus Unwahrscheinlichste: das Jüngste Gericht blieb aus, die Welt blieb unverwandelt, aber die Christen wurden zur Mehrheit und damit zum politischen Verantwortungsträger in der unverwandelten, gewalterfüllten Welt. Seitdem verwandelt nun doch die innere Spannung des Christentums und seiner neuzeitlichen säkularisierten Erben langsam und unaufhaltsam die Menschheit. Für geschichtliche Umschaffungen sind zweitausend Jahre keine lange Zeit. Christen, die ihrem Meister treu blieben, durften mit keiner der geschichtlichen Phasen, in denen sie lebten, ihren Frieden machen: nicht mit der imperialen Verwaltung der Römer, nicht mit dem Jahrtausend einer herrschenden christlichen Kirche, nicht mit der Willens- und Verstandeskultur der Neuzeit. So auch in unseren Jahrzehnten. Einzelne Christen und kirchliche Organisationen haben in aktiver Nächstenliebe der sozialen Ungerechtigkeit, dem Elend in der Welt, den eingeschliffenen politischen Konflikten entgegengewirkt. Der Kirche hätte es zufallen können, den Selbstbetrug zu entlarven, der in den letzten zwei Jahrzehnten den Frieden als durch Gewaltandrohung gesichert ansah. Viele christlich motivierte Kriegsdienstverweigerer leisteten ihren Beitrag zu dieser Bewußtseinsbildung; aber gerade auch christlich gläubige verantwortungsbewußte Soldaten gehörten zu denen, die sich und andere am wenigsten über die reale Gefahr zu täuschen bereit waren. Die Kirche im ganzen aber war wohl nicht erleuchteter als die Gesellschaft, in deren Mitte sie lebte.

Heute stellt sich von neuem die Frage, ob zur Pflicht des Christen die totale Verweigerung der Teilnahme an einem System gehört, das sich durch eine ungeheure Gewaltandrohung zu schützen hofft. Das gegenwärtige Buch ruft nicht zu dieser Verweigerung auf. Für mich aber ist dies die schwerste Wahl, und ich muß hier zuerst hervorheben, wie stark die Gründe für die Verweigerung sind.

Gewiß ist die Bergpredigt nicht »Gesetz«, sondern »Evangelium«, d. h. nicht eine Vorschrift für heilsnotwendiges Handeln, sondern das Angebot erlösender Liebesfähigkeit. Aber wieviel tiefer haben zu allen Zeiten diejenigen gesehen, die, sei es auch in unreflektiert naiver Gläubigkeit, von diesem Angebot Gebrauch machten, die das weltlich Aussichtslose wagten, als die klugen Konformisten! Tief eindrucksvoll war mir die Schlußbemerkung im hier abgedruckten Aufsatz meines Vaters von 1950, am Ende eines erfolglos der Kriegsverhütung gewidmeten Lebens. Wenn das Unheil geschehen sein sollte, das heute droht, so wird man sich der Stimme der Verweigerung erinnern und nicht der erfolglos bremsenden Mitwirkung.

In bedrohlicher Weise irrig ist freilich die Meinung, die Verweigerung als solche sei ein »Weg aus der Gefahr«. Würde die Verweigerung politisch wirksam, so wäre sie zunächst eine Risiko-Kur. Sie wäre die rasche Destabilisierung eines erstarrten Zustands, eine Beschleunigung der Krise. Am konkreten Beispiel gesagt: Eine Herauslösung der Bundesrepublik aus ihrem Verteidigungsbündnis der Nato würde das europäische Gleichgewicht, das immerhin sechsunddreißig Jahre des Friedens in diesem Kontinent garantiert hat, ins Fließen bringen. Und wenn in unserem Lande ein Krieg der Großmächte ausgefochten würde, so würden die amerikanischen Atomwaffen uns nicht mehr verschonen als die russischen. Verweigerung in dem Augenblick, in dem man viel zu spät die Gefahr entdeckt, ist kein Mittel, doch noch einmal davonzukommen. Sie ist nur eine Feigheit mehr.

Christliche Verweigerung ist nicht ein Mittel, keine Gewalt zu leiden; sie hat oft genug, gerade weil sie aufreizend war, ins Martyrium geführt. Sie ist der Wille, nicht Gewalt zu üben. Ein ganzes Volk, das, wissend was es riskiert, diesen Willen hätte, würde freilich etwas im Gang der Weltgeschichte ändern. Ich habe nicht gewagt, meinem Volk zu dieser Haltung zu raten, denn ich habe nicht geglaubt, daß es zu ihr fähig sei. Zu Schritten in der Gefahr, ohne Gewißheit des Erfolgs, kann ich ihm raten. Auch diese Schritte werden vergeblich sein ohne Ausbildung der Fähigkeit, den Mitmenschen auch im Gegner wahrzunehmen, ohne intelligente Feindesliebe.

Nachwort 1994

Hier folgte im ursprünglichen Text ein Abschnitt von 15 Seiten unter dem Titel »Schritte in der Gefahr«. Sein Inhalt bestand vorwiegend aus speziellen Vorschlägen zu den 1981 aktuellen politischen Problemen. Ich habe diesen Abschnitt daher in der jetzigen Auflage, die heute aktuell sein soll, gestrichen.

Europa

(1991)

Meine Damen und Herren!

Erlauben Sie mir, zu beginnen mit den herzlichen Wünschen des Glücks für die Schweizer Eidgenossenschaft anläßlich der ersten siebenhundert Jahre ihrer politischen Existenz. Glück wünsche ich für die Fortdauer ihrer Existenz, ihrer Identität, ihrer Wirksamkeit in ihrer Umwelt.

Erlauben Sie mir zweitens ein ganz persönliches Wort. Mit keinem Land außer meinem eigenen hat mein Schicksal mich so verbunden wie mit der Schweiz. Ich bin drei Jahre in Basel ins Gymnasium gegangen; dort, am Münsterplatz, habe ich Griechisch gelernt. Ich habe eine Zürcherin geheiratet. Glieder meiner Familie haben viele Jahre in der Schweiz gelebt, die einen einst in Bern, andere später in Genf, andere wieder in Bern.

Drittens: Vor fünf Jahren, 1986, war ich schon einmal eingeladen, in der Schweiz über Europa zu reden, beim 11. Europatag der Universität Freiburg. Ich wählte das Thema: »Der Rahmen und das Bild: Europa unter den Weltkulturen, zwischen den Weltmächten, auf dem Weltmarkt.« Grundthese: Der Rahmen bestimmt das mögliche Bild. Das Bild freilich lehrt uns den Rahmen erst sehen.

Die Schweiz im Rahmen Europas, Europa im Rahmen der Menschheit. Wie stellt sich das heute dar, fünf Jahre danach?

Wie die Schweiz im Rahmen Europas demnächst handeln und existieren wird, das werden Sie, die Schweizer, selbst entscheiden, in täglicher, längst begonnener Arbeit, in freier Diskussion in direkter Demokratie. Ich maße mir heute nicht an, Ihnen dazu Ratschläge zu geben. Über Europa im Rahmen der Menschheit habe ich zu reden. Zuerst ein Rückblick.

Europa im Rahmen der Weltkulturen. Europa ist eine der jüngsten Kulturen, sichtbar als solche seit noch nicht dreitausend Jahren. In griechischem Geist, römischer Staatlichkeit, christlicher Religion prägte sich ihre Eigenart aus. Auf das

Ende des weströmischen Reichs folgte ein Jahrtausend der Schulzeit für Germanen, Kelten, Slawen. Mit der Reise des Kolumbus vor 500 Jahren lassen europäische Historiker die Neuzeit beginnen. Es waren fünf Jahrhunderte zeitweiliger europäischer Weltherrschaft. Die Herrschaft war zuerst militärisch, durch überlegene Technik der Waffen und Schiffe; was nützt Mut gegen Kanonen? Die Herrschaft wurde politisch in Gestalt der Kolonialreiche. Die Herrschaft wurde ökonomisch, und als solche, in Gestalt des von den nordwestlichen Industrienationen dominierten Weltmarkts, besteht sie noch. Und vielleicht könnte die dauerhafteste Hinterlassenschaft eines halben Jahrtausends europäischer Weltdominanz die Durchdringungen der Kulturen mit westlicher Rationalität sein, die Allgegenwart wissenschaftlicher Erkenntnis und auch rationalistischer Vorurteile, und schließlich das Problem, wie unser aller Mutter, die Natur, unter den Abenteuern und Egoismen unseres Denkens und Handelns wird überleben können.

Europa zwischen den Weltmächten. Diese zweite Formel, die ich 1986 gebraucht habe, damals noch eine fast selbstverständliche Formel, hat in fünf Jahren ihren Sinn radikal geändert. Als Weltmächte bezeichnete ich damals die größten Militärmächte, die Vereinigten Staaten von Amerika und die Union der sozialistischen Sowjetrepubliken; das Wort »Europa« bezeichnete hier nur den Bereich vom Atlantik bis zur russischen Westgrenze. Wie rasch, wie tiefgehend sind hier die Veränderungen durch die Revolution unserer Jahre! Hätte ich den heutigen Vortrag auch nur vor vier Wochen gehalten, so hätte ich vieles noch anders sagen müssen als heute; wie werden wir in vier Wochen, in fünf Jahren sprechen?

Amerika und Rußland sind erwachsene Kinder der europäischen Kultur, zur Macht erwachsen in riesigen Kolonialgebieten jenseits der Grenzen des vielgegliederten, dichtbewohnten Raums des alten Europa, in dem niemals eine der heimischen Mächte dauernde Hegemonie erlangte. Beide waren in ihrer Verfassung noch 1986 geprägt durch zwei freilich sehr verschiedene Gestalten der politischen Revolution des neuzeitlichen Europa: Amerika 1776 unter dem Motto der drei Grundrechte auf Leben, auf Freiheit, auf das Streben nach Glück, Rußland 1917 unter dem Motto der Schaffung von sozialer Gerechtigkeit, von Gleichheit durch Kommunismus. Die kommunistische Hoffnung ist inzwischen zusammengebrochen. Der Feudalstaat Rußland lebte nach 1917 unter einer neuen herrschenden Klasse, in Wahrheit noch vor der bürgerlichen Revolution, die soeben erst, zweihundert Jahre nach 1789, den russischen Herrschaftsbereich durchdringt. Was ist heute die reale Alternative?

Europa auf dem Weltmarkt. Im Westen betrachtet man heute die Niederlage des Kommunismus als den Sieg des Marktprinzips. Man sieht die Welt ökonomisch. Unter diesem Gesichtspunkt tritt ein neues Bild von den Weltmächten hervor. Es gibt heute drei wirtschaftliche Weltmächte. Nordamerika, Westeuropa und Japan. Es ist das natürliche Interesse Westeuropas, den Markt und damit die Politik Osteuropas einschließlich Rußlands zu stabilisieren. Japan hat ein analoges natürliches Interesse an China. Damit würden sich die nördlichen Herren der Welt zu einem internen wirtschaftlichen Kräftespiel befähigen, einem Kräftespiel, das Konkurrenz ohne gegenseitigen Krieg bedeutet. Die Probleme des Südens freilich bleiben so noch völlig ungelöst. Auch wenn die militärische und ökonomische Dominanz des Nordens vorläufig den Ausbruch eines Weltkriegs verhindern sollte, bleibt ein historisch beispielloser Wanderungsdruck aus den armen Ländern in die reichen, ein revolutionäres Potential derer, die nicht wandern können, und als Folge die Konflikte regionaler Mächte mit modernisierten Waffen. Der Norden löst die Konflikte dadurch nicht, daß er sich mit eigenen Waffen in sie einmischt.

Was ist die Rolle Europas in diesem unbeendeten Drama? Sie ist nicht idyllisch, so wenig wie die Rolle der Schweiz im bewegten Europa, mit den Augen sehender Schweizer wahrgenommen, jemals idyllisch war.

Wer ist Europa? In den vergangenen Jahrzehnten habe ich, soweit es tunlich war, den Namen »Europa« sorgfältig vermieden, wenn ich nur »Westeuropa« meinte. Ich erlaube mir, zuerst meine Gefühle auszusprechen. Als ich aus der westlich modernisierten Bundesrepublik 1956 zum erstenmal in die DDR reisen konnte und mit meiner Frau im Auto durch das Land fuhr, tauchte in meinem Herzen das Empfinden auf: »Ich bin wieder in Deutschland.« Besuchte ich Polen, die Tschechoslowakei, Ungarn: überall war unsere europäische Geschichte gegenwärtig, Krakau eine so europäische Stadt des Habsburgerreichs wie Triest, polnische mittelalterliche Kathedralen nicht anders als vormanuelinisch portugiesische. Paris steht meinem Verstand und meinem ästhetischen Empfinden näher als Moskau, aber in Moskau war ich näher unserem gemeinsamen unausweichlichen europäischen Schicksal.

Gleichwohl spreche ich zuerst von Westeuropa. Die beiden Weltkriege unseres Jahrhunderts waren Kämpfe um die Hegemonie in Europa, die man damals naiv noch als Welthegemonie empfand. Ihre Träger waren Nationen. »Nation« als Träger politischen Handelns ist ein Begriff, der modern wurde erst seit der Französischen Revolution, auf dem Wege von der Feudalstruktur über die Effizienz des Absolutismus zur Demokratie. Die Deutschen, im Reich mittelalterlich strukturiert, Spätkommer zum Nationalismus, traten in die Hegemoniekonkurrenz erst seit oder nach Bismarck ein. Der Erste Weltkrieg vernichtete ihre Chance, im Zweiten Weltkrieg brachen sie, verzweifelt, in die verbrecherischste Form nationalen Machtkampfes aus. Nach dem Zweiten Weltkrieg waren auch Großbritannien und Frankreich keine Hegemoniekandidaten mehr. Eingepreßt zwischen den einzigen Siegern Amerika und Rußland, mußte Westeuropa, um zu überleben, eine Form der Zusammenarbeit finden, welche die legitimen Interessen nationaler Identität wahrte und doch begann, den sichtlich veraltenden Begriff absoluter nationaler Souveränität zu überwinden. Auf dem Weg über das meist vordringliche ökonomische Interesse ist so die Europäische Wirtschafts-Gemeinschaft entstanden, die heute einer Stufe politischer Union zustrebt.

Ich mache hier eine Bemerkung über die Schweiz nicht als mögliches Mitglied – das ist Ihre Entscheidung –, sondern als mögliches Vorbild der EG. Die divergenten Interessen von Stadt, flachem Land und Bergbauern, von vier Sprachgruppen mit ihren je eigenen Kulturen in der einen Schweiz – dies alles wäre nicht zusammengehalten worden ohne ein Bewußtsein gemeinsamer Gefährdung, ohne den strengen Verzicht auf expansive Politik seit Marignano und ohne die Erkenntnis der entscheidenden funktionalen Notwendigkeit, welche lautet: soviel zentrale Regelung wie notwendig, soviel regionale Differenzen und Selbstbestimmung wie dann überhaupt möglich. All dies möchte ich der EG ans Herz legen.

Nun Osteuropa. Der Warschauer Pakt umfaßte die äußeren, die Sowjetunion umfaßte die inneren Satelliten des einst zaristischen, später stalinistischen Imperiums. Dieses Imperium war seinen Gegnern gewachsen nicht wirtschaftlich, nicht in politischer Reife, sondern nur militärisch. Das hat George F. Kennen sehr gut erklärt. Ein Jahrtausend lang konnte sich ein Reich von Adel und Bauern, zwischen überlegener Zivilisation im Westen und Nomaden auf schnellen Pferden im Osten nur durch militärische Überlegenheit bewahren. Als ich 1979 in Warschau war, sagten mir meine Gastgeber: »Heute abend bringen wir Ihnen einen interessanten Gesprächspartner, den letzten polnischen Marxisten.« Dieser erklärte mir dann in guter Marx-Analyse, daß nach Marxscher Erkenntnis das damals dort herrschende System kein Sozialismus war. Marx verstand sehr wohl, daß erst die freie Konkurrenz im bürgerlichen Kapitalismus die Produktivität schafft, aber daß sie freilich nicht bereits die gerechte Verteilung der erzeugten Güter garantiert. In Rußland ist eine dem westlichen intellektuell geschulten Bürgertum analoge Klasse erst in unserem Jahrhundert in hinreichender Zahl entstanden; ich nenne hier gern den Namen Lunatscharski als Schöpfer des nötigen Bildungswesens der Sowjetunion in den Zwanzigerjahren. Diese Klasse hat dann die gewaltlose Revolution unserer Tage getragen. Noch aber hat sie nicht das unerläßliche Privateigentum an Produktionsmitteln. Es ist das brennende Eigeninteresse Westeuropas, daß diese Entwicklung, die endlich erreichte bürgerliche Revolution in Rußland, gelingt.

Ich habe soeben den Ausdruck »gewaltlose Revolution« verwendet. Er bezeichnet ein Ideal, das noch nicht voll realisiert ist, dem aber die Ereignisse der letzten zwei Jahre schon in erstaunlicher Weise nahegekommen sind. Das Ideal der gewaltlosen Revolution ist die innenpolitische Spiegelung der außenpolitischen Erkenntnis, daß in einer Zeit modern technisierter Waffen die Institution des Krieges überwunden werden muß, wenn Menschheit und Natur überleben sollen. Das Ideal ist die Schöpfung eines der größten Männer unseres Jahrhunderts, Mahatma Gandhi. Gandhis Hintergrund war religiös, nicht ohne tiefen Einfluß englischer Christen, welche die Bergpredigt ernst nahmen; Gandhis Praxis war realitätsbezogen. Aber viel fehlt heute noch weltweit an der Verwirklichung. Auf einer Tagung osteuropäischer Intellektueller, an der ich im Frühjahr 1990 teilnahm, wurde gesagt: »Nachdem der entsetzliche Kommunismus überwunden ist, bedroht uns der fast so entsetzliche Nationalismus.« Ein Blick auf Jugoslawien und die Sowjetunion belehrt uns darüber.

Völlig ungelöst sind die Probleme des Südens und der Natur. Wir sollten unser europäisches Haus so rasch wie möglich in erträgliche Ordnung bringen, um uns diesen Problemen mit aller Entschiedenheit zuzuwenden, Problemen, die uns nur wenige Jahrzehnte Frist lassen. Die klassische Ökonomie weiß, daß der fleißige und intelligente Egoismus der Marktteilnehmer die Produktion steigert, der Marxismus wußte, daß der Markt die gerechte Verteilung nicht automatisch erzeugt. In demokratischen Industriestaaten war eine Annäherung an die gerechte Verteilung möglich durch Gesetzgebung und Gewerkschaften. Diese Gerechtigkeit endet heute freilich vielfach bei Minoritäten, die auf Wahlmajoritäten keinen Einfluß besitzen. Und sie endet auf dem Weltmarkt, wo die Nationen selbst die Konkurrenten sind, wo das Bevölkerungswachstum Folge und zugleich Vermehrer der Armut ist, wo alte Kulturen sich nur langsam den abendländischen Handlungsformen anpassen. Und ökologisches Bewußtsein kann man von Menschen nicht erwarten, die nichts mehr zu verlieren haben.

Das Problem der Armut ist uralt in den Hochkulturen. Seine heutige Gestalt aber ist das Werk der europäischen Zivilisation. Ihre moralische Pflicht und ihr simples Überlebensinteresse ist es, sich seiner Überwindung anzunehmen. Laßt uns reif werden, um dies zu versuchen!

Freunde!

(1992)

Liebe deutsche Mitbürgerinnen und Mitbürger!
Liebe Ausländerinnen und Ausländer mit euren Kindern,
ihr, die ihr mitbürgerlich mit uns lebt!

Was wollen wir heute abend bekunden?
Eine Gesinnung.
Was du nicht willst, daß man dir tu,
das füg' auch keinem Anderen zu!
Miteinander leben! – so heißt das Motto des heutigen Abends.
Miteinander leben – das ist eine Gesinnung.
Es soll zu einer hilfreichen Praxis werden.

Es ist eine Gesinnung, soll Praxis werden. Es ist aber noch nicht die Lösung unserer Probleme. Es ist nur eine Vorbedingung ihrer Lösbarkeit. Ohne den Willen, miteinander zu leben, werden die Probleme, die auf uns zukommen, nicht gelöst werden.

Erlauben Sie mir, da ich gebeten wurde, heute zu reden, ein persönliches Wort! Ich war hier in Starnberg zehn Jahre lang in einem Institut tätig, Max-Planck-Institut zur Erforschung der Lebensbedingungen der wissenschaftlich-technischen Welt, also der Lebensbedingungen unserer heutigen Welt. Als wir Wohnungen für unsere Mitarbeiter suchten, nannten wir das Institut im Spaß auch das Institut zur Erforschung der Lebensbedingungen in Starnberg.

Aber was wir gefragt haben, und was die Nachfolger unseres Instituts hier in Starnberg heute noch fragen, das sind eben die Probleme, die jetzt auf uns zukommen. Mehr und mehr Menschen, heute gerade vor allem aus Osteuropa, auf die Dauer aber Milliarden aus dem Süden der Erde, hoffen, in den Westen und Norden zu kommen, also auch zu uns, weil sie nur hier hoffen, unter erträglichen Bedingungen zu überleben, vielleicht nur hier, dem Hunger oder der Diktatur entfliehend, überhaupt zu überleben. Wie wollen wir, die Minderheit der Menschheit, die im reichen Nordwesten lebt, speziell auch wir

Deutschen – wie wollen wir uns diesen gegenüber verhalten, die hierher zu kommen hoffen. Was heißt da »miteinander leben«?

Die Hunderttausende, die sich in den letzten Sonntagen in Berlin, in München, in Hamburg, in vielen Städten mit Lichterketten versammelt haben, die Tausend, die sich heute abend hier versammeln, wollten zunächst nur ihre Bereitschaft bekunden, friedlich mit den Ausländern zu leben, die heute hier bei uns sind. Nichts wird besser, wenn wir gegen sie Gewalt üben. Aber wir, die wir heute abend hier versammelt sind, sollten vorm Schein unserer Kerzen doch auch angeregt werden, uns zu fragen, wie das Problem zu behandeln sei, das nun auf uns zukommt. Ich kenne die Lösung heute nicht. Aber wir müssen wenigstens versuchen, die Menschen zu verstehen, wenn wir ihnen helfen wollen. Drei Gruppen von Menschen sollen wir versuchen zu verstehen. Die größte: die Armen und die politisch Verfolgten rings um den Erdball. Die zweite: uns selbst, die Deutschen, die seit Jahrzehnten in Frieden und in Wohlstand leben. Die kleinste: diejenigen, meist Jungen unter uns, die hoffen, dem Problem mit Gewalt zu begegnen.

Von der größten Gruppe, den Armen und politisch Verfolgten in der Welt, habe ich schon geredet. Für politisch Verfolgte bietet unser Grundgesetz ein Asylrecht – heute, begreiflicherweise, viel debattiert. Aber den vielen Millionen, die hungern, den Hunderttausenden, die verhungern, all den Opfern von Bürgerkriegen wie soeben in Bosnien, all diesen bietet unsere Verfassung wenig; und können wir ihnen helfen? Wie können wir helfen? Wie vielen können wir helfen? Wie vielen können wir nicht helfen?

Damit spreche ich von der zweiten Gruppe, von uns selbst. Ich schlage heute abend keine Lösung vor. Lösungen so schwerer praktischer Probleme findet man nicht durch einen Fackelzug; vielleicht findet man sie in sorgfältiger fachmännischer Erörterung, wenigstens ein Stück weit, wenigstens zehn Prozent einer Lösung. Aber eines möchte ich wünschen: daß niemand, der heute an diesem Lichterzug teilnimmt, darum schon mit einem beruhigten Gewissen ins Bett geht. Der Schmerz über die Hilfe, die wir nicht geleistet haben, soll uns begleiten. Er soll unseren Willen zur Handlung erwecken.

Und die dritte Gruppe soll ernst genommen werden, die gewalttätigen, oft Jungen. Daß diese Bewegung aufkommt, auch wenn sie eine Minderheit ist und, wie ich überzeugt bin, eine Minderheit bleibt, das sollte uns zu denken geben. Wir Alten sind an dieser Reaktion von Jungen nicht unschuldig. Ein politisches System, eine Gesellschaft, die jahrzehntelang unangefochten im Wohlstand lebt, neigt dazu, selbstzufrieden das eigene Wohl zu verfolgen. Zur Selbstgerechtigkeit gehört das Wegschauen von den wahren Problemen. Und sollte man glauben, daß die Jungen diese Selbstgerechtigkeit der Gesellschaft, in die sie hineinwachsen, nicht merken? Und kann man sich wundern, wenn einige von ihnen auf sonderbar spektakuläre Arten des Protests verfallen?

Aber es sei gesagt: dieser Protest erreicht das genaue Gegenteil dessen, was er als seinen eigenen Wunsch ausspricht. Er erzeugt unmeßbar großen Schaden für Deutschland. Der Protest »Deutschland den Deutschen« hält sich ja für national. Die gewaltsamen Handlungen, am schlimmsten diejenigen gegen die Juden, erinnern aber alle Menschen außerhalb Deutschlands an den Nazi-Terror, der nach so kurzer Zeit wie knapp fünfzig Jahren nicht vergessen sein kann. Wenn man Deutschland jeder Handlungsfähigkeit in Europa berauben will, muß man den – zudem unzutreffenden – Eindruck erwecken, die Deutschen würden wieder Nazis. Diese Lektion aber, so meine ich, hat unsere Nation gelernt. Ich bitte die Jungen, daß sie ihren berechtigten Wunsch, unsere Gesellschaft aus ihrem Schlaf der Selbstgerechtigkeit zu erwecken, in klügere Formen kleiden.

Nun wollen wir den Rundgang in unserer Stadt machen, deutsche und ausländische Mitbürgerinnen und Mitbürger, um auszudrücken:

Wir wollen miteinander leben.

Erkennen und Handeln – Physik und Ethik

Eine grundsätzliche Zustimmung zum Projekt Weltethos

(1993)

Freunde!

Für den Vortrag, den ich jetzt halten soll, haben mir die Veranstalter den Titel vorgeschlagen: »Erkennen und Handeln – Physik und Ethik«. Der Vortrag steht im Rahmen der Erörterung des Projekts Weltethos. Leider haben Pflichten gegenüber dem Dalai Lama verhindert, daß ich heute vormittag Hans Küngs Vortrag über das Projekt Weltethos hören konnte. Aber ich kenne einen schriftlichen Entwurf dieses Vortrags, ich kenne aus Lektüre und langen Gesprächen Hans Küngs Meinung hierüber. Deshalb trägt mein Vortrag den Untertitel: »Eine grundsätzliche Zustimmung zum Projekt Weltethos«.

Ich teile den Vortrag in drei Teile:

I. Erkennen und Handeln: Was heißt das praktisch in unserem Jahrhundert?
II. Weltethos als notwendiges Ziel.
III. Praktische Schritte zum Weltethos.

I. Erkennen und Handeln

Was heißt das praktisch in unserem Jahrhundert? Es heißt wohl dreierlei:
Wissenschaft und Technik.
Wissenschaft und Politik.
Wissenschaft und Ethik.

Ich erlaube mir aus meiner persönlichen Erinnerung heraus zu sprechen. Ich bin Physiker. Deshalb wohl hat man mir das Thema »Physik und Ethik« gegeben. Was habe ich als Physiker mit der Technik, mit der Politik, mit der Ethik erfahren?

Als Kind wollte ich Astronom werden. Ich wurde dann Physiker, unter anderem, um die Gesetze verstehen zu lernen, die auch die Geschichte der Sterne beherrschen. Ich wurde Physiker aus reiner Neugier nach der Erkenntnis der Wirklichkeit, die uns umgibt, der wir entstammen und der wir angehören. Freilich bewegte mich seit der Kindheit auch die Hoffnung, durch die Wissenschaft etwas über die Gegenwart Gottes in dieser Wirklichkeit zu erfahren. Technischen Ehrgeiz hatte ich nicht.

Als ich 26 Jahre alt war, um Neujahr 1939, lernte ich von Otto Hahn, daß er, ungesucht und unerwartet, den Urankern zu spalten gelernt hatte, und zwei Monate später, daß dies eine Kettenreaktion auslösen kann, welche Atombomben möglich machen würde – Bomben und, wie man rasch sah, wohl auch wärmeliefernde Maschinen, Reaktoren. Am selben Abend ging ich zu meinem Freund Georg Picht, um über die erschütternde Entdeckung zu sprechen. Wir folgerten: Wenn Atombomben möglich sind, wird es jemanden geben, der sie macht – so ist die heutige Welt beschaffen. Wenn die Atombombe gemacht ist, wird es jemanden geben, der sie einsetzt. Sechseinhalb Jahre später, 1945, war beides geschehen. Schon 1939 folgerten wir, drittens: Wenn das geschieht, so muß die Ursache hierfür, nämlich die politisch anerkannte Institution des Kriegs, in der Menschheit überwunden werden, oder die Menschheit wird sich selbst den Untergang bereiten. Das glaube ich auch heute noch. Welches von beiden geschehen wird, wissen wir noch nicht.

Diese Erinnerung habe ich schon oft erzählt. Was folgt aus ihr, politisch und ethisch? Zunächst: Welche Folgerungen wurden bisher gezogen?

Im Frühjahr 1939 gab es etwa 200 Physiker auf der Erde, die das Problem sahen. Sie verstanden, daß sie für die Folgen die primäre praktische Verantwortung trugen. Der Zweite Weltkrieg war unausweichlich im Kommen, und es gab wenig Grund, zu glauben, er werde der letzte Weltkrieg sein. Die amerikanischen Physiker fürchteten, Hitler könne, also schon in diesem Krieg, die Bombe als erster erhalten. Eine gemeinsame Handlungsweise der Physiker aller Nationen, die Bombe zu vermeiden, wurde als unmöglich erkannt, oder doch als unmöglich angesehen. So bewegten die amerikanischen Physiker ihre Regierung, die Bombe zu bauen. Die Bombe fiel nicht mehr auf Deutschland, aber auf Japan. Sofort erkannten genau die Physiker, die sie gebaut hatten, daß nun bei ihnen die Verantwortung lag, zuerst ihre eigene Regierung und dann, womöglich, die führenden Regierungen der Welt, also die englische, französische und russische, zu einer Regelung zu veranlassen, welche künftig den Atomkrieg vermeiden würde. Nach schweren, oft fruchtlosen Debatten kam es, um 1958 herum, zur Doktrin der gegenseitigen Abschreckung durch gesicherte Zweitschlagskapazitäten. In der Tat war es wohl die berechtigte Angst vor dem atomaren Einsatz, welche den jahrzehntelang drohenden dritten Weltkrieg, den Krieg zwischen den zwei großen politischen Systemen, vermieden hat. Nicht vermieden wurden weit über hundert lokale Kriege, die nicht atomar zu werden drohten; nicht vermieden ist bis heute die Verbreitung der Atomwaffen in mehr Staaten auf unserem Planeten. Die Zukunft ist ungewiß.

Warum erzähle ich das heute auf dem Kirchentag? Unser Thema sind soeben nicht die Details der Politik, sondern das Weltethos. Ich wollte, aus eigener Erinnerung, deutlich machen, daß die Physiker vom ersten Augenblick an ihre ethische Verantwortung für die Verwendung der ihnen ungeahnt zugefallenen Entdeckung gespürt haben. Haben sie richtig gehandelt? Meiner Erfahrung nach waren in diesen letzten fünf Jahrzehnten Physiker und Militärs, also genau diejenigen, die konkret mit diesen Waffen zu tun hatten, am wachsten für die daraus erwachsende Verantwortung. Aber sie wußten die Lösung nicht. Niemand, so scheint es, wußte die Lösung. Daß sie sich dann untereinander zankten, wie es in der Politik zu geschehen pflegt, und daß sie oft unvereinbare Lösungswege versuchten, das war menschlich. Woran aber hängt die bisherige Ungelöstheit des Problems?

Ist Friede unmöglich? Folgt diese Unmöglichkeit aus der Natur des Menschen? Nach meiner historischen Erfahrung sehe ich keine Notwendigkeit, das zu glauben. Erlauben Sie mir, noch einmal mit Kindheitserinnerungen zu beginnen! Als Kind lernte ich in Stuttgart Ludwig Uhlands Gedicht über den Grafen Eberhard den Greiner, d. h. den Zänker, den alten

Rauschebart. Er führte um 1350 Krieg zwischen Stuttgart und Reutlingen, und gegen den adligen Herrn vom Wunnenstein. Nahe am Wunnenstein führt heute die Autobahn Stuttgart-Heilbronn vorbei. Welcher Stuttgarter oder Reutlinger hätte auch nur noch um 1750 herum an einen Krieg zwischen beiden Städten gedacht? Später ging ich zwei Jahre in Kopenhagen in die Schule. Dort lernte ich die Geschichte der mittelalterlichen Kriege zwischen Dänemark und Schweden. Welcher Däne oder Schwede denkt heute an einen solchen Krieg als Möglichkeit? In meiner Kindheit meinten viele Deutsche, die Deutschen und die Franzosen seien Erbfeinde, zu ständigen Kriegen gegeneinander verurteilt. Der letzte dieser Kriege endete 1945. Welcher Franzose oder Deutsche träumt heute noch vom nächsten Krieg zwischen uns?

Was geschieht in solchen Lernprozessen? Werfen wir einen Blick in die ferne Vergangenheit, in die tierische Evolution, in die Geschichte der menschlichen Hochkulturen!

Die tierische Evolution. Eine tierische Spezies, zumal eine sozial lebende Spezies, kann nicht überleben, wenn ihre Angehörigen einander ungehemmt umbringen. Konrad Lorenz hat dies studiert. Tiere einer überlebensfähigen Spezies haben entweder keine natürlichen Waffen, mit denen sie ihresgleichen leicht töten könnten, oder, wenn ihre Klauen und Zähne sie zum Töten von ihresgleichen befähigen, so haben sie dagegen eine natürliche, instinktive Hemmung.

Der Mensch ist eine neue Stufe in der Evolution. Einerseits hat er keine für seinesgleichen gefährlichen Klauen und Zähne: einen Mitmenschen im Ringkampf zu erwürgen ist nicht ganz leicht. Andererseits hat der Mensch den Verstand, der ihn befähigt, tödliche Waffen zu entwickeln. Als natürlich unbewaffnetes Wesen hat er keine zuverlässig zwingende instinktive Hemmung gegen die Tötung von seinesgleichen. Als Waffenbesitzer muß er also eine traditionelle Hemmung entwickeln, eine lehrbare Ethik des Nichttötens von Mitmenschen.

Die Geschichte der Hochkultur. Eine Stadt kann nur überleben, wenn ihre Bürger nicht das Recht haben, einander willkürlich zu töten. Nur die Obrigkeit darf töten oder Tötung erlauben, als Sühne für selbst tödliche Verbrechen. So geschah es auch in territorialen Fürstentümern, schließlich in Großreichen. Aber die Städte, die Fürsten, die Großkönige nahmen sich das Recht heraus, tödlich gegeneinander zu kämpfen. Krieg war eine rechtlich und moralisch anerkannte Institution. Zwischen modernen Staaten aber hat sich auch die auf Vernunft basierende friedliche Koexistenz entwickelt. Der Krieg zwischen Dänemark und Schweden wird heute nicht vermieden, weil er verboten wäre, sondern weil er absurd wäre. Die Entwicklung der modernen Technik, symbolisiert im Weckersignal der Atombombe, zeigt, daß Krieg beginnt, als Institution absurd zu werden. Die Institution des Kriegs muß überwunden werden.

Warum aber, wenn wir diese Zusammenhänge erkennen, trauen wir doch dem Frieden noch nicht? Und ich sage: Wir trauen dem Frieden mit Recht noch nicht. Er ist noch nicht Weltfriede. Der Zusammenbruch des einen der beiden Weltmachtsysteme hat die Kriege nicht gebremst, sondern vermehrt. Warum ist der Weltfriede, heute die einzig rationale Weise des Zusammenlebens, noch nicht erreicht?

Friede kann nicht isoliert von anderen Bedingungen hergestellt werden. Gestern nachmittag mußte ich mit dem Dalai Lama über den Weg zum Frieden, zur Gerechtigkeit, zur Bewahrung der Schöpfung reden. Ich habe dort, neben der Notwendigkeit, die Institution des Kriegs zu überwinden, zwei weitere Sätze zitiert:

»Kein Friede ohne Gerechtigkeit, keine Gerechtigkeit ohne Frieden.«

»Kein Friede unter den Menschen ohne Frieden mit der Natur; kein Friede mit der Natur ohne Frieden unter den Menschen.«

Solche Sätze werden nicht seriös, wenn man sie nicht konkret anwendet. In der gestrigen Rede habe ich drei Beispiele für den Zusammenhang zwischen fehlender Gerechtigkeit und fehlendem Frieden angeführt: die Schuldenkrise des Südens, die Lage Tibets unter chinesischer Herrschaft, den Krieg in Bosnien. Die Aufgabe meines heutigen Vortrags ist nicht, spezielle politische Vorschläge zu machen; das Ethos ist das heutige Thema. Ich frage deshalb nur nach den ethischen Problemen und den seelischen Konsequenzen dieses Konflikts. In allen drei Fällen ist das Problem eine Herrschaft, die von den

Unterworfenen oder den als Revolutionäre Bekämpften mit sehr guten Gründen als ungerecht empfunden wird und deren freiwillige Aufhebung in allen drei Fällen für die Herrschenden wie für die Beherrschten die Lage sehr verbessern würde: Friede ist fruchtbarer als Krieg und als Unterdrückung. Warum aber handeln die Herrschenden nicht so? Der tiefe Grund dürfte in allen drei Fällen die Angst sein: die Angst der nördlichen Kapitalisten vor zeitweiligen Verlusten, die Angst chinesischer Kommunisten vor einer Insel der Freiheit, die Angst der bisher herrschenden Nation Jugoslawiens vor den anderen Nationen.

Wie aber könnten die Kämpfenden von der Angst befreit werden? Könnte ein gemeinsames Ethos ihnen die Angst nehmen?

So komme ich zu meiner zweiten Frage:

II. Weltethos als notwendiges Ziel

In diesem mittleren Abschnitt der Rede frage ich noch nicht, ob, und wenn ja wie das Ziel erreichbar ist. Ich wage einen Ausblick auf das, was in der Fortentwicklung der Menschheit notwendig wäre.

In den letzten beiden Jahrhunderten ist die Geschichte der Menschheit radikal verändert worden durch die Entwicklung der Wissenschaft und der durch sie ermöglichten Technik. Die Wissenschaft selbst war durch diese ihre unerwarteten Möglichkeiten zutiefst überrascht. Ich habe einleitend die Überraschung der Physiker durch die Möglichkeit der Atombombe geschildert. Ich füge, mehr spielerisch, ein anderes Beispiel in Gestalt einer frei erfundenen Anekdote hinzu. Wäre um 1850 herum zu einem führenden Physiker ein Student gekommen und hätte gesagt: »In 150 Jahren werden die Menschen in Europa in ihren Zimmern sitzen und auf einem Bildschirm sehen, was soeben in Japan geschieht«, so hätte der Professor vermutlich geantwortet: »Lieber junger Mann, wir leben doch nicht mehr in den magischen Träumen des Mittelalters. Sie wissen doch so gut wie ich, daß das Licht nicht rund um die Erde laufen kann.« Wenige Jahrzehnte später schloß Marconi aus der Maxwellschen Feldtheorie des Elektromagnetismus, daß Radiosignale um die Erde würden laufen können. Und die Medien sind heute wohl eine größere Macht als die Atombombe.

»Wissen ist Macht« haben Philosophen wie Bacon und Descartes schon kurz nach 1600 ausgesprochen, früher als die nach Wissen verlangenden Wissenschaftler diese Konsequenz reflektierten. »Macht ist an sich böse«, sagte der Historiker Jacob Burckhardt, schon vor 1900. Ich folge ihm nicht wörtlich. Aber ich sage: Macht ist ambivalent, und Macht als Selbstzweck, nicht von einer Ethik geleitet, ist in der Tat böse. Wenn heute die Menschheit durch technische Medien der Selbstverführung, durch technische Waffen der Selbstzerstörung zum Opfer fallen kann, dann ist es unerläßlich, daß diese Macht von einem Ethos gesteuert wird, das moralisch ebenso wach und differenziert ist, wie die Wissenschaft sich intellektuell differenziert hat. Geschieht das nicht, so ist der Mensch das schlimmste Produkt der Evolution, der Mörder der Natur und seiner selbst.

Was aber meinen wir, wenn wir von einem solchen notwendigen Ethos sprechen? Ich beginne zunächst mit der klassischen Unterscheidung von Legalität und Moralität. Hans Küng knüpft an diese Unterscheidung an, wenn er erwägt, der Deklaration der Menschenrechte, welche die Vereinten Nationen 1948 abgegeben haben, könne in einer nicht zu fernen Zukunft eine Deklaration des Weltethos folgen, welche vorwiegend, aber nicht ausschließlich, gemeinsam von den großen Religionen auszusprechen wäre. Ob dies ein zweckentsprechender Gedanke ist, werde ich erst im letzten Teil meines Vortrags fragen. Jetzt weise ich nur darauf hin, daß die Menschenrechte *legal* von den *politischen* Instanzen gefordert worden sind, das Weltethos aber nach Küng *moralisch* von den *religiösen* und *ethischen* Instanzen zu fordern wäre. Den Unterschied von Legalität und Moralität definiert Immanuel Kant so: Legalität ist Handeln *gemäß* dem Gebot, Moralität ist Handeln *aus Achtung* für das Gebot.

Ich möchte mich an dieser Stelle zu meiner persönlichen Überzeugung bekennen, daß die Einführung des Legalitätsprinzips in die Verfassungen der modernen Staaten vielleicht der größte *moralische* Fortschritt ist, den die Menschheit im politischen Felde in den letzten Jahrhunderten gemacht hat. Strafrechtlich bedeutet das Legalitätsprinzip, daß der Mensch juristisch nur für seine Handlungen, aber nicht für seine Gesinnung bestraft werden darf. Ich halte dies für einen fundamentalen moralischen Fortschritt gegenüber Ketzerverfolgungen und gegenüber der Justiz totalitärer Systeme: Gott allein sieht das Herz, der menschliche Richter darf nur über Handlungen urteilen.

Ich weise auf diese Unterscheidung hin, um nun zu sagen, daß die berechtigte Forderung nach einem Ethos angesichts der Macht von Wissenschaft und Technik nicht auf legale Forderungen eingeschränkt werden kann. Otto Hahn war legal an der Atomwaffe völlig unschuldig. Nicht nur war seine Entdekkung ohne jede technische Absicht entstanden. Auch im Krieg hat er rein wissenschaftliche Untersuchungen gemacht, die nicht für Bomben, allenfalls für die realen Arbeiten an dem Entwurf eines Reaktors von Belang waren. Aber er sagte mir 1939: »Wenn durch meine Entdeckung Hitler eine Atombombe bekommt, bringe ich mich um.« Und als er 1945 die Nachricht von Hiroshima hörte, war er fast ebenso verzweifelt, ausdrücklich über seine Mitverantwortung für den Tod dieser Menschen. Für nichts habe ich ihn so geliebt wie für diese spontane Empfindung der Mitschuld. Nur wer so zu empfinden vermag, wird die Handlungen vollziehen können, die das Ethos der technischen Welt von uns fordert. Eine Wissenschaft, die sich hinter ihrer legalen Unschuld an den Folgen ihrer Entdeckungen versteckt, wird eben dadurch mitschuldig an diesen Folgen. Wir müssen im Blick auf die eintretenden Folgen verantwortlich handeln.

Was aber ist das Gebot, aus Achtung vor dem wir nach Kant moralisch handeln? Kant formuliert sein Prinzip als den kategorischen Imperativ: »Handle so, daß die Maxime deines Handelns stets zum Prinzip einer allgemeinen Gesetzgebung werden könne.« Das ist eine begriffliche Verallgemeinerung der uralten goldenen Regel: »Behandle deine Mitmenschen so, wie du von ihnen behandelt werden willst.« Kant ist einer der großen Vertreter der *Aufklärung*. Er definiert die Aufklärung als den Ausgang des Menschen aus seiner selbstverschuldeten Unmündigkeit. Wenn Küng religiöse und nicht religiös fundierte Ethiken in seinem Weltethos berücksichtigen will, so nimmt er die Aufklärung gleichsam in die Gemeinschaft der Religionen, an die er sich wendet, mit auf. Ich glaube, daß er damit das Richtige tut. Die moderne Wissenschaft atmet im Geiste der Aufklärung. Ausgang, d. h. Fortgehen aus der selbstverschuldeten Unmündigkeit: Wahrheitssuche im Geiste der Wissenschaft ist die Bereitschaft zu steter Selbstkritik.

Wie verhält sich nun die Aufklärung zur Religion?

In meiner gestrigen Rede habe ich vier überlieferte Aufgaben der Religion genannt: Sie ist

a) Träger einer Kultur,
b) radikale Ethik,
c) innere Erfahrung,
d) Theologie.

Die Aufklärung der Wissenschaft und Technik ist heute die einzige Denkweise, die die Kulturen unwiderstehlich durchdringt; wer einen Lichtschalter anknipst oder sich ans Lenkrad eines Autos setzt, beweist damit seinen selbstverständlichen Glauben an die wissenschaftlich begründete Technik. Ist dieser Glaube zugleich einer radikalen Ethik fähig? Kant verlangte genau dies von der Aufklärung. Haben Wissenschaft und Technik diese Ethik hervorgebracht? Nein. Eben dies wäre die Aufgabe ihres Anteils an der Suche nach dem Weltethos.

Nun wenden wir den Blick wieder den Religionen zu. Haben sie radikale Ethik hervorgebracht? Ja. In den Zehn Geboten des Alten Testaments, in der Bergpredigt von Jesus, in den Forderungen des Hinduismus und Buddhismus, die den Weg zum besseren Karma, zur besseren Wiedergeburt lehren, in der konfuzianischen Weisheit ist radikale Ethik gefordert. Aber haben die historischen Religionen die Forderungen ihrer Stifter vollzogen? Ich fürchte, wir müssen sagen: Nein. Die Geschichte der Religionen ist die ständige Wiederholung des Widerspruchs der wahrhaft ethisch Handelnden gegen die eingerissene Machtpraxis der zum Herrscher gewordenen Religion. Und diese Machtpraxis war und ist weitgehend ein Produkt der Angst. Das Ethos aber sollte uns befähigen, die Angst zu überwinden.

Ich sagte vorhin, daß, etwas anders als dort ausgedrückt, die

Reife des wissenschaftlich-technischen Bewußtseins eine analoge Reife des ethischen Bewußtseins verlangt. Hieran gemessen sind Religion und Aufklärung unvollendet. Und ich glaube, daß sie eine notwendige Reife nur erreichen können, wenn jede von beiden die andere völlig ernst nimmt: wenn die Religion die Wahrheit der Aufklärung ernst nimmt, und die Aufklärung die Wahrheit der Religion.

Was aber ist hier die Wahrheit der Religion? Die Religionen sind tief verschieden: in den Kulturen, welche sie tragen, in den Ritualen und speziellen moralischen Regeln, in den Theologien, in welchen sie auch ihre innere Erfahrung interpretieren. Diese Verschiedenheit sollen wir tolerieren, ja wir sollen sie wollen. Nächstenliebe heißt, den Mitmenschen so anzunehmen, wie er wirklich ist. Alle Menschen sind verschieden, und das ist der Reichtum des Menschseins. Alle Religionen sind verschieden, und das ist der Reichtum der Religion. Aber sie suchen Wahrheit, und überlieferte Religion wie moderne Aufklärung glaubt im Grunde an *eine* Wahrheit. Erkannte Wahrheit muß jedoch in gewissem Sinne intolerant sein. Wer weiß, daß zwei mal zwei vier ist, kann nicht aufrichtig zugeben, es könne auch fünf sein. Wahrheits*suche* freilich ist tolerant. Wenn der Buddha sagt: »Wenn deine Einsicht meiner Lehre widerspricht, so mußt du deiner Einsicht folgen«, so meint er nicht, widersprechende Einsichten könnten gleichzeitig wahr sein. Aber er weiß, daß der Gesprächspartner nur dann von seiner, Buddhas Lehre Gewinn haben wird, wenn er sie selber einsieht, nicht aber, wenn er sie nur gehorsam nachredet. Als Wissenschaftler fühle ich mich zu Hause in dieser Haltung; und der Wissenschaftler hat gelernt, auch seine eigene Lehre immer wieder aufrichtig der Kritik auszusetzen.

Es gibt aber, soweit ich habe wahrnehmen können, zwei Bereiche, in denen die Religionen fast ununterscheidbar werden. Das sind die höchsten Stufen der Ethik und der inneren meditativen Erfahrung. Ich versuche ein Wort darüber am Beispiel der Bergpredigt Jesu. Man kann in ihr drei Schichten unterscheiden: das äußere Gebot des Handelns, das nur die Gebote der jüdischen Religion streng und sinngemäß auslegt; das innere Gebot der Gesinnung, eben die spontane Achtung des Gebots: tue nicht nur das Gebotene, sondern liebe deinen

Nächsten wie dich selbst; und schließlich den Indikativ der Seligpreisungen, eine innere Erfahrung: selig seid ihr, wenn ihr Frieden stiftet, Gerechtigkeit sucht, barmherzig seid. Und diese innere Erfahrung berührt sich mit dem, was die Meditation wahrnimmt.

Freilich wird der begonnene Dialog der Religionen, der nicht aufhören kann und darf, viele ihrer Normen und viele Sätze ihrer Theologie tiefgehend verändern. Dies ist ein weiter Weg. Die Religion ist unvollendet. Und so ist es auch die Aufklärung.

Werden Religion und Aufklärung diese Schritte überhaupt rechtzeitig zu gehen vermögen? Und welchen Weg können wir dazu beschreiten?

Das führt uns zum dritten Thema:

III. Praktische Schritte zum Weltethos

Wir sollen arbeiten.

An der Erwerbung eines Ethos zu arbeiten heißt vor allem, nach diesem Ethos konkret zu handeln. Ich werde am Schluß ein paar Handlungen nennen, die heute möglich werden. Aber das Handeln verlangt zugleich, daß wir unsere Gedanken darauf richten. Welche gemeinsamen ethischen Überzeugungen können heute in der Menschheit herausgebildet werden?

Hans Küngs »Projekt Weltethos« zielt genau auf diese Arbeit, auf das aktive Herausarbeiten der gemeinsamen Überzeugungen. In seinem heutigen Vortrag hat er die Absicht einer gemeinsamen »Erklärung eines Weltethos« vor Vertretern aller großen Religionen besprochen und den Entwurf einer Präambel dafür wörtlich zitiert. Es ist zu hoffen, daß in diese Erklärung die Absicht eingeht, die in einer früheren Äußerung einer vorwiegend amerikanischen Gruppe ausgesprochen war, daß jede Religion Arbeitsgruppen bildet, welche die ihr eigenen ethischen Prinzipien formulieren und auf ihre Vereinbarkeit oder Übereinstimmung mit den ethischen Prinzipien Anderer überprüfen sollen. Das wäre ein Stück der notwendigen Arbeit. Ich habe dieser Absicht ausdrücklich zugestimmt (»Zeit und Wissen«, 1992, S. 1064-67). Verglichen mit dem »konziliaren

Prozeß für Gerechtigkeit, Frieden und Bewahrung der Schöpfung«, schien mir das Projekt der Allgemeinen Erklärung eines Weltethos vorerst thematisch bescheidener, global umfassender und arbeitstechnisch gründlicher zu sein.

Gerade die arbeitstechnische Gründlichkeit wird uns dann aber auf Fragen des Präzisierens führen. Ich möchte hier eine kritische Frage nennen, die Wolfgang Huber schon früher und vor einigen Monaten wieder in Hofgeismar (Hofgeismarer Protokolle, Nr. 299, 1993) geäußert hat. Wie Küng, der die großen Religionen ja in umfassenden Büchern studiert hat, sieht Huber die tiefe Verschiedenheit auch vieler ethischer Prinzipien der Religionen, und wie Küng sieht er den Reichtum in dieser Vielfalt. Er will daher ausdrücklich die Gefahr eines »radikalen Universalismus« vermeiden, also des Gleichmachens des legitim Verschiedenen. Er bejaht die Notwendigkeit, dasjenige herauszuarbeiten, was zum Überleben der Menschheit unerläßlich ist und was er »planetarisches Ethos« nennt. Er will dies auf das zum Überleben notwendige Minimum beschränken. Ich sehe in dieser Vorsicht keinen Gegensatz gegen die Arbeitsabsicht im Projekt Weltethos, so wie sie sich heute anfassen läßt. Ich hoffe daher auf enge Zusammenarbeit der Beteiligten.

Freilich gestehe ich, daß ich hierin nur einen pragmatisch notwendigen ersten Schritt der Arbeit sehe. Im mittleren Teil meines Vortrags habe ich gesagt, inwiefern meiner Überzeugung nach Religion und Aufklärung unvollendet sind und weiterer Reifung dringend bedürfen. In der Absicht des »Projekt Weltethos« sehe ich eine Wahrnehmung dieser notwendigen weiteren Schritte, und ich sehe in ihr die kluge Auswahl eines ersten Schritts, der heute geplant werden kann, also einen Übergang aus der bloßen Erwartung in die konkrete Arbeit. Mehr Arbeit aber wird, wenn dieser erste Schritt glücken sollte, unausweichlich folgen.

Woran sollen wir konkret arbeiten? Wenn an einem Ethos zu arbeiten heißt, nach diesem Ethos zu handeln, so stellt sich uns die Frage, wo wir handeln sollen.

Der jetzige Kirchentag steht unter dem Motto »Nehmet einander an«. Das geht zunächst jeden Einzelnen an. Stets von neuem begegne ich Menschen, die ich annehmen soll und darf.

Der Einzelne kann dabei an Grenzen dessen stoßen, was er leisten kann; ich fürchte, ich kann davon aus eigener Erfahrung ein Lied singen. Die Aufgabe, den Ausländerhaß zu überwinden, fordert jeden Einzelnen von uns, sie fordert aber zugleich angemessene Handlungen im vielleicht schwersten politischen Problem der kommenden Jahre, dem Problem der Flucht aus dem Elend, das sich heute für wenigstens eine Milliarde Menschen stellt. Im gestrigen Vortrag habe ich drei konkrete politische Probleme genannt, heute habe ich sie wieder zitiert: Schuldenkrise, Tibet, bosnischen Krieg. Sie sind verschiedene einzelne Beispiele derselben ungelösten Problemlage.

Aber, so wird jeder von uns fragen, wie können wir Einzelnen die großen Probleme der Politik lösen? Welchen Einfluß habe ich auf die Politik amerikanischer Banken, der chinesischen Regierung, der bosnischen Nationalitäten? Ja, welchen Einfluß habe ich auch nur auf unsere eigenen Politiker? Politikverdrossenheit ist heute in unserem Lande ein Schlagwort. Was kann da persönliches Ethos leisten?

Mir liegt daran, zu sagen, daß diese Verzagtheit politisch ein Irrtum und ethisch falsch ist. Man schiebt die Schuld auf die Politiker. Ich habe das Schicksal gehabt, führende Politiker seit Jahrzehnten zu kennen, und würde sagen: Sie sind eben auch Menschen. Eines ihrer Probleme in der Demokratie ist: ein Mitglied der Regierung ist oft genug in der Lage, das notwendige und vernünftige Handeln zu wissen, aber er weiß auch, daß bei der bestehenden öffentlichen Meinung die Regierung die nächste Wahl verlieren wird, wenn und weil sie das Notwendige und Vernünftige tut. Und hier beginnt die politisch-ethische Aufgabe jedes Einzelnen. Es ist die Aufgabe z. B. jedes Besuchers des heutigen Kirchentags, das, was er als politisch notwendig kennt, bei seinen Freunden und Gesprächspartnern und, soweit er es kann, in der Öffentlichkeit zu vertreten; vielleicht wird dann bei der nächsten Wahl die Vernunft besser honoriert.

Deshalb aber muß ein Vortrag über Weltethos versuchen, das politisch Notwendige und Vernünftige und darum im Prinzip Mögliche zu bezeichnen. Ich wiederhole jetzt nicht, was ich gesagt habe über die Notwendigkeit, die Institution des Kriegs zu überwinden, und anhand der drei Beispiele über die für den

Frieden unter den Menschen notwendige Gerechtigkeit. Ich ende mit ein paar Worten über den Frieden mit der Natur. Dafür verweise ich auf das Buch »Erdpolitik« des auf diesem Kirchentag anwesenden Ernst Ulrich v. Weizsäcker (erschienen bei der Wissenschaftlichen Buchgesellschaft in Darmstadt, 3. Auflage 1992) und auf einige neuere Vorträge desselben Autors. Ich wähle als Beispiel ein einziges Problem aus: die voraussichtlich katastrophale Klimaänderung in wenigen Jahrzehnten durch den sogenannten Treibhauseffekt, welcher durch die ständig wachsende Verbrennung fossiler Brennstoffe, also Kohle und Öl, erzeugt wird.

Die These ist: Mit heute möglichen Formen der Technik könnte der Brennstoffverbrauch innerhalb von Jahrzehnten auf ein Drittel des heutigen gesenkt und gleichzeitig die ökonomische Leistung fast vervierfacht werden. Aber diese Formen der Technik sind heute teurer als die jetzige Form des Energieverbrauchs. Die Antwort wäre eine ökologische Steuerreform. Die Preise müssen die ökologische Wahrheit sagen. Eine Jahr für Jahr um ca. 5 Prozent fortschreitende Erhöhung der Brennstoffsteuern, nicht zuletzt des Benzins, wäre für alle Verwender des Brennstoffs noch erträglich und würde gerade rechtzeitig der Brennstoffersparnis auf dem Markt den ihr gebührenden Vorteil, verglichen mit der jetzigen Energieverschwendung, geben. Eine solche Steuerreform ist ohne weiteres durchsetzbar, wenn es für sie eine parlamentarische Mehrheit gibt, und diese Mehrheit wird es geben, wenn die Politiker wissen, daß sie für diesen Akt der Vernunft bei der nächsten Wahl vom Wähler nicht bestraft, sondern belohnt werden. Also schaffe man das öffentliche Verständnis für die Aufgabe.

Natürlich ist das ökologische Problem weltweit. In einer einzelnen Nation, wie der deutschen, kann die Besorgnis entstehen, in Schwierigkeiten zu kommen, wenn sie in dieser Sache den Vorreiter darstellt. Noch vor wenigen Jahren hat diese Sorge unsere Politik gehindert, uns darauf einzulassen. Heute aber hat bereits die EG, die Europäische Gemeinschaft, solche Maßnahmen ernstlich erwogen. Soll man aus Angst vor kurzfristigen Schwierigkeiten das langfristig Fällige unterlassen?

Ich komme zum Ende. Ich habe mehrere Möglichkeiten einer weltweiten Katastrophe genannt: den Weltkrieg, die

Milliardenwanderung wegen des Hungers, den Umsturz des Klimas. Nichts davon ist an sich unvermeidlich. Weltethos bedeutet hier, das Vernünftige und Notwendige erkennen und tun zu wollen. Alle großen Religionen sind offen für die tiefen Motive für solches Handeln. Dies einzuüben liegt auf dem Weg der praktischen Schritte zum Weltethos.

Wir sollen arbeiten. Wir dürfen hoffen.

Wir dürfen arbeiten. Wir sollen hoffen.

Zur Namengebung von Jahrhunderten

(1993)

E. U. v. Weizsäcker hat seinem Buch »Erdpolitik« den Untertitel gegeben: »Ökologische Realpolitik an der Schwelle zum Jahrhundert der Umwelt«. Der Titel des I. Kapitels wiederholt: »Einleitung: Aufbruch ins Jahrhundert der Umwelt«, und das Kapitel beginnt mit einem Abschnitt »Das Jahrhundert der Ökonomie: eine Episode«. In diesem Abschnitt werden auch früheren Jahrhunderten Namen gegeben:

»Im 17. Jahrhundert war – zumindest in Mitteleuropa – der Religionskrieg das kulturbestimmende Geschehnis.«

»Das 18. Jahrhundert wurde zum Jahrhundert der Fürstenhöfe.«

»Im 19. Jahrhundert wurde der Fürstenhof durch den Nationalstaat ersetzt, den die bürgerliche Revolution hervorgebracht hatte.«

»Kolonialismus und Weltkrieg, Weltwirtschaftskrise und Massenarbeitslosigkeit, Totalitarismus und Atombombe bilden den Übergang zu unserer ökonomischen Kultur... Vor diesem meist grauenhaften Hintergrund ist unsere heutige ökonomische Wertewelt auch als der Versuch zu verstehen, endlich Vernunft, Wohlstand und Frieden in eine von Krieg, Ideologien und Machtanmaßungen vergiftete Welt zu bringen.« (S. 4)

»Wer weiß? Vielleicht empfinden die Menschen künftiger Jahrhunderte unsere heutigen ökonomischen Werte auch als Torheit, womöglich als größere Torheit als die Werte der Scholastik, der Konfessionskriege oder des Nationalstaats.

Exakt diese Befürchtung habe ich.« (S. 5)

»Es ist nun meine These, daß die schönen Tage des ökonomischen Konsenses gezählt sind.« (S. 6)

»›Jahrhundert der Umwelt‹, das klingt zunächst wie eine schöne Verheißung. Aber das ist offensichtlich nicht gemeint. Gemeint ist die grausame Realität, die sich einstellt und die unvermeidlich kulturbestimmend wird, wenn die Plünderung des Planeten durch den Menschen sich noch ein bis zwei Jahrzehnte fortsetzt.« (S. 8)

»Religion und Kultur, Bildung, Recht und Wirtschaft (ja: Wirtschaft) werden im Jahrhundert der Umwelt vom ökologischen Diktat bestimmt sein.« (S. 9)

Das Buch aber verspricht eine ökologische Realpolitik, also nicht den trägen Optimismus oder den noch trägeren Pessimismus, sondern den Realismus des Frosches, der, ins Milchfaß gefallen, solange strampelte, bis Butter entstanden war (dieses Gleichnis nicht vom Verfasser!).

Diese Namengebung für fünf Jahrhunderte legt einen geschichtsphilosophischen Entwurf nahe, den ich zuerst im Anschluß an Erwägungen des Verfassers und dann noch einmal an einige meiner eigenen Überlegungen andeuten will.

Die Kennzeichnungen der Jahrhunderte, die ich im Auszug zitiert habe, können als der dialektische Fortschritt des Suchens nach der Realität in den Bedingungen menschlichen Lebens verstanden werden.

Die Religionskriege des 17. Jahrhunderts verstehen sich im Rahmen der Konfliktform der Theologie. Es geht um das Heil der Seele, darum die Unerbittlichkeit des Glaubens. Wenn die Unerbittlichkeit aber zum fürchterlichen Blutvergießen führt, dann ist es ein Fortschritt auf dem Wege zur Aufklärung, der notwendigen Toleranz die politisch am leichtesten realisierbare Form zu geben, daß nämlich der regierende Fürst den zugelassenen Glauben seiner Untertanen bestimmt: cuius regio, eius religio.

Die Aufklärung des 18. Jahrhunderts, freier entfaltet im Fürstenstaat, erkennt aber, daß der Wille des Fürsten keine Garantie der Vernunft gibt und daß die Selbstverteidigung der fürstlichen Macht die Freiheit nicht zulassen kann, derer das Glück der Bürger, zumal um der Ausübung ihrer Vernunft willen, bedarf. Wahrheitssuche braucht die freie Debatte und die praktische Erprobung des als richtig Vermuteten.

Der Nationalstaat des 19. Jahrhunderts sucht die notwendige Machtverfügung in die Hand der Vertreter seiner Bürger zu legen. De facto ist er damit bereits eine ökonomische Organisation. Industrialisierung findet statt. Die Bürger konnten die politische Macht übernehmen, nachdem die seit der Renaissance herangereifte Marktwirtschaft die ökonomische Macht schon aus der Hand des Adels in die Hand der Bürger überliefert hatte. Der große soziale Konflikt des Jahrhunderts wird von der Arbeiterschaft getragen, die selbst ein Produkt der industriellen Ökonomie war.

Das ökonomische Selbstverständnis des 20. Jahrhunderts orientiert sich an den Erfahrungen und daran anschließend an der ökonomischen Theorie des Markts. Wie Adam Smith sah, motiviert der freie, polypolistische Markt den Egoismus und damit den Fleiß und die Intelligenz der Millionen Marktteilnehmer. Diese Erfahrung ermutigt politisch zur repräsentativen Demokratie. Die Macht geht soweit als durchführbar vom Fürsten auf die politische und ökonomische Elite und weiter auf die zur Selbstbestimmung willigen Bürger über.

Der Markt aber hat Schwächen, die z. T. Adam Smith schon sah. Drei Dinge kann nach Smith der Markt nicht leisten: den Schutz der Nation nach außen, die Garantie des Rechtsstaats nach innen, die Infrastruktur, deren Errichtung (z. B. Leuchttürme) dem daran Arbeitenden keinen persönlichen Profit bringt. Dies muß der Staat leisten. Ich füge hier eine Auffassung von C. Ch. v. Weizsäcker ein, die mir unmittelbar einleuchtet. Die neoklassische Ökonomie versteht den Markt, wenn die genannten Bedingungen erfüllt sind, als essentiell stabil, also z. B. konstanten Volumens fähig. C. Ch. v. Ws Doktorarbeit aber enthielt die heute anerkannte These, daß die ökonomisch optimale Zinsrate gleich der Wachstumsrate der Wirtschaft ist, bei Nullwachstum also Null. D. h. selbst der Markt ist nur bei Wachstum, also fortdauernder Veränderung stabil; denn wenn er vom Optimum abweicht, so erzeugt er automatisch das Wachstum, dessen er bedarf. Dies aber führt zu unweigerlichen sozialen und politischen Spannungen. Die Ungleichheit der Profite ist ein unvermeidliches Produkt des Marktmechanismus. Der marxistische Sozialismus sah diese Instabilität klarer als die marktgläubigen Optimisten, aber er erlag dem tieferen Irrtum, eine soziale Ordnung, die der Marktmotive nicht mehr bedarf, könne durch Revolution entstehen. Die Absurdität dieser Hoffnung ist in unseren Tagen deutlich ans Licht getreten.

Die prognostische Bezeichnung des 21. Jahrhunderts als Jahrhundert der Umwelt geht von der heute offenbar werdenden Krise einer wachsenden Marktwirtschaft aus. Nun wird der Mensch genötigt, sich als abhängiges Kind der Natur zu erkennen. Auch dies ist ein Schritt der Aufklärung. Das Buch »Erdpolitik« enthält vier Teile. Teil I, Der Rahmen, schildert die Entstehung praktischer Bemühungen, in denen sich das Problem erst deutlich zeigt. Teil II, Krisenfelder, schildert die völlig ungelösten Probleme in den fünf Bereichen der Energie (und Stoffe), des Verkehrs, der Landwirtschaft, der Dritten Welt, der biologischen Vielfalt und Gentechnik. Teil III liefert realpolitische Lösungsansätze. Diese müssen und können drei Bedingungen erfüllen: die Orientierung an der Vorsorge für das als notwendig Erkannte, das Verursacherprinzip, die Kooperation. Teil IV geht über das bisher realpolitisch Postulierte hinaus zur Vision eines neuen Wohlstandsmodells über. Der konkrete Inhalt dieser Teile ist nicht Gegenstand der jetzigen Aufzeichnung. Er hat für mich überzeugenden Charakter.

Ich erlaube mir nun, diese Dialektik noch einmal zu durchlaufen im Rahmen meiner Überlegungen zur Geschichtsphilosophie.

Der Mensch ist ein Kind der Natur, also der Evolution. Evolution ist notwendigerweise konfliktbeladen. Hier vollzieht Darwin den Schritt zu einer Sicht der Natur, die den herrschenden abendländischen Harmonisierungen widerspricht, aber vereinbar ist mit den Einsichten Buddhas. Daß Ökonomie nur wachsend stabil sein kann und eben darum essentiell instabil ist, ist nur ein Beispiel für die Struktur der Evolution. Der Mensch als denkendes Wesen forciert einerseits das Tempo der Evolution, scheint andererseits fähig, eben die dadurch gestellte Aufgabe zu sehen.

Die abendländische Kultur, die heute strukturell die Menschheit beherrscht, speist sich aus den drei Quellen des Griechentums, des Judentums und des Römischen Reiches (Kyoto-Vortrag). Alle drei sind kritische Kinder des Wachstums der Hochkultur. Die Juden verstanden sich als ein Volk, das geschaffen ist, um in der sonst so bösen Welt Gottes Willen zu tun. Die Zukunftshoffnung ihrer Propheten ist diesseitig. Eben diese diesseitige Hoffnung ist die Botschaft Jesu. Aber hierfür genügt nicht die Rationalität; der allwirksame lebendige Glaube (pistis = fides = Vertrauen auf Gott) ist nötig. Rationalistischer formuliert enthält die griechische Philosophie, deutlich bei Platon oder in der Stoa, eine verwandte Einsicht und Forderung. Das Römische Reich war in den Hoffnungen seiner guten Kaiser der Raum für ein solches Ziel. Aber es konnte den Hoffnungen der Christen nicht genügen. Sie hofften auf sein Ende, wurden seine Herren und vermochten die Welt nicht zu verwandeln. So entsteht die Verschiebung der Hoffnung auf ein unirdisches Jenseits (dazu Zeit und Wissen, I 10.3 Konflikt als Form der Theologie und Philosophie; II 8.3 C. G. Jung; II 10.1 Eugen Rosenstock: Die europäischen Revolutionen; II 10.2 Säkularisierung). Diese Hoffnung erfüllt das erste christliche Jahrtausend. Hoch- und Spätmittelalter wenden sich dem Blick auf die diesseitige Realität zu. Rosenstock schildert die Folge der hieraus entstehenden Revolutionen als eben die Dialektik, die oben in den Namengebungen der Jahrhunderte angedeutet war. Jede Revolution versucht, das Notwendige, das Gute zu verwirklichen, scheitert im Ergebnis daran und gibt so zur nächsten Revolution den Anlaß. Die Papst-Revolution des 11. Jahrhunderts (Gregor VII.) versucht die vom Kaiser und Adel beherrschte Welt dem Willen Gottes zu unterwerfen. Ihr Ergebnis ist das Italien der Renaissance; der Papst besiegt den Kaiser und wird vom französischen König besiegt; der Fürstenstaat bereitet sich vor. Die Reformation Luthers will den Selbstbetrug der Papstkirche überwinden und überträgt die Herrschaft über die Kirche faktisch dem Landesherrn.

Der Religionskrieg des 17. Jahrhunderts ist der letzte Versuch, die Welt vom Christentum her zu ordnen. Die Fürsten bleiben übrig. Die Revolution versuchte unter den Namen Freiheit, Gleichheit, Brüderlichkeit das zu verwirklichen, was die Christen gelehrt, aber nicht vollzogen hatten. Der Markt vollzog die maximal bisher mögliche Freiheit, nicht aber die Gleichheit, und verbannte die Brüderlichkeit in politische Ideologien. Der Marxismus hat eine jüdische oder christliche ideologische Hoffnung, diesseitig, aber de facto irrig. Besteht Aussicht, daß das Jahrhundert der Umwelt die notwendige Einsicht und Praxis erzeugt?

Es ist Pflicht, den Willen hierzu auszubilden, und darum geht es dem Buch »Erdpolitik«. Es sei aber noch ein Blick der Reflexion auf den bisherigen Gang der Geschichte geworfen.

Die großen Imperien der Weltgeschichte, so auch das römische, hielten in ihren guten Phasen ein gewisses Gleichgewicht zwischen den technischen Hilfsmitteln ihrer Zeit, der den Menschen im Durchschnitt zugänglichen Moral und der praktischen Administration. Aber stets nach wenigen Jahrhunderten kamen tiefe Krisen. Meine Hypothese ist, daß jede dieser Kulturen nur so lange stabil war, als es in ihr ein wenngleich langsames Wirtschaftswachstum gab. Wachstum gestattet Regieren mit Kompromissen, Stagnation nötigt zur Härte, erzeugt Krisen. Die Krisen erschüttern die durchschnittliche Moral. Die großen Religionen, auch die griechische Philosophie, riefen zu tieferer Moral auf. Nun ist unsere Zeit charakterisiert durch ein alles bisher Bekannte übertreffendes Wachstum der technischen Mittel, damit der möglichen Machtausübung. Ich sehe nicht, daß so entstehende Krisen gemeistert werden können, wenn nicht der gewachsenen wissenschaftlich-technischen Einsicht eine wachsende moralische Einsicht entspricht. Dies wird im vierten Teil der »Erdpolitik« evident. Es ist wichtig, zunächst den durchschnittlichen Stand dieser Einsicht zu respektieren: nur so entsteht praktikable Politik. Wer sich selbst moralisch besser weiß als die Anderen und das hinausschreit, wird vermutlich scheitern. Aber wer sich mit dem durchschnittlichen Stand begnügt, scheitert auch. Nur wer beide Weisen des Scheiterns seelisch realisiert, seelisch vollzogen hat, darf hoffen, kann wirken.

Westlicher und östlicher Geist

(1993)

Das Internationale Institut für Fortgeschrittene Studien hat Prof. Fukunaga und mich zu dem heutigen ost-westlichen Dialog eingeladen und hat für meine Vorlesung den Titel »Der westliche und der östliche Geist« vorgeschlagen. Mein Vortrag ist in drei Teilen entworfen, denen man kurz die Namen Gegenwart, Vergangenheit und Zukunft geben könnte. Ausführlicher schlage ich vor, unter den drei aufeinanderfolgenden Titeln zu sprechen:

I. Die gegenwärtige Situation
II. Herkunft und Geschichte des westlichen Denkens
III. Unsere gemeinsame zukünftige Aufgabe.

I. Die gegenwärtige Situation

Die Menschheit befindet sich heute in einer raschen Änderung ihrer Lebensbedingungen.

Überall auf der Erde wird das praktische Leben zunehmend von der Technik beherrscht, und das intellektuelle Leben zunehmend von der Wissenschaft. Gewiß haben die beiden dominierenden Mächte ihre Partner und Konkurrenten. Im praktischen Leben stehen der Technik die Wirtschaft, die sozialen Strukturen und Bewegungen und die Politik als Partner oder auch als Machtkonkurrenten gegenüber. Im geistigen Leben begegnen der Wissenschaft die traditionellen Überzeugungen der verschiedenen Kulturen, insbesondere der Religionen, und ihr begegnen heute Ansichten über die wünschbare Zukunft, die von politischen Doktrinen bis hin zu Glaubenslehren von Sekten reichen. Aber alle diese Partner sind untereinander verschieden, gewiß auch verschieden im Westen und Osten. Technik und Naturwissenschaft aber sind über unseren ganzen Planeten hinweg weitgehend einheitlich. Zudem ist die Struktur der heutigen Ökonomie weitgehend durch die Technik bestimmt, die Sozialstruktur durch die Ökonomie, und die politischen Probleme durch die Sozialstruktur. Intellektuell verlieren zudem die traditionellen Überzeugungen mehr und mehr ihren Einfluß, teils durch die wachsende Wirkung der Medien wie Radio und Fernsehen. Selbst politische Doktrinen erleiden einen Verlust an ihrer Glaubwürdigkeit; und Sektierer bleiben Minoritäten.

Worin also wurzelt die Natur und Macht der Wissenschaft und Technik?

Die Naturwissenschaft und die moderne Technik, die ohne die Naturwissenschaft nicht möglich gewesen wäre – beide sind Produkte der modernen europäischen und, zunehmend, nordamerikanischen Zivilisation. So sind sie, von Japan aus gesehen, und in den Augen der Mehrheit der Menschheit, die in Asien lebt, Produkte des westlichen Geistes. Dies also scheint das Thema zu sein, über das zu sprechen wir gebeten sind.

Die großen Kulturen von Asien sind historisch älter als die europäische Zivilisation: insbesondere diejenigen von Indien und China, aber auch die von Mesopotamien und Ägypten. Heute aber herrschen einige westlichen Denkweisen auch in asiatischen Zivilisationen, nicht nur in der Form von Wissenschaft und Technik. Japan ist heute die einzige nichtwestliche Weltmacht, wenigstens im Felde einer Ökonomie, die eine Struktur voraussetzt, welche man als Technokratie bezeichnen könnte. China wird heute noch vom Kommunismus beherrscht, der eine westliche politische Doktrin ist, und beginnt zunehmend von der ebenfalls westlichen Marktwirtschaft bestimmt zu sein, von einem jungen Kapitalismus. In Indien funktionieren seit den Tagen der Unabhängigkeit, wenngleich mit Krisen, die aus England importierte Struktur der parlamentarischen Demokratie und eine eher kapitalistische Wirtschaftsform. Die islamischen Nationen haben ihre einstmalige Überlegenheit über Europa seit dem Spätmittelalter fortschreitend verloren, und zwar als Folge der überlegenen militärischen Technologie des Westens; heute suchen sie wirtschaftliche Macht durch das Öl und streben machtförmigere politische Strukturen an.

In allen asiatischen Nationen besteht ein natürlicher Widerstand gegen diese neuzeitliche Dominanz des Westens. Ein naheliegender Lösungsversuch ist die Tendenz, ein gleichrangiger Partner im westlichen System zu werden. Dies ist Japan im einflußreichsten Bereich, in der Wirtschaft, gelungen. Für die kommenden Jahrzehnte würde ich eine ähnliche Chance wirtschaftlicher Partnerschaft nur China und, weniger machtvoll, Korea zuschreiben.

Aber gleichzeitig lebt die Tendenz eines geistigen Widerstands gegen das westliche System. Der Kommunismus in Rußland, China und vielen südlichen Ländern war selbst eine westliche Form eines solchen Widerstands; sein Verlust an Überzeugungskraft im letzten Jahrzehnt ist selbst eine innerwestliche Krise. Aber eine andere, ursprünglichere Form geistigen und auch politischen Widerstands ist die Rückwendung zur eigenen Tradition. Politisch ist dies vielleicht am stärksten, als revolutionäre Kraft, im islamischen Fundamentalismus. Aber meiner Überzeugung nach gibt es wichtigere und weniger revolutionär auftretende Weisen einer solchen geistigen Rückkehr in allen Teilen Asiens.

Gleichzeitig aber ist der westliche Geist nur sehr partiell befriedigt durch seine eigenen modernistischen Prinzipien. Zerstören wir vielleicht, unbewußt und eben darum unausweichlich, unser eigenes Leben durch die wachsende Technologie? Zerstören wir unsere eigene Gesellschaft, vielleicht am Ende die Menschheit und alle Lebewesen auf der Erde? Versteht die Naturwissenschaft in ihrer modernen technischen Orientierung noch das wahre Wesen der Natur? Entspricht unser modernes Denken noch der Absicht, der es einst entsprungen ist? Oder war Naturwissenschaft schon seit ihren Anfängen ein Streben nach absoluter Macht? Und ist unsere westliche Zivilisation fähig zur Selbstkorrektur? Oder sollten wir uns nicht an die östlichen Kulturen wenden, um sie zu fragen, um von ihnen zu lernen? In Europa und Nordamerika gibt es wachsende religiöse Gruppen, die grundlegend von der Tradition Indiens beeinflußt sind. Und die japanische Spiritualität hat westliche Intellektuelle tief beeindruckt, zumal durch den Zen-Buddhismus.

Diese Fragen der Gegenwart lenken mich in eine Betrachtung der Vergangenheit, der Herkunft des westlichen Denkens.

II. Ursprung und Geschichte des westlichen Denkens

Wie unterschied sich der westliche Geist vom Geiste des Ostens schon in seinen Anfängen? Wie wuchs dieser Unterschied in seiner weiteren Entwicklung? Wie wurde der westliche Geist verschieden von sich selbst? Vielleicht selbstwidersprechend?

Drei Quellen des westlichen Denkens möchte ich unterscheiden: bei den Griechen, bei den Juden, im Römischen Reich. Ferner können wir drei historische Übergänge in ihm wahrnehmen. Zuerst, als diese drei Quellen zu strömen begannen, in einer älteren, andersartigen kulturellen Umgebung – historisch um den Beginn des letzten vorchristlichen Jahrtausends. Zweitens, als sie sich zu einem großen Strom vereinigten, im Laufe weniger Jahrhunderte rund um die Zeit Christi. Drittens, im Anfang der westlichen Neuzeit, die sich, höchst charakteristisch, selbst als eine Wiedergeburt verstand, unter den Namen der Renaissance oder der Reformation.

Die griechische Quelle. Ich empfinde die alten Griechen als die begabteste Nation, die je auf dieser Erde gelebt hat. Politisch kämpften sie immer miteinander, wie es Hochbegabte so oft tun. In den Künsten, zumal in der Plastik und der Poesie, erzeugten sie die wunderbarsten Werke. Intellektuell lernten sie gewiß von der orientalischen Kultur, von Ägypten, von Babylon, indirekt auch von Indien. Aber ihr eigener Entwurf, gipfelnd in ihrer Philosophie, hat eine einmalige Gestalt durch seinen gemeinsamen Ursprung mit der deduktiven Mathematik. Hier ist der Ursprung dessen, was ich gelegentlich das spezifische Geschenk der Griechen an die Menschheit genannt habe: der scharfen Unterscheidung und Gegenüberstellung von Wahr und Falsch. Die Logik ist die Wissenschaft vom Ursprung und der Anwendung dieser Unterscheidung.

Aber in dieser Ja-Nein-Unterscheidung liegt eine Quelle unserer Probleme. Wenn ich mit Vertretern der indischen oder der japanischen geistigen Tradition redete, sagten mir Sprecher beider Traditionen: »Ihr Europäer, der Ursprung eurer Macht in der äußeren Welt und daher der Zerstörung, die ihr durch diese Macht anrichtet – dieser Ursprung liegt in eurem Aberglauben an die aristotelische Logik.« Nun, als ich selbst westliche Philosophie zu lehren hatte, las ich Platon. In seiner Philosophie kann das höchste Sein, genannt das Eine oder die Idee des Guten, nicht mehr in der zweiwertigen Logik von Wahr und Falsch beschrieben werden. Als ich darüber mit Indern sprach, antworteten sie: »Freilich, Platon war natürlich nach Indien gekommen und hatte das dort gelernt.« Ich bezweifle, daß diese indische Antwort historisch korrekt war. Aber ohne Zweifel haben hier die platonische und die indische Philosophie einen tiefsten gemeinsamen Gedanken. Aber für Platon wird dann das Eine, wenn es in die unabgegrenzte Zweiheit der Bewegung (kinesis), d. h. in die Zeit eintritt, eine Struktur entwickeln, die in guter Näherung durch die Mathematik beschrieben werden kann. Hiermit befinden wir uns im Westen.

Die jüdische Quelle. Als das spezifische Geschenk der Juden an die Menschheit empfinde ich die scharfe Unterscheidung und Gegenüberstellung von Gut und Böse. Natürlich kennen alle Kulturen den moralischen Unterschied dessen, was wir tun sollen und was wir nicht tun sollen. Dies ist im allgemeinen eine Gesamtheit überlieferter Sitten. Wer nach deren Rechtfertigung fragt, hat meist schon an ihrer Gültigkeit zu zweifeln begonnen. Die Juden verstehen sich selbst als ein Volk, das von Einem Gott geschaffen ist, um sein Gesetz zu befolgen und damit das Gute zu tun. Dieses Gebot Gottes rechtfertigt das moralisch Gute. Sie lernten dann, ihn als den einzigen wahren Gott zu verehren und zu glauben, daß er auch die Welt geschaffen hat. So tritt die Geschichte, also die Zeit, als fundamentale Wirklichkeit ins menschliche Bewußtsein: als die Geschichte dieses Volkes, als die Geschichte dieser geschaffenen Welt, und – da dieses Volk nun seit mehr als zwanzig Jahrhunderten unter Exil und Verfolgung gelitten hat – als seine Hoffnung auf ein Ende der Geschichte zur Rettung des Volkes und der Menschheit auf dieser Erde, aber unter dem Gleichnisbild eines neuen Himmels und einer neuen Erde.

Jesus war der Sohn der Juden, der die Menschheit am umfassendsten und am tiefsten bewegt hat. Seine Reden, so die Bergpredigt und die Gleichnisse, empfinde ich als die tiefste und, ich wage zu sagen, die vernünftigste ethisch-religiöse Wahrheit, die mir je begegnet ist. Er starb für diese Wahrheit, und seine Gegenwart wirkte durch zwei Jahrtausende christlicher Geschichte hindurch, als ständige Ermutigung und immer auch als ständige Selbstkritik seiner Kirche.

Die römische Quelle war wohl die am wenigsten originelle. Imperien hat es nun seit rund sechstausend Jahren in der Geschichte der Menschheit gegeben. Aber das Römische Reich nahm in seine geistige Welt das griechische Denken und den christlichen Glauben auf und fügte zu ihnen eine dauerhafte politische Struktur. Römisches Recht wurde ein zentraler Teil aller westlichen sozialen Ordnung bis zum heutigen Tag. Damit waren nun die drei Quellen zu einem Strom vereinigt.

Der dritte Übergang, Renaissance und Reformation, führt in wenigen Jahrhunderten in die heutige Modernität. Als den intellektuellen Kern dieser Neuzeit möchte ich die Aufklärung (les lumières, enlightenment) bezeichnen. Der deutsche Philosoph Immanuel Kant definierte Aufklärung als den Ausgang des Menschen aus seiner selbstverschuldeten Unmündigkeit. Ich möchte diese Definition im Licht der Geschichte des westlichen Denkens interpretieren.

Wenn Kant recht hat, so war der westliche Geist vor der Ära der Aufklärung nicht erwachsen, und diese Unmündigkeit war selbstverschuldet. D. h. er besaß die notwendigen Lehren, aber er war nicht willens, sie in der Wirklichkeit anzuwenden. Was bedeutet das im Blick auf die drei Quellen?

Zuerst schaue ich nun auf die jüdisch-christliche Quelle. Jesus lehrte: »Liebe deinen Nächsten wie dich selbst.« (Matth. 19,19) »Liebet eure Feinde, segnet, die euch verfluchen, tut Gutes denen, die euch hassen, und betet für die, die euch verfolgen.« (Matth. 5,44) Im Grunde ist dies die schlichte Vernunft. Das gegenseitige Morden der Menschen kann erst enden, wenn sie dieser Wahrheit zu folgen lernen; dieser Friede ist ein tieferer Segen als jeder Sieg. In nicht mehr als zweieinhalb Jahrhunderten wurden die Christen, welche das Opfer für den vergötterten Kaiser verweigerten und dafür zu sterben bereit waren, die überzeugendste und zuverlässigste Minorität im Römischen Reich. Der Kaiser Konstantin erkannte das und machte das Christentum zur Reichsreligion. Aber die Kirche wurde in dieser ihrer neuen Machtposition ein Machtapparat wie viele andere. Das ist leicht zu verstehen, aber es war selbstverschuldete Unmündigkeit gegen die Lehre Jesu. In allen Jahrhunderten gab es in der Kirche eine Opposition gegen dieses ihr Machtsystem, mit Reformationen und neuen Rückfällen. Dann, in der Französischen Revolution, sprach die Aufklärung die christliche Hoffnung als politische Forderung aus: Freiheit, Gleichheit, Brüderlichkeit. Aber auch die Revolutionen fielen in den unmündigen Machtgebrauch zurück. Der Weg ist nicht leicht zu gehen.

Nun die griechische Quelle. Zunächst wurde die griechische Philosophie, Stoa oder Platonismus, die Religion der Intellektuellen im Römischen Reich. Als an die Stelle dieser Religion das Christentum trat, hatten die christlichen Theologen längst die Sprache der griechischen Philosophie als einziges spätantikes Medium geistiger Verständigung gelernt. Platon wurde als der »griechische Moses« beschrieben, als ein Vorläufer Christi. Die neuplatonische Philosophie wurde die Sprache der christlichen Mystik. So konnten die tief verwandten mystischen Erfahrungen des Westens und des Ostens in einer Sprache ausgedrückt werden, die schließlich meine indischen Freunde als ihre eigene anerkennen konnten. Aber Platon war nicht nur ein Mystiker und ein Politiker, sondern auch ein Philosoph der Mathematik und der exakten Naturwissenschaft. Aristoteles entwickelte die Wissenschaft von der Natur wie die Wissenschaft vom Menschen in empirischer Breite. Das europäische Mittelalter nahm dann, um das Jahr 1200, die aristotelische Philosophie auf und tat so einen ersten Schritt zur wissenschaftlichen Aufklärung. Aber damals, in der Scholastik, wurde die Philosophie genötigt, zwei Arten der Wahrheit anzuerkennen. Sie nannte die eine die natürliche Vernunft, was tatsächlich die griechische Philosophie war, die andere aber Offenbarung, was tatsächlich die jüdisch-christliche Tradition war. Ein notwendiger Schritt auf die Aufklärung zu, aber noch nicht erwachsen.

Der intellektuelle Triumph der Naturwissenschaft begann in Europa um das Jahr 1600, heute erst vor vierhundert Jahren. Ich nenne die Naturwissenschaft gerne den harten Kern der Neuzeit. Den harten Kern: nicht das höchste Ziel, nicht die süßeste Frucht, auch nicht die nahrhafteste Frucht, aber den Kern, der hart und unzerstörbar übrigbleibt, wenn die Frucht verzehrt ist. Hart wie die beweisbare Wahrheit, daß zwei mal zwei genau vier ist und weder drei noch fünf. Diese Erfüllung des griechischen Wunsches, klar Wahr und Falsch zu unterscheiden, läßt sich freilich streng nur in den einzelnen Resultaten finden, die empirisch und mathematisch überprüft werden können, und auch in der logischen Struktur der Theorien, die diese Resultate verknüpfen. Der genaue Sinn der hierbei benutzten Begriffe bleibt jedoch geheimnisvoll; die Philosophien, die diese Begriffe interpretierten, haben sich von Jahrhundert zu Jahrhundert verändert.

Wir wollen kurz einige Details dieses Vorgangs betrachten. Die Naturwissenschaft ging historisch von der Astronomie durch die klassische Mechanik in das weite Feld der Physik und Chemie über, dann in der Biologie in die Theorie der Evolution, schließlich als ein starker, wenigstens methodischer Einfluß, in die Sozialwissenschaften. Dies sieht wie ein Triumphzug aus. Aber ich zitiere gerne Sigmund Freud, der gesagt hat, die Wissenschaft habe dreimal den Stolz der Menschen tief verletzt: Kopernikus lehrte uns, daß wir nicht in der Mitte der Welt leben, Darwin lehrte uns, daß wir nicht die Herren, sondern die Vettern der Tiere sind, die Psychoanalyse lehrte uns, daß unser Bewußtsein nicht Herr im eigenen Hause ist.

Ein paar philosophische Bemerkungen zu dem Vorgang.

Astronomie und Mechanik. Die Griechen wußten schon, daß die Erde eine Kugel ist; sie vermuteten, diese stehe in der Mitte der Welt. Sie wußten, daß die Planeten mathematisch genaue Bahnen durchlaufen. Daraus schloß Platon, daß die Planeten intelligente Wesen seien: wie sonst hätten sie die intellektuellen Gesetze der Mathematik befolgen können? Kopernikus, Kepler, Newton zeigten, daß die Planeten um die Sonne kreisen, wobei sie die mathematischen Gesetze der universellen Mechanik befolgen. Kant zeigte, daß das Planetensystem selbst aus einem Nebel gemäß diesen Gesetzen entstehen konnte. Wo bleibt dann der göttliche Geist? Kant meinte: Höher als ein Gott, der Naturgesetze gab und sie dann durchbrechen mußte, um die Ordnung des Planetensystems zu schaffen, ist ein Gott zu bewundern, der Naturgesetze gab, nach denen das System notwendigerweise entstehen mußte.

So wird die Evolution zu einem Grundbegriff. Nach und nach lernen wir heute, die Geschichte der Natur zu beschreiben. Das Sonnensystem ist etwa fünf Milliarden Jahre alt; dem

Universum geben wir heute vermutungsweise ein Alter von rund zwanzig Milliarden Jahren. Das Leben auf der Erde hat sich aus chemischen Anfängen entwickelt. Wir geben den Wirbeltieren jetzt ein Alter von rund 500 Millionen Jahren, dem Menschen wenige Millionen Jahre, dem Ackerbau etwa 10000 Jahre, der höheren Zivilisation 6000 Jahre. Welche werden die nächsten Schritte auf diesem Wege sein?

Physik und Chemie. Heute sind sie in *einer* Theorie, der »Quantentheorie« vereinigt. In dieser Theorie sind Atome nicht einfach raumerfüllende Materie. Ihr Wesen ist eher als Information zu beschreiben. Information kann man als ein Maß einer Menge von Gestalt definieren. Gestalt ist ursprünglich ein geistig-seelischer Begriff. Diese Ergebnisse zu interpretieren ist heute die Aufgabe der Philosophie der Naturwissenschaft.

Und der menschliche Geist. Wo ist sein Ort in diesem Weltbild? Ich wage den Satz: Bewußtsein ist selbst ein unbewußter Akt. Wohin führen uns die unbewußten Motive unseres Bewußtseins?

III. Unsere gemeinsame zukünftige Aufgabe

Wohin wird die heutige Dominanz des modernen westlichen Denkens die Menschheit führen? Wird uns dieser Vorgang in Erfolg und Glück führen? Oder in die Katastrophe? Oder schließlich auf den harten Weg unserer realen gemeinsamen Aufgabe?

Ich will die Frage in zwei Schritten behandeln. Zuerst will ich versuchen, unsere herankommenden globalen praktischen Aufgaben in westlicher Sprache zu beschreiben, aus der Sicht des heutigen westlichen Denkens. Danach will ich fragen, welche Kooperation östlichen und westlichen Denkens in diesem Zusammenhang notwendig und möglich sein wird.

Der erste Schritt: In westlichen Diskussionen, an denen ich teilgenommen habe, sehen wir drei große globale praktische Probleme: Frieden, soziale Gerechtigkeit und Umwelt.

Lassen Sie mich zuerst vom Problem des Friedens sprechen. Ich erzähle eine persönliche Erinnerung. Ich bin Physiker. Ich hatte die Physik als mein Studienfach gewählt wegen ihres tiefen philosophischen Interesses. 1932, zwanzigjährig, wählte ich das damals moderne Thema der Kernphysik als mein Arbeitsfeld. 1939, nur sieben Jahre später, waren alle Kernphysiker in der Welt zutiefst überrascht durch Otto Hahns völlig unerwartete Entdeckung der Uranspaltung. Wir sahen: jetzt könnten Atombomben möglich werden. Ich folgerte: Wenn Atombomben möglich sind, wird jemand sie bauen – so ist heute die Situation in der Welt. Wenn sie gebaut sind, wird jemand sie einsetzen. So geschah es. Zuerst erschien es als ein inneres Problem des Westens. Amerikanische Physiker bauten sie, weil sie sich mit Recht vor Hitler fürchteten. Aber als die Bombe fertig war, hatte Hitler schon seinen Krieg verloren. Dann wurde sie gegen Japan eingesetzt. Die Leben von mehr als hunderttausend Japanern wurden so zum Opfer dieser Entwicklung. Heute spreche ich in Japan, in der Nation, die dieses Opfer erlitt. Es ist unsere gemeinsame Aufgabe, die Menschheit vor einer Fortsetzung dieses Weges zu retten. Was bedeutet das?

Schon 1939 sah ich: Die Tatsache, daß Atombomben, wenn sie möglich sind, gebaut und eingesetzt werden, diese Tatsache ist die Folge einer uralten Institution, die es seit Jahrtausenden gibt: der Institution des Krieges. Ich nenne den Krieg eine Institution. Das heißt: Während es in einem korrekt verfaßten Staat dem Bürger gesetzlich verboten ist, einen Mitbürger zu töten, erlaubt es das Völkerrecht einem Nationalstaat, einem anderen Staat den Krieg zu erklären und dann zum mindesten die Angehörigen der gegnerischen Armee zu töten. Solange die Institution des Krieges besteht, wird jede Nation eine Notwendigkeit des Besitzes derjenigen Waffen empfinden, die, wenn nicht für den Sieg, mindestens für die Verteidigung oder Abschreckung nötig sind. Die Atombombe war das Weckersignal, welches die Menschheit belehren soll, daß die Institution des Krieges überwunden werden muß. Wir können nicht Wissenschaft und Technik immer höher ausbilden und dabei die politische Moral auf der Stufe lassen, auf der sie vor 6000 Jahren stand. Ein erster Schritt wurde in der Tat getan. Der Krieg zwischen Amerika und der Sowjetunion wurde vermieden infolge der beiderseitigen Angst vor den Atomwaffen. Aber seit dem

Zusammenbruch des Kommunismus bedeutet die Verbreitung der Atomwaffen über viele Nationen eine größere Gefahr als zuvor. Wir haben unsere Aufgabe noch nicht gelöst.

Als zweites: Das weltweite Fehlen sozialer Gerechtigkeit, zumal im Süden, ist die Hauptursache der Unvermeidbarkeit von Kriegen in unserer Zeit. In den jetzt beginnenden Jahrzehnten wird ein Migrationsdruck von Milliarden Menschen aus den armen in die reichen Länder die Folge sein. Armut erzeugt Bevölkerungswachstum; Bevölkerungswachstum vermehrt die Armut. Wohlstand im armen Teil der Welt zu befördern ist nicht nur eine moralische Pflicht, es liegt auch im absoluten Eigeninteresse der reichen Nationen. Dies aber ist schwer durchzuführen: Solange die nördlichen Regierungen die absolute Notwendigkeit davon nicht sehen, weil ihre Wählerschaft, also die reichen Nationen selbst, sie nicht begreifen, bleibt die hinreichende Förderung des Wohlstandes der armen Nationen undurchführbar. Wir haben unsere Aufgabe noch nicht gelöst.

Das dritte, die ökologischen Probleme unserer Umwelt. Ich gebe ein Beispiel. Wenn wir fortfahren, fossile Brennstoffe im gegenwärtigen Umfang zu verbrennen, wird in wenigen Jahrzehnten eine Klimakatastrophe kommen. Es ist technisch möglich, den Ausstoß von Kohlendioxid zu reduzieren und gleichzeitig die Effizienz der Energie drastisch zu erhöhen. Aber in der Marktwirtschaft wird dies eine ökologische Steuerreform erfordern, welche der Energieersparnis eine Chance im Wettbewerb gibt. Dies ist jedoch in einer Demokratie von Autofahrern nicht leicht durchzusetzen. Wir haben unsere Aufgabe noch nicht gelöst.

Die Vorbedingung für die Lösung dieser drei Aufgaben ist ein Bewußtseinswandel. Wie müssen und können der östlichen und der westliche Geist hierin zusammenarbeiten?

Die drei Probleme, die ich genannt habe, sind typische Erzeugnisse heutiger westlicher Strukturen. Und die sehr beschränkten Vorschläge zu ihrer Lösung entsprechen wieder der westlichen Denkungsart. Welcher Geist, wenn überhaupt einer, wird die Probleme lösen? Ist nur der westliche Geist an die Strukturen angepaßt, die er selbst produziert hat? Oder müssen wir, im Gegenteil, unser westliches Verhalten aufgeben und zum östlichen Geiste zurückkehren? Oder können beide zusammenarbeiten?

In dieser letzten Frage meines Vortrags werde ich nicht von den möglichen praktischen Lösungen reden. Ich schlage vielmehr einen Dialog vor zwischen Ihnen, meine östlichen Gastgeber, und mir, einem Westler, der nur eine sehr begrenzte positive Kenntnis der östlichen gedanklichen, seelischen und spirituellen Tradition besitzt. Einen Dialog über unsere grundlegenden Gedanken und Verhaltensweisen, also auch einen Dialog über unsere Philosophien.

Ein großer japanischer Denker unseres Jahrhunderts, Keiji Nishitani, den ich 1974 in Kyoto getroffen habe, hat gesagt: »Der östliche Geist nimmt Realitäten direkt wahr. Im Beispiel: Wasser nimmt er wahr und interpretiert es als Wasser, den Menschen als Menschen. Das westliche Denken aber reduziert die Wirklichkeit auf Abstraktionen: Wasser auf materielle Substanz, auf Atome, den Menschen auf Bewußtsein und physischen Körper, Alles auf Sein und Werden.« Wenn diese Beschreibung zutrifft, so ist es klar, daß der westliche Geist die Welt instrumentalisieren wird, der östliche Geist aber die Welt annehmen und bewahren wird.

Ich glaube, daß Nishitani eine grundlegende Erfahrung ausgesprochen hat. Aber wir müssen noch ins speziellere Detail gehen.

Lassen Sie mich zunächst sagen, daß man sinnvoll von einer europäischen Mentalität sprechen kann, daß aber Zweifel erlaubt ist, ob es eine ähnlich kohärente asiatische Mentalität gibt. Nach meinem Eindruck ist z. B. Japan von Indien so verschieden wie beide verschieden sind von Europa. In früheren Jahrtausenden gab es mehrere verschiedene Kulturen in Asien. Europa aber war eine spätgekommene Kultur, eben eine der Kulturen und wieder verschieden von den anderen.

In Asien müßte ich heute wenigstens vier verschiedene Kulturen unterscheiden: den islamischen Westen, Indien, China, Japan. Offenkundig müßte ich noch andere nennen, wie z. B. Tibet, Korea, mehrere südostasiatische Nationen. Aber ich beschränke mich auf ganz kurze Bemerkungen über die vier. Westasien hatte sehr alte Kulturen; heute ist es in sich verknüpft durch den Islam, der seinerseits eine spätere Konsequenz der jüdischen Tradition ist. Indien hat bis in unser Jahrhundert das älteste überlebende Sozialsystem, das System der Kasten, bewahrt; außerdem ist Indien die geistige Heimat nicht nur der vedischen Religion, welche die Europäer Hinduismus nennen, sondern auch des Buddhismus, der das östliche Asien durchdrungen hat. China bewahrt mit großer pragmatischer Kraft die Tradition des einzigen bis in unsere Tage überlebenden frühen Imperiums; und es hat die konfuzianische praktische Ethik mit taoistischer und buddhistischer Weisheit verknüpft. Japan – wie könnte ich wagen, Ihnen eine kurze Beschreibung Ihrer eigenen Kultur zu geben? Ich wage zu sagen: Als meine Frau und ich vor nunmehr neunzehn Jahren zum erstenmal nach Japan kamen, empfanden wir: dies ist eine Kultur, die alle anderen in zweifacher Hinsicht übertrifft, nämlich in ästhetischer Verfeinerung und in der Stärke der Willenskraft. Wie kann man diese zwei Eigenschaften als Ausdruck einer identischen geistigen Gabe und Tradition interpretieren? Eine Frage für den Dialog.

Im zweiten Teil meines Vortrags habe ich versucht, den Ursprung der europäischen kulturellen Mentalität durch zwei Ja-Nein-Entscheidungen zu charakterisieren: zwischen Wahr und Falsch und zwischen Gut und Böse. Als ich nach Indien kam, sagten mir einige Gesprächspartner: »Ein Europäer kann nicht leben mit dem Glauben an zwei einander widersprechende Überzeugungen, ein Inder kann nicht leben ohne zugleich mehrere einander widersprechende Motive zu haben.« Wahrscheinlich ist diese indische Selbstbeschreibung in Wahrheit eine Beschreibung der Natur des Menschen und die europäische Ja-Nein-Tendenz ein intellektueller Versuch, die Natur des Menschen zu überwinden. Vermutlich setzt Nishitanis Beschreibung, daß Wasser als Wasser akzeptiert wird, eben die Akzeptation widersprechender Motive in der menschlichen Natur voraus: Wasser ist ein Stoff, ohne den Menschen nicht leben können, aber in ihm untergetaucht können sie auch nicht weiterleben.

Aber ich beende hier meine Beschreibungsversuche. Als ich von der Geschichte des westlichen Geistes sprach, kam ich zur Philosophie und Wissenschaft. Lassen Sie mich meine jetzige Dialogfrage mit einer Bemerkung über Platon beginnen. In seinem Höhlengleichnis beschreibt er einen Aufstieg aus der Alltagserfahrung unseres Lebens bis zur Wahrnehmung der höchsten Ideen (d. h. Gestalten) und schließlich des Einen, der Idee des Guten. Für die Kenntnis der Natur bedeutet das, von den Sinneswahrnehmungen aus aufzusteigen zuerst zur kausalen Beschreibung der Bewegungen, dann zu den mathematischen Strukturen, die jenseits der Zeit liegen, und von dort zum Einen. Hier steht also mathematisches, begriffliches Verstehen jenseits des Bereichs von Zeit und Bewegung. Ähnlich können wir unser Bewußtsein beschreiben, aufsteigend von Emotionen und Handlungen zuerst zu deren Bestimmtheit durch Regeln, die dann im nächsten Schritt nach ewigen Normen unter der Idee des Guten beurteilt werden. In Asien steigt hinduistische und buddhistische Meditation auch von der Alltagserfahrung auf bis zu Sat oder Samadhi, Sein oder Leere. Aber hier werden die begrifflichen Formen früher zurückgelassen, und die höheren Stufen werden noch durch Bewegung beschritten.

Ein anderer Unterschied kann zurückgeführt werden auf die jüdische Tradition von Gottes Gebot, Gut und Böse streng zu scheiden. Ich entdeckte den Unterschied in einem Buch, das dem Pater Enomiya Lassalle zu seinem 80. Geburtstag gewidmet war unter dem Titel munen muso, gegenstandslose Meditation. Enomiya Lassalle war ein Christ im Jesuitenorden und gleichzeitig ein Zen-Meister. So waren die Autoren des Buchs teils Buddhisten, teils Christen. Die Christen sagten: In der höchsten mystischen Erfahrung begegnest du Gott, der von deiner menschlichen Person völlig verschieden ist. Die Buddhisten sagten: In der höchsten meditativen Erfahrung begegnest du deinem wahren Selbst. Dies war ein tiefer Unterschied in der Interpretation. Aber wenn ich die beschreibenden Andeutungen der unaussprechbaren wahren Erfahrungen las, konnte ich keinen wesentlichen Unterschied zwischen beiden finden.

Wird unsere notwendige, unvermeidliche Zusammenarbeit uns helfen, unsere verschiedenen Sprachen so zu verstehen, daß wir sehen lernen, wo eine wahrhaft verschiedene Erfahrung vorliegt und wo nur ein wichtiger Unterschied der Sprachen, die ihren jeweiligen Kulturen angepaßt sind?

Ich möchte meinen Vortrag beenden mit zwei Bemerkungen über die moderne Naturwissenschaft, eine über die Quantentheorie, die andere über die Evolution. In beiden Bereichen, von denen ich im zweiten Teil des Vortrags gesprochen habe, scheint mir die Wissenschaft einige traditionelle Vorurteile des westlichen Denkens überwunden zu haben, und dies nicht durch einen Selbstwiderspruch, sondern indem sie konsistenter wird als zuvor.

Zunächst die Quantentheorie. Im 17. Jahrhundert entstand die klassische Mechanik als eine Theorie über das, was René Descartes die res extensa nannte, die ausgedehnte, raumerfüllende Materie. In diesem Bild der physischen Realität war kein Raum für die Realität des Bewußtseins. Für Descartes war das Bewußtsein eine völlig von der Materie verschiedene Substanz, res cogitans, die denkende Substanz. Aber wie soll man dann verstehen, daß wir, die lebenden Wesen, aus Materie und Bewußtsein bestehen? Ich habe meinen zweiten Vortragsteil mit dieser Frage beendet. Aber in der Quantentheorie sind die Atome, die Grundbestandteile aller Materie, in Wirklichkeit Gestalten (Formen) im platonischen Sinn, freilich, anders als bei Platon, wesentlich in der Zeit. Und in der platonischen Philosophie ist die Gestalt (Form = Idee) eine geistige Wirklichkeit. Der deutsche Philosoph Schelling hat gesagt: Die Natur ist der Geist, der sich noch nicht als Geist kennt. Ich habe denselben Gedanken in dem Satz zu formulieren versucht: Bewußtsein ist selbst ein unbewußter Akt. Die Atome sind, so gesehen, virtuelles Bewußtsein, virtuelle Seele.

Dies führt uns zur Evolution. Das Bewußtsein ist aus der unbewußten virtuellen Seele hervorgegangen. Aber Geist, Spiritualität war in der Geschichte des Denkens ein wesentlich religiöser Begriff. Wie müssen wir dies heute verstehen? Moderne Christen neigen dazu, zu sagen, Gott habe die heutige Welt durch die Evolution geschaffen. Hier begegnen wir aber einem alten theologischen Problem. Der Gott der Juden, Christen, Moslems ist seinem Wesen nach gut. Wie konnte das Böse in seiner Schöpfung überhaupt entstehen? Die Legende von Adam, Eva und der Schlange erzählt die Geschichte, erklärt aber nicht, wie sie möglich wurde. Nun ist, gemäß der Darwinschen Theorie der Selektion des Lebensfähigsten, die Evolution genau durch den Kampf ums Überleben möglich geworden. Der Tod ist eine notwendige Vorbedingung der Evolution.

Dies fügt sich bruchlos ein in die Lehre Buddhas, die ich auf den einen Satz zusammenziehe: »Leben ist Passion.« Ich gebrauche das Wort »Passion«, um die Dreiheit anzudeuten von Durst, Abhängigkeit und Leiden.

Der Buddhismus hat in der Tat kein Problem mit der modernen Naturwissenschaft. Buddhas Ausspruch zu einem Jünger: »Wenn deine Einsicht meiner Lehre widerspricht, so mußt du deiner Einsicht folgen« – dieser Satz drückt genau die Haltung guter, wahrheitssuchender Wissenschaft aus. Der Lehre soll nicht gehorcht werden, sondern sie soll verstanden werden durch unsere eigene Bemühung, die Wahrheit zu suchen.

Zweitens noch eine kurze Erinnerung. Als ich ein junger Privatdozent der Physik in Berlin war, hielt ich einmal eine Vorlesung über die schwierigen philosophischen Probleme der Quantentheorie. Nach einer dieser Stunden kam zu mir ein chinesischer Student, der sich damals in Deutschland aufhielt, und sagte: »Ich verstehe, daß ihr Europäer Schwierigkeiten habt mit Bohrs Komplementarität und Heisenbergs Unbestimmtheitsrelation. Ich bin Buddhist. Ich habe mit diesen Begriffen keine Schwierigkeit.«

Drittens und letztens: Buddhas Lehre endet nicht mit der Passion. Sie führt zum Erwachen, zur Erleuchtung. Ist es dies, was symbolisch angedeutet ist im westlichen Glauben, daß Gott die Welt gemacht hat?

Sie werden nicht annehmen, daß ich beanspruche, die Antwort auf meine Fragen zu besitzen. Ich hoffe auf den Dialog, auf unser Gespräch.

Einfluß und Verantwortung der Wissenschaft

(1993)

1. Persönliche Erfahrungen

Als Kind wollte ich erst Forschungsreisender, dann, ernsthafter, Astronom werden. Vierzehnjährig, im Februar 1927, lernte ich Werner Heisenberg kennen, der mich alsbald überzeugte, daß heute die Atomphysik die zentrale Disziplin der Naturwissenschaft und damit zugleich von eminentem philosophischem Interesse sei. Als Student, 1932, wendete ich mich der Kernphysik zu, und in den folgenden Jahren wandte ich sie auf das Problem der Energiequellen der Sterne an. Technische Anwendungen interessierten mich persönlich nicht sehr. Hingegen empfand ich die politischen Probleme, so den als herannahend empfundenen Zweiten Weltkrieg, als brennend. Ich teilte das tiefe Krisenempfinden meiner Generation und sah keinen überzeugenden Ausweg, empfand aber die Notwendigkeit, nach dem Ausweg zu suchen.

In diese Lage fiel Ende Dezember 1938 Otto Hahns Entdekkung der Uranspaltung. Wohl im Februar 1939 erfuhr ich von Hahn, daß Joliot Sekundärneutronen gefunden hatte. Also war voraussichtlich eine Atombombe möglich. Ein Gespräch mit meinem Freund Georg Picht, schon in der nachfolgenden Nacht, führte uns zu der dreifachen Folgerung: Erstens, so wie die Welt heute ist: wenn die Bombe möglich ist, wird es jemanden geben, der sie macht, ganz einerlei, was wir selbst tun werden. Zweitens: wenn die Bombe gemacht ist, wird es jemanden geben, der sie einsetzt. Drittens: die Menschheit hat dann nur die Wahl, sich selbst zu vernichten oder die Institution des Kriegs zu überwinden. Am Abend von Hiroshima, am 6. August 1945, sah ich die beiden ersten Folgerungen und empfand die dritte Folgerung als bestätigt. Otto Hahn, mit dem gemeinsam wir interniert waren, war verzweifelt, von Schuldgefühl zerrissen, so genau er auch wußte, daß er selbst nichts zur

Bombe beigetragen hatte außer der Entdeckung der Spaltung. Hätte er die Entdeckung verheimlicht, so wäre sie doch vermutlich von Joliot sehr bald auch gemacht worden, und wie konnte man hoffen, daß solches Wissen geheim bleibe? Hahn legte 1939 Wert auf die Publikation, damit nicht Hitlers Deutschland die Entdeckung früher als alle anderen zur Verfügung habe.

Für nichts habe ich Hahn so geliebt wie für diesen Schmerz, ja, für sein Schuldgefühl. Die moralische Erörterung dieses Empfindens verschiebe ich auf den zweiten Teil meines Textes.

Ich wende mich kurz den persönlichen Erfahrungen zu, denen alle Angehörigen der internationalen Zunft der Physiker damals ausgesetzt waren. Viele von ihnen hatten an kriegswichtigen technischen Projekten mitgearbeitet. Eine sehr verbreitete Reaktion nach Kriegsende war: »Nun aber Schluß mit diesem scheußlichen Geschäft! Zurück zur Schönheit der reinen Forschung!« Andere sahen ihre Zukunft in der Mitarbeit an ziviler oder militärischer Technik. Eine kleine Gruppe derer, die, zumal in Amerika, selbst an der Bombe mitgearbeitet hatten, empfand aber eine unmittelbare praktische Verantwortung für die politischen Folgen. Die oben genannte dritte Folgerung durchzog die Geister: wenn wir überleben wollen, müssen wir dazu beitragen, daß die völkerrechtlich anerkannte Institution des Kriegs überwunden wird. Über diese Erlebnisse kann man in Victor Weisskopfs Memoiren (*Mein Leben*, Bern/München/Wien 1991) lesen. Freilich trat auch die fast unvermeidliche Konsequenz davon ein, daß eine Menschengruppe sich konkret auf Politik einläßt. Sie entzweiten sich untereinander über den richtigen Weg; das berühmteste Beispiel wurde der Konflikt zwischen Oppenheimer und Teller. In den folgenden Jahrzehnten wurde die Verhütung des Dritten Weltkriegs durch gegenseitige Abschreckung mittels gesicherter Zweitschlagskapazitäten ein wichtiger politischer Faktor: technisch und strategisch war dies im wesentlichen ein Entwurf wissenschaftlicher Köpfe.

In Deutschland war uns ein Jahrzehnt lang nach dem Kriegsende jede technische Arbeit an Kernenergie verboten. Als uns seit 1955 Kernreaktoren erlaubt waren, wurde das Atomministerium (Vorläufer des heutigen Forschungsministeriums) unter dem Minister Franz Josef Strauß gegründet. Sein Beraterkreis für Kernphysik wurde geleitet von Heisenberg. Ein wichtiges konkretes Anliegen war für uns, zur Finanzierung wissenschaftlicher Forschung beizutragen. Ich selbst hatte freilich meine Mitgliedschaft in dem Kreis vor allem aus einem Motiv der internationalen Politik gesucht. Amerika, England und Rußland besaßen die Atombombe. Man wußte, daß Frankreich daran arbeitete, ahnte dasselbe für China, fürchtete es auf längere Frist für eine Fülle kleinerer Mächte. Das nukleare Gleichgewicht der Großmächte mochte vorerst den Weltkrieg vermeiden, aber die Proliferation der Waffen in immer weiterem Rahmen erschien höchst gefährlich. Ich wollte gerne weltöffentlich gegen die Proliferation auftreten. Ich ahnte, daß Strauß und Adenauer Atomwaffen anstrebten. Unerläßlich war daher, wollte ich glaubwürdig sein, womöglich deutsche Atomwaffen zu verhindern, oder, mißlang dies, doch öffentlich gegen sie aufzutreten. So kam es schließlich 1957 zu unserer gemeinsamen »Göttinger Erklärung«. Ich lege eine Kopie ihres Textes bei.

1970-1980 hatte ich das Max-Planck-Institut zur Erforschung der Lebensbedingungen der wissenschaftlich-technischen Welt zu leiten. Das originäre Forschungsziel war die Kriegsverhütung. Aber es war unerläßlich, die sozialen und wirtschaftlichen Konfliktursachen zu studieren; Jürgen Habermas wurde auf meinen Vorschlag zum zweiten Direktor berufen. Schließlich hatten wir schon 1970 eine höchst aktive Gruppe über Umweltfragen. Ich war genötigt, die Verschränktheit der Naturwissenschaft mit den Gegenständen der anderen Wissenschaften zu durchdenken; ich verdanke nicht nur unseren Ergebnissen, sondern auch der internen Diskussion von Ansätzen, die sich als fehlerhaft erwiesen, große Belehrung.

2. *Die Wissenschaft in der Kultur*

Von den subjektiven Wahrnehmungen eines Individuums gehe ich zunächst über zu den Normen, die in unserer Gesellschaft gelten.

Ist der Wissenschaftler verantwortlich für die Folgen seines Forschens?

Wir müssen zunächst zwischen legaler und moralischer Verantwortung unterscheiden. Kant erklärt Legalität als Handeln gemäß dem Gebot, Moralität als Handeln aus Achtung für das Gebot. Ich darf vielleicht hinzufügen, daß meiner Meinung nach die Einführung des Legalitätsprinzips einer der größten moralischen Fortschritte der Neuzeit, der Aufklärung war. Es ist die Basis des liberalen Rechtsstaats. Gott allein sieht das Herz; der irdische Richter darf nur urteilen, ob wir *gemäß* dem Gesetz gehandelt haben.

Hier stellt sich aber alsbald die Frage: gemäß welchem Gesetz? Nach heutiger Rechtsprechung ist es das positive Gesetz, das gilt, weil es in der Verfassung steht oder von der Legislative beschlossen ist. Wie betrifft das den Wissenschaftler? Hat der Bundestag ein Gesetz beschlossen, das gewisse Handlungen der Genmanipulation verbietet, so muß der Forscher sich rechtlich daran halten. Aber er darf überzeugt sein, das Gesetz schränke die Freiheit der Wissenschaft ungebührlich ein, und kann auf seine Änderung drängen. Wenn Kant von Handlung gemäß dem Gebot spricht, so steht dahinter eine naturrechtliche Denkweise. Der Grund der vernünftigen Gebote ist der kategorische Imperativ: »Handle so, daß die Maxime deines Handelns stets Prinzip einer allgemeinen Gesetzgebung werden könne.« Hierüber geht eigentlich die Debatte von der Verantwortung des Wissenschaftlers. Handelt er in der Forschung und Lehre so, daß dieselbe Handlung jedem Menschen erlaubt oder gar geboten werden könnte? Die Antwort auf eine solche Frage hängt oft von den Erfahrungen ab, die wir mit den Folgen unserer Handlungen gemacht haben. Sie sind historisch bedingt.

Wählen wir Otto Hahns Schuldgefühl gegenüber der Atombombe als Beispiel! Selbstverständlich war sein Wille unschuldig am Abwurf einer amerikanischen Atombombe auf Hiroshima. Verantwortlich waren vielleicht die Forscher in Los Alamos, welche die Bombe gebaut haben, jedenfalls aber die Regierung, die ihren Abwurf befahl, und der Offizier, der ihn vollzog. Vor Gericht hätte Hahn sich mühelos gegen eine Anklage der Mitschuld verteidigt; er wußte ja im Forschungsprozeß nicht, was er entdecken würde. Aber er fühlte die Kraft des kategorischen Imperativs: Wenn alle sich so verhalten würden, wie ich mich verhalten habe, wohin käme die Menschheit? Die Frage ist wiederum unbeantwortbar, denn sein Verhalten war ein einmaliges Geschehen. Exakt dasselbe würde nie wieder getan werden. Soll man also alle Forschung verbieten? Denn Forschung ist, an den entscheidenden Stellen, dadurch definiert, daß man nicht vorher weiß, was man finden wird. Nachträglich wissen wir: So wie die Forschungsorganisation unseres Jahrhunderts ist, war die Entdeckung der Kernspaltung praktisch unvermeidlich: von Rutherford führt ein schnurgerader Weg zu Hahn und seiner Entdeckung. So wie die abendländische Wissenschaft sich entwickelt hat, kann man nachträglich sagen: von Galilei führt ein schnurgerader Weg zur Atombombe.

Gewiß bleibt die legale Verantwortung für die Bombe bei denen, die ihren Bau ermöglicht und ihren Einsatz befohlen haben. Legal verantwortlich ist die Regierung, nicht der Forscher. Aber das entschuldigt den Forscher nur vor Gericht, nicht voll vor seinem eigenen Gewissen. Durfte er so gefährliche Forschungen über Träger höchster Energien betreiben, wenn er unsere reale Welt kannte, wenn er wußte: ist die Bombe möglich, so wird sie gebaut, ist sie gebaut, so wird sie eingesetzt? Als Staatsbürger, als Weltbürger muß sich der Forscher verpflichtet fühlen, nach Entdeckung und Einsatz wenigstens am dritten so aktiv wie nur möglich mitzuwirken: an der Überwindung der politischen Strukturen in der Welt, die zu solchen Konsequenzen führen, also speziell an der anerkannten Legalität von Kriegen. Aber wie ist das zu leisten?

Die Frage: »Wie ist das zu leisten?«, ist keine Beruhigung. Kein Übel in der Welt wird behoben, wenn wir es zuwege bringen, an seiner Unvermeidlichkeit nicht zu leiden. Aber diese Erkenntnis rechtfertigt nicht eine moralische, geschweige denn eine legalistische Anklage, die Wissenschaft sei schuld an unserem Unglück. Am Übel der Welt zu leiden kann man nicht befehlen. Nur wird derjenige, der es vermag, dieses Leiden zu verdrängen, auch nicht das Übel beheben. Derjenige, dem sein Gewissen dieses Leiden aufnötigt, wird aber, wenn er ein echter Wissenschaftler, ein Wahrheitssucher ist, die Frage stellen, woher denn dieses Übel kommt und wie es zu beheben wäre.

Das ist nicht mehr eine Frage nach Naturgesetzen, sondern nach dem Menschen.

Als Naturforscher versuche ich, einen Ansatz, eine Suche nach der Antwort auf diese Frage zu skizzieren. Dies freilich würde uns in eine vorerst nicht beendbare gegenseitige Befragung der Wissenschaften führen. Ich skizziere den Ansatz in der Form kurzer schlichter Behauptungen.

Die abendländische Tradition des Denkens neigt zu Harmonisierungen. Jüdisch: ein guter Gott hat die Welt gut geschaffen. Griechisch: die reinen Gestalten, zuhöchst die Idee des Guten, bestimmen auch die sinnliche Welt. Offen bleibt, woher das Übel stammt. Anders die buddhistische Lehre: Dasein ist Nichtwissen, Durst und Leiden; erst der Erleuchtete überwindet dieses Sein. Die Naturwissenschaft sieht seit Darwin auch den Menschen als Kind der Evolution, und die Evolution als struggle for survival. Der Tod der Individuen ist eine unerläßliche »Erfindung« des evolutionsfähigen Lebens. Raum entsteht so für das höher Entwickelte. Die menschliche Geschichte beschleunigt den Schritt der Evolution ums Tausendfache; nicht nach Jahrmillionen, sondern nach Jahrtausenden zählt die Zeitskala der menschlichen Kultur. Dies ist die Folge der Weitergabe erworbenen Wissens und Könnens durch sprachförmiges Denken. Die Wissenschaft ist eine in der Kulturentwicklung neugewonnene Ausprägung solchen Denkens. Sie verleiht nie dagewesene Macht, wie Francis Bacon und René Descartes, noch als Optimisten, erkannten. Damit wird aber auch die Macht des Tötens erhöht. Eine neue denkerische Reflexion wird nötig: auf die Gesetze dieser Entwicklung zur Moral: Nach Konrad Lorenz ist der Wolf dem Wolf kein Mensch. Das bewaffnete Tier hat in gewissen Situationen die instinktive Hemmung dagegen, seinesgleichen zu töten. Das wird durch die Soziobiologie differenzierter gesagt, aber nicht aufgehoben. Der von Natur unbewaffnete Mensch hat diese instinktive Hemmung nicht hinreichend; daher entsteht, wenn die Kultur Waffen erfindet, die Institution des Kriegs. Eine lehrbare Moral muß ersetzen, was der Instinkt nicht leistet. Wir können aber nicht unser intellektuelles Wissen und die dadurch ermöglichte Macht so wie heute über die vergangenen Jahrtausende hinaus erheben, die politische Moral jedoch auf der Stufe vorchristlicher Imperien stehenbleiben lassen. Wenn jemand die geistige Schulung hat, dies zu sehen, so sollten es die Wissenschaftler sein. Daher muß ihr Gewissen von ihnen fordern, die Vorkämpfer für diesen Bewußtseinswandel der Menschheit zu sein. Darum litt Otto Hahn. Dafür habe ich ihn geliebt.

3. Konkrete Wissenschaften

Was können wir Wissenschaftler, jeweils in unserem eigenen Fach, zu diesem Bewußtseinsfortschritt beitragen? Ich kann nur einige Beispiele berühren. Sie umfassen zwei Fragenklassen. Einmal die normal menschliche Reflexion auf das eigene Verhalten. Andererseits den Beitrag, den die jeweilige spezielle wissenschaftliche Disziplin zum Verständnis des Vorgangs leisten kann.

Das Problem der *Physik* habe ich oben an Hand meiner eigenen Erfahrungen erörtert. Ihre Entdeckungen haben sich als instrumental für Waffentechnik erwiesen und so das Problem des Friedens stärker als je zuvor ins Bewußtsein gerufen. Ich habe aber auch andere Abhängigkeiten angedeutet. Um die Forschung, die wir aus Wissensdrang betreiben, finanziell zu fördern, suchte der Beraterkreis »Kernphysik« nach nuklearen Anwendungen solcher Forderungen – nuklear hier nicht für Waffen, sondern für Energie-Erzeugung. Die Richtung der finanzierbaren Forschung wird so vielfach von ökonomischen Interessen bestimmt. Das ist nicht an sich schlecht, aber es enthält Faktoren, die wir uns bewußt machen müssen.

In der *Biologie* ist heute die Gentechnik viel erörtert. Ich bin da nicht Fachmann, möchte gern von Fachleuten lernen. Nur eine Frage möchte ich hervorheben. Wer von ihren Gefahren spricht, meint meist fehlgeleitete, unerwünschte Resultate. In der Physik war jedoch die große, gefährliche Macht nicht der Irrtum oder Fehlschlag, sondern der durchschlagende Erfolg wie eben die Atombombe. Was geschieht, wenn höchst erfolgreiche Züchtungen den Markt mit neuen Monopolen erfüllen? Ist dies durchdacht?

Hiermit berühre ich die *Ökonomie*. Hierzu ein paar Reflexionen. Adam Smith hat uns gelehrt, daß der freie, polypolistische Markt den Egoismus und damit den Fleiß und die Intelligenz von Millionen anregt und so der Stifter des Wohlstands der Nationen (Wealth of Nations) wird. Dreierlei leistet der Markt aber nicht: den Schutz der Nation nach außen, die legale Ordnung im Innern, und die Infrastruktur, die dem, der sie schafft, keinen persönlichen Gewinn bringt (sein Beispiel: Leuchttürme). Diese drei Aufgaben fallen dem Staat zu.

Hierzu kommt heute die nun bald größte vierte Herausforderung: der Schutz der Umwelt. Ich möchte für die hier heute vordringlichen Entscheidungen auf das Buch »Erdpolitik« von E. U. v. Weizsäcker verweisen (Wissenschaftliche Buchgesellschaft, Darmstadt, 1992). Das Wurzelproblem der *Ökologie* ist das Wirtschaftswachstum. Ich möchte annehmen, daß hier dieselben Kausalitäten am Werk sind wie schon in der organischen Evolution: struggle for survival als Vorbedingung und wiederum als Folge des Wachstums. Es wird heute lebensnotwendig, das Wachstum in einer nicht-selbstmörderischen Weise zu lenken.

Eine höchst wichtige Rolle fällt den *Geisteswissenschaften* zu, nämlich die hermeneutische Schulung, die sie uns vermitteln sollten. Wie wollen wir uns in der konflikterfüllten Welt, in der wir unausweichlich leben, orientieren, wenn wir nicht die drei Schritte des hermeneutischen Verstehens lernen: Zuerst das Fremde als fremd erkennen, also nicht mehr nach unseren eigenen Vorurteilen beurteilen. Zweitens das Fremde von seinen eigenen Voraussetzungen her verstehen lernen. Drittens uns selbst von außen sehen lernen, die Kunst, uns selbst fremd zu werden und so erst unsere eigenen egoistischen Verdrängungen uns selbst langsam sichtbar werden zu lassen.

4. *Was sollen die Wissenschaftler tun?*

1) Dieser Abschnitt war nicht Teil des ursprünglichen Referats, sondern wurde auf Wunsch der Redaktion der »Physikalischen Blätter« hinzugefügt.

In dem aus der Antike überlieferten hippokratischen Eid verpflichtet sich der Arzt, seine Kunst nur zum Heil seiner Patienten, aber nicht zum Schaden oder gar Tod irgendeines Menschen zu verwenden. Der Fortschritt der naturwissenschaftlich ermöglichten Technik in unserem Jahrhundert hat den Gedanken entstehen lassen, in allen Wissenschaften eine solche Selbstverpflichtung der Forscher zu verlangen. Ich selbst wäre jederzeit bereit, mich einer derartigen gemeinsamen Verpflichtung zu unterwerfen. Die oben angestellten Überlegungen aber zeigen, daß die wünschenswerte formelle Verpflichtung dieser Art unser Problem noch nicht löst. Zwei Fragen bleiben:

1. Wissen wir, was nützlich und was schädlich ist?
2. Was müssen wir tun, um aktiv Nutzen zu fördern und Schaden zu hindern?

Zu 1.: Auf diese Frage zielten die obigen Überlegungen. Die Folgen wissenschaftlichen Forschens sind ökologisch, ökonomisch, sozial, politisch zu beurteilen. Sie fordern also aktive interdisziplinäre Zusammenarbeit. Die mit dem ständig wachsenden wissenschaftlichen Stoff zunehmende spezialistische Einschränkung der Wissenschaftler kann, unter diesem Gesichtspunkt beurteilt, nur unheilvolle Folgen für die Menschheit haben. 1959 wurde die »Vereinigung deutscher Wissenschaftler« (VDW) gegründet, deren Thema die Auswirkungen der Wissenschaft aufs menschliche Leben sind. Ich habe einmal vorgeschlagen, jedes Mitglied der VDW, das akademischer Lehrer ist, solle sich verpflichten, 5 % der Zeit jeder seiner Vorlesungsreihen diesen interdisziplinären Fragen zu widmen. Der Vorschlag ging in anderen, spezielleren Aktivitäten unter. Ich wäre aber jederzeit bereit, ihn wieder aufzugreifen.

Zu 2.: Diese Frage kommt naturgemäß an zweiter Stelle, denn wir können Nutzen und Schaden erst sinnvoll beeinflussen, wenn wir sie zu verstehen begonnen haben. Dann freilich erweist sich aktiver Einfluß aufs Geschehen als evidente Pflicht. Das heißt nicht, daß der Wissenschaftler in den politischen Beruf übergehen müßte; das bleibe Angelegenheit weniger, politisch speziell engagierter und (hoffentlich) begabter Personen. Ich habe politische Ämter, die man mir angeboten hatte, einige Male abgelehnt, mit dem *politischen* Motiv, meinen Kollegen zu zeigen, daß man auch vom fortgeführten wissenschaftlichen Beruf aus politisch wirken kann. In der Demokratie ist die öffentliche Meinung wichtig. Es gibt kluge Politiker, die sehr wohl beurteilen können, was notwendig wäre, die aber auch wissen, daß sie die nächste Wahl verlieren werden, wenn und weil sie in einer wichtigen Frage das Vernünftige und Notwendige tun. An ökologischen Fragen ist das am leichtesten zu sehen, doch gilt es generell. Es scheint mir Pflicht des Wissenschaftlers, an der Prägung einer vernünftigen öffentlichen Meinung intensiv mitzuwirken. Dies ist noch nicht genug, aber es ist notwendig.

Wenn hinreichend viele Wissenschaftler sich auf beide Fragen aktiv einlassen, wird die Wissenschaft beginnen können, ihre Pflicht gegen die Mitmenschen zu erfüllen.

Soviel für heute.

Die Aufgabe*

(1994)

Aktualität, Rückblick, Vertiefung der Frage wurden im Vorwort als die Themen des Buchs genannt. Im jetzigen Schlußabschnitt stelle ich die Frage nach der Aufgabe, vor der wir heute stehen. Auch diese Frage kann nach den drei Themen gegliedert werden. Ich ordne sie aber anders an. Ich verflechte die Betrachtung der Aktualität mit dem kurzfristigen kausalen Rückblick: wie ist es zur heutigen Lage gekommen? Ich verflechte dann den langfristigen Rückblick mit der Vertiefung der Frage. Schließlich wage ich den Blick auf die Zukunft: Wohin gehen wir?

Dabei muß ich freilich alsbald eine Schranke dessen bezeichnen, was im heutigen Buch gesagt werden kann. Als 1970 das Institut gegründet wurde, dessen Mitarbeitern dieses Buch gewidmet ist, standen dieselben drei Fragen vor unseren Augen. Wir wollten die aktuelle Lage analysieren. Wir wollten möglichst im Detail ermitteln, was heute und in der näheren Zukunft getan werden sollte. Die Interessen der verschiedenen Mitarbeiter waren dabei in legitimer Weise verschieden. Einige suchten die grundsätzliche Theorie des Geschehens. Ich persönlich war natürlich auch daran sehr interessiert. Aber ich wollte, angesichts des bedrohten Friedens, auch direkt durch konkrete Vorschläge auf die Politik einwirken. Ich habe damals allerhand direkte Beratungsfunktionen ausgeübt. Und ich empfand, daß Erfolg und Mißerfolg konkreter Schritte, die man selbst zu tun wagt, auch sehr lehrreich für die grundsätzlichen theoretischen Überlegungen sein können. Manche Freunde haben mich gefragt, warum ich den Weg in ein politisches Amt, der sich mir mehrmals eröffnet hatte, nicht betreten habe. Ein wichtiges Motiv hierfür war selbst von politischer Natur. Ich war der Meinung, es sei die Pflicht *aller* Wissenschaftler, sich soweit als irgend möglich um die politischen Konsequenzen ihres Forschens und Handelns zu kümmern. Ich wollte nicht den Ein-

* Im Februar und Mai 1994 für das jetzige Buch geschrieben.

druck erwecken, daß ich die Wissenschaft an den Nagel hänge, um Politik zu treiben. Ich wollte meinen Kollegen vor Augen führen, daß man politisch wirken kann, indem man zugleich am wissenschaftlichen Beruf festhält. Der Aufsatz »Einfluß und Verantwortung der Wissenschaft« (1992) im jetzigen Buch spricht diese Überzeugung aus.

Die Schranke des jetzt vorgelegten Buchs ist aber, daß seine grundsätzlichen Analysen nicht detailliert genug sind, um konkrete Handlungsvorschläge zu begründen. Seine Adressaten sind insbesondere auch diejenigen meiner wissenschaftlichen Kollegen, die in ihren jeweiligen Fachgebieten das Detail hinreichend beherrschen, um die Folgerungen konkret zu ziehen, die ich selbst vielfach nur vermutungsweise andeuten kann.

Aktualität. Ich teile den Blick auf die aktuelle Lage geographisch ein nach der in den vergangenen Jahrzehnten im Westen üblich gewesenen Unterscheidung der ersten, zweiten und dritten Welt. Ich beginne aber, um der heutigen Sensationen willen, mit der »zweiten Welt«, dem einstigen Sowjetimperium, gehe dann über auf unsere eigene Lage in der »ersten Welt« und zuletzt auf das wohl menschheitsweit wichtigste Thema der »dritten Welt«.

Wie kam es zur Auflösung des Sowjetimperiums, und was bleibt nach dieser Auflösung heute?

Der Zweite Weltkrieg hinterließ genau zwei weltweite »Supermächte«, die Vereinigten Staaten von Amerika (USA) und die Union der Sozialistischen Sowjetrepubliken (USSR). Die beiden Weltkriege unseres Jahrhunderts waren Kriege um die Vorherrschaft im damals noch weltweit militärisch, politisch und ökonomisch herrschenden Europa gewesen. Sie führten unter anderem zum Zusammenbruch der überseeischen Kolonialreiche der Europäer: Deutschlands nach 1918, Englands, Frankreichs, Hollands, Spaniens, Portugals nach 1945. Aber die westliche Dominanz im ökonomischen Weltmarkt blieb; ihr Zentrum waren die zugleich technisch-militärisch überlegenen USA. Das russische Imperium, das man als das einzige über Land gegründete Kolonialreich bezeichnen könnte, überlebte durch Militärmacht, von einer politisch doktrinären Partei zusammengehalten.

Welthistorische Parallelen lehren, daß die Mächte in einem Territorium, das beim jeweils erreichten Zivilisationsstand technisch und daher wirtschaftlich und militärisch durchdringbar geworden ist, in Hegemoniekämpfe einzutreten pflegen. Ein solches Territorium ist in unserem Jahrhundert der ganze Planet. Alsbald nach 1945 trat der so zu erwartende Hegemonialkonflikt zwischen USA und USSR ein. Der Konflikt stabilisierte sich durch den Gegensatz zweier »welt-innenpolitischer« Ideologien: Marktwirtschaft und Sozialismus.

Wir betrachten nun zunächst die russische Seite. Rußland war seit seiner Gründung als Staat, durch fast tausend Jahre, ein feudal-absolutistisches Reich gewesen. Zwischen überlegener Zivilisation im Westen und Nomaden auf schnellen Pferden im Osten bewahrte es sich, defensiv und damit auch expansiv, durch militärische Überlegenheit. Zum Sozialismus war es nach der Überzeugung von Karl Marx nicht fähig, solange es noch nicht einmal die bürgerliche Revolution erlebt hatte. Lenin wußte das; er suchte, nach seiner Machtergreifung, durch die Neue Ökonomische Politik (NEP) ein Stück Markt zu schaffen und hoffte, als Marxist, zentral auf die sozialistische Revolution in den westlichen Industriestaaten. Das kommunistische Regime in Rußland schuf früh (unter Lunatscharski) ein breites Bildungssystem, und es bildete sich eine neue intellektuelle Schicht heraus. Aber diese positiven Anfänge vermochten der Stalinschen Machtdogmatik nicht zu widerstehen. Der bürokratische »Sozialismus« versank in zunehmende Ineffizienz. Nur in zwei Bereichen konnte die Konkurrenz mit USA aufrechterhalten werden: in der militärischen Rüstung und im Einfluß auf sozialistische Hoffnungen in der Armut der Dritten Welt.

Ich erlaube mir hier persönliche Erinnerungen einzuflechten. Spätestens seit 1944 erwartete ich den dritten Weltkrieg als baldigen amerikanisch-russischen Krieg. Die Atombombe und dann zumal die Wasserstoffbombe bot eine Hoffnung auf eine Atempause von wenigen Jahrzehnten, bis eine echte Friedensordnung vielleicht gefunden würde; dies hing damit zusammen, daß diese Waffen den dritten Weltkrieg zur weltgeschichtlich beispiellosen Katastrophe für beide Seiten zu machen drohten. Subjektiv in mir wurde diese Hoffnung schwächer, als ich, belehrt zumal durch die Arbeiten von Afheldt, sah, daß das kluge Projekt der gegenseitigen Abschreckung durch beiderseits technisch gesicherte Zweitschlagskapazitäten nicht zur Rüstungsbeschränkung, sondern zur beiderseitigen Aufrüstung in Waffen für begrenzte Kriege führte. Meine subjektive Hoffnung brach zusammen im August 1968, beim Einmarsch des Warschauer Pakts in Prag. Mein Empfinden: »Wenn sie sich als so schwach kennen, daß sie nicht einmal den ›Sozialismus mit menschlichem Gesicht‹ in Prag dulden können, so werden sie, nicht sofort, aber kurz vor der Erkenntnis ihrer in den Achtzigerjahren drohenden militärischen Unterlegenheit, aus Verzweiflung sogar den großen Krieg wagen.« Diese Angst lag der Auflage des jetzigen Buches im Jahre 1981 zugrunde. Ich habe mich in jenen Jahren stets sorgenvoll, aber nicht so verzweifelt ausgedrückt, wie ich im Grunde empfand. Denn ich wußte: Pessimismus zu verbreiten beschleunigt nur die Katastrophe. Aktivität muß wachgerufen werden.

Diese meine Angst erwies sich am Ende als unberechtigt. Zwei Dinge hatte ich, obgleich ich von beiden wußte, nicht stark genug eingeschätzt: die traditionelle Vorsicht der russischen Außenpolitik, und das tiefe, stets noch wachsende Mißtrauen der sowjetischen Führungsschicht gegen die Wahrheit ihrer eigenen Ideologie. Gorbatschow fand die Möglichkeit, sein Land und damit die Welt vor dieser Katastrophe zu retten. Freilich rettete er nicht ein reformiertes Sowjetsystem und nicht das kontinentale Imperium.

Bei uns im Westen stellt man sich heute die Frage, welche westliche Politik zu dieser Entwicklung (und speziell in unserem Lande zur friedlichen Wiedervereinigung Deutschlands) beigetragen habe: die große angedrohte und zum Teil vollzogene Aufrüstung des Westens oder die friedliche Annäherung und die damit erstrebte Öffnung des sowjetischen Systems, also kurz entweder Reagan oder Kissinger und bei uns, noch dezidierter, Brandt und Bahr. Vielleicht ist die Antwort: beide. Die Aufrüstung des Westens belehrte die Sowjetunion über ihre Chancenlosigkeit selbst im militärischen Feld; die Annäherung zeigte ihr, daß friedliche Koexistenz möglich ist. Freilich erweist sich dem Rückblick das Sowjetsystem als so schwach, daß die Politik der Annäherung vermutlich auch allein ausgereicht hätte. Doch wer durchschaut den Lauf der Geschichte?

Was ist nun heute die Lage im ehemaligen Sowjetimperium? Beginnen wir an der Peripherie! Die von Stalin mit Hitlers Hilfe usurpierten baltischen Republiken und die westlichen unter den Mitgliedsstaaten des Warschauer Pakts gravitieren nun eindeutig nach Westen. Außenpolitisch ist ihr Anschluß an westliche Bündnisse heute vor allem ein Problem der westlichen Politik gegenüber Rußland. Einige der osteuropäischen und westasiatischen nichtrussischen Nationen tendieren zu einer islamischen Orientierung. Überall aber ist an die Stelle der sozialistischen die jeweilige nationale Identität getreten. Verzweiflungsvoll wirkt sich das, im Augenblick, in dem ich dieses schreibe, im ehemaligen Jugoslawien aus. Nicht mehr der Sozialismus, noch nicht eine Weltordnung, sondern der Träger der Identitäten im 19. Jahrhundert, die jeweilige Nation erweist sich als stärkstes Motiv. Historisch gesehen ist das schlicht ein Rückschritt. Im Rückblick werden wir zu dieser Frage zurückkehren.

Wirtschaftlich-sozial erweist die beginnende Marktwirtschaft, wie es öfter in der Geschichte geschehen ist, ihre Schwächen früher als ihre Stärken. Nach der Theorie aktiviert der Markt den Egoismus und damit Fleiß und Intelligenz aller seiner Teilnehmer; das ist seine große Stärke. Aber er bedarf der staatlichen Ordnung, um zu funktionieren. Und er erzeugt zwar Güter, aber er erzeugt keine soziale Gleichheit. Die allgemeine Unproduktivität des »realen Sozialismus« bot mehr Gleichheit als die neu eintretende Einteilung in Reiche und Arme, in bezahlte Arbeiter und Arbeitslose. Die inneren Probleme im heutigen Deutschland, gewiß z. T. auch Produkte einer unrealistisch optimistischen Politik der Bonner Regierung, sind doch nur schwache Abbilder der Probleme in den anderen, unabhängig gewordenen Staaten. Gleichwohl erscheinen diese Probleme auf die Sicht weniger Jahrzehnte als lösbar, sofern die drei großen Weltprobleme einer Lösung entgegengeführt werden können: die Ordnung Rußlands, das Selbstverständnis des Westens und, das größte, die Wirtschaft und Sozialordnung des Südens.

Rußland stellt eines der drei großen Probleme. Vielleicht

kann man seinen heutigen Zustand als die in Rußland endlich fällige »bürgerliche Revolution« auffassen, nachdem die Parteibürokratie des Sowjetstaats im Grunde nur die Fortsetzung des Feudal-Absolutismus der Zaren mit einer neuen herrschenden Klasse bedeutet hatte. Eine der großen Schwierigkeiten bildet der Versuch, Demokratie und Marktwirtschaft gleichzeitig einzuführen. In Westeuropa begann der Markt schon in der Renaissance, unter den Medici und Fuggern, in einer noch stabilen Feudalordnung; unter dem Absolutismus in Frankreich kam die Bürgerklasse zur ökonomischen Vorherrschaft und forderte dann erst die politische Demokratie. Rußland steht vor dem Problem, daß beides gleichzeitig notwendig erscheint. China steht vor demselben Problem, behandelt es aber, wie es scheint, pragmatisch-konservativer. Eine Prognose für Rußland wage ich nicht. Und die Atomwaffen sind noch vorhanden.

Gehen wir über zum Westen, der sich als die »erste Welt« bezeichnet hat!

Für ganz kurze Zeit hat man im Westen, zumal in den USA, den Zusammenbruch des Sowjetimperiums als Sieg des Westens im Kalten Krieg, als Selbstbestätigung empfunden. In Wahrheit bezog die westliche Ideologie ihre überzeugende Kraft daraus, daß sie einen bedrohenden Gegner hatte. Jetzt ist sie nur noch auf die Wahrheit angewiesen. Wo liegt die Wahrheit?

Betrachten wir zuerst die nationalen Interessen der USA! Ein amerikanischer Ökonom und Historiker, Immanuel Wallerstein, hat schon 1990 analysiert: Die Sowjetherrschaft verdankte zuletzt ihre Stärke nur noch der Überzeugung von der drohenden Weltherrschaft Amerikas. In Wahrheit war der Kalte Krieg die ökonomische Weltherrschaft der USA. Diese ist zusammengebrochen. Militärische Überlegenheit schafft heute keine Weltherrschaft; das zeigen Vorgänge wie der Golfkrieg. Ökonomisch aber sind die USA heute nur noch einer von drei Konkurrenten, neben Westeuropa und Japan. Die Russen konnten sich – so Wallerstein – nun ihre fällige Revolution leisten. Diese geistreiche Analyse zeigt jedenfalls einen Aspekt des Problems.

Ein weiterer Aspekt, jetzt im Raum aller drei Konkurrenten,

ist die tiefe Wirtschaftskrise der Jahre etwa seit 1990. Sie ist wohl die tiefste Krise seit dem Ende der Krise der frühen Dreißigerjahre, die mit dem »Schwarzen Freitag« in Wall Street im November 1929 begann und der die Weltpolitik dann zwar Franklin Roosevelt, aber auch Adolf Hitler verdankte. Solche Krisen kommen und gehen periodisch, aber wir werden uns fragen müssen, welches tiefe ungelöste Problem sie zum Ausdruck bringen.

Was sind die politischen und mentalen Begleiterscheinungen der westlichen Entwicklung? Wie stellen sich die sozialen Folgen dar?

Sozial entwickelt sich bei uns die »Zwei-Drittel-Gesellschaft«. In den Frühphasen der Industriegesellschaft war die Arbeiterschaft arm und abhängig. Marx erwartete, mit seiner Version der Hegelschen Dialektik, daß eben darum die Arbeiterklasse der Träger des nächsten Schritts der Weltgeschichte sein werde, der sozialistischen Revolution und damit der erste Schritt zur Gleichheit, zur klassenlosen Gesellschaft und zum Absterben des Staats. Er sah richtig das tiefe Problem der Marktwirtschaft, die ungleiche Verteilung der Güter. Aber keine seiner Prognosen ist eingetreten. Im demokratischen Rechtsstaat, den die Bürgerklasse geschaffen hatte, konnten Gewerkschaften und Sozialdemokratie den Arbeitern eine erträgliche Position erwerben. Heute sind die Inhaber von Arbeit ein im Prinzip konservativer Teil der Bevölkerung. Die Gewerkschaften sind im Markt das größte Monopol des Kapitalismus. Aber die Theorie der Marktwirtschaft lehrt, daß der Markt polypolistisch sein muß, um zuverlässig zu funktionieren; Monopole sind ein tiefes Problem für den Markt. Die »dritte Welt« kommt daher auf dem Arbeitsmarkt am schnellsten ins Spiel. Industriefirmen unserer Länder sehen sich genötigt, die Produktion mehr und mehr in Billiglohnländer zu verlagern. Politisch sind in der Mehrheitsdemokratie die zwei Drittel einheimischer Inhaber von Arbeit maßgebend. Das Drittel aus einheimischen Arbeitslosen und ausländischen Immigranten wird machtlos. Dieses soziale Problem ist ungelöst.

Politisch verlieren heute in den Industrieländern die klassisch regierenden Parteien rasch an Wählerpotential. Sie haben meist die dringenden Probleme nicht erkannt oder, ihren

»Zwei-Drittel-Wählern« zuliebe, nicht entschlossen angefaßt. Keine der ihnen jetzt entgegenstehenden neuen Gruppen ist in sich überzeugend. Der Vorgang ist wohl auch nicht ohne historische Parallelen. In unserem Lande, um dieses Beispiel zu wählen, besteht die parlamentarische Demokratie ungebrochen und erfolgreich seit fast fünfzig Jahren. Herrschaften, die fünfzig Jahre gedauert haben, verlieren oft die Fähigkeit zur Selbstkorrektur. Ausländer, auch manche Deutsche, fürchten manchmal eine Wiederkehr des Nationalsozialismus. Ich gestehe, daß ich daran nie geglaubt habe, auch heute nicht daran glaube. Rund 10 % virtuell rechtsradikale Wähler gibt es fast in jedem europäischen Land. Der gegenwärtige Verfall der weltinnenpolitischen Identitäten, bei uns der notwendigen Gegnerschaft gegen den Sowjet-Kommunismus, läßt auch bei uns die 19. Jahrhundert-Identität der Nation wieder stärker werden. Aber eines, so scheint mir, hat Hitler historisch erreicht: ein zweiter Hitler wird die Deutschen nicht mehr überzeugen können. Doch das ist nur *eine* Sorge; das Problem der mangelnden politischen Identität ist damit nicht gelöst.

Hier ist das mentale Problem. Die überlieferten Werte verfallen. Warum? Waren sie vielleicht unzureichend? Das letzte weltweite Aufflammen einer starken, moralisch begründeten politischen Bewegung waren weltweit die »Achtundsechziger«. Aber als ich ihnen, damals als Professor, vor meinen Studenten konfrontiert war, sagte ich: »Achtzig Prozent eurer Kritik teile ich. Eure Hoffnung kann ich nicht teilen. Eure intellektuelle Leidenschaft wird keinen Arbeiter überzeugen; euer militantes Verhalten wird das ganze Bürgertum gegen euch aufbringen.« So geschah es. Das mentale Problem ist heute ungelöst. Eine protestgestimmte Lustbefriedigung tritt vielfach an die Stelle der klassischen Werte. Der an Einschaltquoten orientierte Medienkapitalismus zeigt uns ein Beispiel der ungelösten Fragen.

Eine Konsequenz des Werteverfalls ist unsere Unfähigkeit des Umgangs mit der Natur. Freilich war schon die noch wertegläubige frühe Industriegesellschaft auf dem Wege zur Zerstörung der natürlichen Umwelt. Aus jedem Jahrzehnt des 19. Jahrhunderts kann man Notrufe gegen technische Naturzerstörung hören. Heute darf man das Problem wohl für eines halten, das rationaler Analyse sehr wohl zugänglich ist (vgl. E. U. v. Weizsäcker, Erdpolitik). Man kann sagen, was getan und was unterlassen werden müßte. Man kann auch sagen, was noch weiterer Analyse bedarf. Das Problem ist die politische Durchsetzbarkeit des Notwendigen. Und diese Probleme, z. B. die drohende Klimakatastrophe, können letzten Endes nur in internationaler Zusammenarbeit gelöst werden. So führt das Umweltproblem in das Problem übernationaler Weltinnenpolitik (so der Buchtitel »Erdpolitik«) zurück.

Das wahrhaft ungelöste Problem ist die »Dritte Welt«.

Unter diesem Namen hat man die verschiedensten Regionen zusammengefaßt. China und Indien, die beiden bei weitem volkreichsten Nationen, dazu Südostasien, dann die vielfältigen islamischen Völker, Schwarzafrika, das ibero-lateinisch geprägte Süd- und Mittelamerika. Hier nur wenige Bemerkungen über deren Besonderheiten.

China, mit mehr als einer Milliarde Einwohner, von alter Kultur und alter staatlicher Zusammengehörigkeit, zu pragmatischem Handeln fähig, ist mir schon seit langem neben den USA und Rußland als der einzige dritte Kandidat für die Welthegemonie erschienen. Wo Chinesen außerhalb der kontinentalen »Volksrepublik« politische oder ökonomische Einheiten bilden konnten, wurden sie höchst erfolgreiche Teilhaber der Weltwirtschaft: Hongkong, Taiwan, Singapur, auch die Chinesenviertel in nordamerikanischen Städten, die chinesische Komponente in Malaysia. China und Japan vermochten sich im 19. Jahrhundert willensstark der europäischen Kolonialherrschaft zu entziehen. Japan, der raschen Übernahme fremder Zivilisationsformen fähig, wurde in einem Jahrhundert zur dritten ökonomischen Weltmacht, trotz eines, nur nach hartem Kampf, verlorenen Krieges. In China führte der Sturz der veralteten Monarchie nach Diadochenkämpfen zum Kommunismus. Heute führt man dort, unter dem harten politischen Ordnungsgefüge des noch bestehenden kommunistischen Regimes, die Marktwirtschaft ein. Dies scheint jedoch erfolgversprechender als der russische Versuch. Als ich 1976 in China Industrie und wissenschaftliche Institute besuchte, fragte ich mich: »Als ich 1929 zu studieren begann, war Deutschland noch führend in theoretischer Physik. Das hat Hitler zugrunde gerichtet. Heute, 50 Jahre später, ist Amerika führend. Könnte die Führung nicht, wieder 50 Jahre nachher, in China liegen?«

Indien, Träger uralter Kultur, Quell vieler großer geistiger Einsichten und Bewegungen, mit sehr alter, durch Jahrtausende im Prinzip stabiler Sozialstruktur, liegt in tropischem Klima und hat nicht den nördlichen Leistungsdruck entwikkelt. Viele fähige Personen entstammen ihm. Sein Beitrag zur Weltgesellschaft wird weniger im Bereich der Macht liegen.

Der Islam ist heute die aktivste der Weltreligionen, die am entschiedensten diesseitig orientierte. Das arabische Öl hat einige seiner Fürsten zu Trägern weltökonomischer Macht gemacht. Ganze Völker können durch den Islam bewegt werden. Im Westen fürchtet man heute den islamischen Fundamentalismus. Freilich ist religiöser Fundamentalismus oft ein Ausdruck verborgener Angst. Ich würde dem modernen Denken in islamischen Gesellschaften längerfristig die größeren Chancen geben. Doch sind hier vielfältige Krisenherde.

Die schwarzafrikanische Kultur ist der heute modernen Zivilisation noch am fernsten. Phänomene wie planende Vorratswirtschaft fassen dort nicht leicht Fuß. So sind die menschlich oft tief sympathischen Völkerschaften dort vielleicht die gegenwärtig tiefsten Opfer der Probleme moderner Volkswirtschaft.

Auch Lateinamerika, einst der Sitz hoher indianischer Kulturen, leidet unter den Anpassungsproblemen tropischer Gesellschaften an die moderne Effizienzwirtschaft. Die südlichen Staaten, Argentinien und Chile, waren zeitweise erfolgreiche Teilhaber der Weltwirtschaft. Auf der Weltkirchenversammlung in Seoul, 1990, konnte man aber Südamerikaner sagen hören: »Was ihr im Norden ›Frieden‹ nennt, ist nur die Art, wie ihr eure ungerechte Herrschaft über uns aufrechtzuerhalten gedenkt.« Die heutigen lateinamerikanischen Basisgemeinden und Befreiungstheologen sind wohl dem, was Jesus getan und gewollt hat, näher als fast alle überlieferten Kirchenstrukturen.

All dies sind fast zufällige Einzelbeobachtungen. Das fundamentale Problem des Südens ist die soziale Ungleichheit im Weltmarkt. Die herrschenden Zweidrittel der Bevölkerung in den nordischen Industriestaaten sind mit wohl weniger als einem Zwanzigstel der Bevölkerung des Südens in einer faktischen Interessengemeinschaft, die von ihnen selbst nur undeutlich als ungerecht wahrgenommen wird. Die Probleme des Hungers, der noch unaufhaltsamen Bevölkerungsvermehrung, der kaum aufhaltbaren Migration, d. h. des Wanderungsdrucks in die reichen Länder, sind Folgen dieser Verhältnisse.

Die Bevölkerungsvermehrung sei als Beispiel betrachtet. In alten Zeiten konnte die Bevölkerungszahl eines Landes oft nahezu stabil bleiben. Mancherlei Gründe werden von Sachkennern dafür genannt. Armut, Säuglingssterblichkeit, Krankheiten sind naheliegende Gründe. Genannt wurde mir auch die niedrigere Geburtenziffer bei Frauen, die ihre Kinder mehrere Jahre lang stillen. Ein Kenner chinesischen Provinzlebens im Anfang unseres Jahrhunderts berichtete, daß ein überwiegender Teil der weiblichen Geburten in der Provinz, in der er lebte, alsbald getötet wurde; die jungen Männer hatten ohnehin eine Lebenserwartung von wenig mehr als zwanzig Jahren. Die moderne wissenschaftlich-technische Zivilisation bringt mit Medizin, effizienterer Landwirtschaft, Güter- und Menschentransport neue Überlebenschancen, also Vermehrung der Menschenzahl. In den reichen Industriestaaten kam freilich das Bevölkerungswachstum nahe an ein Ende. Die Menschen vermieden die Mühsal des Großziehens vieler Kinder, und sie lernten Geburtenbeschränkung. Aber in armen Regionen, zumal in der Landwirtschaft, brauchen Menschen eigene Kinder als die einzigen ernährbaren Arbeitskräfte und als Garanten der Altersversorgung der Eltern. So ist in der modernen Welt die Armut der Ursprung der Geburtenvermehrung, und die Geburtenvermehrung der Grund der Fortdauer, ja des Wachstums der Armut. Ob religiöse Bekämpfung der Geburtenbeschränkung oder politische Forderung nach ihr neben diesen einfachen ökonomischen Ursachen sehr effizient sind, wage ich zu bezweifeln. Der europäische Geburtenrückgang begann im 19. Jahrhundert im katholischen, aber wohlhabenden Frankreich, ist heute stark in Italien und Spanien. Und weder die Bemühungen der indischen noch die viel härteren Verbote der chinesischen Regierung haben das Wachstum der Bevölkerungszahlen in beiden Ländern schon zum Stehen gebracht.

Wie die Armut rechtzeitig zu überwinden wäre, läßt sich

sehr schwer sagen. Aber wenigstens lassen sich Strukturen in der Weltwirtschaft nennen, welche die Armut notwendigerweise erzeugen und verschärfen. Die Schuldenkrise sei ein Beispiel. Es war vor zwanzig oder dreißig Jahren ein plausibler Gedanke, als Entwicklungshilfe den armen Ländern, zumal Lateinamerikas, große Summen zum Aufbau ihrer Industrie zu leihen. Aber das Wachstum gelang nicht im erhofften Tempo. Zinsen und, soweit möglich, Rückzahlung der Schulden erforderten international zahlungsfähige Guthaben, die nur durch Export der von der neuen Industrie und der Landwirtschaft erzeugten Güter in die reichen Länder geschaffen werden konnten. Damit aber blieben für den Wohlstand der einheimischen Bevölkerung keine Produkte mehr übrig. Die Entwicklung war daher de facto eine Verlagerung der Produktion der Industrieländer in den armen Süden, mit billigen Arbeitskräften. Das Ziel der Entwicklung, die Überwindung der Armut, wurde verfehlt. Damit zugleich wuchs die Schuldenlast, und die Angst der Geldgeber um ihre Guthaben im Süden. Die klare Erkenntnis nördlicher Finanzleute, wie z. B. Herrhausen von der Deutschen Bank, daß die Schulden schlicht erlassen werden müßten, hätte zumal von der amerikanischen Regierung große Einsätze zur Rettung amerikanischer Gläubiger-Banken verlangt, und das wagte man innenpolitisch nicht durchzusetzen. Das ist eines der Beispiele dafür, wie die Innenpolitik der reichen Nationen das allen Nationen (auch den reichen!) gemeinsame Interesse zu Fall zu bringen pflegt.

Was waren die politischen und mentalen Folgen? In der Ära des Kalten Kriegs lag es der Sowjetunion nahe, den Zorn des Südens über die nordwestliche Vorherrschaft im Interesse ihrer eigenen Hegemonialpolitik auszunützen. Dies lag auch im innenpolitischen Programm des Kommunismus, freilich wieder weit entfernt von der Marxschen Analyse, welche die proletarische Revolution gerade in den Industrieländern erwarten mußte. Real blieben die Folgen daher auch gering. Kuba, das sich öffentlich ausdrücklich an die Sowjetunion anlehnte, bedurfte ständiger finanzieller Hilfe von dort, um den Wohlstand im sozialistischen System aufrechtzuerhalten. Das Ende dieser Unterstützung in der Ära Gorbatschow enthüllte die immanente Schwäche auch des kubanischen Staatssozialismus.

Doch ist das Scheitern des sowjetischen Konzepts noch kein Sieg des westlichen Konzepts. Auch wo heute die südlichen Regierungen die Stütze der nordwestlichen Regierungen haben, bleiben die unvermeidlichen Konflikte in den Bevölkerungen ungelöst. Zum Teil verschieben sie sich in die nationalen oder Stammes-Identitäten (letzteres z. B. in Afrika), zum Teil in die Interessen mafioser Gruppen. Augenzeugenberichte aus lateinamerikanischen Ländern vom »verhüllten Krieg« solcher Gruppen sind erschreckend.

In dieser Lage sieht es für viele Angehörige dieser Völker als einzige Hoffnung aus, in die reichen Länder des Nordens auszuwandern. Die spanischsprechende Infiltration in den Vereinigten Staaten, die Flucht zahlloser Algerier nach Frankreich, der Anblick eines Londoner U-Bahn-Waggons mit lauter indischen und schwarzen Gesichtern belehrt uns darüber. Der Migrationsdruck wohl einer Milliarde von Südländern kann sehr wohl eines der größten politischen Probleme des Nordens in den kommenden zwanzig Jahren werden.

Das Problem des Südens ist ungelöst. Ist das, was wir haben, Friede? Bleibt es wenigstens bei der relativen Beherrschbarkeit des Südens und vielleicht Osteuropas durch den Nordwesten? Ist der Buchtitel »Der bedrohte Friede – heute« abwegig?

Rückblick: Vertiefung der Frage. Warum stehen wir vor so vielen ungelösten Problemen? Ist dies vielleicht einfach das Bild, das die Menschheitsgeschichte einem hinreichenden Durchblick zu jeder Zeit ihres nun einige Jahrtausende dauernden Verlaufs in den Hochkulturen geboten hätte? Kennen wir nicht sorgenvolle Äußerungen aus jedem Jahrhundert, Aufrufe zur Besserung aus allen vergangenen Zeiten? Oder wohnen unserem Jahrhundert oder gar unserem Jahrzehnt besondere Gefahren inne?

Ich wage den Versuch einer Antwort: Die Menschheit kann ihre verfügbare Macht durch intellektuelle Einsicht in Kausalitäten, in Technik und Organisation nicht ständig steigern und gleichzeitig ihre wirksame Ethik, ihre reale Moral auf der Stufe lang vergessener Zeiten stehenlassen, ja, die überlieferte Ethik sogar als unmodern weiter verkommen lassen. Ich versuche dies durch eine anthropologische Betrachtung menschlicher

Geschichte im einzelnen zu erläutern. Es sei erlaubt, manches anderswo schon Gesagte in diesem Zusammenhang zu wiederholen.

In der Evolution haben Tiere seit langem gelernt, in Gemeinschaften zu leben. Längst gibt es Insektenstaaten, bei Ameisen und Bienen. Und unter unseren eigenen Vorfahren: Die Säugetiermutter muß ihre Kinder nähren, und dann meist auch beschützen, bis sie selbständig werden. Was heißt: die Tiere haben gelernt? Sie lernen es zunächst nicht als Individuen, sondern diejenigen Spezies setzen sich in der Evolution durch, denen solches Verhalten instinktiv angeboren ist. Ob solche Instinkte nach Darwin und Mendel sich durch zufällige Mutationen herausbilden oder ob nach Aristoteles eine Zweckmäßigkeit der Natur innewohnt, nach christlicher Annahme als Geschenk des Schöpfers – das brauchen wir hier nicht zu entscheiden. Gewiß ist, daß die Instinkte für notwendiges Zusammenleben vorliegen. Bei Tieren, die in Familien oder großen Rudeln zusammenleben, auch – wie Konrad Lorenz sagt – das »moralähnliche Verhalten« als Instinkt. »Der Wolf ist dem Wolfe kein Mensch.« Im Kampf zweier männlicher Wölfe um die Führung des Rudels zeigt – so las ich bei Lorenz – der Unterlegene dem Sieger seine Halsschlagader, und eben dies hindert den Sieger instinktiv daran, daß er den Unterlegenen durch Hineinbeißen tötet. Die heutige Soziobiologie kennt sehr wohl auch Tötung von Artgenossen, aber doch immer auch die instinktive Hemmung, z. B. gegenüber Trägern derselben Gene, gegenüber »nahen Verwandten«.

Der Wolf hat tödlich beißende Zähne. Der Mensch ist von erblicher Natur her nicht so bewaffnet. Ihm fällt es schwer, seinesgleichen durch bloßen Zugriff umzubringen. Darum bedurfte er einst keiner so starken instinktiven Hemmungen. Aber er hat produktive Intelligenz. Er kann sich Instrumente schaffen, Mittel für freigehaltene Zwecke, also Technik. Und solche Instrumente sind nicht nur Beil und Pflug, sondern auch tödliche Waffen. Und er kann noch etwas anderes: Er kann Traditionen des Handelns und Denkens überliefern. Er kann seinesgleichen lehren, was ihm nicht instinktiv angeboren ist. Er kann bewußte Kunst und Technik lehren. Und er kann moralisches Handeln lehren. Er ist fähig zu bewußter, lehrbarer Ethik.

Gewiß hatten schon die frühen Jäger- und Sammler-Kulturen eine solche Ethik des Lebens in der Gruppe. Wie hätten sie sonst durch zwei Millionen Jahre überlebt? Man darf wohl annehmen, daß in der Familie, bei Seßhaften, im Hause die Frau die Ordnung bestimmte, außerhalb aber, im Wald, in der Jagd der Mann.

Mit dem Ackerbau, vor rund 10000 Jahren, beginnt die bis heute nicht beendete Ausbildung einer immer reicher werdenden Zivilisation. Es ist undenkbar, daß sie nicht immer wieder die Menschen vor mehr ethische Probleme stellte, immer neue schöpferische ethische Impulse forderte. Und ob es nicht auch schon damals stets Skeptiker gab, die meinten, dieser neue Schritt sei der »Natur des Menschen« zuwider, sei unausführbar? Ich hatte einst Lust, eine Novelle zu schreiben, in der die alten weisen Frauen und Männer der Jäger und Sammler das Eindringen fremder Götter beklagen, die den Wald durch eine Steppe ersetzen, deren Körner man ißt, deren Produkte gespeichert werden können, womit auf einmal mehr und mehr Menschen ernährt werden können, die uns keinen Platz zum Leben mehr lassen: der Untergang der Menschheit!

Der Ackerbau ist noch nicht der Untergang der Menschheit. Er schafft größere Gemeinschaften. Dies gibt dem Mann außerhalb des Hauses eine wichtigere Rolle, im Dorf und wohl auch im Verhältnis zum Nachbardorf. Politik entsteht, und ihre Ethik wird nötig. Ein chinesischer taoistischer Autor, Kritiker der konfuzianischen politischen Ethik, sagte: »Einst, als die Menschen glücklich waren, hörte man von einem Dorf zum nächsten die Hähne krähen und die Hunde bellen, aber nie war ein Mensch aus einem Dorf im Nachbardorf gewesen.« Doch dies ist ein spätromantischer Traum. Die Politik war das Schicksal.

Die Stadt ist dann der Träger der Politik. Welchen Menschen darf man töten, welchen nicht? Nicht den Mitbürger der eigenen Stadt, es sei denn als Strafe, wenn er selbst gemordet hat. Das nennt Kant in seiner Schrift »Zum ewigen Frieden« den »bürgerlichen Zustand«. In Kants historischer Erfahrung galt der »bürgerliche Zustand« schon in jedem wohlgeordneten Staat. Nicht daß das Töten unmöglich gewesen wäre, aber es war verboten, außer eben als Strafe für das illegale Töten selbst.

Zwischen den Staaten aber, so Kant, gilt bisher noch der »Naturzustand«. Zwischen den Staaten ist Krieg noch legitim. Ich nenne dieses legitime Töten von Bürgern anderer Staaten, nach Kriegserklärung freilich, die »Institution des Kriegs«. Und das Weckersignal der Atomwaffe veranlaßte Georg Picht und mich im ersten Gespräch über die Möglichkeit dieser Waffe, wohl im Februar 1939, zu der Folgerung, die Institution des Krieges müsse nunmehr überwunden werden.

Der reale Gang der Weltgeschichte durch die Jahrtausende war noch weit davon entfernt. Es entstanden Großreiche, und zwischen ihnen die Hegemoniekämpfe. Aber ein siegreicher hegemonialer Staat konnte eine Wohltat für seine Bürger sein, denen er Sicherheit gewährte, so doch wohl, in unserem Rückblick gesehen, das Römische Reich von Augustus durch fast drei Jahrhunderte hindurch. Freilich: Welche Mittel wandte der Staat an, seine innere Stabilität durchzusetzen? Nicht nur Gewalt, aber auch unerbittliche Gewalt.

Das Zusammenleben der Menschen in der jeweiligen Gemeinschaft hatte einen tiefen seelischen Grund in der Gemeinsamkeit der Religion. Man verehrte das höhere, integrale Ich der Gemeinschaft im Bild eines Gottes oder einer Göttin: Marduk in Babylon, Athene in der Stadt Athen, Jupiter in Rom. Wollen wir heute die seelisch-geistigen Grundlagen der Ethik verstehen, so ist es wichtig, daß wir anthropologisch begreifen, was hier erlebt wurde. Ich erlaube mir hier einen kleinen anthropologischen Exkurs. Was wurde im Bild der Gottheit wahrgenommen?

Was ist Wahrnehmung? Tiere haben ohne Zweifel schon Wahrnehmung. Wo wir diese noch nicht erlebnismäßig nachvollziehen können, bleibt uns doch eine funktionale Darstellung ihres wahrnehmenden Verhaltens. Martin Heisenberg, gründlicher empirischer Erforscher des Verhaltens der Taufliege Drosophila, hat eine abstrakte Definition von Wahrnehmung gegeben: Sie ist Änderung der Reaktionswahrscheinlichkeiten durch einen Reiz. Dies ist offenbar schon eine ziemlich integrierte Leistung des tierischen Nervensystems. Wir erkennen die Wahrnehmung des Tieres nicht als eine einfache Reaktion auf einen einfachen Reiz. Das Tier hat vielmehr bereits eine feste, für uns wiedererkennbare Verteilung verschiedener möglicher Reaktionen auf einen festen Reiz, und die Wahrscheinlichkeitsverteilung kann der Verhaltensforscher empirisch überprüfen. Es gibt aber Reize, welche diese Verteilung selbst ändern, und diese Reaktion der integralen Verteilung von Reaktionswahrscheinlichkeiten erkennen wir als Wahrnehmung; wir würden sie Wahrnehmung eines Sachverhalts nennen, der dem Tier in seinem Verhalten vorher nicht bekannt war. Die einzelne Nervenfaser nimmt nicht wahr, sie reagiert nur gesetzmäßig. Das Nervensystem als Ganzes aber kann Wirklichkeit wahrnehmen.

Wozu diese pedantische Analyse? Wahrnehmung ist Leistung eines Ganzen, nicht schon seiner Teile. Gehen wir dann weiter zum menschlichen Bewußtsein. Dieses beschreibt Heisenberg funktional als Wahrnehmung einer Wahrnehmung. Ich kenne mich. Ich reagiere nicht nur durch Änderung meiner Reaktionswahrscheinlichkeiten auf den Reiz, nein, ich weiß, daß ich nunmehr anders reagieren werde, ich habe die Wahrnehmung wahrgenommen.

Ich selbst aber bin wiederum Teil eines Ganzen. Bleiben wir beim Beispiel der Stadt! Ich bin Bürger dieser Stadt, sei es z. B. von Athen. Sollte die Gesellschaft dieser Bürger nicht wiederum Reaktionswahrscheinlichkeiten auf Ereignisse haben, die abgeändert werden können, ohne daß der einzelne Bürger, der verändert reagiert, den Vorgang im Ganzen in seiner vollen Natur wahrnehmen kann? Ist dies Wahrnehmung dritter Stufe, Wahrnehmung der Gemeinschaft als solcher? Und dürfen wir dieser Gemeinschaft ein Ich zuschreiben, eine Gottheit, etwa die Göttin Athene?

Hier ist nun eine philosophische Bemerkung am Platze. Der moderne Soziologe wird die »Wahrnehmung der Athene« als eine bloße Phrase verstehen und wird sich zutrauen, sie kausal aus dem Zusammenwirken der athenischen Bürger herzuleiten. Aber die Tiefenpsychologie unserer Zeit schreibt dem Unbewußten entscheidende Motive zu, und C. G. Jung beschränkt das Unbewußte nicht aufs Individuum, sondern spricht vom kollektiven Unbewußten. Und wenn ich meine eigene Analyse der modernen Physik hier heranziehen darf: Kein physikalischer Körper ist in Strenge isolierbar, vielmehr sind sie stets Teile eines umfassenden Ganzen. Und die Quantentheorie, die dies weiß, hat keinen Grund dagegen, daß eben dieses umfassendere Ganze als eine geistig-seelische Wirklichkeit verstanden wird. Ich verlange von keinem Leser, daß er diese Andeutungen zustimmend nachvollzieht. Aber ich verweise damit auf eine umfassendere Wirklichkeit, die sich dem antiken Menschen unter dem anthropomorphen Bild der Stadtgöttin darstellen konnte.

Aber nun ist die Stadt allein noch nicht die Menschheit. Darf ich den Anderen töten, nur weil er einer anderen Stadt angehört, mit der wir zufällig verfeindet sind? Die Geschichte der Städte und Großreiche wird seit einer Zeit, die wenigstens tausend Jahre vor Christus beginnt, begleitet vom Aufkommen einer tieferen Erfahrung: der Hochreligionen.

Es sei an ihre Dokumente erinnert. In Indien früh die Veden, Jahrhunderte danach die Upanischaden, das Lehrgedicht der Bhagavad-Gita, später die Philosophie des Vedanta (»Vollendung des Wissens«). Die tiefe Erfahrung des Buddha, die das östliche Asien durchdrang. In China das alte Buch der Wandlungen, das Buch von Weg und Sinn des Laotse, die Dokumente der politischen Ethik des Konfuzius, die Chinas Geschichte geprägt hat. In Persien Zarathustra. In der Bibel dokumentiert, die Geschichte des jüdischen Volks unter seinem Gott, der als einziger Gott erfahren wurde, von den Erzählungen über Abraham, über die Volksgründung durch Moses bis zu den wörtlich überlieferten Anrufen der Propheten an das Volk, von der Sünde, der Bosheit, zurück zum gläubigen Handeln für den Mitmenschen rufend. Auch die griechische Philosophie gehört in die Reihe, in der Sokrates für das Bekenntnis des Guten starb und welche im Römischen Reich die Religion der Intellektuellen war, Platonismus und Stoa. Die größte Wirkung aufs Abendland und weit darüber hinaus hatte Leben, Lehre und Kreuzestod von Jesus, dessen Gegenwart seine Jünger erlebten, dessen Wiederkunft als Christus die Kirche erwartete. Die letzte große Bewegung in der Reihe war der Islam.

Diese Erfahrungen waren nicht mehr durch Götterbilder inmitten der Kultur und Natur zu beschreiben. Sie lehrten eine höhere, allumfassende Wirklichkeit. Uns geht hier ihre Bedeutung für die Ethik an. Man darf sagen, daß die Hochreligion im Kern immer und überall Kritik der verbrecherischen Machtpolitik der Hochkulturen war. Man lese in der Bibel den Mythos vom Beginn der Menschheitsgeschichte im Brudermord, in Sintflut und babylonischem Turm, man lese die Zehn Gebote. Was aber hat die Hochreligion erreicht? Trat sie nicht immer, wenn sie siegte, dann in den Dienst des Machtsystems, das sich formell zu ihr bekannte?

Verfolgen wir die Frage im Beispiel der christlichen Geschichte! Die frühen Christen erwarteten den Sturz der »Hure auf den sieben Hügeln«, des Römischen Reichs. Sie verweigerten den Kaiserkult, der philosophisch gebildeten Römern als Anerkennung der Staatsordnung keine Schwierigkeiten machte, und ließen sich dafür hinrichten. Sie wurden so die bedeutendste feste Minorität im Reich. Der Kaiser Konstantin bedurfte ihrer Kraft und machte das Christentum zur Staatsreligion. Aber nun wurden die anderen Religionen verfolgt. Handelten christliche Kaiser moralischer als einst stoische Kaiser? Waren die Glaubenkonzilien nicht politische Machtentscheidungen? Der Konflikt der Kirche mit sich selbst durchzieht seitdem alle Jahrhunderte. Und immerhin ist dieser Konflikt stets wiederholte Selbstkritik. Ist nicht die Aufklärung der abendländischen Neuzeit geprägt durch christliche Ideale, wie die Forderungen von Freiheit, Gleichheit, Brüderlichkeit?

Uns geht in der Fragestellung des jetzigen Buchs konkret an, welche Schritte in der politischen Ethik möglich geworden sind und welche in der Zukunft, für die wir heute handeln, möglich werden sollen und können.

Ich möchte hier zunächst zwei Begriffe unterscheiden, die ich nennen möchte: *zentrale Ethik* und *soziale Ethik*. Soziale Ethik heiße die Ethik, die in der Gesellschaft faktisch praktiziert wird, zentrale Ethik das Maß, an dem letztlich Ethik gemessen wird.

Soziale Ethik ist so lange am stärksten, als sie unerklärt gilt. Solange also jeder einfach weiß, daß er nach ihr handeln soll. Es gibt dann noch immer Verstöße gegen sie, aber die Gesellschaft verurteilt diese Verstöße selbstverständlich. Wer jedoch fragt, warum sie gilt, hat sie schon in Zweifel gezogen. Und ihre konkreten Inhalte ändern sich in der Geschichte. In der Generation meiner Eltern war noch selbstverständlich, daß im Krieg der

Mann den Dienst fürs Vaterland mit der Waffe tut und dafür zu sterben bereit ist. Ein Bruder meines Vaters, zwei Brüder meiner Mutter sind im ersten Weltkrieg gefallen. Meine Mutter war tief erschrocken, als ich, zwölfjährig, in einem Aufsatz über meine mögliche Berufswahl schrieb, Offizier wolle ich nicht werden, weil ich niemanden töten will. Sie war eine tief fromme Frau, und Offizierstochter. Heute ist Kriegsdienstverweigerung legal anerkannt. Das Problem für heute Junge ist aber oft nicht mehr der konkrete Inhalt, sondern die bloße Existenz von Normen in der sozialen Ethik.

Die zentrale Ethik ist (vgl. Hans Küng, »Projekt Weltethos«) im Kern wohl allen großen Religionen und auch den nicht auf Religion fundierten Ethiken gemeinsam. Es ist im wesentlichen die »goldene Regel«: »Was du nicht willst, daß man dir tu, das füg auch keinem andern zu!« Philosophisch hat Kant es im kategorischen Imperativ als Gebot der Vernunft gefaßt: Handle so, daß die Maxime deines Handelns jederzeit zum Prinzip einer allgemeinen Gesetzgebung werden könne. Das ist ein Kriterium, an dem wir die Spielregeln der so vielfach verschiedenen und auch wandelbaren sozialen Ethiken messen können. Was aber sollen wir dort tun, wo die geltende soziale Ethik offenkundig oder doch verborgen der zentralen Ethik widerspricht? Welcher Norm soll ich dann folgen?

Max Weber hat das Problem im Gegensatz von »Gesinnungsethik« und »Verantwortungsethik« formuliert. Der Gesinnungsethiker bekennt die zentrale Ethik als bindend und sucht ihr zu folgen, auch wenn er damit sozial nichts erreicht und vielleicht sich selbst bis in den Tod führt. Der Verantwortungsethiker prüft, was sozial durchsetzbar ist, und sucht darunter dann das ethisch Richtigste, vielleicht gerade das zum Wohl der Mitmenschen Erfolgreichste aus. Wer ein Buch schreibt wie das hier vorgelegte, sucht damit offenbar angesichts der Weltpolitik verantwortungsethisch zu handeln. Aber der Webersche Gegensatz genügt nicht. Er bezieht sich zunächst auf eine Gesellschaft, deren soziale Ethik vorgegeben ist. Historisch jedoch kann die soziale Ethik sich ändern. Und gerade die mögliche soziale Ethik den heute verfügbaren intellektuellen und technischen Machtmitteln adäquat gegenüberzustellen, also neue soziale Ethik zu schaffen, ist heute eine verantwortungsethische Notwendigkeit. Und der Sinn aller hier vorgebrachten Erwägungen: Das ist nicht nur notwendig, es ist auch möglich.

Hierzu freilich ist es wichtig, den Sinn der zentralen Ethik noch tiefer zu verstehen. Als ich, zwölfjährig, im Neuen Testament die Bergpredigt entdeckte, hat mich das zutiefst erschüttert: das ist offenkundig wahr, und nicht nur ich, sondern nicht einmal meine geliebten Eltern handeln danach. Daher jener Satz im Aufsatz über die Berufswahl. Lese ich die Bergpredigt jedoch heute, als alter Mann, wieder, so empfinde ich: Das ist, modern gelesen, die schlichte Vernunft. Lebten wir alle nach ihr, so wären wir alle glücklicher. Diese Vernunft läßt sich in drei Stufen verstehen. In der ersten Stufe fordert sie schlicht die Erfüllung der Gebote. Da ist einiges für uns veraltet, doch der Kern überzeugend. Die zweite Stufe erkennt: nicht erst die Handlung, sondern die Gesinnung ist das Entscheidende. Handle nicht nur nach der goldenen Regel, sondern liebe deinen Nächsten wie dich selbst! Die dritte Stufe aber steht am Anfang des Textes: die Seligpreisungen. Nicht daß du einem Gebot folgst, in Gesinnung und Tat, ist schon die Vollendung. Selig bist du, wenn du den Nächsten liebst, wenn du Frieden stiftest, wenn du für Gerechtigkeit zu leiden bereit bist.

Nun aber die historische Verwirklichung, illustriert am bedrohten Frieden. Hier können uns die Erfahrungen einer Lebenszeit über Fortschritte der Vernunft belehren. Als dreizehnjähriger Schüler in Kopenhagen las ich die Geschichte der mittelalterlichen Kriege der dänischen und schwedischen Könige gegeneinander. Welcher meiner Mitschüler hätte aber für seine Zukunft noch von Teilnahme an einem solchen Krieg geträumt? Als Kind in Deutschland lernte ich noch, Deutschland und Frankreich seien Erbfeinde und würden stets wieder einander bekriegen. Bis 1945 schien das wahr. Welcher Franzose oder Deutscher denkt heute noch so? Vielleicht hat man in Frankreich Angst vor neuem deutschen Nationalsozialismus. Aber dann doch nur als einer Form politischen Wahnsinns, nicht als essentiellem Teil der künftigen Geschichte; und ich sagte oben, dies werde meiner Erwartung nach nicht mehr eintreten. Und warum sollen sich nicht in 50 Jahren Amerikaner und Russen erstaunt fragen, mit welchem Grund ihre Länder einst gegeneinander Atomwaffen gebaut haben?

All dies sind Beispiele für Vernunft, die sich im Laufe der Geschichte sozusagen von selbst herausgebildet hat. Man kann spezifische Gründe dafür angeben. Dänemark war unter Knut dem Großen, Schweden war unter der Wasa-Dynastie eine Großmacht. Seit dem Tode von Christian IV. bzw. Karl XII. sind sie keine Großmächte mehr. Sie müssen sich nach außen schützen, aber nicht gegeneinander. Deutschland und Frankreich sind keine Weltmächte mehr, und sie fühlten unter de Gaulle und Adenauer, daß sie sich gegen Rußland schützen müßten und von amerikanischer Dominanz gerne unabhängiger werden wollten.

Das war ein Versuch zur Geschichtsphilosophie. Nun: Was können, was müssen wir um der Vernunft willen jetzt tun?

Wohin gehen wir?

Der Schlußabschnitt der ersten Auflage dieses Buchs, 1981 geschrieben, trug den Titel »Was folgt?«. Die ersten beiden seiner drei Abschnitte sind im jetzigen Buch wieder abgedruckt. Sein Text beginnt mit den zwei Sätzen: »Der Friede ist bedroht. Er ist bedroht, weil er niemals wahrer Friede war.« Die aktuelle Bedrohung sah ich damals ausgelöst durch das *Wanken der großen Entwürfe*. In sechs Bereichen sah ich »große Entwürfe«:

Rüstung : Rüstungskontrolle
Außenpolitik : Entspannung
Wirtschaft : Weltmarkt
Gesellschaft : liberaler Rechtsstaat, Demokratie und Sozialismus
Kultur: Technik
Menschlichkeit : Humanität

Vergleichen wir das mit der heutigen Aktualität!

In der Außenpolitik ist die angestrebte Entspannung zwischen den beiden Weltmächten vorerst eingetreten. Rüstungskontrolle ist weiterhin Verhandlungsgegenstand, Rüstungsabbau wird begonnen. Aber der Unfriede zwischen Nationen ist gewachsen. Ein weltpolitischer Entwurf, eine akzeptierte Friedensordnung wäre nötig, wollten wir die Probleme der Wirtschaft und Gesellschaft der Lösbarkeit näherführen. Die gedankliche und soziale Grundlage einer solchen Ordnung ist in den nachfolgenden Bereichen zu suchen.

In der Gesellschaft ist der liberale Rechtsstaat mit repräsentativer Demokratie der Entwurf, der gedanklich die Krise am besten überstanden hat. Sozialistische und militärische Diktaturen, die sich in vergangenen Jahrzehnten als bessere Lösungen gegenüber dem Liberalismus anboten, haben jedenfalls zeitweilig ihre Überzeugungskraft verloren, auch wenn die Träger der nationalen und inneren Kriege weiterhin auch in der eigenen Gruppe militärische Macht ausüben. Die technische Kultur ist noch immer auf dem Siegeszug (vgl. den Vortrag »Westlicher und östlicher Geist«), wenngleich das ökologische Bewußtsein wächst, das eine Selbstbeschränkung der technischen Ausbeutung als »erdpolitische« Notwendigkeit erkennt.

Alle diese gesellschaftlichen und kulturellen Wertungen aber werden weiterhin vorwiegend an ihrem wirtschaftlichen Erfolg gemessen. In der Ebene der Planungen erscheint der Erfolg der Marktwirtschaft, zumal im Rahmen des Weltmarkts, als das wichtigste Kriterium. Ich hatte ursprünglich die Absicht, dem jetzigen Schlußabschnitt des Buchs nicht die vage Überschrift »Wohin gehen wir?« zu geben, sondern die konkret fordernde Überschrift »Was sollen wir tun?«. Aber dies hätte vor allem eine durchdringende und detaillierte Analyse des heute und morgen wirtschaftlich Möglichen erfordert. Das hätte sich zu einem neuen Buch ausgewachsen, jenseits meiner heutigen Leistungsfähigkeit. Ich beschränke mich daher darauf, hier einige wenige Fragen anzudeuten, die begrifflich und empirisch überprüft werden müssen, ehe man wagen darf, im einzelnen zu sagen, was wir tun sollen.

Ein zentrales Problem der heutigen Marktwirtschaft ist die immer weiter wachsende Arbeitslosigkeit in den fortgeschrittenen Industrieländern. Es wurde oben unter »Aktualität« schon genannt. Die freie Konkurrenz mit Billiglohnländern auf dem Weltmarkt erzeugt die Verlagerung der Produktion dorthin bisher unaufhaltsam.* Die wirtschaftliche Rezession der jüngst vergangenen Jahre hat den Vorgang beschleunigt und fühlbarer gemacht. Der Verfall des Zutrauens zu den jeweils regierenden Parteien hat in ihm eine seiner erkennbaren Ursachen. Ein Wiederansteigen der Konjunktur würde ihn aber, soweit ich meine überblicken zu können, nicht zum Stehen bringen. Ich verweise hier auf eine soeben erschienene Studie von Afheldt**, die ich kritisch genauer Überprüfung empfehle. Ich erlaube mir, den Vorschlag zur Überprüfung an eine kulturhistorische Hypothese anzuknüpfen, die ich früher einmal vorgelegt habe.***

Es fällt auf, daß in Hochkulturen, die jahrtausendelang existiert haben, wie in der chinesischen oder der altägyptischen, Phasen der Blüte von wenigen Jahrhunderten mit etwa ebenso langen Phasen des Elends abwechseln. Meine Hypothese: Stabil kann eine Kultur sein in Zeiten maßvollen Wirtschaftswachstums. Stößt sie an Grenzen ihrer kulturell-technisch bedingten Wachstumsfähigkeit, so gerät sie in Krisen. Dies paßt zu der neoklassisch-ökonomischen These, daß eine Wirtschaft stabil ist bei konstanter Wachstumsrate. Dies würde aber die Stabilität an ein exponentielles Wachstum des Sozialprodukts binden. Afheldt zeigt, daß das Wachstum unserer abendländischen Wirtschaften in den letzten Jahrzehnten nicht exponentiell, sondern nahezu linear war. Das bedeutet bei wachsender Wirtschaft abnehmende »Wachstumsrate«. Ein zeitlich grenzenloses exponentielles Wachstum ist kaum vorstellbar. Also enthält auch die wachsende Wirtschaft auf die Dauer eine Krisentendenz. Afheldt zeigt dann weiter, daß die wachsenden Arbeitslöhne im Markt auf zwei Wegen zur Verminderung der Anzahl der Arbeitsplätze führen: indem es rentabel wird, menschliche Arbeitskraft durch Maschinen zu ersetzen, und durch Verlagerung der Produktion in Niedriglohnländer. Nach der klassischen Markttheorie von Adam Smith gibt es Leistun-

* Vgl. schon: F. Fröbel, J. Heinrichs, O. Kreye, *Die neue internationale Arbeitsteilung*, München 1977; aus unserem Starnberger Institut.

** H. Afheldt, *Wohlstand für niemand?* Die Marktwirtschaft entläßt ihre Kinder, München 1994.

*** C.F. v. Weizsäcker, *Über die Krise* (1984), abgedruckt in *Bewußtseinswandel* (1988), S. 50-53, »Politische Krisen in stabilen Kulturen«.

gen, die der Markt nicht von sich aus vollbringt, sondern die der Staat garantieren muß (Schutz nach außen, Rechtsstaat im Inneren, Infrastruktur; wir müssen hinzufügen: Umweltschutz). Smiths Buch handelt vom »Wealth of Nations«. An sich wäre es in einer Nation kein Unglück, wenn menschliche Arbeit durch Maschinen ersetzt wird; wenn man die Arbeitszeit gleichmäßig für alle Beteiligten reduzieren könnte, wäre die Konsequenz nicht Arbeitslosigkeit eines Drittels, sondern mehr Freizeit für alle. Dem steht wiederum zweierlei im Wege: innerstaatlich die Mehrheitsdemokratie, in der sich die Inhaber der Arbeit durchsetzen, weltpolitisch das Fehlen einer dem Staat der Nation entsprechenden Regelungsinstanz. Afheldts Vorschlag ist, den freien Weltmarkt vorerst durch große, aber homogenere ökonomische Bereiche zu ersetzen, wie etwa die Europäische Union. Solche Vorschläge bleiben zunächst strittig und darum vermutlich undurchführbar. Eine Alternative wäre vielleicht das rasche Wirtschaftswachstum der bisher armen Länder, wie man es heute vielfach in Asien wahrnehmen kann. Aber daß die Situation wenigstens für Jahrzehnte kritisch bleibt, scheint evident. Eine vom heutigen Standpunkt aus zu radikale, aber m. E. bedenkenswerte Antwort und Analyse unternimmt der Aufsatz dieses Buches »Gehen wir einer asketischen Weltkultur entgegen?«

Ich habe versucht, an einem Beispiel einen Typ von Problemen zu erläutern, die auf uns warten. Ich verzichte auf weitere Beispiele aus den vielen in diesem Buch behandelten Feldern. Viele der Beispiele würden zeigen, daß es nicht genügt, in der heute bestehenden Weltsituation das jeweils Klügste zu tun. Die Weltsituation selbst muß geändert werden. Die Aufgabe unseres Nachdenkens, Lehrens und Handelns kann sich daher nicht auf die Lösung einzelner Probleme beschränken. Der Entwurf einer Weltfriedensordnung muß im Detail durchdacht werden. Dies wäre die Aufgabe eines Buchs, das dem hier vorgelegten folgen müßte. Es wäre die Aufgabe unseres Instituts zur Erforschung der Lebensbedingungen der wissenschaftlich-technischen Welt gewesen, wenn es überlebt hätte. Es ist die Aufgabe, die ich einer jüngeren Generation weitergeben möchte.

Im Vorwort habe ich gesagt: »Die heutige Krise ist keine Betriebspanne, sondern Folge ungelöster Grundprobleme unserer Welt. Keines dieser Probleme ist vernünftigem Handeln unzugänglich.« Läßt sich solcher Glaube angesichts der realen Probleme rechtfertigen? Der Ökonom K. Giersch hat gesagt, er sei kurzfristiger Pessimist, um langfristiger Optimist sein zu können. Wenn den Menschen der Pessimismus vorgeführt wird, zu dem die Folgen ihres vernunftlosen Handelns nötigen, so soll man hoffen, daß sie Vernunft zu üben lernen und darum langfristig die Probleme in freier Zusammenarbeit lösen werden. Ich gestehe, daß ich im Lauf der vergangenen Jahrzehnte oft diese Wendung zur freien Vernunft erst als Folge großer Katastrophen erwartet habe.

Wie dem auch sei: unsere Ethik darf nicht hinter der Entwicklung unserer Technik zurückbleiben, unsere wahrnehmende Vernunft nicht hinter unserem analytischen Verstand, unsere Liebe nicht hinter unserer Macht.

Dies ist die Bitte, die ich dem Leser zum Abschied mitgeben möchte.

Nachweise

Bemerkungen zur Atombombe: Unabgeschlossene Aufzeichnungen vom August 1945.

Kriegsverhütung (von Ernst von Weizsäcker): Aufzeichnungen meines Vaters. Pfingsten 1950.

Erklärung der achtzehn Atomwissenschaftler vom 12. April 1957: Sog. »Göttinger Erklärung«, veröffentlicht am 12. April 1957.

Heidelberger Thesen: Erklärung einer Kommission der Evangelischen Studiengemeinschaft Heidelberg, verabschiedet am 28. April 1959.

Tübinger Memorandum: Am 6. November 1961 verfaßt als Diskussionsgrundlage für Abgeordnete des Deutschen Bundestages.

Bedingungen des Friedens: Rede in der Paulskirche in Frankfurt am Main am 13. Oktober 1963.

Der weltpolitische Zyklus: Auszug aus einem Referat über weltpolitische Prognosen vor der Studiengruppe für Rüstungsbeschränkung und Rüstungskontrolle der Deutschen Gesellschaft für Auswärtige Politik am 6. Dezember 1965. Veröffentlicht in *Gedanken über unsere Zukunft*, Göttingen, Vandenhoeck & Ruprecht, 1966.

Friedlosigkeit als seelische Krankheit: Vortrag, gehalten in Bethel bei Bielefeld im September 1967 auf der Hundertjahr-Feier der v. Bodelschwinghschen Anstalten.

Die Ambivalenz der politischen Ideale der europäischen Neuzeit: Aus einer institutsinternen Aufzeichnung unter dem Titel »Lebensbedingungen«, 1970.

Das moralische Problem der Linken und das moralische Problem der Moral: Originalbeitrag.

Die Hoffnung des revolutionären Sozialismus: Originalbeitrag.

Wechselwirkung weltweiter ökonomischer und politischer Probleme: Vortrag, gehalten im Januar 1977 auf dem Europäischen Management Forum in Davos.

Gehen wir einer asketischen Weltkultur entgegen?: Zuerst veröffentlicht in *Deutlichkeit*, München 1978.

Rede am 20. Juli 1974: Gehalten 1974 im Hof des ehemaligen Oberkommandos der Wehrmacht in Berlin.

Erforschung der Lebensbedingungen: Aufzeichnungen vom Juni 1979.

Wissenschaft und Menschheitskrise: Unter dem Titel »Die Wissenschaft ist noch nicht erwachsen« veröffentlicht in der *Zeit* vom 10. Oktober 1980.

Was folgt?: Originalbeitrag.

Europa: Rede, gehalten am 7. September 1991 in Sils Maria.

Freunde!: Rede auf dem Kirchplatz in Starnberg, Dezember 1992.

Erkennen und Handeln – Physik und Ethik: Vortrag an der Universität München, 12. Juni 1993.

Zur Namengebung von Jahrhunderten: Originalbeitrag.

Westlicher und östlicher Geist: Vortrag vor dem Institut für Fortgeschrittene Studien an der Universität Kyoto, 1. Oktober 1993.

Einfluß und Verantwortung der Wissenschaft: Auszug aus einem im Orden Pour le Mérite für Wissenschaften und Künste gehaltenen Vortrag, Oktober 1993. Abgedruckt in *Physikalische Blätter*, Januar 1994.
Die Aufgabe: Originalbeitrag Februar-Mai 1994.

Namenregister

C. F. v. Weizsäcker

Der bedrohte Friede – heute

DM 39,80

Autor, Titel

KNOe

LIBRI

ISBN 3-446-17697-7 Einb. Aufl. Bd.

Reihe u. ä.

Verlag Hanser

Verkehrs-Nr.

Ergänzen: | Mindestlager:

BUCHLAUFKARTE

← bitte nicht entnehmen!